Rumänisch

ohne Mühe

Die Methode für jeden Tag

Rumänisch
ohne Mühe

von

Vincent ILUŢIU

Deutsche Übersetzung und Bearbeitung von

Susanne GAGNEUR

mit fachkundiger Beratung und Unterstützung von

Maria ANSARI-RAMMEL

Zeichnungen von Nico

ASSiMiL Der Sprachverlag

Körnerstrasse 12

50823 Köln

Deutschland

ISBN 978-3-89625-032-2

Der Assimil-Verlag bietet folgende Sprachkurse an:

Grundkurse Niveau A1–B2 / Reihe "ohne Mühe"

Amerikanisch • Arabisch • Brasilianisch
Bulgarisch • Chinesisch • Chinesische Schrift
Dänisch • Deutsch (als Fremdsprache) • Englisch
Finnisch • Französisch • Griechisch • Hindi
Indonesisch • Italienisch • Japanisch • Kanji-Schrift
Koreanisch • Kroatisch • Latein • Luxemburgisch
Niederländisch • Norwegisch • Persisch • Polnisch
Portugiesisch • Rumänisch • Russisch • Schwedisch
Spanisch • Suaheli • Thai • Tschechisch
Türkisch • Ungarisch • Vietnamesisch

Vertiefungskurse Niveau B2–C1 / Reihe "in der Praxis"

Englisch • Französisch • Italienisch • Spanisch

Weitere Sprachkurse in Vorbereitung

… Aktuelles und weitere Infos unter **www.AssimilWelt.com**

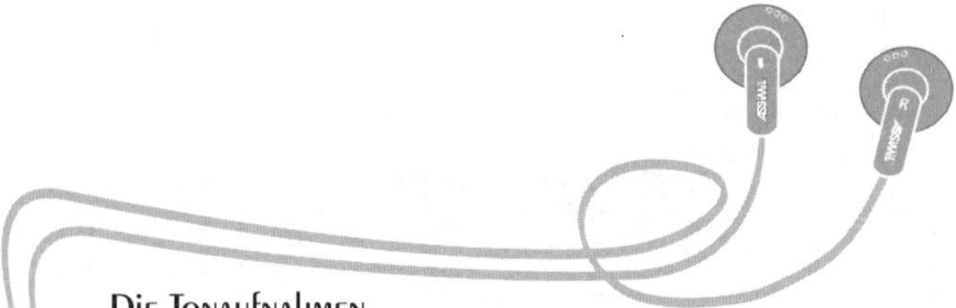

Die Tonaufnahmen

mit den fremdsprachigen Texten aller Lektionen und Verständnisübungen aus diesem Kurs – insgesamt 240 Min. Spieldauer – können Sie im Internet oder bei Ihrem Buchhändler bestellen: **limba română**

4 Audio-CDs / ISBN 978-3-89625-182-4
1 MP3-CD / ISBN 978-3-89625-632-4

VORWORT

Sie möchten Rumänisch lernen, und Sie halten nun dieses Buch in den Händen, weil es verspricht, dass Sie die Sprache "ohne Mühe" intuitiv assimilieren. Vielleicht haben Sie ja auch schon Vorkenntnisse in Rumänisch und möchten diese auffrischen und ausbauen? Was auch immer Ihre persönliche Motivation ist, Rumänisch zu lernen – wir können Ihnen garantieren: Mit diesem **Assimil**-Kurs begeben Sie sich entspannt, ohne Anstrengung und in kleinen täglichen Lernschritten auf eine spannende Entdeckungsreise durch diese geschichtsträchtige und klangvolle Sprache.

So bunt und abwechslungsreich wie die Städte und Landschaften des südosteuropäischen Staates – der sich nach dem EU-Beitritt im Jahr 2007 noch einmal herausgeputzt hat – auch sind, so vielfältig sind die Spuren, die Römer, Ungarn, Deutsche, Osmanen, Österreicher und Slawen in der Landessprache hinterlassen haben. Mit Rumänisch erlernen Sie nicht nur die Sprache eines Landes mit reichen Kulturschätzen und noch unberührten Naturlandschaften, das immer mehr Touristen auch aus dem Ausland anzieht und fasziniert. Nicht zuletzt öffnen Kenntnisse des Rumänischen dem Reisenden auch die Tür zu anderen romanischen Sprachen und erleichtern deren Verständnis.

Wenn Sie die **Assimil**-Methode bereits kennen, werden Sie in diesem Kurs die vertraute **Assimil**-Didaktik und die für die Methode typische Progression wiederfinden. Falls **Assimil** für Sie ganz neu ist, so laden wir Sie ein, auf den nächsten Seiten die Besonderheiten dieser einzigartigen Lernmethode zu entdecken, die auf dem intuitiven Assimilieren basiert und mit der Sie in nur einem Band mit wenigen Minuten Aufwand pro Tag anhand von lebendigen und alltagsorientierten Texten mühelos das Niveau B2 des Europäischen Referenzrahmens für Sprachen erreichen.

Und nun wünschen wir Ihnen viel Spaß und Erfolg mit

Rumänisch ohne Mühe!

INHALT

Anhänge

SPRACHGESCHICHTE

Wenn Sie sich mit der rumänischen Sprache beschäftigen, werden Sie vielleicht angesichts verschiedener Dinge überrascht sein:

Zunächst einmal ist Rumänisch nicht nur Amtssprache in Rumänien und Moldawien, wo es von ca. 28 Mio. Menschen gesprochen wird (davon 24 Mio. Muttersprachler). Berücksichtigt man, dass weitere Sprecher in den restlichen Ländern Europas, der Ukraine, Serbien, den USA und Kanada, Israel, der Türkei, Sibirien, Kasachstan und der Region Krasnodar leben, und addiert man die Menschen hinzu, die Rumänisch als Zweitsprache sprechen, so kommt man weltweit auf eine Gesamtzahl von 34 Mio. Sprechern!

Desweiteren werden Sie, wenn Sie auch ein wenig Latein beherrschen, schnell feststellen, dass die Sprache, die sich wie auch andere romanische Sprachen aus dem gesprochenen Latein entwickelt hat, noch zahlreiche Merkmale des Lateinischen aufweist.

Daneben erkennt man im Rumänischen auch die nahe Verwandtschaft mit dem Italienischen, das sich ebenso wie das Rumänische in der Rechtschreibung stark an der tatsächlichen Aussprache orientiert. Jedoch verfügt das Rumänische über eine Reihe von Sonderzeichen für die aus dem Slawischen kommenden Laute, die das Italienische nicht kennt.

Die rumänische Sprache ist reich an Lehnwörtern aus dem Albanischen, dem Türkischen, dem Deutschen, dem Ungarischen, dem Griechischen und diversen slawischen Sprachen. Nicht nur mit dem Italienischen, auch z. B. mit dem Spanischen und dem Französischen teilt sich das Rumänische einige Wörter, Grammatikstrukturen und Ausspracheregeln.

Rumänisch gehört ebenfalls zum Sprachbund der sog. Balkansprachen, da es mit den Sprachen der angrenzenden Nachbarstaaten über Jahrhunderte engen Kontakt hatte und viele Charakteristika von ihnen übernommen hat. Rumänisch kann als Sprache mit zweierlei Verwandtschaft bezeichnet werden: Von der Herkunft her ist es eine romanische Sprache, es hat sich aber in engem Kontakt mit den nicht-romanischen Balkansprachen entwickelt.

Erlernen Sie mit diesem Kurs eine Sprache, die Ihnen die Türen und die Herzen der Menschen in diesem geschichtsträchtigen und faszinierenden Land öffnet, einem Land mit enormer landschaftlicher Vielfalt, Kultur und Tradition, und erleben Sie, wie die Rumänen sich freuen können, wenn ein Ausländer versucht, mit ihnen die "kleine Sprache" Rumänisch zu sprechen!

RUMÄNISCH OHNE MÜHE MIT ASSIMIL

Dieser Kurs richtet sich sowohl an Lerner, für die Rumänisch noch eine ganz unbekannte Sprache ist, als auch an Personen mit Vorkenntnissen, die diese gerne auffrischen möchten. Er vermittelt in 100 Lektionen modernes, lebensnahes Rumänisch. Insgesamt erlernen Sie in diesem Kurs ca. 2.500 Vokabeln. **Rumänisch ohne Mühe** präsentiert Ihnen die Sprache so, wie sie Ihnen im täglichen Leben begegnet. Durch den lebendigen Kontext werden Sie sich sehr schnell mit der Sprache vertraut machen. Die Assimil-Methode bietet eine natürliche Progression: Lassen Sie sich leiten, und Sie werden bequem Ihr Ziel erreichen. Das Geheimnis der **natürlichen Assimilierung** bei Assimil ist die **Regelmäßigkeit des Lernens**: 15–20 Minuten täglich in Gesellschaft Ihres Kurses, und Sie werden schnell Fortschritte machen.

Haben Sie einmal wenig Zeit, so vermindern Sie die Lerndosis lieber, als dass Sie sie ganz streichen. Sie müssen nicht eine komplette Lektion pro Tag durcharbeiten, sondern können diese einfach auf mehrere Tage verteilen. Lesen Sie, bevor Sie beginnen, die Einleitung. Achten Sie auch besonders auf die Erläuterungen zur Aussprache und die Tabelle der Laute am Ende des Buches! Dort wird beschrieben, wie Sie die vereinfachte Lautschrift lesen, die eine wichtige Ergänzung zu den Tonaufnahmen darstellt. Vor allem in der ersten Zeit Ihres Studiums sollten Sie sich die Lauttabelle möglichst oft ansehen und die Laute laut und deutlich nachsprechen.

PASSIVE UND AKTIVE PHASE

Wie alle Assimil-Kurse gliedert sich auch dieser Kurs in eine passive und eine aktive Phase (auch "Zweite Welle"). Bis Lektion 49 lernen Sie zunächst passiv, d. h. Sie sollen nur verstehen, was Sie lesen und hören. Hören Sie häufig die Tonaufnahmen an, machen Sie sich mit der Aussprache vertraut, lesen Sie die Anmerkungen, und absolvieren Sie die Übungen. In dieser Phase bilden Sie noch keine eigenen Sätze.

Mit Lektion 50 beginnt die aktive Phase: Sie finden nun am Ende jeder Lektion den Hinweis "Zweite Welle:", gefolgt von einer Lektionsnummer. Nachdem Sie eine Lektion wie gewohnt bearbeitet haben, gehen Sie zurück zu der angegebenen Lektion, wiederholen diese und formulieren dann den deutschen Dialog auf der rechten

Buchseite auf Rumänisch. Dabei decken Sie die linke Buchseite zu. Dies üben und wiederholen Sie so lange, bis Sie den Text korrekt in die Fremdsprache übersetzen können. Genauso können Sie selbstverständlich auch mit den Übungen verfahren.

AUFBAU DER LEKTIONEN

A. Lektionstext

Auf der linken Buchseite finden Sie den fremdsprachigen Lektionstext. Darunter befindet sich die vereinfachte Lautschrift (siehe Punkt B). Auf der rechten Buchseite sehen Sie die deutsche Übersetzung, sinngemäß und in vielen Fällen auch wörtlich. Auf diese Weise können Sie genau erkennen, welches deutsche Wort welchem rumänischen Wort entspricht.

Der Einfachheit und Übersichtlichkeit halber sind bestimmte Wörter und Symbole in der wörtlichen Übersetzung hochgestellt. Hierzu zählen Pronomen (Fürwörter), die an die entsprechende Verbform angehängt sind. Bei Nomen und Adjektiven stehen angehängte Genusmarkerzeichen, um anzuzeigen, ob ein Wort männlich (♂), weiblich (♀) oder sächlich (ø) ist (zwei Genusmarker = Plural).

Satzteile oder Ausdrücke im Deutschen, die im rumänischen Text nicht vorkommen, jedoch für das Verständnis oder für die korrekte Syntax des Deutschen wichtig sind, sind in eckige Klammern [...] eingeschlossen. Eingekreiste Ziffern am Satzende im rumänischen Dialog verweisen auf die Anmerkungen (siehe Punkt C).

B. Vereinfachte Lautschrift

In den ersten sechs Lektionen finden Sie unter jedem rumänischen Lektionssatz die dazugehörige vereinfachte Lautschrift. Ab Lektion 8 steht die phonetische Transkription aller rumänischen Sätze der jeweiligen Seite in einem separaten, mit **Pronunţie** "Aussprache" überschriebenen Absatz. Bei der Lautschrift handelt es sich nicht um die internationale Lautschrift, sondern um eine speziell von Assimil entwickelte Phonetik, die Ihnen die Aussprache des Rumänischen erleichtern soll. Wie Sie die Phonetik lesen, wird auf den letzten Buchseiten im Kapitel "Die Aussprache des Rumänischen" (Seite 527 ff.) erläutert. Ab Lektion 15 werden nur noch die Ausdrücke in vereinfachter Lautschrift wiedergegeben, deren Aussprache schwierig oder ungewöhnlich ist. Im weiteren Verlauf des Kurses wird die Lautschrift immer mehr reduziert.

C. Anmerkungen
Die den Ziffern zugeordneten Anmerkungen befinden sich stets auf derselben Buchdoppelseite. Dies erspart Ihnen umständliches Hin- und Herblättern. Die Anmerkungen enthalten in Kürze wichtige Informationen zum Verständnis des jeweiligen Satzes, eines Satzteils oder eines Wortes. Es kann sich hierbei um Erläuterungen zur Grammatik, ergänzenden Wortschatz, Synonyme sowie Antonyme und gelegentlich landeskundliche Details handeln.

D. Verständnisübung mit Lösung
Die 1. Übung jeder Lektion ist eine aus wenigen rumänischen Sätzen bestehende Verständnisübung, in der das Vokabular der aktuellen Lektion und der vorhergehenden Lektionen aufgegriffen und in einen anderen Kontext eingebettet wird. Anhand dieser Übung können Sie feststellen, ob Sie den bisher kennengelernten Wortschatz verstanden und assimiliert – also verinnerlicht – haben. Die Lösung dieser Übung finden Sie in Form der deutschen Übersetzung der Übungssätze auf der jeweils gegenüberliegenden Buchseite.

E. Lückentextübung mit Lösung
Die 2. Übung ist eine Lückentextübung, die ebenfalls auf dem bislang erlernten Vokabular basiert. Hier sind auf der Grundlage der angegebenen deutschen Sätze in den darunter stehenden rumänischen Sätzen fehlende Wörter zu ergänzen. Die "Lücken" werden durch rechteckige Kästchen dargestellt, wobei jedes Kästchen für einen Buchstaben steht. Die Lösung zu dieser Übung, d. h. die Wörter, die Sie einsetzen müssen, finden Sie auf der rechten Buchseite.

F. Motivationshinweise und Lerntipps
Gelegentlich finden Sie kleine Absätze in Kursivschrift, die dazu dienen sollen, Sie zu ermuntern und zu motivieren, Sie also sozusagen "bei Laune zu halten". Sie enthalten wichtige Tipps für das effektive Lernen und für Situationen, in denen Sie auf Schwierigkeiten stoßen oder in denen Sie sich evtl. etwas demotiviert fühlen. In den ersten Lektionen werden Ihnen darüber hinaus auch kleine "Regieanweisungen" helfen, sich besser in den Lektionen zurechtzufinden.

G. Wiederholungslektionen
In jeder 7. Lektion wird in systematischer Form die Grammatik der vergangenen sechs Lektionen wiederholt, vertieft und anhand von Beispielen erläutert. In diesen Lektionen finden Sie u. a. Konju-

gations-, Deklinations- und Wortschatzlisten, die Sie vielleicht in den Lektionen vermisst haben. Ein grammatikalischer Index am Ende des Buches erleichtert Ihnen das gezielte Wiederauffinden bestimmter grammatikalischer Informationen in diesen Wiederholungslektionen.

H. Illustrationen
Schenken Sie schließlich auch unseren Illustrationen ein bisschen Aufmerksamkeit. Jede Zeichnung steht in Zusammenhang mit einem Satz aus der jeweiligen Lektion, den Sie sich vielleicht besser merken können, wenn Sie ihn mit einem Bild bzw. einer Situation verbinden.

I. Tonaufnahmen
Sie können zwar auch mit dem Buch alleine lernen, wir empfehlen Ihnen dennoch dringend, die Tonaufnahmen auf vier Audio-CDs oder einer MP3-CD zu erwerben. Sie enthalten sämtliche rumänischen Lektions- und Verständnisübungstexte. Professionelle Sprecherinnen und Sprecher gewährleisten eine hohe Authentizität in Aussprache, Betonung und Satzmelodie. In den ersten dreizehn Lektionen ist der Lektionstext zweimal aufgenommen. Zu Beginn werden alle Lektionstexte eher langsam gesprochen, dann wird das Sprechtempo progressiv gesteigert. Die Wiederholungslektionen sind mit Ausnahme der jeweils abschließenden Verständnis-/Formulierungsübung nicht auf den Aufnahmen enthalten.

ARBEITSWEISE

1. Hören Sie sich zunächst die komplette Lektion mehrmals hintereinander auf den Tonaufnahmen an, und vergleichen Sie die Aussprache mit der vereinfachten Lautschrift unter dem Lektionstext.

2. Hören Sie sich dann die Aufnahmen erneut an, und lesen Sie den rumänischen Text Satz für Satz laut mit. Machen Sie sich aber vor allem zu Beginn keinen Stress mit der Aussprache! Akzeptieren Sie, dass Ihr Ohr sich erst allmählich an die fremden Laute gewöhnt und Sie eine gewisse Zeit brauchen, um diese zu hören und zu erzeugen. Lesen Sie parallel auch die Übersetzung auf der rechten Seite.

3. Lesen Sie die den jeweiligen Sätzen zugeordneten Anmerkungen.

4. Lesen Sie dann jeden Satz so oft laut, bis Sie ihn wiederholen können, ohne ins Buch zu sehen.
5. Hören Sie sich die Lektion noch einmal komplett an.
6. Wenn Sie den Lektionstext verstanden, sich mit der Aussprache vertraut gemacht und die Anmerkungen gelesen haben, absolvieren Sie die Verständnisübung, am besten schriftlich.
7. Arbeiten Sie anschließend, am besten schriftlich, die Lückentextübung durch, natürlich ohne zwischendurch auf die Lösung zu sehen! Um die Lückentextübungen auch mehrfach bearbeiten zu können, raten wir Ihnen dazu, die Lösung nicht direkt ins Buch, sondern auf ein Blatt Papier oder in ein Heft einzutragen.
8. Gehen Sie erst dann zur nächsten Lektion über, wenn Sie den Text der aktuellen Lektion problemlos verstehen können!

VIEL SPASS MIT DIESEM BUCH!

Auf der linken Seite steht der rumänische Lektionstext. Unter jedem Satz finden Sie die jeweilige vereinfachte Lautschrift (siehe Tabelle am Buchende). ▼

1 Lecţia întâia [*läkzja întîja*]

O limbă uşoară
[*o l**i**mb^a uscho**a**r^a*]

1 – Sunt**e**ţi rom**â**n? ①
[*ßunt**ä**z^j rom**î**n*]

2 – N**u** sunt rom**â**n, ②
[*n**u** ßunt rom**î**n*]

3 sunt stră**i**n, itali**a**n.
[*ßunt ßtr^a-**i**n italj**a**n*]

4 – Vorb**i**ţi b**i**ne l**i**mba rom**â**nă! ③ ④ ⑤
[*wOrb**i**z^j b**i**ne l**i**mba rom**î**n^a*]

5 – Vorb**e**sc b**i**ne român**e**şte,
[*wOrb**ä**ßk b**i**ne romîn**ä**schtä*]

6 p**e**ntru că român**a** **e**ste o l**i**mbă uşo**a**ră! ⑥
[*p**ä**ntru k^a romîn**a** **jä**ßtä o l**i**mb^a uscho**a**r^a*]

ANMERKUNGEN

① Das **â** [*î*] hat im Deutschen keine Entsprechung. Es wird leicht nasaliert gesprochen, ein wenig wie der Auslaut von "Mannequ<u>in</u>".

Auf der rechten Seite sehen Sie die entsprechende deutsche Übersetzung, einmal sinngemäß und einmal in Klammern darunter wörtlich. ▼

Erste Lektion

Eine einfache Sprache

1 – Sind Sie (sind[Sie]) Rumäne?

2 – Ich bin kein Rumäne,
(nicht bin[ich] Rumäne),

3 ich bin Ausländer, Italiener.
(bin[ich] fremd, Italiener).

4 – Sie sprechen gut die rumänische Sprache!
(sprechen[Sie] gut Sprache-die rumänisch!)

5 – Ich spreche gut Rumänisch,

6 weil Rumänisch eine einfache Sprache ist!
(für dass Rumänisch-die ist[sie] eine Sprache leicht!)

② Um eine Aussage zu verneinen, wird ihr **nu** "nicht" vorangestellt. **Nu** bedeutet auch "Nein".

③ Die Verwendung der Personalpronomen (persönliche Fürwörter) ist nicht zwingend. An der Form des Verbs (Tätigkeitswort) lässt sich die Person bereits ablesen.

④ **limba** (♀) endet hier nicht auf -**ă**, sondern auf -**a**, weil **a** der bestimmte Artikel (Geschlechtswort "der", "die" oder "das") ist und Artikel jeweils an das Nomen (Hauptwort) angehängt werden.

⑤ Sprechen Sie den Vokal **ă** nicht wie ein offenes [*a*], sondern etwa wie den Auslaut von z. B. "Katze", also eher kurz und geschlossen.

⑥ Sprachenbezeichnungen sind weiblich. "Ich spreche Rumänisch" kann mit **Vorbesc limba română** oder **Vorbesc româna** ausgedrückt werden. Ebenso **Nu sunt român, dar vorbesc româneşte.** "Ich bin kein Rumäne, aber ich spreche Rumänisch."

Übung 1, die **Verständnisübung**, enthält bekannte Wörter, teilweise in einem neuen Kontext. Auf den Tonaufnahmen hören Sie zu Beginn **Exerciţiul 1 – Traduceţi** [*ägsertschiziul unu – tradutschäz*^{j}] "Übung 1: Übersetzen Sie!". Überprüfen Sie, ob Sie alle Wörter erkennen und neu zusammengestellte Sätze verstehen. ▼

ÜBUNG 1: Verstehen Sie diese Sätze?

❶ Sunt**e**ţi stră**i**n? ❷ Nu sunt stră**i**n. ❸ Nu vorb**i**ţi român**e**şte? ❹ L**i**mba rom**â**nă e uşo**a**ră. ❺ Vorb**e**sc rom**â**na.

Die zweite Übung ist eine **Lückentextübung**. Jedes Feld steht für einen Buchstaben des fehlenden Wortes. Diese Übung ist nicht vertont. ▼

ÜBUNG 2: Setzen Sie die fehlenden Wörter ein!

❶ Ich bin kein Rumäne.
Nu sunt ▢▢▢▢▢.

❷ Ich bin Ausländer.
▢▢▢▢ străin.

❸ Sprechen Sie die rumänische Sprache?
Vorbiţi ▢▢▢▢▢ română?

❹ Rumänisch ist eine einfache Sprache.
Româna este o limbă ▢▢▢▢▢▢.

❺ Ich spreche Rumänisch.
▢▢▢▢▢▢▢ româneşte.

Die **Lösungen** zu den Übungen, d. h. die korrekte Übersetzung bzw. die fehlenden Wörter, stehen direkt gegenüber bzw. am Übungsende. So verlieren Sie keine Zeit mit Suchen und können Ihren Lernerfolg schneller kontrollieren.

▼

Lösung der 1. Übung: Haben Sie verstanden?

❶ Sind Sie Ausländer (sind[Sie] fremd)? ❷ Ich bin kein Ausländer (nicht bin[ich] fremd). ❸ Sprechen Sie kein Rumänisch (nicht sprechen[Sie] Rumänisch)? ❹ Die rumänische Sprache ist einfach. ❺ Ich spreche Rumänisch.

Am Anfang sollten Sie zufrieden sein, wenn Sie die Dialoge beim Lesen und Hören verstehen. Machen Sie sich nicht allzu viele Gedanken über die fremden Laute. Denken Sie immer daran, dass Sie mit der Zeit und durch tägliches Lesen und Nachsprechen ein Gefühl für die rumänischen Laute bekommen.

Lösung der 2. Übung: Die fehlenden Wörter.

❶ român ❷ Sunt ❸ limba ❹ uşoară ❺ Vorbesc.

Zu Beginn liegt der Schwerpunkt auf dem Hören und Verstehen. Sehen Sie sich möglichst oft die Liste der Laute am Ende des Buches an, und sprechen Sie die Laute bzw. die Lektionssätze langsam nach. Und wenn es mit dem Nachsprechen nicht auf Anhieb klappen will: Geduld! Akzeptieren Sie, dass Ihr Ohr sich nur allmählich an die rumänischen Laute gewöhnt und Sie einige Zeit brauchen werden, um diese Laute zu erzeugen. Machen Sie sich keinen Stress mit der Aussprache; wichtiger ist das spontane Verstehen!

2 Lecţia a doua [*läkzja a doa*]

Doamna Ionescu merge la piaţă
[*doamna jonäßku märje la pjatß^{a}*]

1 – Bună ziua, doamnă Ionescu! ① ②
[*bun^{a} siua doamn^{a} jonäßku*]

2 Ce mai faceţi? ③
[*tsche mai fatschäz^{i}*]

3 – Mulţumesc, bine, domnule Popescu! ④
[*mulzumäßk binä dOmnulä popäßku*]

4 Sunt grăbită, merg la piaţă. ⑤
[*ßunt gr^{a}bit^{a} märg la pjaz^{a}*]

5 – La revedere, pe curând! ⑥
[*la räwädärä pä kurînd*]

Exerciţiul 1: Înţelegeţi aceste propoziţii?

❶ Bună ziua! ❷ Ce mai faceţi, domnule Popescu? ❸ Bine, mulţumesc. ❹ Merg la piaţă. ❺ La revedere!

Zweite Lektion

Frau Ionescu geht auf den Markt

1 – Guten Tag (gut Tag♀-die), Frau Ionescu!

2 Wie geht es Ihnen?
(was noch machen[Sie]?)

3 – Danke (danke[ich]), gut, Herr Popescu!

4 Ich habe es eilig, ich gehe auf den Markt.
(bin[ich] eilig, gehe[ich] zu Markt♀.)

5 – Auf Wiedersehen, bis bald!
(zu wiedersehen, auf bald!)

ANMERKUNGEN

① Die Grundform von **ziua** ist **zi** "Tag"; ihm wird der bestimmte Artikel **-a** angehängt. Das eingeschobene **u** hat nur phonetische Funktion.

② **doamnă** "Frau" ist hier ein Vokativ (Anredeform). Der Nominativ (Grundform) lautet ebenfalls **doamnă**. Die Form **Doamna** im Titel trägt am Ende anstelle von **-ă** den bestimmten Artikel **-a**: "die Frau".

③ **Ce mai faceţi?** ist eine Form der Begrüßung; gleichzeitig erkundigt man sich nach dem Wohlergehen der angesprochenen Person.

④ Auch **domnule** von **domn** "Herr" ist eine Anredeform.

⑤ Das rumänische **r** wird immer gerollt. Man hört mitunter Sprecher, die das **r** in der Kehle bilden; dies gilt jedoch als fehlerhafte Aussprache.

⑥ Man hört oft, dass die Abschiedsfloskel **La revedere!** "Auf Wiedersehen!" durch **… (şi) o zi bună!** "… und einen schönen Tag!" (… (und) eine Tag gut!) ergänzt wird.

Soluţia exerciţiului 1: Aţi înţeles?

❶ Guten Tag! ❷ Wie geht es Ihnen, Herr Popescu? ❸ Gut, danke. ❹ Ich gehe auf den Markt. ❺ Auf Wiedersehen!

Exerciţiul 2: Completaţi locurile libere cu cuvintele care lipsesc!

❶ Ich♀ habe es eilig.
Sunt ______.

❷ Ich gehe auf den Markt.
Merg la ______.

❸ Guten Tag, [gnädige] Frau!
Bună ziua, ______!

3 Lecţia a treia [*läkzja a träja*]

Ai noroc
[*ai nOrok*]

1 – S**u**nt străin**ă** în Bucur**e**şti, ① ②
[*ßunt ßtr^{a}-**in**^{a} la bukur**ä**scht^{i}*]

2 şi s**i**ngură nu **e**ste del**o**c uş**o**r. ③ ④
[*schi ß**i**ngur^{a} nu **jä**ßtä del**O**k usch**O**r*]

3 Nu am cu c**i**ne vorb**i**.
[*nu am ku tsch**i**ne wOrb**i***]

4 – **A**i nor**o**c cu n**o**i: ⑤
[***a**i nor**O**k ku n**O**i*]

5 ac**u**m sunt**e**m a**i**ci,
[*ak**u**m ßunt**ä**m a**i**tsch^{j}*]

6 şi av**e**m pri**e**teni în or**a**ş. ⑥ ⑦
[*schi aw**ä**m pri**ä**tän^{j} în Or**a**sch*]

ANMERKUNGEN

① **străin** "fremd, ausländisch" ist ein Adjektiv (Eigenschaftswort) und ein Nomen: "Ausländer, Fremder". Das Femininum, also die weibliche Form, wird gebildet, indem man der männlichen die Endung -**ă** anfügt.

② Leider ist hier auf den Tonaufnahmen ein kleiner Fehler unterlaufen: Die Präposition **la** zeigt eine Bewegungsrichtung an: "nach, zu". Korrekt muss hier für das statische "in" die Präposition **în** verwendet werden.

④ Bis bald!

Pe ______!

⑤ Gut, danke.

Bine, ________.

Soluţia exerciţiului 2: Cuvintele care lipsesc.

❶ grăbită ❷ piaţă ❸ doamnă ❹ curând ❺ mulţumesc.

Dritte Lektion

Du hast Glück!

1 – Ich bin fremd in Bukarest$^{\varnothing}$,

2 und allein; das ist überhaupt nicht einfach (nicht ist^{es} überhaupt einfach).

3 Ich habe niemanden, mit dem ich sprechen [kann]. (nicht habe^{ich} mit wer sprechen.)

4 – Du hast Glück$^{\varnothing}$ mit uns:

5 Jetzt sind wir hier,

6 und wir haben Freunde in der Stadt$^{\varnothing}$.

③ Auch **singură** "allein, einsam" ist eine weibliche Form, wie Sie am **-ă** erkennen. **Singur**, **-ă** bedeutet auch "einziger, einzige".

④ Hören Sie das [*j*] im Anlaut von **este** "er/sie/es ist"? Die Rumänen bevorzugen oft die verkürzte Form **e** [*jä*].

⑤ **Noroc!** wird auch benutzt, wenn man sich mit einem Getränk zuprostet: "Zum Wohl!"

⑥ **în**: **â** und **î** sind grafische Varianten für ein- und denselben Laut, transkribiert mit [*î*]. Warum es unterschiedliche Schreibweisen gibt, hat sprachgeschichtliche Gründe, auf die wir später noch eingehen.

⑦ Das **i** am Wortende wird, wenn es nicht betont ist, kaum gesprochen; man nennt dies "palatalisiert". Es ist u. a. das Kennzeichen für das Maskulinum Plural (männlich Mehrzahl), hier **prieteni** "Freunde" von **prieten** "Freund, Bekannter, Partner".

Exercițiul 1: Înțelegeți aceste propoziții?

❶ Sunt străină în oraș. ❷ Nu am noroc. ❸ Cine este Ionescu? ❹ Sunt în București! ❺ E ușor!

Konzentrieren Sie sich gegenwärtig ganz auf das Verstehen des Textes. Hören Sie sich die Tonaufnahmen der aktuellen Lektion möglichst täglich an – insgesamt reichen 15-20 Minuten Lernzeit. Machen Sie sich keine Gedanken über Dinge, die vielleicht bis jetzt noch nicht erklärt wurden; die Erklärung wird zu gegebener Zeit kommen. In den Anmerkungen finden Sie nur die Erläuterungen, die Sie im Moment benötigen, um den entsprechenden Satz zu verstehen.

Exercițiul 2: Completați locurile libere cu cuvintele care lipsesc!

❶ Ich♀ bin fremd in Bukarest.

Sunt străină în ....

❷ Ich habe [niemanden], mit dem ich reden [kann].

Nu am cu cine ..... .

❸ Ich♀ habe keine Freunde hier, ich bin alleine.

Nu am .... aici, sunt ....

4 Lecția a patra [*läkzja a patra*]

Ziarul e pe frigider
[*sijarul jä pä frijidär*]

1 – **U**nde e zi**a**rul de **a**zi? ① ②
[*undä jä sijarul dä as*ʲ]

2 – Pe m**a**să, în sufrager**i**e. ③ ④
[*pä maßª în ßufrajäriä*]

ANMERKUNGEN

① In **ziar** "Zeitung" ebenso wie in **azi** "heute" erkennen Sie **zi** "Tag". **Ziarul** endet auf **-ul**, dem bestimmten Artikel für das Maskulinum, der dem Wort direkt angehängt wird.

Soluţia exerciţiului 1: Aţi înţeles?

❶ Ich♀ bin fremd in der Stadt. ❷ Ich habe kein Glück. ❸ Wer ist Ionescu? ❹ Ich bin in Bukarest! ❺ Das ist einfach!

❹ Wir haben Glück.

Avem ▒▒▒▒▒.

❺ Wir sind hier.

Suntem ▒▒▒▒.

Soluţia exerciţiului 2: Cuvintele care lipsesc.

❶ Bucureşti ❷ vorbi ❸ prieteni – singură ❹ noroc ❺ aici.

Vierte Lektion

Die Zeitung ist auf dem Kühlschrank

1 – Wo ist die Zeitung (Zeitung∅-das) von heute?

2 – Auf [dem] Tisch♀, im Wohnzimmer♀.

② Ein Synonym für **azi** "heute" lautet **astăzi**.

③ **frigider**, **sufragerie**: Folgt auf **g** ein **i** oder ein **e**, wird das **g** so ausgesprochen wie der Anlaut von "Jeans" oder "Dschungel".

④ **sufragerie** wird meist in der Bedeutung "Wohnzimmer" benutzt; es kann aber auch das "Esszimmer" sein; der Kontext entscheidet hierüber.

3 – N**u** e n**i**ci pe m**a**să, n**i**ci sub m**a**să. ⑤
[*nu jä n**i**tsch[i] pä m**a**ß[a] n**i**tsch[i] ßub m**a**ß[a]*]

4 – C**a**ută în dormit**o**r şi în bucătăr**i**e!
[*k**a**ut[a] în dOrmitOr schi în buk[a]t[a]r**i**e*]

5 – E a**i**ci, pe frigid**e**r! ⑥
[*jä a**i**tsch[i] pä frijid**ä**r*]

Exerciţiul 1: Înţelegeţi aceste propoziţii?

❶ Zi**a**rul e sub m**a**să. ❷ N**o**i sunt**e**m în sufrager**i**e. ❸ C**a**ută în frigid**e**r! ❹ N**i**ci n**o**i n**i**ci d**o**mnul Pop**e**scu nu av**e**m pri**e**teni. ❺ **U**nde **e**ste pi**a**ţa?

> *Dank der wörtlichen Übersetzungen in runden Klammern wird Ihnen die Struktur der rumänischen Sprache schnell vertraut werden.*

Exerciţiul 2: Completaţi locurile libere cu cuvintele care lipsesc!

❶ Die Zeitung von heute ist hier, im Schlafzimmer.
Ziarul ___ ___ e aici, în ________.

❷ Frau Popescu ist in der Küche.
Doamna Popescu este în ________.

❸ Wo ist heute ein Markt?
Unde este _____ azi?

❹ Der Kühlschrank ist im Wohn-/Esszimmer.
__________ este în sufragerie.

❺ Such die Zeitung!
_____ ziarul!

3 – Sie ist (ist[es]) weder auf [dem] Tisch, noch unter [dem] Tisch.

4 – Such im Schlafzimmer[Ø] und in [der] Küche♀!

5 – Sie ist hier, auf [dem] Kühlschrank[Ø]!

⑤ **pe masă**, **sub masă**: Sie treffen in dieser Lektion auf diverse Nomen, denen eine Präposition (Verhältniswort) vorangeht. In diesem Fall wird der bestimmte Artikel weggelassen, das Nomen wird als unbestimmt angesehen.

⑥ Mit **frigider** haben die Rumänen einen Begriff übernommen, der ursprünglich ein amerikanischer Markenname war. Passenderweise lautet das rumänische Wort für "kalt" **frig**.

Soluţia exerciţiului 1: Aţi înţeles?

❶ Die Zeitung ist unter dem Tisch. ❷ Wir sind im Wohn-/ Esszimmer. ❸ Such im Kühlschrank! ❹ Weder wir noch Herr Popescu (nicht) haben Freunde. ❺ Wo ist der Markt?

Soluţia exerciţiului 2: Cuvintele care lipsesc.

❶ de azi – dormitor ❷ bucătărie ❸ piaţă ❹ Frigiderul ❺ Caută.

5 Lecţia a cincea [*läkzja a tschintscha*]

Mai târziu
[*mai tîrsiu*]

1 – Nu bem repede o cafea? ①
[*nu bäm räpädä O kafea*]

2 Nu ştiu de ce sunt foarte obosit…
[*nu schtiu dä tschä ßunt fOartä ObOßit*]

3 – Nu am timp acum, sunt grăbit, ②
[*nu am timp akum ßunt grəbit*]

4 poate mai târziu, în oraş. ③
[*pOate mai tîrsiu în Orasch*]

5 – Bine, te sun eu pe mobil! ④
[*binä tä ßun jäu pä mObil*]

Exerciţiul 1: Înţelegeţi aceste propoziţii?

❶ Bem o cafea în bucătărie. ❷ Sunt grăbit, merg în oraş. ❸ Domnul Ionescu este obosit. ❹ Nu avem timp. ❺ Te sun pe mobil mai târziu.

Fünfte Lektion

Später

1 – Wollen wir nicht schnell einen Kaffee trinken?
(nicht trinken^wir schnell eine Kaffee♀?)

2 Ich weiß nicht warum (von was), ich bin sehr müde …

3 – Ich habe jetzt keine Zeit^ø, ich habe es eilig,

4 vielleicht später (mehr spät), in der Stadt.

5 – Gut, ich rufe dich auf dem Handy an (dich rufe^ich-an ich auf Handy^ø)!

ANMERKUNGEN

① Merken Sie sich auch den Infinitiv (Grundform) **a bea** "trinken" und die 1. Person Singular **eu beau** "ich trinke".

② In Lektion 2 haben Sie die weibliche Form **grăbită** "eilig" kennengelernt, hier sehen Sie das männliche Pendant **grăbit**.

③ Mit **mai** "mehr", **cafea** "Kaffee", **foarte** "sehr" und **poate** "vielleicht" haben Sie einige Beispiele dafür kennengelernt, dass das Rumänische über sehr viele Diphthonge (Doppelvokale) verfügt.

④ Alternativ könnte man auch **eu te sun pe mobil** sagen.

Mittlerweile haben Sie noch etwas Wichtiges feststellen können: Bis auf Satzanfänge und Eigennamen beginnen alle Wörter mit einem Kleinbuchstaben.

Soluţia exerciţiului 1: Aţi înţeles?

❶ Wir trinken einen Kaffee in der Küche. ❷ Ich♂ habe es eilig, ich gehe in die Stadt. ❸ Herr Ionescu ist müde. ❹ Wir haben keine Zeit. ❺ Ich rufe dich später auf [deinem] Handy an.

Exercițiul 2: Completați locurile libere cu cuvintele care lipsesc!

❶ Frau Popescu hat es sehr eilig.

Doamna Popescu este ____ grăbită.

❷ Ich habe heute keine Zeit.

Eu nu am ____ azi.

❸ Auf dem Tisch ist ein Kaffee.

Pe masă __ o ____.

6 Lecția a șasea [*läkzja a schaßea*]

Cu plăcere!

[*ku plötschärä*]

1 – Avem noroc! E o zi frumoasă! ①
[*awäm norOk jä o si frumoaß[a]*]

2 – E frumos și e foarte cald …
[*jä frumOß schi jä fOarte kald*]

3 – Nu vrei o bere rece? ②
[*nu wräi o bärä rätschä*]

4 Eu plătesc!
[*jäu platäßk*]

5 – Dacă plătești tu, da, cu plăcere! ③
[*daka platäscht[i] tu da ku platschärä*]

6 Suntem chiar lângă un restaurant. ④ ⑤ ⑥
[*ßuntäm kjar lîng[a] un räßtaurant*]

Vergessen Sie nicht, die Wörter dort zu betonen, wo der Vokal fett gedruckt ist. Im Rumänischen kann die Betonung wandern und auf den unterschiedlichsten Silben liegen. Dies verleiht der Sprache ihre einzigartige Musikalität.

❹ Die Zeitung ist vielleicht im Wohn-/Esszimmer.

Ziarul este ____ în sufragerie.

❺ Ich weiß nicht, warum sie es eilig hat.

Nu ____ de ce este grăbită.

Soluţia exerciţiului 2: Cuvintele care lipsesc.

❶ foarte ❷ timp ❸ e – cafea ❹ poate ❺ ştiu.

Sechste Lektion

Gerne (mit Vergnügen)!

1 – Wir haben Glück! Es ist ein schöner Tag (Tag♀ schön)!

2 – Es ist schön, und es ist sehr warm …

3 – Willst du nicht ein kühles Bier (Bier♀ kühl)?

4 *Ich* bezahle!

5 – Wenn du bezahlst (wenn bezahlst[du] du), ja, gerne (mit Vergnügen♀)!

6 Wir sind genau neben einem Restaurant[ø].

ANMERKUNGEN

① Wie im Deutschen werden Wendungen, die die Wetterlage beschreiben, mit "sein" + Adjektiv gebildet: **e frumos** "es ist schön", **e cald** "es ist warm", **e frig** "es ist kalt", … Ebenso: **e târziu** "es ist spät".

② Die Lautfolge **ce** in **rece** "frisch, kühl" wird [*tschä*] gesprochen, die Lautfolge **ci** in **cine** [*tschi*]. Sehen Sie sich besonders in der Anfangszeit häufig die Beschreibung der Laute am Ende des Buches an.

③ Die Personalpronomen müssen nicht zwingend verwendet werden; in der Regel ist die jeweilige Person an der Verbform erkennbar. Im vorherigen und in diesem Satz wird hingegen das Personalpronomen benutzt, um die betreffende Person hervorzuheben; in Satz 4 ist dies am kursiv gesetzten "*Ich*" erkennbar.

④ **lângă** bedeutet "neben, in der Nähe von".

⑤ Bei der Aussprache des Wortes **restaurant** hören Sie, dass alle Buchstaben eines Wortes gesprochen werden.

⑥ Es ist in Rumänien durchaus möglich, in einem Restaurant nur ein Bier zu trinken.

Exerciţiul 1: Înţelegeţi aceste propoziţii?

❶ E frumos astăzi. ❷ Nu e rece. ❸ Repede, e târziu. ❹ Vrei o cafea? ❺ Nu e cald în frigider!

Exerciţiul 2: Completaţi locurile libere cu cuvintele care lipsesc!

❶ Ich bezahle heute nicht.

Eu nu ______ azi.

❷ Trinken wir ein kühles Bier?

Bem o ____ rece?

❸ Gerne!/Mit Vergnügen!

Cu ______!

❹ Die Küche ist neben dem Wohn-/Esszimmer.

Bucătăria este ____ sufragerie.

❺ Wenn es schön ist, gehe ich in die Stadt.

____ e ______, merg în oraş.

7 Lecţia a şaptea [*läkzja a schaptäa*]

Wiederholung und Anmerkungen

Dies ist Ihre erste Wiederholungslektion, in der der Stoff der Lektionen 1-6 noch einmal systematisch wiederholt und anhand von Beispielen vertieft wird. Lesen Sie diese Lektion ruhig mehrmals durch. So prägen Sie sich die Informationen strukturiert ein und werden bereits bekannten Wortschatz und grammatikalische Strukturen leichter wiedererkennen und verstehen. Lernen Sie aber bitte nicht auswendig! Das ermöglicht Ihnen nur, die Sätze oder Wörter später "abzuspulen", aber Sie kennen dann den Sinn nicht.

Auf den Tonaufnahmen hören Sie in dieser Lektion neben der Lektionsnummer auch die Verständnisübung (**Dialog de recapitulare** "Wiederholungsdialog"), die den Abschluss dieser Lektion bildet.

Soluţia exerciţiului 1: Aţi înţeles?

❶ Es ist schön heute. ❷ Es ist nicht frisch. ❸ Schnell, es ist spät. ❹ Möchtest du einen Kaffee? ❺ Es ist nicht warm im Kühlschrank!

Soluţia exerciţiului 2: Cuvintele care lipsesc.

❶ plătesc ❷ bere ❸ plăcere ❹ lângă ❺ Dacă – frumos.

Siebte Lektion

1. Aussprache

Sie haben sich in den ersten Lektionen bereits ein wenig mit der Aussprache des Rumänischen vertraut gemacht. Einige Laute sind für Sie noch ungewohnt. Schlagen Sie besonders in der ersten Zeit immer wieder die Liste der Laute am Ende des Buches auf, und lesen Sie sich die Lautbeschreibungen in Ruhe durch.

Es mag Sie vielleicht beruhigen, dass jeder Buchstabe, ob Vokal oder Konsonant, genau einem Laut entspricht, und dass jeder Buchstabe gesprochen wird. Dass bestimmte Vokale in ganz genau umrissenen Fällen die Aussprache verändern können, mag am Anfang vielleicht eine kleine Schwierigkeit für Sie darstellen. Lassen Sie sich davon jedoch nicht aus der Ruhe bringen. Mit der Zeit werden Sie auch diese Ausnahmen verinnerlichen.

Sie haben auch Bekanntschaft mit den Buchstaben **î** und **â** gemacht, die grafische Varianten für ein- und denselben Laut sind. Dieser Laut hat keine Entsprechung im Deutschen; hier hilft es Ihnen, möglichst oft aufmerksam die Tonaufnahmen anzuhören.

Verwechseln Sie **â** nicht mit **ă**, dessen Aussprache zwar stark nach [*a*] klingt, jedoch wird dieses [*a*] nicht offen wie im Deutschen gesprochen, sondern es tendiert ein wenig in Richtung eines dumpfen [*e*] wie im Auslaut von "Katze".

Die Buchstaben **k**, **q**, **w** und **y** tauchen nur in Eigennamen aus anderen Sprachen und in internationalen Ausdrücken auf.

2. Personalpronomen (persönliche Fürwörter)

Da die Verbform bereits Aufschluss über die handelnde Person gibt, müssen die Personalpronomen nicht unbedingt benutzt werden. Enthält der Satz ein Personalpronomen als Subjekt (Satzgegenstand), so kann dieses vor oder hinter dem Verb stehen. Zwischen **Plătesc** "Ich bezahle", **Eu plătesc** und **Plătesc eu** "Ich bin es, der bezahlt" gibt es also nur einen winzigen stilistischen Unterschied.

Die folgenden Personalpronomen haben Sie in den ersten sechs Lektionen kennen gelernt: **eu** "ich", **tu** "du", **noi** "wir". Beachten Sie, dass dem Pronomen **eu** bei der Aussprache ein kurzes [*j*] vorangeht.

3. Verben

Zunächst einmal muss man wissen, dass allen rumänischen Verben im Infinitiv, d. h. in der Grundform, die Präposition **a** "zu" vorangestellt wird (ähnlich wie den englischen Verben in der Grundform **to** vorangeht). So bedeutet "sein" auf Rumänisch **a fi**, "haben" **a avea**.

Sehen wir uns hier die Verbformen der beiden Hilfsverben an, die Sie bereits angetroffen haben:

- **a fi** "sein": **sunt** "ich bin"; **este** "er/sie ist"; **suntem** "wir sind"; **sunteţi** "Sie sind".

Merken Sie sich außerdem **eşti** "du bist".

Anstelle von **este** hört man in der Umgangssprache sehr häufig **e**.

- **a avea** "haben": **am** "ich habe"; **ai** "du hast"; **avem** "wir haben".

4. Bestimmte und unbestimmte Artikel im Singular

4.1 Bestimmter Artikel

Das Rumänische kennt den bestimmten Artikel ("der, die, das"), jedoch findet sich dieser – im Unterschied zu anderen Sprachen lateinischen Ursprungs – am Ende des Bezugswortes.

Der bestimmte Artikel für Nomen im Maskulinum Singular (männlich Einzahl) beispielsweise lautet -**l**; er wird an das Nomen angehängt. Sie haben hier **domnul** "der Herr" kennengelernt; die Form ohne Artikel lautet **domn** "Herr". Nicht nur das Maskulinum, sondern auch das Neutrum, endet auf -(**u**)**l**.

Die Gründe, warum zwischen Nomen und Artikel ein **u** eingeschoben ist, sind phonetischer Natur: Die Lautgruppe **rl** in ein- und derselben Silbe ist schwierig auszusprechen.

Im Femininum Singular (weiblich Einzahl) lautet der bestimmte Artikel -**a**. Auch dieser wird an das Nomen angehängt. Da zahlreiche weibliche Nomen auf -**ă** enden (denken Sie z. B. an **masă** "Tisch" oder **limbă** "Sprache"), ersetzt der Artikel -**a** einfach das -**ă**. "Der Tisch" heißt also **masa**, und "die Sprache" heißt **limba**. Endet das Nomen auf einen betonten Vokal, so fügt man auch hier, um die Aussprache zu erleichtern, ein **u** ein. So wird aus **zi** "Tag" und **cafea** "Kaffee", die im Rumänischen beide weiblich sind, **ziua** "der Tag" bzw. **cafeaua** "der Kaffee".

4.2 Unbestimmter Artikel

Die Artikel **un** und **o** entsprechen dem deutschen "ein" und "eine". Sie stehen vor dem Bezugswort. Der Artikel **un** steht mit männlichen und neutralen Nomen, der Artikel **o** mit weiblichen (beachten Sie, dass die rumänischen Nomen in vielen Fällen nicht dasselbe grammatische Geschlecht haben wie ihr deutsches Äquivalent!): **un străin** "ein Ausländer"; **un prieten** "ein Freund"; **o piaţă** "ein Markt, Marktplatz", **o bere** "ein Bier".

5. Verständnis-/Formulierungsübung

Wenn Sie sich noch in der passiven Lernphase befinden, lesen Sie die Übungssätze, und überprüfen Sie einfach, ob Sie den Sinn verstehen können – mehr nicht. Vergleichen Sie sie anschließend mit der nachfolgenden Übersetzung.

Befinden Sie sich dagegen in der aktiven Phase, in deren Verlauf Sie ab Lektion 50 nach und nach alle Lektionen – wie ein Dolmetscher – vom Deutschen ausgehend auf Rumänisch formulieren (siehe Erklärungen in der Einleitung), sollten Sie versuchen, diese Übung in der gleichen Weise zu absolvieren, d. h. die deutschen Sätze ins Rumänische übersetzen.

Exerciţiul 1: Înţelegeţi aceste propoziţii?

❶ Sunteţi străină, dar vorbiţi bine româneşte! ❷ Româna este o limbă uşoară. ❸ Am noroc, am prieteni în oraş. ❹ Nu sunt deloc singură şi am cu cine vorbi. ❺ Eşti foarte obosit azi! ❻ Da, nu ştiu de ce… ❼ Nu vrei o cafea? ❽ Plătesc eu la restaurant. ❾ Eu beau o bere. ❿ Cu plăcere, mulţumesc!

Nachdem Sie nun diese Übung absolviert haben, ist es Zeit für die nächste Kurseinheit. Sie werden dort vieles wiederfinden, was Sie bereits angetroffen haben.

8 Lecţia a opta [*läkzja a Opta*]

Legume şi fructe

1 – Bună dimineaţa, domnule doctor! ①

2 Ce cumpăraţi azi?

3 Legume şi fructe, ca de obicei?

4 – Aş vrea o salată, un kilogram de cartofi, ② ③

5 şi un kilogram de carne de porc.

Ab dieser Lektion finden Sie die phonetische Transkription aller rumänischen Sätze der jeweiligen Seite in einem separaten, mit **"Pronunţie"** überschriebenen Absatz. ▼

PRONUNŢIE

[*legumä schi fruktä* **1** *bun^a^ diminaza dOmnule dOktOr* **2** *tsche kump^a^raz^j^ as^j^* **3** *legumä schi fruktä ka dä obitschäi* **4** *asch wrea o ßalat^a^ un kilogram de kartOf^j^* **5** *schi un kilogram de karnä de pOrk*]

Soluţia exerciţiului 1: Aţi înţeles?

❶ Sie sind fremd, aber Sie sprechen gut Rumänisch! ❷ Rumänisch ist eine einfache Sprache. ❸ Ich habe Glück, ich habe Freunde in der Stadt. ❹ Ich bin überhaupt nicht allein, und ich habe jemanden, mit dem ich sprechen [kann]. ❺ Du bist sehr müde heute! ❻ Ja, ich weiß nicht, warum … ❼ Willst du nicht einen Kaffee? ❽ *Ich* bezahle im Restaurant. ❾ Ich trinke ein Bier. ❿ Gerne, danke (danke^ich)!

Auf diese Weise werden sich Wörter und Strukturen langsam in Ihrem Gedächtnis festigen, und Sie werden sehr bald merken, wie schnell Sie Fortschritte machen.

Achte Lektion

Gemüse und Obst

1 – Guten Morgen, Herr Doktor!

2 Was kaufen Sie heute?

3 Gemüse♀♀ und Obst^ØØ, wie gewöhnlich (wie von Angewohnheit^Ø)?

4 – Ich hätte gern (würde^ich wollen) einen Salat♀, ein Kilogramm^Ø Kartoffeln♂♂

5 und ein Kilogramm Schweinefleisch (von Fleisch♀ von Schwein♂).

ANMERKUNGEN

① Mit **Bună dimineaţa** begrüßen sich die Rumänen üblicherweise in der Zeit bis zum Mittag.

② **Aş** wird in der 1. Person Singular für den Konditional Präsens benutzt; dieser Fall drückt einen Wunsch oder eine Bedingung aus.

③ Anstelle von **kilogram** wird in einem eher informellen Kontext mitunter **chil** für "Kilo" benutzt. Den Austausch des **k** durch **ch** findet man auch bei anderen Fremdwörtern.

6 – C**a**rne? Nu m**a**i sunt**e**ţi vegetari**a**n?

7 – Ba da, dar c**â**inele m**e**u ④ ⑤ ⑥

8 refu**z**ă să măn**â**nce sal**a**tă şi cart**o**fi …

PRONUNŢIE

[**6** *k**a**rnä nu m**a**i ßunt**ä**z^j^ wäĵätari**a**n* **7** *ba da dar k**î**nälä m**ä**u* **8** *ref**u**s^a^ ß^a^ m^a^n**î**ntsche ßal**a**t^a^ schi kart**O**f^j^*]

Exerciţiul 1: Înţelegeţi aceste propoziţii?

❶ Aş vr**e**a un kilogr**a**m de c**a**rne de porc. ❷ B**u**nă dimine**a**ţa, do**a**mnă Ion**e**scu! ❸ Nu m**a**i sunt vegetari**a**n. ❹ Ce bem? ❺ C**â**inele ref**u**ză sal**a**ta.

Exerciţiul 2: Completaţi locurile libere cu cuvintele care lipsesc!

❶ Guten Tag, Herr Doktor!
Bună ziua, domnule ______!

❷ Ich möchte Gemüse und Obst.
Aş vrea ______ şi ______.

❸ Ich gehe auf den Markt, wie gewöhnlich.
Merg __ piaţă, __ __ ______.

6 – Fleisch? Sind Sie nicht mehr Vegetarier♂?

7 – Doch, aber mein Hund (Hund♂-der mein)

8 weigert sich, Salat und Kartoffeln zu essen
(verweigert[er] dass würde[er]-essen Salat und Kartoffeln) …

④ **Ba da** "doch" ist eine affirmative Antwort auf eine verneinte Frage.

⑤ **câinele** "der Hund" gehört zu den männlichen Nomen, deren bestimmter Artikel **le** lautet. Da **câine** auf einen Vokal endet, muss zwischen dem Nomen und **le** kein **u** eingeschoben werden.

⑥ Im Unterschied zum Deutschen wird das Possessivpronomen (besitzanzeigendes Fürwort) **meu** "mein" hinter das Substantiv gestellt. Auch Adjektive stehen in der Regel nach dem Substantiv. Sie können auch davor stehen, allerdings nur mit dem bestimmten Artikel: vgl. **patul scump** "das teure Bett" vs. **scumpul pat**.

Soluţia exerciţiului 1: Aţi înţeles?

❶ Ich hätte gern ein Kilogramm Schweinefleisch. ❷ Guten Morgen, Frau Ionescu! ❸ Ich bin nicht mehr Vegetarier. ❹ Was trinken wir? ❺ Der Hund verweigert Salat.

Sie haben schon gemerkt, dass der rumänische Satzbau nicht immer dem deutschen Satzbau entspricht. Sehen Sie sich daher immer wieder die wörtliche deutsche Übersetzung an; so werden Sie schneller mit der Struktur des Rumänischen vertraut.

❹ Wir haben ein Kilo Kartoffeln.
Avem un ▢▢▢▢ de ▢▢▢▢▢▢▢.

❺ Was kaufen Sie?
Ce ▢▢▢▢▢▢▢▢▢▢?

Soluţia exerciţiului 2: Cuvintele care lipsesc.

❶ doctor ❷ legume – fructe ❸ la – ca de obicei ❹ chil – cartofi ❺ cumpăraţi.

9 Lecţia a noua [*läkzja a noa*]

O fotografie de familie

1 – Ce examin**e**zi cu at**â**ta at**e**nţie? ① ②

2 – O fotograf**i**e v**e**che de fam**i**lie… ③

3 – Av**e**ţi o fam**i**lie m**a**re! ④

4 – Da, t**o**ţi sunt prez**e**nţi:

5 bun**i**cii, păr**i**nţii şi nep**o**ţii ⑤

6 – **U**nde **e**şti tu? Nu te recun**o**sc!

7 – Chi**a**r a**i**ci, lângă m**a**ma m**e**a. ⑥

PRONUNŢIE

[*o fotografie de familiä* **1** *tschä ägsaminäs*[j] *ku atîta atänzje* **2** *o fotografiä wäkä de familiä* **3** *awäz*[j] *O familiä mare* **4** *da tOz*[j] *ßunt präsänz*[j] **5** *bunitschii, parinzii schi näpOzii* **6** *undä jäscht*[j] *tu nu tä räkunOßk* **7** *kiar aitsch*[j] *lîng*[a] *mama mea*]

Exerciţiul 1: Înţelegeţi aceste propoziţii?

❶ Nu am famil**i**e în or**a**ş. ❷ Fotograf**i**a **e**ste pe m**a**să. ❸ T**o**ţi nep**o**ţii sunt prez**e**nţi. ❹ Bun**i**cii sunt în bucătărie. ❺ C**i**ne eşti t**u**? Nu te recun**o**sc!

Neunte Lektion

Ein Familienfoto

1 – Was betrachtest du mit solcher Aufmerksamkeit♀?

2 – Ein altes Familienfoto (Fotografie♀ alt von Familie♀) …

3 – Ihr habt eine große Familie (Familie groß)!

4 – Ja, alle sind anwesend:

5 die Großeltern (Großeltern♂♂-die), die Eltern (Eltern♂♂-die) und die Enkel (Enkel♂♂-die).

6 – Wo bist du? Ich erkenne dich nicht!

7 – Genau hier, neben meiner Mutter (Mutter-die meine).

ANMERKUNGEN

① Der Buchstabe **x** wird nicht wie im Deutschen ausgesprochen, sondern [*gs*].

② Das Adjektiv **atâta** "so viel, so sehr, solch, dermaßen" hat hier die weibliche Form, da es sich an das ebenfalls weibliche **atenţie** "Achtung, Aufmerksamkeit" anpasst.

③ **fotografie** kennt keine abgekürzte Form. In einem familiären, informellen Kontext benutzt man für "Foto, Bild" **poză**.

④ Ist Ihnen aufgefallen, dass – ebenso wie bei **fotografie veche** und **câinele meu** – auch bei **familie mare** das Adjektiv hinter dem Substantiv steht?

⑤ Bei **bunicii**, **părinţii** und **nepoţii** kennzeichnet das erste **i** am Wortende die Pluralform des Maskulinums, das zweite **i** ist der bestimmte Artikel für das Maskulinum. Ein weiteres Beispiel: **prieten** "Freund"; **prieteni** "Freunde"; **prietenii** "die Freunde".

⑥ **mea**, das weibliche Possessivpronomen im Singular, ist ein zweisilbiges Wort; die Betonung liegt auf dem **a**.

Soluţia exerciţiului 1: Aţi înţeles?

❶ Ich habe keine Familie in der Stadt. ❷ Das Foto ist auf dem Tisch. ❸ Alle Enkel sind anwesend. ❹ Die Großeltern sind in der Küche. ❺ Wer bist du? Ich erkenne dich nicht!

Exerciţiul 2: Completaţi locurile libere cu cuvintele care lipsesc!

❶ Was machen Sie heute?

___ faceţi ___?

❷ Such aufmerksam (such mit Aufmerksamkeit), sie sind alle hier.

___ cu ___, sunt ___ aici.

❸ Er ist neben Herrn Popescu.

Este ___ domnul Popescu.

❹ Die Großeltern und die Eltern sind alle anwesend.

___ şi ___ sunt toţi ___.

10 Lecţia a zecea [*läkzja a setscha*]

Accente

1 – D**u**pă acc**e**nt, cred că el e din Munt**e**nia, ① ②

2 e**a** e din Mold**o**va ③

3 şi **e**i sunt din Transilv**a**nia.

4 – **A**i dreptate, aş**a**-i! ④

PRONUNŢIE

[*aktsch**ä**nte* **1** *d**u**p^a^ aktsch**ä**nt kräd k^a^ jel je din munt**ä**nja* **2** *j**a** je din mOld**O**wa* **3** *schi j**e**i ßunt din tranßilw**a**nia* **4** ***a**i dreptate ascha-i*]

❺ Meine Familie ist sehr groß.

Familia ___ este ______ mare.

Soluţia exerciţiului 2: Cuvintele care lipsesc.

❶ Ce – azi ❷ Caută – atenţie – toţi ❸ lângă ❹ Bunicii – părinţii – prezenţi ❺ mea – foarte.

***Bună ziua**, **Ce mai faceţi?**, **La revedere!**, **Pe curând!** ...*
Prägen Sie sich niemals einzelne Wörter, sondern immer kurze Sätze und Wendungen im Ganzen ein.

Zehnte Lektion

Akzente

1 – Dem Akzent^Ø nach zu urteilen glaube ich, dass er (ist^er) aus der Großen Walachei♀ kommt,

2 [und] sie ist aus [der Region] Moldau♀,

3 und sie sind aus Siebenbürgen♀.

4 – Du hast Recht♀, so ist es!

ANMERKUNGEN

① **accent**: Doppelkonsonanten (und auch Doppelvokale) sind im Rumänischen extrem selten.

② Die Präposition **din** "von, aus, ab", die eine Herkunft oder Abstammung bezeichnet, setzt sich ursprünglich aus den beiden Präpositionen **de** "von" und **în** "in" zusammen. **Sunt din România.** "Ich komme aus Rumänien." Es kann auch zeitlich im Sinne von "seit" gemeint sein.

③ Moldau: historische Region im Nordosten Rumäniens, die im Osten an die Republik Moldau grenzt. Um die Region Moldau von der Republik Moldau zu unterscheiden, wird letztere manchmal auch als Westmoldau bezeichnet.

④ In **aşa-i** wurde das Verb **este** "ist" zu **e** und dann zu **i**, das sich dann direkt an **aşa** "so" anschließt. Ähnlich verhält es sich bei dem aus L. 3 bekannten **nu este** "ist nicht": Hierfür hört man oft **nu e** bzw. auch **nu-i**.

5 **E**i sunt de z**e**ce **a**ni la Bucur**e**şti ⑤

6 dar **a**u încă un acc**e**nt ardelen**e**sc.

PRONUNŢIE

[**5** *jei ßunt de s**e**tsche **a**ni la bukur**ä**scht^{i}* **6** *dar **a**u înk^{a} un aktsch**ä**nt ardelen**ä**ßk*]

Exerciţiul 1: Înţelegeţi aceste propoziţii?

❶ Cred că e din Bucur**e**şti. ❷ D**u**pă acc**e**nt, e**a** e străin**ă**. ❸ Cred că av**e**ţi drept**a**te. ❹ Aş**a**-i, av**e**m nor**o**c! ❺ Sunt**e**m pri**e**teni de z**e**ce **a**ni.

Exerciţiul 2: Completaţi locurile libere cu cuvintele care lipsesc!

❶ Ich habe einen Akzent, weil ich Ausländer bin.

Am un …… pentru …… sunt …… .

❷ Ich glaube nicht, dass er (ist^{er}) aus [der Region] Moldau stammt.

Nu …… că este …… Moldova.

❸ Wir kommen (sind^{wir}) aus der Großen Walachei; sie kommen aus Transsilvanien.

Noi …… din Muntenia; ei …… din Transilvania.

❹ Du hast Unrecht (nicht hast^{du} Recht), er ist kein Italiener.

Nu …… dreptate, …… nu …… italian.

❺ Noch ein Bier? – Gerne!

…… o ……? – Cu ……!

> ***Lerntipp:*** *Hören Sie sich auch immer wieder die Tonaufnahmen der bereits durchgearbeiteten Lektionen an, ohne ins Buch zu sehen. Sie verbessern auf diese Weise Ihr Hörverständnis und werden mit der Aussprache vertraut.*

5 Sie sind seit zehn Jahren (von zehn Jahre$^{♂♂}$) in Bukarest,

6 aber sie haben [immer] noch einen siebenbürgischen Akzent.

⑤ Vergessen Sie nicht, dass Wörtern wie z. B. **ea** und **ei** ein [*j*]-Laut vorangeht, der jedoch nicht geschrieben wird. Im Falle von **ea** ersetzt das [*j*] das **e**: [*ja*].

Soluţia exerciţiului 1: Aţi înţeles?

❶ Ich glaube, dass er/sie aus Bukarest ist. ❷ Dem Akzent nach [zu urteilen] ist sie Ausländerin. ❸ Ich glaube, dass Sie Recht haben. ❹ So ist es, wir haben Glück! ❺ Wir sind seit zehn Jahren befreundet (sind^{wir} Freunde von zehn Jahre).

Soluţia exerciţiului 2: Cuvintele care lipsesc.

❶ accent – că – străin ❷ cred – din ❸ suntem – sunt ❹ ai – el – e ❺ Încă – bere – plăcere.

Große Walachei und Siebenbürgen

Im Süden Rumäniens liegt die Große Walachei **Ţara Românească** (oder **Muntenia**). Dort befindet sich auch die Hauptstadt Bukarest; zahlreiche Burgen, Schlösser und Klöster ziehen jedes Jahr viele Touristen an. Im östlichen Teil Munteniens liegt das **Bărăgan**-Flachland, bekannt als "Rumäniens Kornkammer". Das historische Siebenbürgen (oder Transsilvanien) östlich der Großen Ungarischen Tiefebene und eingebettet in den weiten Bogen der Karpaten birgt reiche Naturschätze: Es gibt bedeutende Vorkommen an Gold, Eisen, Salz und neuerdings auch Erdgas. In die Literatur ging Transsilvanien durch Bram Stokers Vampirroman *Dracula* ein, der teilweise in dieser Region angesiedelt ist.

11 Lecţia a unsprezecea [*läkzja a unßpresetscha*]

Ea învaţă limba română

1 – Ea face progrese rapide la limba română! ①

2 Ştie deja multe cuvinte noi ② ③

3 şi vorbeşte cu puţine greşeli. ④

4 – Are noroc, învaţă tot timpul româneşte: ⑤

5 la universitate are un profesor din România ⑥ ⑦

6 şi acasă un soţ român. ⑧

PRONUNŢIE

[*ja înwaz[a] limba romîn[a]* **1** *ja fatsche progräßä rapidä la limba romîn[a]* **2** *schtiä deja multä kuwintä nOi* **3** *schi wOrbäschtä ku puzinä gräschäli* **4** *arä nOrOk înwaz[a] tOt timpul romînäschtä* **5** *la uniwärßitatä arä un profäßOr din romînia* **6** *schi akaß[a] un ßOz romîn*]

Exerciţiul 1: Înţelegeţi aceste propoziţii?

❶ Eu nu vorbesc bine româneşte, ştiu puţine cuvinte. ❷ Sunt grăbit, merg acasă. ❸ Ea nu e deloc vegetariană, refuză să mănânce legume. ❹ Ei învaţă limba română la universitate. ❺ Profesorul meu e din Moldova.

Elfte Lektion

Sie erlernt die rumänische Sprache

1 – Sie macht schnelle Fortschritte[ØØ] in Rumänisch!

2 Sie kennt bereits viele neue Wörter,
(weiß[sie] schon viele Wort[ØØ] neu),

3 und sie spricht mit wenig Fehlern♀.

4 – Sie hat Glück, sie lernt die ganze Zeit Rumänisch:

5 An der Universität♀ hat sie einen Professor aus Rumänien♀

6 und zu Hause einen rumänischen Ehemann♂.

ANMERKUNGEN

① Sie wissen inzwischen, dass **limba română** der Einfachheit halber mit "Rumänisch" übersetzt werden kann.

② **deja** "schon, bereits" ist eines der zahlreichen Wörter, die das Rumänische aus dem Französischen übernommen hat. Vor allem im 19. Jh. wurde das Rumänische stark durch die französische Sprache geprägt. Noch heute gibt man sich in gebildeteren Schichten frankophil.

③ Verwechseln Sie nicht **noi** "neue" und **noi** "wir"!

④ Das unbestimmte Adjektiv **puţine** (Grundform **puţin**) "wenig, etwas, ein bisschen" gleicht sich an sein Bezugswort (**greşeli**) an. Ebenso richtet sich im Satz davor die Form von **mult** "viel" nach dem Pluralnomen **cuvinte**, dessen Nominativ Singular **cuvânt** "Wort" lautet.

⑤ Merken Sie sich neben **tot timpul** "die ganze Zeit" auch **toată ziua** "den ganzen Tag".

⑥ Der bestimmte Artikel wird weggelassen, wenn das Nomen keine Ergänzung hat: **la universitate** (Ausnahme: Präposition **cu**). Steht dagegen eine Ergänzung beim Nomen, hat dieses den bestimmten Artikel: **la universitatea de Bucureşti**.

⑦ **profesor** kann auch auf der letzten Silbe betont werden. Die Betonung auf der zweiten Silbe entspricht jedoch der Standardaussprache, wie sie auch in Sprachlehrwerken verwendet wird.

⑧ **acasă** kann Adverb sein ("zu Hause, daheim"), aber auch Nomen ("Zuhause"); es ist im Rumänischen ein Femininum.

Soluţia exerciţiului 1: Aţi înţeles?

❶ Ich spreche nicht gut Rumänisch, ich kenne [nur] wenige Wörter. ❷ Ich habe es eilig, ich gehe nach Hause. ❸ Sie ist überhaupt keine Vegetarierin, sie weigert sich, Gemüse zu essen. ❹ Sie lernen die rumänische Sprache an der Universität. ❺ Mein Professor stammt (ist[er]) aus der Region Moldau.

Exerciţiul 2: Completaţi locurile libere cu cuvintele care lipsesc!

❶ Sie machen viele Fortschritte in Rumänisch.
Faceţi ___ progrese ___ limba ___ .

❷ Ich mache viele Fehler beim Sprechen (spreche^{ich} mit viel Fehler).
Vorbesc ___ multe ___ .

❸ Mein Mann (Ehemann-der mein) hat eine große Familie.
___ meu ___ o ___ mare.

❹ Sie hat niemanden, mit dem sie am Handy sprechen kann (sie nicht hat^{sie} mit wer sprechen auf Handy).
___ nu ___ cu cine ___ pe ___ .

12 Lecţia a douăsprezecea [*läkzja a do^{a}ßpresetscha*]

Un desen pentru şcoală

1 – Ce f**a**ci ac**o**lo? Ce desen**e**zi? ① ②

2 – Fac un des**e**n p**e**ntru şco**a**lă: o fam**i**lie feric**i**tă.

3 – O fam**i**lie? **E**u văd n**u**mai o c**a**să, un pom,

4 o grăd**i**nă cu fl**o**ri şi un c**â**ine:

5 c**a**sa şi p**o**mul sunt pre**a** m**i**ci,

6 fl**o**rile şi c**â**inele sunt pre**a** m**a**ri. ③ ④ ⑤

PRONUNŢIE

[*un däßän päntru schkOala* **1** *tschä fatsch^i akOlO tschä däßänäs^i* **2** *fak un däßän päntru schkOal^a O familiä feritschit^a* **3** *o familiä jäu w^{a}d numai O kaßa un pOm* **4** *o gr^{a}din^a ku flOri schi un kîinä* **5** *kaßa schi pOmul ßunt prea mitsch^i* **6** *flOrilä schi kîinälä ßunt prea mar^i*]

ANMERKUNGEN

① Mit **acolo** "da, dort" kennen Sie nun auch das Pendant zu **aici** "hier" und damit zwei Ortsbestimmungen zum Ausdruck der Nähe und der Entfernung.

❺ Er spricht die Sprache noch nicht, aber er macht schnelle Fortschritte.

El nu ________ încă ______, dar ____ progrese ______.

Soluţia exerciţiului 2: Cuvintele care lipsesc.

❶ multe – la – română ❷ cu – greşeli ❸ Soţul – are – familie ❹ Ea – are – vorbi – mobil ❺ vorbeşte – limba – face – rapide.

> ***Lerntipp:*** *Versuchen Sie, sich jeden Tag ein wenig mit Ihrer neuen Sprache zu beschäftigen. Falls Sie an einem Tag einmal wenig Zeit haben, so reicht es auch, wenn Sie sich einfach nur die Tonaufnahmen Ihrer aktuellen Lektion mehrmals anhören.*

Zwölfte Lektion

Eine Zeichnung für die Schule

1 – Was machst du da? Was zeichnest du?

2 – Ich mache eine Zeichnung$^{\varnothing}$ für die Schule♀: eine glückliche Familie.

3 – Eine Familie? Ich sehe nur ein Haus♀, einen Baum♂,

4 einen Garten♀ mit Blumen♀♀ und einen Hund:

5 Das Haus und der Baum sind zu klein,

6 die Blumen und der Hund sind zu groß.

② Das **i** am Ende von **desenezi**, das in Form eines sanft nachklingenden [*j*] gesprochen wird, markiert nicht nur das Maskulinum Plural, sondern ist auch die Endung für die 2. Person Singular ("du").

③ **flori** "Blumen" – **florile** "die Blumen": **-le** ist der bestimmte Artikel für das Femininum Plural, der – wie alle Artikel – an das Nomen angehängt wird.

④ Als bestimmten Artikel für das Maskulinum Singular haben Sie **-l** kennengelernt. **Câine** sowie eine begrenzte Anzahl weiterer männlicher Nomen haben jedoch im Singular den bestimmten Artikel **-le**.

⑤ **prea** "zu, allzu" steht immer in Verbindung mit einem Adjektiv und dient zum Ausdruck eines Übermaßes: **prea mult** "zu viel", **prea puţin** "zu wenig", **prea frig** "zu kalt", **prea uşor** "zu leicht/einfach".

7 **U**nde e fam**i**lia?

8 – T**a**ta, m**a**ma şi cop**i**lul sunt în c**a**să ⑥

9 p**e**ntru că e frig şi pl**o**uă. ⑦

[*7 **u**nde jä fam**i**lia 8 t**a**ta m**a**ma schi kOp**i**lul ßunt în k**a**ß*[a]
*9 p**ä**ntru ka jä frig schi plO*[a]]

Exerciţiul 1: Înţelegeţi aceste propoziţii?

❶ E**a** e feric**i**tă: şt**i**e m**u**lte cuv**i**nte n**o**i. ❷ Eu m**e**rg la restaur**a**nt cu câinele m**e**u. ❸ **E**i **a**u o c**a**să m**a**re în or**a**ş, l**â**ngă universit**a**te. ❹ **E**l învaţă l**i**mba itali**a**nă la şco**a**lă. ❺ În grăd**i**na m**e**a sunt m**u**lte fl**o**ri.

Exerciţiul 2: Completaţi locurile libere cu cuvintele care lipsesc!

❶ Was kaufen Sie auf dem Markt?
Ce ______ la ______?

❷ Ich sehe, dass du heute sehr müde bist.
______ că ______ foarte ______ azi.

❸ In meiner Familie gibt es nur einen Enkel.
______ familia ______ este ______ un nepot.

❹ Meine Schule (Schule-die mein) ist genau neben dem Markt.
______ mea este ______ lângă ______.

❺ Sie hat ein Kind mit meinem Freund.
Ea ______ un ______ cu ______ meu.

7 Wo ist die Familie?

8 – Der Vater, die Mutter und das Kind♂ sind im Haus,

9 weil es kalt ist und [es] regnet.

⑥ Obwohl **tata** auf **a** endet, ist es natürlich ein Maskulinum. Ohne Artikel würde das Wort **tată** "Vater" lauten, mit bestimmtem Artikel (-**l**) **tatăl** "der Vater". **Tata** wird auch in der Bedeutung "Papa" verwendet.

⑦ **plouă** "[es] regnet": Zum Ausdruck von Wetterphänomenen, die zu den unpersönlichen Ausdrücken zählen, wird nur das Verb benutzt.

Soluţia exerciţiului 1: Aţi înţeles?

❶ Sie ist glücklich: Sie kennt viele neue Wörter. ❷ Ich gehe mit meinem Hund zum Restaurant. ❸ Sie haben ein großes Haus in der Stadt, neben der Universität. ❹ Er lernt die italienische Sprache in der Schule. ❺ In meinem Garten sind viele Blumen.

***Lerntipp:** Lesen Sie Ihre Lektion immer mehrmals im Ganzen laut vor, bevor Sie sich mit den einzelnen Sätzen beschäftigen. Setzen Sie sich nicht damit unter Druck, die rumänische Aussprache perfekt nachahmen zu wollen. Bleiben Sie entspannt.*

Soluţia exerciţiului 2: Cuvintele care lipsesc.

❶ cumpăraţi – piaţă ❷ Văd – eşti – obosit ❸ În – mea – numai ❹ Şcoala – chiar – piaţă ❺ are – copil – prietenul.

Schulsystem in Rumänien

Rumänische Kinder können auf Wunsch zunächst den Kindergarten besuchen: **grădiniţă**, eine Verkleinerungsform von **grădină** "Garten". Ab dem 7. Lebensjahr folgen vier Jahre Grund- und vier Jahre Sekundarschule. Nach der 8. Klasse können sich die Schüler in einem Examen für den Besuch weiterführender Schulen qualifizieren. Auf dem Gymnasium wird die Schullaufbahn dann mit dem **bacalaureat** (**bac**) "Abitur" abgeschlossen. Zensuren werden auf einer Skala von 0 (schlechteste Note) bis 10 (beste Note) mit zwei Nachkommastellen vergeben.

13 Lecţia a treisprezecea [*läkzja a träißpesetscha*]

Prea multe întrebări

1 – Ce m**a**i fac g**e**menele t**a**le? ① ② ③

2 Sunt m**a**ri ac**u**m! ④

3 – **E**le au tr**e**i **a**ni… o v**â**rstă dific**i**lă… ⑤ ⑥

4 – Dific**i**lă? Ce sp**u**i? Şi adolesc**e**nţa?

5 V**o**i nu av**e**ţi **î**ncă probl**e**me… ⑦

6 – Nu ştii ce sp**u**i!

7 La tr**e**i **a**ni un cop**i**l p**u**ne tr**e**i s**u**te de întreb**ă**ri pe zi… ⑧ ⑨

PRONUNŢIE

[*prea multe întreb^{a}r^{j}* **1** *tschä mai fak jämänälä talä* **2** *ßunt mar^{j} akum* **3** *jälä au träi an^{j} o wîrßt^{a} difitschil^{a}* **4** *difitschil^{a} tschä ßpui schi adOläßtschenza* **5** *wOi nu awäz^{j} înk^{a} problämä* **6** *nu schtii tschä ßpui* **7** *la träi ani un kopil punä träi ßutä dä înträb^{a}r^{j} pä si*]

Dreizehnte Lektion

Zu viele Fragen

1 – Wie geht es deinen Zwillingen?
(was noch machen[sie] Zwilling[♀♀]-die deine?)

2 Sie sind jetzt groß (groß jetzt)!

3 – Sie sind (haben[sie]) drei Jahre[♂♂] [alt] … ein schwieriges Alter[♀] …

4 – Schwierig? Was sagst du? Und die Pubertät[♀]?

5 Ihr habt noch keine Probleme[♀♀] …

6 – Du weißt nicht, was du sagst!

7 Ein dreijähriges Kind stellt dreihundert Fragen am Tag …
(in drei Jahr[♂♂] ein Kind[♂] stellt[es] drei hundert von Frage[♀♀] an Tag[♀] …)

ANMERKUNGEN

① Vergleichen Sie diesen Satz, in dem das Verb **a face** im Plural steht, da es sich um mehrere Personen handelt, mit **Ce mai faceţi?** "Wie geht es Ihnen?" (L. 2).

② In diesem Text handelt es sich um Zwillingsmädchen. Wäre die Rede von zwei Jungen, würde das Nomen **gemenii** lauten.

③ **tale**: Dativ/Genitiv des Possessivpronomens der 2. Person Singular, wenn der Besitzer weiblich/sächlich ist. Ist der Besitzer männlich, lautet der Dativ/Genitiv **tăi**.

④ Am Ende von **mari** hören Sie wieder das ausklingende [*j*], das hier den Plural des Adjektivs kennzeichnet.

⑤ Die Altersangabe wird, anders als im Deutschen, mit dem Verb **a avea** "haben" gebildet: **Am zece ani.** "Ich bin (habe[ich]) zehn Jahre [alt]."

⑥ Man findet **vârstă** "Alter" unter anderem im Ausdruck **în vârstă** "alt, betagt".

⑦ Mit **voi** "ihr" spricht man eine Gruppe von zwei oder mehr Personen an. In dieser Person benutzt das Rumänische dieselbe Verbform wie beim höflichen "Sie".

⑧ Der Singular von **sute** lautet **sută** "hundert" bzw. "Hunderter".

⑨ Die Präposition **pe** kann je nach Kontext unterschiedliche Bedeutungen annehmen: "an, auf, bei, für, mit, pro …".

Exerciţiul 1: Înţelegeţi aceste propoziţii?

① Cart**o**fii sunt pr**e**a m**a**ri, aş vr**e**a m**a**i m**i**ci. ② Ac**u**m nu te m**a**i recun**o**sc. ③ M**a**i am încă tr**e**i bun**i**ci. ④ **E**i cred că adolesc**e**nţa e o v**â**rstă dific**i**lă. ⑤ Nu şt**i**u ce f**a**ci ac**o**lo.

Exerciţiul 2: Completaţi locurile libere cu cuvintele care lipsesc!

① Deine Blumen sind sehr schön.

Florile ____ sunt foarte ________.

② Ich habe große Probleme mit meinem Hund.

Am ____ probleme __ câinele ___.

③ Was sagst du über meinen Akzent?

Ce ____ de ________ meu?

④ Haben Sie/habt ihr Zeit für einen Kaffee?

Aveţi ____ pentru _ cafea?

14 Lecţia a paisprezecea [*läkzja a paißpräsätscha*]

Recapitulare (Wiederholung)

1. Palatalisiertes i

Kommen wir noch einmal auf das **i** am Wortende zurück, das in vielen Fällen nur angedeutet gesprochen bzw. zu einem [*j*]-Laut im Auslaut wird. Die Zunge berührt hierbei kurz den oberen Gaumen, weshalb der Laut auch als "palatalisiert" bezeichnet wird. Man sagt auch, dass das **i** den davorstehenden Konsonanten "mouilliert", also "erweicht". In dieser Funktion gilt das **i** dann nicht mehr als Vokal im eigentlichen Sinne. Einige Beispiele:

azi "heute", wird als eine einzige Silbe gesprochen, und die Betonung liegt auf dem **a**. Das **i** ist als [*j*] im Auslaut zu hören, ein wenig wie in "Champagner".

Das palatalisierte **i** ist das Kennzeichen für das Maskulinum Plural von Substantiven (**soţ** "Ehemann" ► **soţi** "Ehemänner"; **an** "Jahr" ► **ani** "Jahre"; **câine** "Hund" ► **câini** "Hunde") und von Adjektiven (**mari** "große"). Es steht ebenfalls am Ende der Verbform für die 2. Person Singular (**plăteşti** "du bezahlst"; **faci** "du machst") und für die 2. Person Plural (**sunteţi** "ihr seid/Sie sind"; **vorbiţi** "ihr sprecht/Sie sprechen").

Soluţia exerciţiului 1: Aţi înţeles?

❶ Die Kartoffeln sind zu groß, ich hätte gerne kleinere. ❷ Jetzt erkenne ich dich nicht mehr. ❸ Ich habe noch drei Großeltern[teile]. ❹ Sie glauben, dass die Pubertät ein schwieriges Alter ist. ❺ Ich weiß nicht, was du dort machst.

❺ Du weißt nicht, was ich hier auf dem Tisch habe, unter der Zeitung.

Nu ____ ce __ aici __ masă, ___ ziar.

Soluţia exerciţiului 2: Cuvintele care lipsesc.

❶ tale – frumoase ❷ mari – cu – meu ❸ spui – accentul ❹ timp – o ❺ ştii – am – pe – sub.

Lerntipp: *Werfen Sie ruhig hin und wieder noch mal einen Blick in vergangene Lektionen. Die Wiederholung kann nicht schaden! Und weil dies so ist, kommt nun die nächste Wiederholungslektion!*

Vierzehnte Lektion

2. Personalpronomen II (persönliche Fürwörter)

Inzwischen wissen Sie, dass die Verwendung der Personalpronomen im Satz nicht zwingend ist; die Verbform gibt bereits Aufschluss über die handelnde Person. Die Personalpronomen werden nur benutzt, wenn die Person, von der die Rede ist, besonders hervorgehoben werden soll oder um gleiche Verbformen auseinanderzuhalten.

Sie haben beispielsweise gesehen: ***eu*** **plătesc** "*ich* bezahle" (Betonung auf **eu**). Wiederholen wir noch einmal die Personalpronomen, die Sie in den letzten sechs Lektionen angetroffen haben: **eu** "ich"; **tu** "du"; **el** "er"; **ea** "sie"; **noi** "wir"; **voi** "ihr"; **ei** "sie" (Maskulinum Plural); **ele** "sie" (Femininum Plural).

3. "sein" und "haben" im Präsens (Gegenwart)

In den vergangenen Lektionen hatten Sie die Gelegenheit, die komplette Konjugation (Beugung) der Präsensformen der beiden Hilfsverben **a fi** "sein" und **a avea** "haben" kennenzulernen:

Singular	**a fi** "sein"	**a avea** "haben"
1. Pers. (**eu**)	... **sunt** "ich bin"	... **am** "ich habe"
2. Pers. (**tu**)	... **eşti** "du bist"	... **ai** "du hast"
3. Pers. (**el/ea**)	... **este** "er/sie ist"	... **are** "er/sie hat"
Plural		
1. Pers. (**noi**)	... **suntem** "wir sind"	... **avem** "wir haben"
2. Pers. (**voi**)	... **sunteţi** "ihr seid/Sie sind"	... **aveţi** "ihr habt/Sie haben"
3. Pers. (**ei/ele**)	... **sunt** "sie ♂/♀ sind"	... **au** "sie ♂/♀ haben"

Anstelle von **este** "ist" (3. Person Singular) wird in der Umgangssprache häufig die verkürzte Form **e** benutzt, die – wenn sie auf einen Vokal folgt – zu **i** wird und mit diesem zu einem Diphthong verschmilzt.

In verneinten Aussagen benutzt die Umgangssprache anstelle von **nu este** "ist nicht" meist **nu-i** bzw. **nu e**: **Timpul nu-i/nu e/nu este frumos.** "Das Wetter ist nicht schön."

Derselbe Mechanismus greift bei **aşa este** "so ist es", das zu **aşa e** bzw. **aşa-i** wird.

4. Plural von Substantiven und Adjektiven

4.1 Pluralformen für das Maskulinum

Die Regel ist einfach: Endet das männliche Nomen oder Adjektiv auf einen Konsonanten, hängt man für die Bildung der Mehrzahl ein **-i** an: **prieten bun** "guter Freund" ► **prieteni buni** "gute Freunde".

Das angehängte **-i** "erweicht" den Konsonanten (siehe Kapitel **1. Palatalisiertes i**). Diese Erweichung des Konsonanten zeigt sich auch bei den folgenden Wörtern:

porc "Schwein" ► **porci** [*pOrtsch^j*] "Schweine"; **soţ** "Ehemann" ► **soţi** [*ßOz^j*] "Ehemänner" usw.

Achtung bei männlichen Nomen, die auf **-l** enden: **copil** "Kind" ► Plural **copii** "Kinder" bzw. **copiii** "die Kinder". Bei Nomen bzw. Adjektiven, die auf einen Vokal enden, ersetzt man diesen Endvokal durch **-i**: **iepure** "Kaninchen" ► Plural **iepuri** "Kaninchen" bzw. **iepurii** "die Kaninchen"; **câine mare** "großer Hund" ► **câini mari** "große Hunde".

Bei Nomen bzw. Adjektiven, die auf **-i** enden, gibt es keinen Unterschied zwischen der Singular- und der Pluralform: **vechi** kann die Form für das Maskulinum Singular und Plural sein.

4.2 Pluralformen für das Femininum

Im Femininum wird der Plural in der Regel durch die Endung **-e** ausgedrückt, die den Endvokal des Wortes ersetzt: **casă frumoasă** "schönes Haus" ► **case frumoase** "schöne Häuser". (Merken Sie sich allerdings die Ausnahme **limbă frumoasă** "schöne Sprache" ► **limbi frumoase** "schöne Sprachen").

Endet das Nomen bzw. das Adjektiv im Singular auf **-e**, verwendet man die Pluralendung des Maskulinums **-i**: **familie mare** "große Familie" ► **familii mari** "große Familien".

Zwei weitere Ausnahmen sollten Sie sich ebenfalls merken: **zi** "Tag" ► **zile** "Tage" und **cafea** "Kaffee" ► **cafele** "Kaffees".

4.3 Pluralformen für das Neutrum

Zahlreiche rumänische Substantive, die im Singular männlich sind (in der Regel handelt es sich um unbelebte Dinge), werden im Plural wie weibliche Substantive dekliniert. Die rumänische Grammatik betrachtet sie wie ein Neutrum (sächlich).

Hierunter fallen **oraş** "Stadt" ► **oraşe** "Städte"; **ziar** "Zeitung" ► **ziare** "Zeitungen"; **restaurant** "Restaurant" ► **restaurante** "Restaurants", **studiu** "Studie, Untersuchung" ► **studii** "Studien, Untersuchungen"; **parc** "Park" ► **parcuri** "Parks".

Dies führt uns natürlich zu der Frage: Wie erkennt man, ob ein Substantiv männlich oder neutral ist? Handelt es sich um ein unbelebtes Objekt, kann man es auf den ersten Blick überhaupt nicht feststellen. Handelt es sich um ein belebtes Objekt, ist es einfacher: Sind Genus (grammatisches Geschlecht) und natürliches Geschlecht identisch, ist offensichtlich, dass man das Substantiv im Plural nicht wie ein weibliches Substantiv deklinieren kann. Darüber hinaus können Sie sich jetzt schon merken, dass bestimmte neutrale Substantive eine charakteristische Pluralform besitzen, über die wir später noch sprechen werden.

Bei einigen Substantiven sind Singular und Plural formgleich: **pui**♂ "Huhn"; **unchi**♂ "Onkel"; **nume**ø "Name".

5. Bestimmte und unbestimmte Artikel (Fortsetzung)

5.1 Bestimmter Artikel

Er steht, im Gegensatz zu anderen romanischen Sprachen, am Ende des Nomens. Sehen wir uns noch einmal die Artikel an, die Sie kennengelernt haben:

• Im Singular

Der bestimmte Artikel für das Maskulinum Singular ist **-l**. Ein kleines Problem besteht darin, dass viele männliche Substantive auf einen Konsonanten enden, wodurch es beim Anhängen des Artikels zu Schwierigkeiten mit der Aussprache kommen würde. Daher wird in solchen Fällen der Vokal **-u-** eingeschoben, um die Aussprache zu erleichtern: **pom** "Baum" ► **pomul** "der Baum".

Einige Nomen, die auf einen Vokal enden und daher keinen Verbindungsvokal benötigen, haben als bestimmten Artikel für das Femininum -**le**: **câine** "Hund" (♂!) ▶ **câinele** "der Hund".

Der bestimmte Artikel für das Femininum Singular lautet -**a**. Endet das Nomen auf -**ă**, wird dieses durch -**a** ersetzt: **casă** "Haus" ▶ **casa** "das Haus"; **salată** "Salat" ▶ **salata** "der Salat".

Weibliche Nomen, die auf -**e** enden, erhalten als Artikel -**a**: **carne** "Fleisch" ▶ **carnea** "das Fleisch"; **bere** "Bier" ▶ **berea** "das Bier".

Bei Nomen, die auf einen betonten Vokal ausgehen, wird wieder der bekannte Verbindungsvokal -**u**- eingeschoben: **zi** "Tag" ▶ **ziua** "der Tag"; **cafea** "Kaffee" ▶ **cafeaua** "der Kaffee" – beide Nomen sind im Rumänischen weiblich!

• Im Plural

Der bestimmte Artikel für das Maskulinum Plural ist -**i**. Dieses wird an das erste -**i**, das den Plural anzeigt, angehängt: **an** "Jahr" ▶ **ani** "Jahre" ▶ **anii** "die Jahre". Komplizierter wird es, wenn im Wortstamm bereits ein **i** vorhanden ist, wie z. B. bei **copil** "Kind". In diesem Fall ersetzt das -**i**, das auf den Plural verweist, den Endkonsonanten; die Form lautet also **copii** "Kinder". Fügt man jetzt noch den bestimmten Artikel hinzu, ergibt sich **copiii** "die Kinder", und es tritt der seltene Fall ein, dass drei **i** aufeinander folgen. Da wundert es Sie vielleicht nicht, dass dieses Wort oft in Diktaten in der Schule auftaucht und die Köpfe der Schüler rauchen lässt ...

Wenden wir uns nun noch dem bestimmten Artikel für das Femininum Plural zu. Er lautet -**le**: **limbile** "die Sprachen"; **casele** "die Häuser".

5.2 Unbestimmter Artikel

Im Gegensatz zu den bestimmten Artikeln sind die unbestimmten Artikel erheblich leichter zu behalten. **Un** ist der Artikel für das Maskulinum und das Neutrum, **o** der für das Femininum: **un profesor** "ein Professor"; **o familie** "eine Familie".

Ein Nomen, das ohne Artikel steht, steht automatisch im Plural (sofern dies vom Kontext her passt): **Avem (nişte) prieteni în oraş.** "Wir haben (einige) Freunde in der Stadt."

6. Ordinalzahlen (Ordnungszahlen)

Sie haben in den bisherigen Lektionen bereits eine Reihe von Ordinalzahlen in Form von Lektionsnummern angetroffen und sich vielleicht schon gefragt, wie diese gebildet werden. Zunächst trägt – im Gegensatz zum Deutschen – das Nomen, das durch die Ordinalzahl näher bestimmt wird, immer den bestimmten Artikel, in diesem Fall den für das Femininum: **lecţia** "Lektion-die". Das Wörtchen **a**, das danach folgt, ist schwierig zu übersetzen; man könnte es als weiblichen Ordinalartikel bezeichnen (den männlichen Ordinalartikel lernen Sie noch kennen). Die nachfolgende Ordinalzahl leitet sich von der entsprechenden Kardinalzahl (Grundzahl) ab und erhält im Femininum die Endung -**a**; die Endung für das Maskulinum stellen wir Ihnen später vor.

7. Verständnis-/Formulierungsübung

Exerciţiul: Înţelegeţi aceste propoziţii?

❶ Bună dimineaţa, doamnă! Ce mai faceţi? ❷ Cumpăraţi ca de obicei trei kilograme de cartofi? ❸ Da, aş vrea şi trei salate mari, ❹ pentru că în familia mea toţi sunt vegetarieni: ❺ soţul meu şi copiii refuză să mănânce carne… ❻ Văd că faceţi progrese rapide la limba română! ❼ Ştiţi deja multe cuvinte noi, faceţi puţine greşeli, ❽ dar aveţi încă un accent străin. ❾ Am noroc, învăţ repede pentru că am mulţi prieteni ❿ şi acasă vorbesc româneşte cu soţul meu.

Soluţia exerciţiului: Aţi înţeles?

❶ Guten Morgen, [gnädige] Frau! Wie geht es Ihnen? ❷ Kaufen Sie wie gewöhnlich drei Kilogramm Kartoffeln? ❸ Ja, und ich hätte auch gerne drei große Salate, ❹ denn in meiner Familie sind alle Vegetarier: ❺ Mein Mann und die Kinder weigern sich, Fleisch zu essen … ❻ Ich sehe, dass Sie schnelle Fortschritte in Rumänisch machen (Zunge rumänisch)! ❼ Sie kennen (wissen[Sie]) bereits viele neue Wörter, Sie machen wenig Fehler, ❽ aber Sie haben noch einen ausländischen Akzent. ❾ Ich habe Glück, ich lerne schnell, denn ich habe viele Freunde, ❿ und zu Hause spreche ich Rumänisch mit meinem Mann.

Von der nächsten Lektion an werden wir eine kleine Änderung einführen: Sie finden dann keine kompletten Lektionssätze mehr in vereinfachter Lautschrift, sondern nur noch die neuen und etwas komplizierteren Wörter. Alle Auslassungen sind durch drei Punkte gekennzeichnet. Hören Sie besonders aufmerksam die Tonaufnahmen an, und lassen Sie sich jeden Satz – vielleicht auch "häppchenweise" – so oft vorsprechen, bis Sie ihn problemlos verstehen und nachsprechen können.

15 Lecţia a cinsprezecea [*läkzja a tschinßpresetscha*]

Staţia de taxiuri

1 – Scuz**a**ţi-mă, d**o**mnule, ①

2 c**a**ut o st**a**ţie de tax**i**uri, ② ③

3 tr**e**buie să aj**u**ng r**e**pede la aerop**o**rt. ④ ⑤

4 – M**e**rgeţi drept îna**i**nte şi la semaf**o**r ⑥ ⑦

5 lu**a**ţi pr**i**ma str**a**dă la st**â**nga:

6 tax**i**urile sunt la o s**u**tă de m**e**tri pe dre**a**pta.

7 – Mulţum**e**sc, sunt**e**ţi fo**a**rte am**a**bil!

8 – Călător**i**e plăc**u**tă! ⑧

PRONUNŢIE

[*ßtazia de takßiur^{j}* **1** *ßkusaz^{j}-m^{a}* … **2** *kaut* … **3** *träbujä ß^{a} aĵung räpädä la ääropOrt* **4** *märĵez^{j} dräpt înainte … ßämafOr* **5** *luaz^{j} prima ßtrad^{a} la ßtînga* **6** … *ßut^{a}* … *mätri pä dreapta* **7** *mulzumäßk ßuntäz^{j}… amabil* **8** *k^{a}l^{a}tOriä pl^{a}kut^{a}*]

Fünfzehnte Lektion

Der Taxistand

1 – Entschuldigen Sie (mich), [mein] Herr,

2 ich suche einen Taxistand (Haltestelle/Station♀ von Taxi),

3 ich muss (muss^{ich} dass komme^{ich}-an) schnell am Flughafen∅ sein.

4 – Gehen Sie geradeaus (gerade voraus), und an der Ampel∅

5 nehmen Sie die erste Straße♀ (nach) links:

6 Die Taxis befinden sich nach 100 Metern rechts.
(Taxi∅∅-die sind^{sie} nach eine Hundert von Meter♂♂ auf rechts.)

7 – Danke, Sie sind sehr liebenswürdig!

8 – Gute Reise! (Reise♀ angenehm!)

ANMERKUNGEN

① Sprechen Sie **scuzaţi-mă** ohne Unterbrechung wie ein Wort aus.

② Der Infinitiv von **caut** "ich suche" lautet **a căuta** "suchen". Das Rumänische kennt mehrere Verbgruppen; die Verben auf -**a** wie **a căuta** gehören zur sog. 1. Gruppe.

③ **taxiuri** mit der Endung -**uri** ist ein typisches Beispiel für ein neutrales Nomen.

④ Der Infinitiv von **trebuie** lautet **a trebui** "müssen, sollen". Die Verben auf -**i** gehören zur 4. Verbgruppe.

⑤ **a ajunge** bedeutet nicht nur "ankommen, (an einen Ort) gelangen", eintreffen", es kann auch im Sinne von "etw. schaffen, etw. erreichen, gelingen" benutzt werden. Merken Sie sich hierzu auch das Synonym **a reuşi** "gelingen, schaffen".

⑥ Das Verb **a merge** bedeutet in erster Linie "gehen, laufen", es kann in bestimmten Zusammenhängen u. a. auch mit "fahren", "spazieren gehen" übersetzt werden. Ist explizit "(ab)fahren, (ab)reisen, wegfahren" usw. gemeint, so benutzt man **a pleca**.

⑦ "Geradeaus" kann auf zwei Arten ausgedrückt werden: **drept înainte** oder **tot înainte**.

⑧ Merken Sie sich ebenfalls **călătorie lungă** "lange Reise"; **călătorie scurtă** "kurze Reise".

Exerciţiul 1: Înţelegeţi aceste propoziţii?

❶ B**u**nă z**i**ua, c**a**ut un restaur**a**nt itali**a**n. ❷ În or**a**ş sunt m**u**lte st**a**ţii de tax**i**uri. ❸ Pri**e**tenul m**e**u **e**ste fo**a**rte am**a**bil. ❹ Str**a**da me**a** e chi**a**r l**â**ngă aerop**o**rt. ❺ Ai drept**a**te, el nu e del**o**c feric**i**t cu e**a**.

Exerciţiul 2: Completaţi locurile libere cu cuvintele care lipsesc!

❶ Entschuldigen Sie (mich), ich mache noch viele Fehler auf Rumänisch.
..... - ..., fac ..... multe ..... în limba română.

❷ Er schafft es, zehn neue Wörter pro Tag zu lernen.
..... să înveţe ..... cuvinte ..... pe ... .

❸ Man muss geradeaus gehen: Der Markt ist in 300 Metern [Entfernung].
..... să mergeţi ....: piaţa e la ..... sute de ..... .

❹ Das Schlafzimmer ist links und das Esszimmer rechts.
Dormitorul este ... . şi sufrageria ... .

❺ Er macht eine lange Reise durch Rumänien: Er hat Freunde in Bukarest.
Face ... lungă ..... în .....: are ..... la Bucureşti.

Mittlerweile sind Ihnen die Betonungsregeln des Rumänischen schon ein wenig vertraut, auch wenn Sie sie vielleicht noch nicht vollständig verinnerlicht haben. Aus diesem Grund ist das häufige Anhören der Tonaufnahmen so wichtig. Sie können sich die Wörter, bei denen Sie Ausspracheprobleme haben, auch mit einem Textmarker in einer bestimmten Farbe anstreichen und sie öfter wiederholen. Auf diese Weise wird Ihnen die richtige Betonung schnell in Fleisch und Blut übergehen.

Sie brauchen nicht pro Tag eine komplette Lektion durchzuarbeiten; Sie können sie ruhig auf mehrere Tage verteilen. Bevor Sie eine Lektion verlassen, sollten Sie alle Sätze dieser Lektion mühelos verstehen, und auch die Erklärungen sollten Ihnen keine Schwierigkeiten mehr bereiten. Falls Ihnen etwas unklar geblieben ist, so versuchen Sie am nächsten Tag noch einmal, es nachzuvollziehen.

Soluţia exerciţiului 1: Aţi înţeles?

❶ Guten Tag, ich suche ein italienisches Restaurant. ❷ In der Stadt gibt es viele Taxistände. ❸ Mein Freund ist sehr liebenswürdig. ❹ Meine Straße ist genau neben dem Flughafen. ❺ Du hast Recht, er ist ganz und gar nicht glücklich mit ihr.

Soluţia exerciţiului 2: Cuvintele care lipsesc.

❶ Scuzaţi-mă – încă – greşeli ❷ Ajunge – zece – noi – zi ❸ Trebuie – tot înainte – trei – metri ❹ la stânga – la dreapta ❺ o – călătorie – România – prieteni.

Autofahren in Rumänien

Taxifahren ist viel preiswerter als bei uns, vor allem, wenn man in Euro bezahlt. Man sollte nur offizielle Taxis benutzen, stets den Taxameter im Auge behalten und vor Fahrtantritt einen Pauschalpreis ausmachen. Ein weiteres preiswertes Fortbewegungsmittel sind Maxi-Taxis, die bestimmte Routen fahren und keine festen Haltestellen haben. Der Preis variiert je nach Route und ist ein Pauschalpreis, der direkt beim Einsteigen an den Fahrer entrichtet wird. Generell gestaltet sich Autofahren in Rumänien sehr abenteuerlich: Der Fahrstil der Fahrer ist oft riskant, Drängeln, Schneiden und dichtes Auffahren sind an der Tagesordnung, zusätzlich erschwert eine mangelnde, schlecht aufgestellte oder fehlende Beschilderung dem Ortsunkundigen es, sich zurechtzufinden.

16 Lecţia a şaisprezecea [*läkzja a schaißpresetscha*]

Sunt grăbit!

1 – T**a**xi! Sunt**e**ţi l**i**ber? ①

2 La aeropo**r**t, r**e**pede!

3 Avi**o**nul m**e**u ple**a**că p**e**ste o jumăt**a**te de **o**ră! ②

4 – Regr**e**t, d**o**mnule, e pre**a** târzi**u**, ③

5 nu pot depăş**i** vit**e**za leg**a**lă, ④ ⑤

6 risc o am**e**ndă.

7 **Î**mi p**a**re r**ă**u p**e**ntru dumneavo**a**stră! ⑥ ⑦

PRONUNŢIE

[***1*** *takßi … libär* ***3*** *awiOnul … pleak^{a} päßtä o îum^{a}tatä dä Or^{a}* ***4*** *regrät … prea tîrsiu* ***5*** *nu pOt däp^{a}schi witäsa lägal^{a}* ***6*** *rißk o amänd^{a}* ***7*** *îmi parä r^{a}u päntru dumneawoaßtr^{a}*]

Sechzehnte Lektion

Ich habe es eilig!

1 – Taxi! Sind Sie frei?

2 Zum Flughafen, schnell!

3 Mein Flugzeug geht in einer halben Stunde!
(Flugzeug^Ø-das mein geht^es über eine Hälfte von Stunde♀!)

4 – Ich bedaure, [mein] Herr, es ist zu spät,

5 ich darf (nicht kann^ich) die gesetzlich [vorgeschriebene] Geschwindigkeit nicht überschreiten,

6 ich riskiere [sonst] ein Bußgeld.

7 Es tut mir leid für Sie!
(mir scheint^es schlecht für Sie!)

ANMERKUNGEN

① Im Unterschied zur Aussprache des **x** in **examinezi** ([*gs*]) in L. 9 hören Sie hier, dass das **x** von **taxi** [*kß*] ausgesprochen wird. Dies hat seinen Grund darin, dass es sich hier um ein Lehnwort aus dem Französischen handelt.

② In seiner Grundbedeutung wird **peste** "über, oberhalb" in einem räumlichen Zusammenhang benutzt. Es dient jedoch auch als Präposition bei Zeitbestimmungen: **peste un an** "in einem Jahr".

③ In diesem Fall wird der Fahrgast wohl sein Flugzeug verpassen, und so können Sie sich bei dieser Gelegenheit gleich das entsprechende Verb merken: **a pierde** "verpassen, versäumen" (auch "verlieren").

④ Der Infinitiv von **pot** "ich kann" lautet **a putea** "können". Die Verben mit der Infinitivendung -**ea** gehören zur 2. Verbgruppe.

⑤ Der Infinitiv trägt die Betonung immer auf dem Endvokal. Das erklärt, warum bei **depăşi** "übersteigen, überholen" der Akzent auf dem -**i** liegt.

⑥ **Îmi pare rău** "es tut mir leid ", **îmi pare bine** "es freut mich". Im Mittelpunkt dieser Wendung steht **a părea** "scheinen, erscheinen, den Eindruck machen, den Anschein erwecken".

⑦ Das Personalpronomen **dumneavoastră** "Sie" ist die höfliche Anredeform für eine oder mehrere Personen, die man siezt. Als Anredeform für eine Gruppe von Personen, die man duzt, haben Sie bereits das Pronomen **voi** "ihr" kennengelernt.

8 – Dumneat**a** nu înţel**e**gi că sunt grăb**i**t? ⑧

9 La nev**o**ie, plăt**e**sc **e**u.

PRONUNŢIE

[*8 dumneat**a** nu înzäl**ä**dʃ ka …   9 … näw**O**iä plat**ä**ßk j**ä**u*]

Exerciţiul 1: Înţelegeţi aceste propoziţii?

❶ T**a**tăl m**e**u **a**re ac**u**m mult timp l**i**ber şi înv**a**ţă l**i**mba itali**a**nă. ❷ **E**i merg la şco**a**lă cu tax**i**ul, d**a**că sunt grăb**i**ţi. ❸ Regr**e**t că păr**i**nţii t**ă**i nu sunt a**i**ci cu n**o**i. ❹ **E**u desen**e**z un avi**o**n m**a**re, tu desen**e**zi un tax**i** mic. ❺ Aş vre**a** o jumăt**a**te de kilogr**a**m de c**a**rne de porc.

Exerciţiul 2: Completaţi locurile libere cu cuvintele care lipsesc!

❶ Sie sprechen zu schnell: Ich verstehe nicht, was Sie sagen.

…… prea …… : nu …… ce …… .

❷ In meinem Alter ist es nicht zu spät, eine Fremdsprache zu lernen (nicht ist[es] zu spät für lernen eine Zunge fremd).

La …… mea, nu este …… …… pentru a învăţa o limbă …… .

❸ Es tut mir leid für Sie, aber der Herr Doktor ist nicht zu Hause.

…… pare …… , dar domnul …… nu este …… .

❹ Das Taxi darf (nicht kann[es]) in der Stadt nicht die gesetzlich [vorgeschriebene] Geschwindigkeit überschreiten.

…… nu poate …… viteza …… în …… .

❺ Ich riskiere, nicht rechtzeitig am Flughafen anzukommen.

…… să nu …… la …… la …… .

8 – Verstehen Sie nicht, dass ich es eilig habe?
9 Wenn es nötig ist (auf Notwendigkeit♀), bezahle *ich*.

⑧ **Dumneata** ist eine höfliche Variante von **tu**.

Sie werden in diesen frühen Lektionen mit ein wenig grammatikalischer Terminologie konfrontiert. Zum besseren Verständnis steht beim ersten Auftreten eines grammatikalischen Fachworts die deutsche Entsprechung in Klammern dahinter. Die Grammatikerklärungen sind lediglich als Hilfe gedacht; lassen Sie sich nicht abschrecken, wenn Sie nicht alles verstehen; wichtiger ist das intuitive Verstehen der fremdsprachigen Texte.

Soluţia exerciţiului 1: Aţi înţeles?

❶ Mein Vater hat jetzt viel Freizeit und lernt die italienische Sprache. ❷ Sie fahren (gehen[sie]) mit dem Taxi in die Schule, wenn sie es eilig haben. ❸ Ich bedaure, dass deine Eltern nicht mit uns hier sind. ❹ Ich zeichne ein großes Flugzeug, du zeichnest ein kleines Taxi. ❺ Ich hätte gerne ein halbes Kilo Schweinefleisch.

Soluţia exerciţiului 2: Cuvintele care lipsesc.

❶ Vorbiţi – repede – înţeleg – spuneţi ❷ vârsta – prea târziu – străină ❸ Îmi – rău – doctor – acasă ❹ Taxiul – depăşi – legală – oraş ❺ Risc – ajung – timp – aeroport.

Anredeformen

Dumneata, **dumneavoastră**, beide "Sie", sind entstanden aus den veralteten Anredeformen **domnia ta** "deine Herrschaft" bzw. **domnia voastră/dumneavostră**. Heute spricht man mit **dumneavoastră** üblicherweise eine oder mehrere unbekannte Personen an oder Personen, denen man besonderen Respekt entgegenbringen will. In einem etwas informelleren Rahmen wird **dumneata** auch unter Personen benutzt, die sich zwar kennen, jedoch nicht direkt befreundet sind, oder von Älteren gegenüber Jüngeren. Man könnte das durch **dumneata** ausgedrückte Verhältnis vergleichen mit dem zu einer Person, die man siezt und dabei mit dem Vornamen anspricht: **dumneata, Maria** "Sie, Maria". Darüber hinaus ist in den letzten Jahren eine Rückkehr zu der Anrede **domnia sa** festzustellen, ein höflicher Ausdruck für **el** "er", wenn man in einem offiziellen Kontext von einer bekannten Person spricht.

17 Lecţia a şaptesprezecea [*läkzja a schapteßpresetscha*]

Nimic de declarat!

1 – B**u**nă z**i**ua, pol**i**ţia de front**i**eră şi v**a**ma.
2 **A**ctele la contr**o**l, vă rog! ① ②
3 – I**a**tă paşap**o**rtul!
4 Şt**i**u că nu am nev**o**ie de v**i**ză.
5 – T**o**tul e în r**e**gulă, dar fotograf**i**a e v**e**che.
6 – D**a**că vr**e**ţi, vă ar**ă**t bulet**i**nul de identit**a**te. ③
7 – Nu e nev**o**ie, vă cred pe cuv**â**nt. ④
8 Av**e**ţi cev**a** de declar**a**t la v**a**mă? ⑤
9 – Nu, nim**i**c.
10 – B**i**ne **a**ţi ven**i**t în Român**i**a! Vac**a**nţă plăc**u**tă! ⑥ ⑦

PRONUNŢIE

[*nimik dä däklarat* **1** *... polizia dä frOntiär^{a} schi wama* **2** *aktälä la kOntrOl w^{a} rOg* **3** *jat^{a} paschapOrtul* **4** *schtiu k^{a} nu am näwO-je de wis^{a}* **5** *tOtul jä în rägula ...* **6** *... dak^{a} wräz^{j} w^{a} ar^{a}t buletinul dä idäntitatä* **7** *... w^{a} kräd pä kuwînt* **10** *binä az^{j} wänit ... wakanz^{a} pl^{a}kut^{a}*]

Siebzehnte Lektion

Nichts zu verzollen

1 – Guten Tag, Grenz- und Zollpolizei (Polizei♀ von Grenze♀ und Zoll♀).

2 Kontrolle der [Fahrzeug]papiere, bitte!
(Papier^{ØØ}-die zu Überprüfung^{Ø}, Sie bitte^{ich}!)

3 – Hier ist (schau) mein Reisepass^{Ø}!

4 Ich weiß, dass ich kein (nicht habe^{ich} Notwendigkeit/Bedarf von) Visum♀ brauche.

5 – Alles ist in Ordnung (in Regel♀), aber das Foto ist alt.

6 – Wenn Sie möchten, zeige ich Ihnen [meinen] Personalausweis (Ihnen zeige^{ich} Ausweis^{Ø} von Identität♀).

7 – Das ist nicht nötig, ich glaube Ihnen auf's Wort.

8 Haben Sie etwas zu verzollen (von erklären an Zoll)?

9 – Nein, nichts.

10 – Willkommen (gut haben^{Sie} gekommen) in Rumänien! Schöne Ferien (Ferien♀ angenehm)!

ANMERKUNGEN

① **un act** "Urkunde, Schein, Akte, Papier", aber auch "Akt, Handlung".

② Der Infinitiv des Verbs in **vă rog** ist **a ruga** "bitten".

③ Die Konjunktion (Bindewort) **dacă** bedeutet nicht nur "wenn", sondern auch "ob, sofern, falls".

④ Anstelle von **Nu e nevoie** "Es ist nicht nötig/notwendig" können Sie ebenfalls das Synonym **Nu e necesar** [*nätschäßar*] verwenden.

⑤ Auf die Verbform **declarat** von **a declara** "erklären, äußern, mitteilen, sagen", die von der Präposition **de** begleitet wird, gehen wir später noch ein.

⑥ **aţi venit**: Die zusammengesetzte Vergangenheit wird im Rumänischen immer mit dem Hilfsverb **a avea** "haben" gebildet. (Im Deutschen verwenden wir beide Hilfsverben: "sein" und "haben".)

⑦ Beachten Sie, dass das Wort **vacanţă** im Gegensatz zum Deutschen meist im Singular gebraucht wird. Die "großen Ferien" heißen **vacanţa mare**.

Exerciţiul 1: Înţelegeţi aceste propoziţii?

❶ D**a**că depăş**i**ţi vit**e**za leg**a**lă, av**e**ţi probl**e**me cu pol**i**ţia. ❷ La fronti**e**ra itali**a**nă, rom**â**nii nu au nev**o**ie de v**i**ză. ❸ În fam**i**lia me**a**, t**o**ţi cop**i**ii au paşap**o**rt. ❹ **A**ctele sunt în r**e**gulă, călător**i**e plăc**u**tă! ❺ Şt**i**u că risc să plăt**e**sc o am**e**ndă la v**a**mă.

Exerciţiul 2: Completaţi locurile libere cu cuvintele care lipsesc!

❶ Ich glaube, die rumänische Polizei ist sehr freundlich zu (mit) Ausländern.
…… că …… română e foarte …… cu …… .

❷ Ich gebe zu (erkenne^{ich}), dass ich Rumänisch mit vielen Fehlern spreche.
…… că vorbesc …… cu multe …… .

❸ Das Handy ist auf dem Tisch, unter dem Personalausweis.
…… e pe ……, sub …… de …… .

18 Lecţia a optsprezecea [*läkzja a* ***O****ptßpresetscha*]

Îmi plac cartofii prăjiţi!

1 – S**u**nt obos**i**t şi mă do**a**re c**a**pul;
2 h**a**i să mânc**ă**m cev**a**. ① ②

PRONUNŢIE

[***î****mi plak kart****O****f*^{i} *pr*^{a}*j****i****z*^{j} **1** … *m*^{a} *do****a****re k****a****pul* **2** *h****a****i ß*^{a} *mînk*^{a}*m tschäw****a***]

ANMERKUNGEN

① Der Ausruf **hai!** oder auch **haide!** "Komm!, Los!" steht meist am Beginn einer Aufforderung.

Soluţia exerciţiului 1: Aţi înţeles?

❶ Wenn Sie die gesetzlich [vorgeschriebene] Geschwindigkeit überschreiten, bekommen Sie (haben[Sie]) Probleme mit der Polizei. ❷ An der italienischen Grenze benötigen Rumänen kein Visum. ❸ In meiner Familie haben alle Kinder einen Reisepass. ❹ Die Papiere sind in Ordnung, gute Reise! ❺ Ich weiß, dass ich am Zoll ein Bußgeld riskiere.

> ***Lerntipp:*** *Legen Sie sich ein zweisprachiges Wörterbuch zu, und notieren Sie sich zusätzliches Vokabular zu bestimmten Wortfeldern, entweder im Buch oder in einem separaten Heft.*

❹ Gewöhnlich haben sie nichts zu verzollen (zu Zoll).
__ ______, ele nu au _____ de ________ la ____.

❺ Willkommen! Es freut mich, dass ihr hier seid/Sie hier sind!
____ aţi _____! Îmi pare ____ că sunteţi ____!

Soluţia exerciţiului 2: Cuvintele care lipsesc.

❶ Cred – poliţia – amabilă – străinii ❷ Recunosc – româneşte – greşeli ❸ Mobilul – masă – buletinul – identitate ❹ De obicei – nimic – declarat – vamă ❺ Bine – venit – bine – aici.

Achtzehnte Lektion

Ich mag Pommes frites!

1 – Ich bin müde, und ich habe Kopfschmerzen (mir tut[es]-weh Kopf[Ø]-das);

2 komm, gehen wir etwas essen (komm dass würden[wir]-essen etwas).

② Die Form **să** + Stamm + Personalendung ist die Konjunktivform (Möglichkeitsform). Folgen zwei Verben aufeinander, wird das zweite meist in den Konjunktiv gesetzt, da das Rumänische die Verwendung des Infinitivs vermeidet.

3 – **Î**mi pl**a**ce id**e**ea ta! ③

4 M-am sătur**a**t să mă plimb ④

5 şi mă dor pici**oa**rele. ⑤ ⑥

6 – **E**ste un restaur**a**nt la d**o**i p**a**şi de a**i**ci; ⑦

7 put**e**m comand**a** d**o**uă grăt**a**re cu cart**o**fi prăj**i**ţi. ⑧ ⑨

8 Ac**a**să nu f**a**cem niciod**a**tă.

9 – N**i**ci n**o**i: d**u**pă soţ**i**a me**a**,

10 cart**o**fii îngr**a**şă. ⑩

PRONUNŢIE

[**3** *îmi platschä idäa ta* **4** *mam ß^{a}turat ß^{a} m^{a} plimb* **5** *schi m^{a} dor pitschioarälä* **6** *... dOi pasch^{j} ...* **7** *putäm komanda dou^{a} gr^{a}tare ...* **8** *... nitschiodat^{a}* **9** *nitsch^{j} ... ßozia ...* **10** *... îngrasch^{a}*]

3 – Deine Idee gefällt mir!
(mir gefällt^{sie} Idee♀-die deine!)

4 Ich habe es satt, spazieren zu gehen (dass mich gehe^{ich}-spazieren),

5 und mir tun die Füße^{ØØ} weh.

6 – Es gibt wenige Schritte von hier ein Restaurant (in zwei Schritt$^{\text{♂♂}}$ von hier);

7 wir können zwei Grill[teller] mit Pommes frites bestellen (Kartoffeln gebraten).

8 Zu Hause machen wir [das] nie.

9 – Wir auch nicht: Nach [Ansicht] meiner Frau

10 machen Kartoffeln dick.

③ Man unterscheidet zwischen **a plăcea** "mögen, gefallen" und **a iubi** "lieben", wobei sich Ersteres hauptsächlich auf Sachen und Letzteres ausschließlich auf Gefühle bezieht. In der verneinten Form wird der Wendung **nu** vorangestellt, und das **î** von **îmi** wird durch einen Bindestrich ersetzt: **nu-mi place** "es gefällt mir nicht".

④ **M-am săturat** kann man auch in anderen Zusammenhängen, z. B. nach einer Mahlzeit, benutzen. Die Grundform des Verbs lautet **a se sătura** "satt sein".

⑤ Der Infinitiv von **mă doare capul**, **mă dor picioarele** lautet **a durea** "weh tun, schmerzen". Merken Sie sich auch das Nomen **dor** "Sehnsucht": **dor de casă** "Heimweh".

⑥ **picior** kann sowohl "Fuß" als auch "Bein" bedeuten.

⑦ "Es gibt" kann mit **este** "sein" oder mit **există** "existieren" ausgedrückt werden.

⑧ **două** ist die weibliche Variante der Kardinalzahl **doi** "zwei". Beim Zählen von männlichen Objekten lauten die Kardinalzahlen **unu**, **doi**, **trei** …, beim Zählen von weiblichen Objekten **una**, **două**, **trei** …

⑨ **cartofii prăjiţi** können neben "Pommes frites" auch "Bratkartoffeln" sein.

⑩ Das Verb **a îngrăşa** "dick machen; dick werden, zunehmen; mästen (Tiere); düngen (Pflanzen)" ist verwandt mit **grăsime**♀ "Fett".

Exerciţiul 1: Înţelegeţi aceste propoziţii?

① De d**o**uă z**i**le mă do**a**re pici**o**rul stâng. ② În fotografi**e** e**a** **a**re un cap frum**o**s de bun**i**că. ③ Îmi plac m**u**lt câ**i**nii m**i**ci şi m**a**ri. ④ Mă plimb de tr**e**i **o**re, sunt dej**a** obos**i**tă. ⑤ Eu com**a**nd un grăt**a**r cu leg**u**me, nu îngr**a**şă.

Exerciţiul 2: Completaţi locurile libere cu cuvintele care lipsesc!

① Ich mag keinen kalten (kühlen) Kaffee.
___ - ___ ___ cafeaua rece.

② Ich habe das Fleisch satt, jetzt esse ich nur Obst.
___ - ___ ___ de ___, ___ mănânc ___ fructe.

③ [Nur] noch wenige (zwei) Schritte, und wir sind zu Hause.
___ doi ___ şi ___ acasă.

④ Ich sehe, dass es warm ist, komm, [gehen wir] in den Garten:
___ că ___ ___, ___ în ___:

19 Lecţia a nouăsprezecea [*läkzja a noªßpresetscha*]

Un om dificil

1 – Mă într**e**b ce găs**e**şte la el, ① ②
2 e o fem**e**ie frumo**a**să şi intelig**e**ntă
3 şi el e un bărb**a**t cu probl**e**me! ③

PRONUNŢIE

[*un Om difitschil* **1** *mª înträb tschä gªßäschtä …* **2** *… fämäjä frumOaßª schi intälidjäntª* **3** *… bªrbat …*]

ANMERKUNGEN

① Merken Sie sich neben **a întreba** "fragen" auch **întrebare** "Frage, Anfrage".

Soluţia exerciţiului 1: Aţi înţeles?

❶ Seit zwei Tagen tut mir der linke Fuß weh. ❷ Auf dem Foto hat sie einen hübschen Kopf einer Großmutter. ❸ Ich mag Hunde sehr, [ob] klein und (oder) groß. ❹ Ich♀ gehe seit drei Stunden spazieren, ich bin schon müde. ❺ Ich bestelle einen Grill[teller] mit Gemüse, der macht nicht dick.

❺ [Dort] gibt es schöne Blumen.
Acolo ____ flori ________.

❻ Die Zwillinge (♂ / ♀) essen niemals Pommes frites in der Schule.
________ / ________ nu mănâncă ________ cartofi ________ la şcoală.

Soluţia exerciţiului 2: Cuvintele care lipsesc.

❶ Nu-mi place ❷ M-am săturat – carne – acum – numai ❸ Încă – paşi – suntem ❹ Văd – e cald – hai – grădină ❺ sunt – frumoase ❻ Gemenii / Gemenele – niciodată – prăjiţi.

Neunzehnte Lektion

Ein schwieriger Mann (Mensch)

1 – Ich frage mich, was sie an ihm findet,
2 sie ist eine schöne und intelligente Frau,
3 und er ist ein Mann mit Problemen!

② **găseşte**: Der Infinitiv lautet **a găsi**, die Form für die 1. Person Singular **găsesc** "ich finde".

③ Versuchen Sie stets, sich Eselsbrücken zu bauen, um sich Wörter besser merken zu können. Bei **bărbat** "Mann" könnte Ihnen vielleicht das Wort **barbă** "Bart" helfen …

4 – Exager**e**zi, e un om cumsec**a**de, ④

5 dar nu e fo**a**rte simp**a**tic

6 şi nu p**o**ţi discut**a** norm**a**l cu el. ⑤ ⑥ ⑦

7 – Da, **a**re un fel de um**o**r speci**a**l;

8 **e**u pref**e**r o convers**a**ţie m**a**i v**i**e

9 şi m**a**i puţ**i**ne b**a**ncuri v**e**chi. ⑧ ⑨

PRONUNŢIE

[**4** *äkßadĵär**ä**s^j … Om kumßäk**a**dä* **5** *… ßimp**a**tik* **6** *… p**O**z^j dißkut**a** nOrm**a**l …* **7** *… un fäl de um**O**r ßpetschi**a**l* **8** *… pref**ä**r o kOnwärß**a**zje m**a**i w**i**ä* **9** *… b**a**nkur^j w**ä**ki*]

Exerciţiul 1: Înţelegeţi aceste propoziţii?

❶ Găs**e**sc că probl**e**mele t**a**le sunt fo**a**rte dific**i**le. ❷ Câ**i**nele m**e**u **e**ste intelig**e**nt, dar nu vorb**e**şte. ❸ Prof**e**sorul mă între**a**bă d**a**că desen**e**z b**i**ne. ❹ Do**a**mna Pop**e**scu şt**i**e că leg**u**mele nu îngr**a**şă. ❺ E**a** sp**u**ne că adolesc**e**nţa **e**ste o v**â**rstă frumo**a**să.

4 – Du übertreibst, er ist ein anständiger Mensch,

5 aber er ist nicht sehr sympathisch,

6 und du kannst nicht normal mit ihm reden.

7 – Ja, er hat eine Art speziellen Humor;

8 ich bevorzuge eine lebendigere Unterhaltung

9 und weniger alte Witze.

④ **om** hat in seiner Grundbedeutung "Mensch" einen unregelmäßigen Plural: **oameni** "Menschen".

⑤ Auf **a putea** "können" kann ein weiteres Verb im Infinitiv folgen; dieses trägt jedoch nicht das Infinitivkennzeichen **a**.

⑥ Das Adverb **normal** hat hier dieselbe Form wie das Adjektiv **normal**. Für gewöhnlich ist das Adjektiv im Maskulinum Singular identisch mit dem entsprechenden Adverb.

⑦ Das Pronomen **el** "er" kann Satzsubjekt sein (**el e un bărbat cu probleme**), es kann aber auch als Objekt verwendet werden (**la el** "an/bei ihm" (Satz 1), **cu el** "mit ihm").

⑧ **mai** + Adjektiv dient zur Bildung von Vergleichen. Zwischen den beiden verglichenen Elementen wird **ca** "als" eingefügt, das Sie bisher in der Bedeutung "wie" kennengelernt haben.

⑨ Die Adjektive **mult** "viel(e)" und **puţin** "wenig(e)" passen sich in Genus (gram. Geschlecht) und Numerus (Zahl) immer an das jeweilige Bezugswort an.

Soluţia exerciţiului 1: Aţi înţeles?

❶ Ich finde, dass deine Probleme sehr schwierig sind. ❷ Mein Hund ist intelligent, aber er spricht nicht. ❸ Mein Professor fragt mich, ob ich gut zeichne. ❹ Frau Popescu weiß, dass Gemüse nicht dick macht. ❺ Sie sagt, dass die Jugend ein schönes Alter ist.

Exerciţiul 2: Completaţi locurile libere cu cuvintele care lipsesc!

❶ Ich habe eine Frage: Wo finde ich ein Taxi?
___ o ___ : unde ___ un ___ ?

❷ Sie hat Glück, sie ist eine glückliche Frau!
Are ___ , e o ___ fericită!

❸ Ich übertreibe überhaupt nicht, sie ist schöner als er.
Nu ___ deloc, ___ e mai ___ ca ___ .

20 Lecţia a douăzecea [*läkzja a do^{a}setscha*]

Ţuica de prune

1 – Nu vr**e**i să bem cev**a**,
2 d**u**pă o l**u**ngă zi de m**u**ncă? ① ②
3 Ce z**i**ci? ③
4 O ţ**u**ică de pr**u**ne, de ex**e**mplu? ④
5 – Mers**i**, ⑤
6 se sp**u**ne că alco**o**lul f**a**ce p**o**ftă de mânc**a**re, ⑥ ⑦
7 dar eu dorm d**a**că be**a**u!

PRONUNŢIE

[*z**u**ika dă pr**u**nă* **2** *… l**u**ng^{a} si dă m**u**nk^{a}* **3** *… s**i**tsch^{j}* **4** *… dă ägs**ä**mplu* **5** *märß**i*** **6** *… alko**o**lul … p**O**ft^{a} dă mînk**a**rä*]

ANMERKUNGEN

① Sie wissen, dass das Adjektiv normalerweise hinter dem Substantiv steht. Durch die umgekehrte Wortstellung wird hier die lange Dauer des Arbeitstages hervorgehoben.

② Merken Sie sich zu **muncă** "Arbeit" auch die Verben **a lucra/a munci** "arbeiten".

❹ Achten Sie auf [Ihren] (machen^Sie Achtung zu) Akzent, wenn Sie Rumänisch mit dem Professor sprechen!

Faceţi ______ la ______, dacă ______ româneşte cu ______!

❺ Mit ihm kannst du viele alte Witze lernen.

___ el, ___ să înveţi ___ bancuri ___.

Soluţia exerciţiului 2: Cuvintele care lipsesc.

❶ Am – întrebare – găsesc – taxi ❷ noroc – femeie ❸ exagerez – ea – frumoasă – el ❹ atenţie – accent – vorbiţi – profesorul ❺ Cu – poţi – multe – vechi.

Zwanzigste Lektion

Der Pflaumenschnaps

1 – Willst du nicht, dass wir etwas trinken

2 nach einem langen Arbeitstag (eine lang Tag von Arbeit♀)?

3 Was sagst du?

4 Einen Pflaumenschnaps (Schnaps♀ von Pflaume♂), zum Beispiel^Ø?

5 – Danke,

6 man sagt, dass Alkohol^Ø den Appetit anregt (macht^es Lust♀ von Essen♀),

7 aber ich schlafe [ein], wenn ich trinke!

③ **a zice** ist ein Synonym von **a spune** "sagen".

④ **ţuică de prune** ist gewissermaßen das Nationalgetränk Rumäniens. Je nördlicher die Region, in der er destilliert wird, desto höher der Alkoholgehalt.

⑤ Neben dem bekannten **mulţumesc** "Danke" hört man in der Alltagssprache auch sehr oft das aus dem Französischen entlehnte **mersi**.

⑥ Für das unpersönliche "man" benutzt das Rumänische das Reflexivpronomen (rückbezügliches Fürwort) **se**: **Se spune că** … oder **Se zice că** … "Man sagt, dass …".

⑦ Die Grundbedeutung von **poftă** ist "Lust, Verlangen, Appetit". Ein nützlicher Ausdruck für Sie: **Poftă bună!** "Guten Appetit!"

8 – Insist, ţuica e o băutură sănătoasă.

9 Bunicul meu susţine că e un medicament care omoară microbii. ⑧ ⑨ ⑩

PRONUNŢIE

[*8 inßißt … iä o b*ª*utur*ª *ß*ª*n*ª*toaß*ª *9 … ßußzinä … un medikamänt karä OmOar*ª *mikrObi*]

Exerciţiul 1: Înţelegeţi aceste propoziţii?

❶ Tatăl meu susţine că alcoolul face poftă de mâncare. ❷ După două ţuici de prune, riscăm să avem o conversaţie foarte vie. ❸ Acum nu am timp, prefer să examinez cu atenţie problema mai târziu. ❹ Se zice că e un om normal, care nu are nimic special. ❺ Nu cred că bărbaţii au mai mult umor ca femeile.

In der nächsten Lektion gibt es wieder ein bisschen "Theorie". In den klassischen Lektionen sollten Sie vor allem Ihr Hörverständnis trainieren und sich mit der Aussprache beschäftigen; die Grammatik steht hier eher im Hintergrund. Für die Grammatik sind die Wiederholungslektionen da. Hier wird vertieft und anhand von Beispielen illustriert, was Sie bereits gesehen haben. Lernen Sie nur niemals auswendig!

8 – Ich bestehe darauf: Schnaps ist ein gesundes Getränk♀.

9 Mein Großvater behauptet, dass er ein Medikament∅ ist, das die Krankheitskeime♂♂ abtötet.

⑧ Das Relativpronomen (bezügliches Fürwort) **care** leitet einen Nebensatz ein; es bedeutet "der, die, das" bzw. "welcher, -e, -es".

⑨ **omoară**: Der Infinitiv des Verbs lautet **a omorî** "(ab)töten". Wie alle Verben auf -**i** ist es ein Verb der 4. Gruppe.

⑩ Am Ende von **microbii** wird nur ein **i** gesprochen. Das erste -**i** von **microbi** ist ein palatalisiertes [*i*], das zweite **i** ist der bestimmte Artikel für das Maskulinum Plural.

Bei Tisch

Wenn Sie sich bei gemeinsamen Mahlzeiten mit Rumänen höflich zeigen und Ihr gutes Benehmen unter Beweis stellen möchten, so reicht es nicht aus, **Poftă bună!** "Guten Appetit!" zu wünschen. Bevor man sich nach der Mahlzeit erhebt, wünschen sich alle **Să vă fie de bine!**, sinngemäß "Auf dass es Ihnen gut bekomme!" Außerdem sollten Sie wissen, dass der **ţuica de prune** für die Rumänen nicht nur ein Digestif ist, sondern vor allem als Aperitif angeboten wird. Sie sollten ihn allerdings mit Bedacht genießen, denn die Hausbrennereien erzeugen ihn mit einem Alkoholgehalt, der den von Wodka oder Whisky bei weitem übersteigt …

Soluţia exerciţiului 1: Aţi înţeles?

❶ Mein Vater behauptet, dass Alkohol den Appetit anregt. ❷ Nach zwei Pflaumenschnäpsen riskieren wir, eine sehr lebendige Unterhaltung zu haben. ❸ Jetzt habe ich keine Zeit, ich ziehe es vor, das Problem später aufmerksam (mit Aufmerksamkeit) zu untersuchen. ❹ Man sagt, dass er ein normaler Mensch ist, der nichts Besonderes [an sich] hat. ❺ Ich glaube nicht, dass (die) Männer mehr Humor haben als (die) Frauen.

Exerciţiul 2: Completaţi locurile libere cu cuvintele care lipsesc!

❶ Er ist ein sympathischer Mensch: Du kannst eine lange Unterhaltung mit ihm haben.

E un ___ simpatic: ___ să ___ o lungă ___ cu el.

❷ Mein Großvater ist ein Beispiel für uns alle in der Familie.

___ meu este un ___ pentru noi ___ în familie.

❸ Wenn ich müde bin, schlafe ich viel, den ganzen Tag.

___ sunt obosit, ___ mult, ___ ziua.

21 Lecţia a douăzeci şi una [*läkzja a do^{a}setsch^{j} schi una*]

Recapitulare

1. Bestimmter Artikel – Sonderfall

Nur sehr wenige männliche Nomen enden auf -**u**, wie z. B. **metru** "Meter". Bei ihnen hängt man am Ende als bestimmten Artikel -**l** an. Ein Verbindungsvokal wird nicht benötigt. Merken Sie sich jedoch, dass die überwiegende Mehrheit der männlichen Nomen auf einen Konsonanten ausgeht und daher zwischen dem Nomen und dem bestimmten Artikel -**u**- eingefügt werden muss.

2. Plural von Nomen und Adjektiven – Sonderfälle

2.1 Phonetische Veränderungen

Bei bestimmten Substantiven und Adjektiven kommt es, wenn sie in den Plural gesetzt werden, aufgrund des angehängten -**i** zu phonetischen Veränderungen: **stradă** "Straße" wird zu **străzi** "Straßen"; durch das -**i** verwandelt sich **d** in **z**.

Ebenso wird aus einem Adjektiv wie z. B. **frumos** "schön" im Maskulinum Plural **frumoşi** "schöne", und das **s** wird unter dem Einfluss des -**i** zu **ş**. Ein betontes **o** wird zu **oa**, wenn in der nächsten Silbe -**ă**- oder -**e**- folgt:

frumos♂ ▶ **frumoasă**♀; **frumoşi**♂♂ ▶ **frumoase**♀♀.

❹ Der Arzt behauptet, dass die Medikamente die Krankheitskeime abtöten.

Doctorul ……… că ……………… omoară ……… .

❺ Ich möchte nicht darauf beharren, aber ich glaube, dass die Arbeit zu schwierig für ihn ist.

Nu …… să ……, dar cred că …… este prea ……… pentru el.

Soluţia exerciţiului 2: Cuvintele care lipsesc.

❶ om – poţi – ai – conversaţie ❷ Bunicul – exemplu – toţi ❸ Dacă – dorm – toată ❹ susţine – medicamentele – microbii ❺ vreau – insist – munca – dificilă.

Einundzwanzigste Lektion

2.2 Plural weiblicher Nomen auf -e

Für gewöhnlich wird der Plural der weiblichen Nomen durch Anhängen von **-e** gebildet. Endet die Grundform des Nomens im Singular auf **-e**, wird die männliche Pluralendung **-i** angehängt: **familie** "Familie" ► **familii** "Familien". Das Wort **femeie** "Frau" ist jedoch eine Ausnahme; hier lautet der Plural **femei** "Frauen"; das **-e** am Wortende entfällt.

3. Neutrum – Sonderfälle

Auf das Neutrum (sächliche Form) sind wir bereits kurz in Lektion 14 eingegangen. Während wir im Deutschen Dinge, die weder männlich noch weiblich sind, als Neutrum bezeichnen, sieht das Rumänische neutrale Objekte als gleichzeitig männlich *und* weiblich an, genauer gesagt als männlich im Singular und weiblich im Plural. Wichtig für Sie ist zu wissen, dass diese Hybridform im Plural eine spezielle Endung, **-uri**, hat, die wir z. B. bei **taxiuri** "Taxis" finden. Auch **-e** ist möglich: **semn** "Zeichen", Plural **semne**.

4. Verben

4.1 Die vier Verbgruppen

Die rumänische Grammatik unterscheidet vier Verbgruppen. Die Einordnung in diese Verbgruppen erfolgt auf der Grundlage der

Infinitivendung der Verben. Streicht man diese Endungen weg, erhält man den Verbstamm.

Wir stellen Ihnen hier die vier Verbgruppen anhand einiger bekannter Beispielwörter vor:

Verbgruppe	Infinitivendung	Beispiele
1.	-a	**a prefera** "vorziehen, bevorzugen", **a scuza** "entschuldigen, verzeihen", **a cumpăra** "kaufen", **a lucra** "arbeiten"
2.	-ea	**a vedea** "sehen" **a plăcea** "mögen, gefallen", **a vrea** "wollen", **a bea** "trinken"
3.	-e	**a face** "machen", **a merge** "gehen, laufen; fahren, sich begeben", **a crede** "glauben, meinen, annehmen, halten für", **a pune** "stellen, legen, setzen"
4.	-i oder -î	**a dormi** "schlafen", **a mulţumi** "danken, sich bedanken", **a plăti** "(be)zahlen", **a omorî** "(ab) töten".

In der folgenden Tabelle finden Sie eine Übersicht über die Verbformen im Präsens:

	1. Gruppe -a	2. Gruppe -ea	3. Gruppe -e	4. Gruppe -i	4. Gruppe -î
Singular					
1. Pers.	Stamm	Stamm	Stamm	Stamm	Stamm
2. Pers.	Stamm + palat.* **i**	Stamm + palat.* **i**	Stamm + palat.* **i**	Stamm + palat.* **i**	Stamm + palat.* **i**
3. Pers	Stamm + **ă**	Stamm + **e**	Stamm + **e**	Stamm + **e**	Stamm + **ă**
Plural					
1. Pers.	Stamm + **ăm**	Stamm + **em**	Stamm + **em**	Stamm + **im**	Stamm + **âm**
2. Pers.	Stamm + **aţi**	Stamm + **eţi**	Stamm + **eţi**	Stamm + **iţi**	Stamm + **âţi**
3. Pers.	Stamm + **ă**	Stamm	Stamm	Stamm	Stamm + **ă**
* palat. = palatalisiert					

In der folgenden Tabelle zeigen wir Ihnen anhand einiger der oben genannten Verben eine komplette Konjugation. Die unterstrichenen Vokale kennzeichnen die Betonung.

	a prefer-a	a plăc-ea	a fac-e	a dorm-i	a omor-î
Singular					
1. Pers.	**prefer**	**plac**	**fac**	**dorm**	**omor**
2. Pers.	**prefer-i**	**plac-i**	**fac-i**	**dorm-i**	**omor-i**
3. Pers	**prefer-ă**	**plac-e**	**fac-e**	**doarm-e**	**omoar-ă**
Plural					
1. Pers.	**prefer-ăm**	**plăc-em**	**fac-em**	**dorm-im**	**omor-âm**
2. Pers.	**prefer-aţi**	**plăc-eţi**	**fac-eţi**	**dorm-iţi**	**omor-âţi**
3. Pers.	**prefer-ă**	**plac**	**fac**	**dorm**	**omoar-ă**

Sie können Folgendes feststellen:

- Die Endungen in den Personalformen des Singular und der 3. Person Plural tragen keine Betonung, die der 1. und 2. Person sind betont, mit Ausnahme der Verben auf **-e** (3. Gruppe).
- Beim Stamm einiger weiterer Personalformen, vor allem der Verben der 2. Gruppe, vollzieht sich im Plural ein Lautwandel von **a** zu **ă**. Einen ähnlichen Lautwandel, nämlich von **o** zu **oa**, finden wir bei den Verben der 4. Gruppe.

4.2 Verben – Besonderheiten bei der Schreibung

• Einsilbige Verben

In der 1. Person Singular der einsilbigen Verben wie z. B. **a bea** "trinken" und **a vrea** "wollen" wird an die Infinitivform ein **-u** angehängt. Für diese beiden Verben ergibt sich also **beau** "ich trinke" bzw. **vreau** "ich will".

• Verben mit Suffix

Eine Reihe von Verben der 1. Gruppe und die meisten Verben der 4. Gruppe erhalten in den Singularformen und in der 3. Person Plural ein Suffix. Diese Suffixe sind betont und lauten **-ez** für die 1. Gruppe und **-esc** für die 4. Gruppe. Wir demonstrieren dies anhand von **a lucra** "arbeiten" und **a vorbi** "sprechen":

	a lucr-a "arbeiten"	**a vorb-i** "sprechen"
Singular		
1. Pers.	**lucr-ez** "ich arbeite"	**vorb-esc** "ich spreche"
2. Pers.	**lucr-ez-i** "du arbeitest"	**vorb-eşt-i** "du sprichst"
3. Pers	**lucr-eaz-ă** "er/sie/es arbeitet"	**vorb-eşt-e** "er/sie/es spricht"
Plural		
1. Pers.	**lucr-ăm** "wir arbeiten"	**vorb-im** "wir sprechen"
2. Pers.	**lucr-aţi** "ihr arbeitet/Sie arbeiten"	**vorb-iţi** "ihr sprecht/Sie sprechen"
3. Pers.	**lucr-eaz-ă** "sie arbeiten"	**vorb-esc** "sie sprechen"

Sie sehen, dass sich bei den Lautfolgen **ez** und **esc** aufgrund des nachfolgenden Vokals Veränderungen ergeben: -**ez**- verwandelt sich in der 3. Pers. Sg. und Pl. in -**eaz**-, und -**esc**- verwandelt sich in der 2. und 3. Pers. Sing. in -**eşt**-.

• **Unregelmäßige Verben**

Auch diese gibt es natürlich im Rumänischen, aber das soll Ihnen im Moment noch keine Sorgen machen. Sie werden sie nach und nach kennenlernen.

5. Verständnis-/Formulierungsübung

Exerciţiul: Înţelegeţi aceste propoziţii?

① Scuzaţi-mă, doamnă, ② nu ştiţi unde este o staţie de taxiuri? ③ Înţelegeţi, sunt foarte grăbit. ④ Trebuie să merg la aeroport, ⑤ risc să pierd avionul! ⑥ Îmi pare rău, domnule, nu ştiu, ⑦ nu pot să vă spun nimic! ⑧ Nu sunt de aici, sunt străină în oraş. ⑨ Vă cred, sunteţi foarte simpatică. ⑩ Sunteţi o femeie frumoasă şi inteligentă. ⑪ Regret că nu am timp ⑫ pentru o conversaţie mai lungă cu dumneavoastră. ⑬ Mersi, sunteţi foarte amabil! ⑭ La revedere şi călătorie plăcută!

22 Lecţia a douăzeci şi doua [*läkzja a do*ª*setsch*ʲ *schi dOua*]

Încântat de cunoştinţă!

1 – Bună ziua, nu ne cunoaştem,

2 daţi-mi voie să mă prezint:

3 mă cheamă Ion Ionescu. ①

PRONUNŢIE

[*înkîntat dä kunOschtinz*ª **1** *… nu nä kunoaschtäm* **2** *daz*ʲ*-mi wOjä ßa ma präsint* **3** *m*ª *käam*ª *jOn jOnäßku*]

Soluţia exerciţiului: Aţi înţeles?

① Entschuldigen Sie, gnädige Frau, ② Sie wissen nicht [zufällig], wo es einen Taxistand gibt? ③ Sie verstehen, ich habe es sehr eilig. ④ Ich muss (gehen) zum Flughafen fahren, ⑤ ich riskiere, mein Flugzeug zu verpassen! ⑥ Es tut mir leid, mein Herr, ich weiß nicht, ⑦ ich kann Ihnen nichts sagen! ⑧ Ich bin nicht von hier, ich bin fremd in der Stadt. ⑨ Ich glaube Ihnen, Sie sind sehr sympathisch. ⑩ Sie sind eine schöne und intelligente Frau. ⑪ Ich bedaure, dass ich keine Zeit habe ⑫ für eine längere Unterhaltung mit Ihnen. ⑬ Danke, Sie sind sehr liebenswürdig! ⑭ Auf Wiedersehen und gute Reise!

Wieder haben Sie eine Lerneinheit abgeschlossen. Obwohl wir die Lautschrift und auch die wörtliche Übersetzung ein wenig reduziert haben, kommen Sie bestimmt gut mit den Texten zurecht, da Ihnen die immer wiederkehrenden Konstruktionen inzwischen bekannt sind und Sie mit der Aussprache immer vertrauter werden. Gehen Sie sicher, dass Sie Ihre Lektion gut verstehen, bevor Sie sie verlassen, und investieren Sie weiterhin täglich 15-20 Minuten Lernzeit.

22. Lektion

Freut mich, Ihre Bekanntschaft [zu machen]!

1 – Guten Tag, wir kennen uns nicht,

2 erlauben Sie mir, mich vorzustellen:
(geben^{Sie}-mir Erlaubnis$^{♀}$ dass mich stelle^{ich}-vor:)

3 Ich heiße (mich rufe^{ich}) Ion Ionescu.

ANMERKUNGEN

① Bei **a se chema** "sich nennen, heißen" bleibt das Verb unverändert, nur das Pronomen passt sich an die betreffende Person an: **Cum vă cheamă?** "Wie heißen Sie?"

4 – Îmi pare bine, mă numesc Petre Petrescu. ②
5 – Încântat de cunoştinţă!
6 Cum să spun, cred că suntem vecini,
7 vă văd adesea pe stradă,
8 dimineaţa devreme şi seara târziu, ③
9 când vă plimbaţi cu un câine maro. ④
10 – Aveţi şi dumneavoastră un câine?
11 E bine să ai un animal ⑤
12 care te obligă să faci o mică plimbare. ⑥
13 – E adevărat, dar eu am o pisică
14 şi ea preferă să rămână acasă.

PRONUNŢIE

[**4** *îmi parä binä m^{a} numäßk päträ pätrüßku* **6** *kum ß^{a} ßpun … wätschini* **7** *w^{a} w^{a}d adäßa pä ßtrad^{a}* **8** *… däwrämä … ßäara …* **9** *kînd w^{a} plimbaz^{j} … maro* **10** *… dumnawoaßtr^{a} …* **11** *… animal* **12** *… oblig^{a} … fatsch^{j} … mik^{a} plimbarä* **13** *jä adäw^{a}rat …pißik^{a}* **14** *… ß^{a} r^{a}mîn^{a} akaß^{a}*]

Noch ein Lerntipp: *Sie können die fremdsprachigen Texte oder einzelne Wörter der Lektion auch mehrmals abschreiben. Oder wie wäre es mit einem Diktat und den Tonaufnahmen als "Lehrer"?*

4 – [Sehr] erfreut (mir erscheint[es] gut), ich heiße (mich nenne[ich]) Peter Petrescu.

5 – [Ich bin] erfreut, Ihre Bekanntschaft [zu machen]!

6 Wie soll ich sagen, ich glaube, dass wir Nachbarn sind,

7 ich sehe Sie oft auf der Straße,

8 am frühen Morgen (Morgen♀-die früh) und am späten Abend (Abend♀-die spät),

9 wenn Sie mit einem braunen Hund spazieren gehen.

10 – Haben Sie auch einen Hund?

11 Es ist gut, ein Tier zu haben, (dass würdest[du]-haben ein Tier[Ø]),

12 das dich [dazu] verpflichtet, einen kleinen Spaziergang♀ zu machen.

13 – Das ist wahr, aber ich habe eine Katze♀,

14 und sie zieht es vor, zu Hause zu bleiben.

② **a se numi** kann alternativ zu **a se chema** benutzt werden. Sie können anstelle von **Mă cheamă Felicia.** oder **Mă numesc Felicia.** auch **Numele meu este Felicia.** (wörtl. Name[Ø]-das mein ist[es] Felicia.) sagen.

③ Beachten Sie: **dimineaţa** ist der "Morgen", aber die Zeitbestimmung "morgen" bedeutet **mâine**.

④ **maro** "braun" ist ein unveränderliches Adjektiv, d. h. es tritt ungeachtet des Geschlechts der Bezugsperson immer in derselben Form auf.

⑤ **să ai** ist eine Konjunktivform (Möglichkeitsform). Folgen zwei Verben aufeinander, wird das zweite meist in den Konjunktiv gesetzt, da das Rumänische die Verwendung des Infinitivs vermeidet. Die 2. Person Singular dient außerdem dazu, unpersönliche, generalisierte Aussagen zu machen.

⑥ Unterscheiden Sie **a obliga să** "verpflichten, zwingen, nötigen zu" von **a fi obligat să** "verpflichtet sein zu".

Exerciţiul 1: Înţelegeţi aceste propoziţii?

❶ Nu ştiu cum vă cheamă, dar cred că vă cunosc. ❷ Daţi-mi voie să plătesc cafelele. ❸ Vă prezint un prieten, ne cunoaştem din adolescenţă. ❹ Părinţii mei au un câine şi două pisici. ❺ Mă plimb adesea în oraş seara.

Exerciţiul 2: Completaţi locurile libere cu cuvintele care lipsesc!

❶ Wie heißt du? – Ich heiße Ion.

Cum .. cheamă? – .. cheamă Ion.

❷ Meine Nachbarn sind sehr sympathisch, wenn sie Alkohol trinken.

.... mei sunt foarte .... când beau ....

❸ Ich muss gestehen (bin^{ich} verpflichtet dass zugeben), dass ich deine Frage überhaupt nicht verstehe.

Sunt .... să recunosc că nu .... deloc .... ta.

23 Lecţia a douăzeci şi treia [*läkzja a do^{a}setschj schi träija*]

Invitaţia

1 – Nu veniţi la prânz la noi la weekend? ① ②

2 – Mersi de invitaţie, dar nu putem!

3 Vineri plecăm la ţară; ③

4 rămânem acolo sâmbătă şi duminică,

PRONUNŢIE

[*inwitazja* **1** *… prîns … uikänd* **3** *winär^{j} …zar^{a}* **4** *r^{a}mînäm akolo ßîmb^{a}t^{a} … duminik^{a}*]

ANMERKUNGEN

① **weekend** (oder **week-end**) folgt der englischen Aussprache, so wie die Rumänen bei den meisten Fremdwörtern die jeweilige Originalaussprache beibehalten. Noch gängiger ist der Ausdruck **sfârşit de săptămână**.

Soluţia exerciţiului 1: Aţi înţeles?

❶ Ich weiß nicht, wie Sie heißen, aber ich glaube, ich kenne Sie. ❷ Erlauben Sie mir, die Kaffees zu bezahlen. ❸ Ich stelle Ihnen einen Freund vor, wir kennen uns aus der Jugend[zeit]. ❹ Meine Eltern haben einen Hund und zwei Katzen. ❺ Ich gehe oft abends in der Stadt spazieren.

❹ Es ist noch zu früh um zu wissen, wer Recht hat.

E ___ prea ___ pentru ___ ___ cine are ___.

❺ Wenn es regnet, fahren wir nicht; [dann] bleiben wir zu Hause.

Dacă ___, nu ___; ___ acasă.

Soluţia exerciţiului 2: Cuvintele care lipsesc.

❶ te – Mă ❷ Vecinii – simpatici – alcool ❸ obligat – înţeleg – întrebarea ❹ încă – devreme – a şti – dreptate ❺ plouă – plecăm – rămânem.

23. Lektion

Die Einladung

1 – Wollt ihr nicht am Wochenende$^{\varnothing}$ zum Mittagessen$^{\varnothing}$ zu uns kommen?

2 – Danke für die Einladung♀, aber wir können nicht!

3 [Am] Freitag♀ fahren wir aufs Land♀;

4 wir bleiben Samstag♀ und Sonntag♀ dort,

② Auf den Tonaufnahmen hören Sie hier **în weekend**, **la weekend** ist allerdings geläufiger.

③ **ţară** kann sowohl das "Land", die "ländliche Region" im Gegensatz zur Stadt bedeuten als auch das "Land" im Sinne von "Vaterland, Nationalstaat; Region, Gegend, Gebiet" wie z. B. in **Ţara Românească** "Große Walachei".

5 ne întoarcem numai luni.
6 – Veniţi la masă de seara, ④
7 într-o zi din săptămână, ⑤
8 marţi sau miercuri;
9 joi avem invitaţi la cină,
10 nişte rude din Timişoara. ⑥ ⑦
11 – Marţi seara e perfect,
12 după ora şapte. ⑧
13 – La revedere, pe marţi!

PRONUNŢIE

[**5** *nă întoartschäm numai luni* **7** *într-o si … ß^{a}pt^{a}mîna* **8** *marz^{j} ßau mjärkuri* **9** *joi … tschin^{a}* **10** *nischte rude … timischoara* **11** *marz^{j} ßäara … pärfäkt* **12** *…ora schapte*]

Exerciţiul 1: Înţelegeţi aceste propoziţii?

❶ Nu putem veni la voi la weekend, nu suntem liberi. ❷ Azi la prânz mănânc numai o salată. ❸ El învaţă limba română de trei săptămâni, zece cuvinte pe zi. ❹ Ei au multe rude la ţară, în Moldova. ❺ Nu trebuie să refuzi niciodată o invitaţie la restaurant!

5 wir kommen erst (nur) am Montag♀ zurück.

6 – Kommt zum Abendessen (Mahlzeit♀ von abends)

7 an einem Tag in (in-eine Tag aus) der Woche♀,

8 Dienstag♀ oder Mittwoch♀;

9 Donnerstag haben wir Gäste zum Abendessen,

10 (einige) Verwandte aus Timişoara.

11 – Dienstagabend ist perfekt,

12 nach sieben Uhr (Stunde♀-die sieben).

13 – Auf Wiedersehen, bis Dienstag!

④ Sie kennen **masă** "Tisch", es bedeutet aber auch "Mahlzeit". So sagt man für "Frühstück" **masa de dimineată** (oder **mic dejun**), für "Mittagessen" **masa de prânz**, für "Abendessen" **masa de seară** (dies wird leider auf den Tonaufnahmen nicht richtig wiedergegeben). **A lua masa** "eine Mahlzeit einnehmen" ist ein Synonym für **a mânca** "essen".

⑤ **într-o** ist die verkürzte Form von **în** + **o**. Ebenso muss man **într-un** "in einem" für **în** + **un** sagen. Auf **printre** "durch" trifft das auch zu: **a merge printr-un parc** "durch einen Park laufen"; **a merge printr-o casa** "durch ein Haus laufen".

⑥ Sie wissen bereits, dass das Rumänische oft das Nomen ohne Artikel verwendet, wenn der Plural ausgedrückt werden soll (L. 14). **Nişte** "manche, einige/etwas, ein wenig" ist ein unbestimmter Artikel im Plural. Er wird auch benutzt, wenn von einer kleineren Menge die Rede ist: "etwas".

⑦ **rudă** bezeichnet einen "Verwandten, Angehörigen". Für "Eltern" haben Sie in L. 9 den Ausdruck **părinţi** kennengelernt.

⑧ Man könnte in diesem Satz auch auf **oră** "Stunde, Uhr" verzichten und **după şapte** sagen. Merken Sie sich auch **după-masă** (wörtlich "nach-Mahlzeit") oder **după-amiază** (wörtlich "nach-Mittag"): "Nachmittag".

Soluţia exerciţiului 1: Aţi înţeles?

❶ Wir können am Wochenende nicht zu euch kommen, wir haben keine Zeit (nicht sind[wir] frei). ❷ Heute esse ich zum Mittagessen nur einen Salat. ❸ Er lernt seit drei Wochen die rumänische Sprache, zehn Wörter pro Tag. ❹ Sie haben viele Verwandte auf dem Land, in der Moldau. ❺ Man soll niemals eine Einladung ins Restaurant ablehnen!

Exerciţiul 2: Completaţi locurile libere cu cuvintele care lipsesc!

❶ Meine Eltern kommen für zwei Tage nach Bukarest.
... mei vin la ... pentru ... zile.

❷ Bleibt deine Mutter die ganze Woche bei uns?
... ta ... la noi ... săptămâna?

❸ Du bist mein Gast, *ich* bezahle das Essen!
Eşti ... meu, eu plătesc ...!

❹ Das ist perfekt, wir fahren jetzt los, und sie bleibt zu Hause.
E ..., noi ... acum şi ea rămâne ....

❺ Was hast du da? Ich möchte es sehen!
... ai ...? Vreau să ...!

24 Lecţia a douăzeci şi patra [*läkzja a do[a]setsch[j] schi patra*]

Gara nu e departe

1 – Nu vă supăr**a**ţi, domnişo**a**ră, ① ②

2 **u**nde e g**a**ra, e dep**a**rte?

3 – Nu, e apro**a**pe de a**i**ci,

4 put**e**ţi m**e**rge pe jos p**â**nă ac**o**lo. ③

5 – Pref**e**r să i**a**u un autob**u**z s**a**u un tramv**a**i, ④ ⑤

PRONUNŢIE

[*g**a**ra nu jä däp**a**rtä* **1** *... ßp[a]r**a**z[j] dOmnischo**a**r[a]* **3** *... aprO**a**pä ... a**i**tsch[j]* **4** *... m**ä**rʃä... ĵoß p**î**n[a] ...* **5** *... ß[a] j**a**u ... autob**u**s ß**a**u tramw**a**j*]

ANMERKUNGEN

① **Nu vă supăraţi** (**a se supăra** "sich ärgern") kann alternativ zu **Scuzaţi-mă** "Entschuldigen Sie mich" (L. 15)/Es tut mir leid" benutzt werden. Weitere Alternativen sind **Iertaţi-mă** "Verzeihen Sie" (von **a ierta** "verzeihen, vergeben") und das aus dem Französischen entlehnte **Pardon**.

Soluţia exerciţiului 2: Cuvintele care lipsesc.

❶ Părinţii – Bucureşti – două ❷ Mama – rămâne – toată ❸ invitatul – masa ❹ perfect – plecăm – acasă ❺ Ce – acolo – văd.

Denken Sie daran, niemals auswendig zu lernen, weder Grammatik noch Wortschatz. Beides wird sich mit der Zeit durch ständige Wiederholung, ohne dass Sie es merken, einen Platz in Ihrem Gedächtnis suchen. Alles, was Sie tun müssen, ist, jeden Tag eine kurze, entspannte Lernsitzung zu absolvieren. Nach einiger Zeit werden Sie feststellen, dass Sie bestimmte Automatismen entwickeln, die Ihnen helfen, Strukturen und Vokabeln zu behalten.

24. Lektion

Der Bahnhof ist nicht weit

1 – Entschuldigen Sie bitte (nicht Sie ärgern^Sie-sich), Fräulein,

2 wo ist der Bahnhof♀, ist er weit?

3 – Nein, er ist in der Nähe (ist^sie nah von hier),

4 Sie können zu Fuß bis dorthin gehen (können^Sie gehen auf unten bis dort).

5 – Ich ziehe es vor, einen Bus^Ø oder eine Straßenbahn^Ø zu nehmen,

② **domnişoară** "Fräulein" hat ein männliches Gegenstück: **domnişor**. Beide Anreden sind heute nicht mehr sehr gebräuchlich.

③ Beachten Sie die wörtliche Übersetzung von **pe jos**! Die Hauptbedeutung von **jos** ist "unten, herab, herunter; niedrig, tief".

④ **iau** ist die 1. Person Singular des Verbs **a lua** "nehmen", ein unregelmäßiges Verb, das Sie bereits kennen gelernt haben.

⑤ Neben **tramvai** "Straßenbahn" und **autobuz** "Linienbus" findet man vielerorts auch den **troleibuz** "Oberleitungsbus". Für längere Reisen empfiehlt sich der "Reisebus", **autocar**^Ø.

6 valiza mea e mult prea grea
7 şi trenul meu pleacă peste zece minute.
8 – Bine, luaţi tramvaiul numărul şapte, ⑥
9 staţia e chiar după colţ, ⑦
10 lângă chioşcul de ziare, ⑧
11 vizavi de cinematograf. ⑨
12 – Vă mulţumesc din toată inima,
13 sunteţi foarte drăguţă. ⑩

PRONUNŢIE

[*6 walisa … grea 7 … tränul … pleaka päßtä setsche … 8 … luaz^{i} tramwajul num^{a}rul schaptä 9 ßtazja … kOlz 10 lîng^{a} kjOschkul … siare 11 wisawi … tschinematograf 12 … mulzumäßk … tOat^{a} inima 13 … dr^{a}guz^{a}*]

Exerciţiul 1: Înţelegeţi aceste propoziţii?

❶ Mă supăr când văd că faci greşeli de limbă. ❷ Domnişoara Enescu ia autobuzul când vrea să meargă la piaţă. ❸ Cum pot să ajung repede la gară? Vreau să iau primul tren de Bucureşti! ❹ Pe jos e prea departe, prefer să iau un taxi. ❺ Staţia de tramvai e chiar vizavi de aeroport.

6 mein Koffer♀ ist viel zu schwer,

7 und mein Zug♂ fährt in zehn Minuten^Ø ab.

8 – In Ordnung, nehmen Sie die Straßenbahn der Linie (Nummer^Ø -das) sieben,

9 die Haltestelle♀ ist gleich (genau) um die [Straßen]ecke^Ø,

10 neben dem Zeitungsstand (Kiosk^Ø von Zeitungen),

11 gegenüber vom Kino^Ø.

12 – Ich danke Ihnen von ganzem Herzen♀,

13 Sie sind sehr nett.

⑥ Anstelle von **tramvaiul numărul şapte** kann man auch **tramvaiul şapte** sagen; **numărul** ist hier also nicht zwingend erforderlich.

⑦ Merken Sie sich zu **chiar** "gleich, genau, direkt; sogar" auch **chiar dacă** "auch wenn".

⑧ Beachten Sie die Aussprache von **chioşc** mit dem Laut **ş** [*sch*] im Wortinneren!

⑨ Auch mit **vizavi** "gegenüber" haben die Rumänen eine Anleihe beim Französischen gemacht. Vielleicht haben Sie diesen Ausdruck auch im Deutschen schon gehört.

⑩ Vorsicht bei **drăguţă**: Im vorliegenden Kontext bedeutet es "nett, freundlich, liebenswürdig", es kann aber auch "reizend, hübsch" heißen.

Soluţia exerciţiului 1: Aţi înţeles?

❶ Ich ärgere mich, wenn ich sehe, dass du im Sprachlichen Fehler (Fehler von Sprache) machst. ❷ Fräulein Enescu nimmt den Bus, wenn sie auf den Markt gehen will. ❸ Wie kann ich schnell am Bahnhof ankommen? Ich möchte den ersten Zug nach Bukarest nehmen! ❹ Zu Fuß ist es zu weit, ich ziehe es vor, ein Taxi zu nehmen. ❺ Die Straßenbahnhaltestelle ist genau gegenüber vom Flughafen.

Exerciţiul 2: Completaţi locurile libere cu cuvintele care lipsesc!

❶ Die Stadt liegt in der Nähe der Grenze zu (mit) Rumänien.
..... e aproape de ..... cu .....

❷ Entschuldigen Sie (mich), fährt der Bus der Linie (Nummer-das) 15 zum Flughafen?
..... - ..., autobuzul ..... cincisprezece ..... la aeroport?

❸ Er ist ein alter Mann: Er hat einen ein Meter langen Bart.
E un ..... în vârstă: are o ..... lungă de un .....

❹ Du hast Recht, dein Koffer ist viel zu schwer.
Ai ....., ... ta e mult prea .....

25 Lecţia a douăzeci şi cincea [*läkzja a do^{a}setsch^j schi tschintschea*]

La hotel

1 – B**u**nă se**a**ra, av**e**ţi o c**a**meră l**i**beră ①

2 cu un pat d**u**blu, vă rog?

3 – Des**i**gur, d**o**mnule!

4 C**â**te n**o**pţi răm**â**neţi la hot**e**l? ②

5 – Nu şt**i**u **î**ncă prec**i**s … po**a**te o săptăm**â**nă. ③

6 – Fo**a**rte b**i**ne! Vr**e**ţi să ved**e**ţi c**a**mera?

PRONUNŢIE

[… *hOtäl* **1** … *ßä**a**ra* … *k**a**mer^a l**i**ber^a* … **2** *ku un pat d**u**blu* … **3** *däßigur* … **4** *k**î**tä nOpz^j r^{a}m**î**näz^j* … **5** … *prätsch**i**ß* … **6** … *wr**ä**z^j ß^a wäd**ä**z^j* …]

⑤ Der Arzt sagt, dass sein Herz gesund ist.

________ spune că _____ sa este ________.

Soluţia exerciţiului 2: Cuvintele care lipsesc.

① Oraşul – frontiera – România ② Scuzaţi-mă – numărul – merge ③ bărbat – barbă – metru ④ dreptate – valiza – grea ⑤ Doctorul – inima – sănătoasă.

> ***Lerntipp:*** *Vielleicht haben Sie ja die Gelegenheit, rumänische Zeitungen und Zeitschriften zu kaufen, oder Sie versuchen einmal, ein wenig im Internet auf Rumänisch zu lesen. Dies eignet sich als Lernhilfe vor allem für Personen, die das auch in ihrer Muttersprache regelmäßig tun. Wenn Sie auch den Kontext nicht vollständig verstehen, so können Sie vielleicht nur die Wörter oder Ausdrücke heraussuchen und anstreichen, die Sie bereits kennen; das ist schon ein kleines Erfolgserlebnis.*

25. Lektion

Im Hotel

1 – Guten Abend, haben Sie ein freies Zimmer♀
2 mit einem Doppelbett (Bett⌀ doppelt), bitte?
3 – Selbstverständlich, mein Herr!
4 Wie viele Nächte♀♀ bleiben Sie im Hotel?
5 – Ich weiß es noch nicht genau … vielleicht eine Woche.
6 – Sehr gut! Möchten Sie das Zimmer sehen?

ANMERKUNGEN

① Bei den meisten Grußfloskeln wie **Bună dimineaţa**, **Bună ziua** und **Bună seara** steht **Bună** an erster Stelle. Anders ist es bei **Noapte bună** "Gute Nacht".

② Achten Sie im Titel und hier darauf, dass der Anlaut von **hotel** nicht wie das deutsche [*h*], sondern etwas tiefer im Rachen gesprochen wird. Er ähnelt in etwa dem [*ch*] in "Kra<u>ch</u>".

③ **precis** ist nicht nur Adverb, sondern auch Adjektiv: "bestimmt, ausdrücklich, genau, gezielt".

7 **E** la et**a**jul p**a**tru, cu ved**e**re spre m**a**re. ④ ⑤

8 – Şi c**a**re e pr**e**ţul? Cât c**o**stă? ⑥

9 – Nu pot să spun că e i**e**ftină, ⑦

10 e sc**u**mpă, dar ce plăc**e**re să v**e**zi m**a**rea pe fere**a**stră! ⑧ ⑨

11 – Av**e**ţi dreptate, pr**e**ţul nu **a**re import**a**nţă;

12 la nev**o**ie, pot plăt**i** cu c**a**rdul… ⑩

PRONUNŢIE

[*7 jä la etaĵul patru ku wädäre ßprä marä 8 … präzul kît kOßt*[a] *9 … jäftin*[a] *10 …ßkump*[a] *… wesi mara pä färaßtr*[a] *11 … präzul … impOrtanz*[a] *12 … kardul*]

Exerciţiul 1: Înţelegeţi aceste propoziţii?

❶ B**u**nă z**i**ua, ca**u**t o c**a**meră p**e**ntru o no**a**pte. ❷ **Ei** au o sufrager**i**e cu ved**e**re spre grăd**i**nă. ❸ Put**e**ţi p**u**ne în c**a**meră un pat p**e**ntru un cop**i**l? ❹ Bun**i**ca ta cumpăr**ă** un medicam**e**nt străin c**a**re c**o**stă fo**a**rte mult. ❺ Vre**au** să şt**i**u d**a**că ex**i**stă un restaur**a**nt vegetari**a**n în or**a**ş.

7 Es ist in der 4. Etage (in Etage$^{\varnothing}$ vier) mit Meerblick (Sicht♀ nach Meer♀).

8 – Und was (welches) ist der Preis$^{\varnothing}$? Wie viel kostet es?

9 – Ich kann nicht sagen, dass es preiswert ist,

10 es ist teuer, aber wie schön ist es [doch] (was Vergnügen), das Meer durch das Fenster zu sehen!

11 – Sie haben Recht, der Preis ist nicht wichtig (nicht hat^{es} Bedeutung♀);

12 Wenn es nötig ist, kann ich mit der [Kredit]karte bezahlen …

④ Sie sehen bei **etajul patru**, dass nicht die Ordnungs-, sondern die Grundzahl benutzt wird.

⑤ **spre** hat die unterschiedlichsten Bedeutungen; es weist auf eine Richtung hin: "nach, zu, gen, auf … zu".

⑥ **Câte nopţi** (Satz 4), **Cât costă?**: Das Adjektiv **cât** passt sich in Genus und Numerus dem Bezugswort an.

⑦ **ieftin** "billig, preiswert, kostengünstig".

⑧ **scump** bedeutet nicht nur "teuer" in Bezug auf einen Preis, sondern auch "lieb, wert, teuer" in einem emotionalen Kontext: **scumpul meu** "mein Lieber", **scumpa mea** "meine Liebe".

⑨ Hier hat sich leider ein kleiner Fehler eingeschlichen: Korrekt muss es **prin fereastră** heißen (**prin** "durch, über, mittels").

⑩ **plăti** "bezahlen": Nach den Verben **a putea** "können" und **a şti** "wissen" kann anstelle des üblichen Konjunktivs auch der Infinitiv stehen.

Soluţia exerciţiului 1: Aţi înţeles?

❶ Guten Tag, ich suche ein Zimmer für eine Nacht. ❷ Sie haben ein Esszimmer mit Blick auf den Garten. ❸ Können Sie in das Zimmer ein Bett für ein Kind stellen? ❹ Deine Großmutter kauft ein ausländisches Medikament, das (welches) sehr viel kostet. ❺ Ich möchte wissen, ob es ein vegetarisches Restaurant in der Stadt gibt.

Exerciţiul 2: Completaţi locurile libere cu cuvintele care lipsesc!

❶ Ich möchte vier Tage hier bleiben, wenn [das Wetter] schön ist; ich habe (bin[ich] in) Urlaub!

Vreau ___ ___ aici ___ zile, dacă ___ ___; sunt în ___!

❷ Das Hotel hat 15 Etagen; alle Zimmer haben Meerblick.

___ are ___ etaje; toate ___ au vedere spre ___.

❸ Sie weiß genau, was sie sucht; für sie spielt der Preis keine Rolle (nicht hat[es] Bedeutung♀).

Ea ştie ___ ce ___; pentru ea, ___ nu are ___.

❹ Willst du nicht verstehen, dass das Flugzeug zu teuer für uns ist?

Nu vrei ___ ___ că ___ e prea ___ pentru noi?

26 Lecţia a douăzeci şi şasea [*läkzja a do[a]setsch[i] schi schaßa*]

La restaurant

1 – Ch**e**lner! Se po**a**te **î**ncă mânc**a** la **o**ra **a**sta? ①

2 Nu e pre**a** târz**i**u?

3 – Se po**a**te, d**o**mnule, bucătăr**i**a e desch**i**să.

4 – Ce av**e**ţi **a**zi în men**i**u? ②

5 – Ca aperit**i**v, sal**a**tă de v**i**nete, ③ ④

PRONUNŢIE

[***1*** *k**ä**lnär … **î**nk[a] mînk**a** … **a**ßta* ***3*** *… däßk**i**ß[a]* ***4*** *… män**i**u* ***5*** *… aperit**i**w ßal**a**t[a] dä w**i**nätä*]

ANMERKUNGEN

① **se poate**: Für das unpersönliche "man" benutzt das Rumänische das Reflexivpronomen **se**. Dieses haben Sie z. B. schon in Lektion 20 bei **Se zice că** … "Man sagt, dass …" kennengelernt.

⑤ Wenn Sie mit der [Kredit]karte bezahlen, brauche ich Ihren Personalausweis nicht.

____ plătiţi cu ______, nu am ______ de buletinul dumneavoastră de identitate.

Soluţia exerciţiului 2: Cuvintele care lipsesc.

❶ să rămân – patru – e frumos – vacanţă ❷ Hotelul – cincisprezece – camerele – mare ❸ precis – caută – preţul – importanţă ❹ să înţelegi – avionul – scump ❺ Dacă – cardul – nevoie.

Unterkünfte

In Rumänien haben Reisende, wie in vielen anderen Ländern, die Wahl zwischen den unterschiedlichsten Unterkunftsarten: **un hotel** "ein Hotel", **un han** "ein Gasthof, eine Herberge", **o pensiune** "eine Pension", **o cazare la particulari** "eine Privatunterkunft" oder, entlang der größeren Straßen, **un motel** "ein Motel".

26. Lektion

Im Restaurant

1 – Kellner! Kann man [bei Ihnen] um diese Uhrzeit noch essen?

2 Ist es nicht zu spät?

3 – Man kann [noch essen], mein Herr, die Küche ist geöffnet.

4 – Was haben Sie heute auf der (in) Speisekarte?

5 – Als Vorspeise Auberginenpüree (Salat♀ von Aubergine♀),

② **meniu** "Speisekarte, Menü" ist zweisilbig und mit der Betonung auf dem **i** zu sprechen: **me-n*i*u**.

③ Das Wort **aperitiv** bezeichnet nicht nur das entsprechende Getränk, sondern auch jede Form von "Vorspeise", wofür man auch immer öfter das vom französischen *entrée* abgeleitete **antreu**∅ hört.

④ **salata de vinete** "Auberginenkaviar, Auberginenpüree" ist die bevorzugte Vorspeise bei den Rumänen. Die Grundform von "Aubergine" lautet übrigens **vânătă**.

6 felul întâi, supă sau ciorbă. ⑤ ⑥
7 Felul doi, friptură de porc sau de vită
8 cu pireu de cartofi sau legume. ⑦
9 Ca desert, o prăjitură cu ciocolată sau fructe. ⑧
10 – De fapt, nu mi-e foame,
11 dar mi-e foarte sete; ⑨
12 nu vreau decât o apă minerală. ⑩

PRONUNŢIE

[*6 fälul întîi ßup^{a} ßau tschOrb^{a}* **7** *fälul dOi fríptur^{a} … wit^{a}* **8** *ku piräu …* **9** *… däßärt … pr^{a}jitur^{a} … tschokolat^{a} …* **10** *dä fapt nu mi-jä fOamä* **11** *… mi-jä fOartä ßätä* **12** *… wreau dekît o ap^{a} minäral^{a}*]

Exerciţiul 1: Înţelegeţi aceste propoziţii?

❶ Plec în vacanţă la mare două săptămâni. ❷ Restaurantul nu e deschis decât la weekend. ❸ Mi-e foame şi mi-e sete, vreau să mănânc şi să beau. ❹ Aici toţi chelnerii vorbesc limbi străine. ❺ Nu aveţi un meniu ieftin pentru copii?

6 [als] ersten Gang (Sorte∅ erstes) Suppe oder Borschtsch.

7 [Als] Hauptgericht (Sorte∅ zwei) Schweine- oder Rinderbraten (Braten♀ von Schwein♂ oder von Rind♀)

8 mit Kartoffelpüree (Püree∅ von Kartoffeln) oder Gemüse.

9 Zum (als) Nachtisch ein [Stück] Schokoladenkuchen (Kuchen♀ mit Schokolade♀) oder Obst.

10 – Eigentlich (von Tatsache∅) habe ich keinen Hunger (nicht mir-ist[es] Hunger♀),

11 aber ich bin sehr durstig (mir-ist[es] sehr Durst♀);

12 ich möchte nur ein Mineralwasser (nicht möchte[ich] nur ein Wasser♀ Mineral-).

⑤ Hier steht **fel** "Sorte, Art" für **fel de mâncare** "Gericht, Gang, Speise".

⑥ In Süd- und Nordostrumänien werden manche Suppen mit **borş**, gegorenem Weizenkleiesaft, gesäuert. Enthält eine Suppe **borş**, wird sie **ciorbă** genannt, ansonsten heißt sie **supă**.

⑦ **Meniu** "Speisekarte; Menü" und **pireu** (auch **piure**) "Püree" haben die Rumänen aus dem Französischen übernommen und das in ihrer Sprache nicht existierende [*ü*] mit Hilfe eines **i** umgangen.

⑧ Das entsprechende Verb zu **prăjitură** "Kuchen" lautet **a prăji** "backen, braten, rösten". Vergleichen Sie **cartofii prăjiţi** "Bratkartoffeln, Pommes frites" in L. 18.

⑨ Beachten Sie die wörtliche Übersetzung von **Mi-e foame** "Ich habe Hunger" und **Mi-e sete** "Ich habe Durst". Sie stellen fest, dass das Objekt hier im Dativ (Wem-Fall) steht ("mir") und die Wendung mit **a fi** "sein" konstruiert wird.

⑩ **decât** "als" wird in der Regel bei Vergleichen benutzt, indem es zwischen die beiden verglichenen Elemente gesetzt wird. Hier hat es jedoch die Bedeutung "nur".

Soluţia exerciţiului 1: Aţi înţeles?

❶ Ich fahre [für] zwei Wochen in den Urlaub ans Meer. ❷ Das Restaurant ist nur am Wochenende geöffnet. ❸ Ich habe Hunger und ich habe Durst, ich möchte essen und trinken. ❹ Hier sprechen alle Kellner Fremdsprachen. ❺ Haben Sie nicht ein preiswertes Menü für Kinder?

Exerciţiul 2: Completaţi locurile libere cu cuvintele care lipsesc!

❶ Ich weiß nicht, ob ich eine warme Suppe oder einen kalten Eintopf möchte.

Nu ştiu ____ vreau o ____ caldă sau o ______ rece.

❷ Kellner! Schnell, einen Grillteller und ein Bier, bitte!

________! ______, un ______ şi o bere, __ ___!

❸ Ich mag Früchte, aber zum Nachtisch ziehe ich Schokolade vor.

___ plac _________, dar ca ______ prefer _________.

❹ Ich übertreibe nicht, sie kann einen Kuchen pro Minute essen.

Nu ________, ea poate _____ o _________ pe _____.

> *Lassen Sie sich nicht entmutigen, wenn Sie sich nicht alle Vokabeln, die Ihnen begegnen, sofort merken können und die Strukturen der rumänischen Sätze noch nicht vollständig durchschauen. Gehen Sie einfach noch einmal ein paar Lektionen zurück, und wiederholen Sie sie noch einmal. Sie werden nach einiger Zeit merken, dass Ihnen nach dieser Wiederholung zuvor schwierige Wörter und Ausdrücke nun viel leichter fallen.*

27 Lecţia a douăzeci şi şaptea [*läkzja a do^{a}setsch^{j} schi schapta*]

Lecţii de muzică

1 – Dr**a**gul m**e**u, am uit**a**t să te într**e**b: ①

2 îl cun**o**şti pe prof**e**sorul Dumitr**e**scu? ②

PRONUNŢIE

[*l**ä**kzii de mus**i**k^{a}* **1** *dr**a**gul m**ä**u … uit**a**t …* **2** *… kun**O**scht^{j} …*]

ANMERKUNGEN

① **dragul meu** bzw. **draga mea** "mein Schatz" ist bei Paaren die liebevolle Anrede. In Briefen benutzt man bei der Grußfloskel für beide Geschlechter **Dragă…**: **Dragă Domnule** "Lieber Herr …"; **Dragă Doamnă** "Liebe Frau …".

❺ Sie findet, dass Mineralwasser kein zu teures Getränk ist.

Ea ________ că ___ minerală nu este o ________ prea ______.

Soluţia exerciţiului 2: Cuvintele care lipsesc.

❶ dacă – supă – ciorbă ❷ Chelner – Repede – grătar – vă rog ❸ Îmi – fructele – desert – ciocolata ❹ exagerez – mânca – prăjitură – minut ❺ găseşte – apa – băutură – scumpă.

Suppenparadies Rumänien

Supă und **ciorbă** werden überall, nahezu rund um die Uhr und in den vielfältigsten Variationen serviert. In die **supă**, die einen eher süßlichen Geschmack hat, kommt alles, was der Gemüsegarten hergibt. Die **ciorbă** hingegen zeichnet sich durch eine fein säuerliche Note aus, die sie traditionell durch fermentiertes Getreide (**borş**), alternativ auch durch Sauerkrautsaft oder Molke erhält. Zu den beliebtesten Suppen zählen **ciorbă de legume** "Gemüsesuppe", **ciorbă de perişoare** "Fleischklößchensuppe", **ciorbă de pui** "Hühnersuppe", **ciorbă de văcuţă** "Rindfleischsuppe", **ciorbă de fasole** "Bohnensuppe", **ciorbă de salată** "Salatsuppe", **ciorbă de peşte** "Fischsuppe" und **ciorbă de burtă** "Kuttelsuppe".

27. Lektion

Musikunterricht

1 – Mein Schatz (Lieber-der mein), ich habe vergessen dich zu fragen:

2 Kennst du (ihn kennst[du] auf) den Lehrer Dumitrescu?

② Handelt es sich bei dem Akkusativobjekt (Wen-Fall) um eine Person, verwendet man eine spezielle Konstruktion: Das Nomen (**profesorul**) wird in Form von **îl** vorweggenommen, und dem Nomen wird die Präposition **pe** vorangestellt.

3 Un bărbat înalt, blond cu ochi albaştri, ③
4 dă lecţii de pian la liceul de muzică.
5 – Cred că ştiu cine e!
6 Nu-l cunosc personal,
7 dar sora mea e prietenă bună ④
8 cu fratele lui, care e profesor de vioară; ⑤ ⑥
9 amândoi fraţii sunt buni muzicieni. ⑦
10 – Perfect, cade cum nu se poate mai bine. ⑧
11 Aş vrea ca fata noastră să ia lecţii de pian ⑨
12 şi băiatul nostru lecţii de vioară.

PRONUNŢIE

[*3 … înalt blOnd ku Oki albaschtri* **4** *… pijan … litschäul …* **6** *… kOnOßk pärßonal* **7** *… ßOra mäa …* **8** *… fratälä luj … wioar^a* **9** *amîndOj frazi… musitschiäni* **11** *… fata noaßtr^a … läkzi … pijan* **12** *… b^{a}jatul noßtru …*]

Exerciţiul 1: Înţelegeţi aceste propoziţii?

❶ Mă întreb dacă el crede ce spune. ❷ Trebuie să mănânci multe fructe dacă vrei să fii sănătoasă. ❸ Scuză-mă, draga mea, am uitat să cumpăr flori pentru mama ta. ❹ Ea găseşte că este foarte frumoasă, pentru că e blondă şi are ochi albaştri. ❺ Fraţii tăi vor amândoi să ia lecţii de vioară.

3 Ein großer Mann (Mann hoch), blond mit blauen Augen♂♂,

4 er gibt Klavierunterricht (Lektion♀ von Klavier∅) am Musikgymnasium.

5 – Ich glaube, ich weiß, wer das ist!

6 Ich kenne ihn nicht persönlich,

7 aber meine Schwester ist [eine] gute Freundin

8 seines Bruders (mit Bruder-der sein), der Geigenlehrer ist;

9 beide Brüder sind gute Musiker.

10 – Perfekt, das könnte gar nicht besser sein (fällt^{es} wie nicht sich kann^{es} mehr gut).

11 Ich hätte gerne, dass unsere Tochter Klavierunterricht nimmt

12 und unser Junge Geigenunterricht.

③ **ochi**, das im Singular bereits auf **-i** endet, behält diese Form auch im Plural: **un ochi** "ein Auge" – **doi ochi** "zwei Augen".

④ **soră** "Schwester" hat einen unregelmäßigen Plural: **surori** "Schwestern".

⑤ Ebenso wie **câine** "Hund" erhält **frate** "Bruder" den bestimmten Artikel **-le**.

⑥ Wie im Deutschen unterscheidet auch das Rumänische bei Besitz- und Zugehörigkeitsverhältnissen bei den Besitzern nach dem Geschlecht: **fratele lui** "sein Bruder" - **fratele ei** "ihr Bruder".

⑦ Ist von maskulinen Nomen die Rede, verwendet man **amândoi** "die beiden", bei weiblichen Nomen benutzt man **amândouă**.

⑧ Ein Synonym für **perfect** ist **excelent** "ausgezeichnet, hervorragend".

⑨ Bei **lecţii** ebenso wie bei **fraţii** werden die beiden **i** am Wortende wie ein **i** gesprochen.

Soluţia exerciţiului 1: Aţi înţeles?

❶ Ich frage mich, ob er glaubt, was er sagt. ❷ Du musst viel Obst essen, wenn du gesund sein willst (wenn willst^{du} dass wärst^{du} gesund). ❸ Entschuldige mich, meine Liebe, ich habe vergessen, Blumen für deine Mutter zu kaufen. ❹ Sie findet, dass sie sehr schön ist, weil sie blond ist und blaue Augen hat. ❺ Deine Brüder möchten beide Geigenunterricht nehmen (dass nehmen^{sie} Unterricht von Geige).

Exerciţiul 2: Completaţi locurile libere cu cuvintele care lipsesc!

1. Mein Nachbar glaubt, dass sein Hund ein intelligentes Tier ist.

   ______ meu ______ că câinele ______ este un ______ inteligent.

2. Entschuldigen Sie (mich), mein Herr, ich habe meinen (den) Pass zu Hause vergessen, auf dem Klavier.

   ______ - mă, domnule, am uitat ______ acasă, pe ______.

3. Sie erlernen eine einzige Fremdsprache auf der Oberschule, drei Tage pro Woche.

   Ei ______ o ______ limbă ______ la ______, trei zile pe săptămână.

4. Deine Idee ist hervorragend, aber man muss sehen, was deine Frau [dazu] sagt.

   ______ ta e ______, dar ______ să vedem ce spune ______ ta.

> ***Lerntipp:*** *Lernen Sie weiterhin täglich, aber vermeiden Sie Eile. Gehen Sie bei Unklarheiten oder wenn Sie das Gefühl haben, den bisherigen Stoff noch nicht restlos assimiliert zu haben, noch einmal ein paar Lektionen zurück. Kennzeichnen Sie schwierige Redewendungen oder Ausdrücke mit einem Textmarker, und blättern Sie von Zeit zu Zeit zu diesen Stellen zurück. Oder schreiben Sie Wörter und Wendungen, die Sie sich schlecht merken können, ein paarmal auf.*

28 Lecţia a douăzeci şi opta [*läkzja a do*[a]*setsch*[j] *schi* ***O****pta*]

Recapitulare

1. Adjektive (Eigenschaftswörter)

Das Adjektiv steht in der Regel hinter dem Nomen, auf das es sich bezieht bzw. das es näher bestimmt; es richtet sich in Genus (grammatischem Geschlecht) und Numerus (Zahl) nach diesem. Das Adjektiv kann in vier verschiedenen Formen auftreten:

❺ Eure Töchter sind beide hübsch und intelligent, wie ihre Eltern.

Fetele ______ sunt amândouă ______ şi ______, ca ______ lor.

Soluţia exerciţiului 2: Cuvintele care lipsesc.

❶ Vecinul – crede – lui – animal ❷ Scuzaţi – paşaportul – pian ❸ învaţă – singură – străină – liceu ❹ Ideea – excelentă – trebuie – soţia ❺ voastre – drăguţe – inteligente – părinţii.

Rumänische Folklore

Volkstänze, Volksmusik und Trachten sind in Rumänien noch sehr lebendig. Neben speziell für Touristen organisierten Folkloreveranstaltungen gibt es vielerorts auch noch viel Originales zu sehen. Die Rumänen sind überaus musikalisch; sie singen, spielen und tanzen, wann immer sich die Gelegenheit dazu bietet. Man spielt auf Laute, Zymbal, Dudelsackpfeife, Maultrommel oder Zither. Viele Rumänen können äußerst virtuos auf Panflöten spielen. In den Dörfern werden abends alte Balladen gesungen, die Gesänge reichen von schwermütig bis vergnügt. Festspiele mit Liedern, Tänzen und Trachten gibt es im August u. a. in Bukarest, in **Mamaia** an der Schwarzmeerküste und in **Sinaia** in den Südkarpaten.

28. Lektion

Singular		Plural	
Maskulinum	**Femininum**	**Maskulinum**	**Femininum**
bun "guter"	**bună** "gute"	**buni** "gute"	**bune** "gute"

Sehr viele Adjektive folgen diesem Schema: **frumos** "schön", **înalt** "hoch, groß", **ieftin** "billig, preiswert" … und zahllose andere.

Es gibt aber auch Adjektive, die in drei verschiedenen Formen auftreten: Im Singular gibt es eine Form für das Maskulinum und eine für das Femininum und im Plural eine einzige Form für beide Geschlechter:

Singular		Plural	
Maskulinum	**Femininum**	**Maskulinum**	**Femininum**
mic "kleiner"	**mică** "kleine"	**mici** "kleine"	

Einige Adjektive haben nur zwei Formen: eine gemeinsame für beide Geschlechter im Singular und eine ebenfalls gemeinsame für beide Geschlechter im Plural:

Singular		Plural	
Maskulinum	**Femininum**	**Maskulinum**	**Femininum**
mare "großer" / "große"		**mari** "große"	
rece "kalter" / "kalte"		**reci** "kalte"	

Dann gibt es Adjektive, deren Formen wiederum einem ganz anderen Schema folgen, z. B. **vechi** "alt". Es hat eine identische Form für das Maskulinum Singular, das Maskulinum Plural und das Femininum Plural und eine abweichende nur für das Femininum Singular.

Singular		Plural	
Maskulinum	**Femininum**	**Maskulinum**	**Femininum**
vechi	**veche**	**vechi**	**vechi**

Schließlich gibt es auch noch Adjektive, die unveränderlich sind und nur eine einzige Form besitzen. Hierzu zählen z. B. die Farbadjektive. Eins haben Sie bereits kennengelernt: **maro** "braun".

2. Possessivpronomen

Ebenso wie die Eigenschaftswörter stehen die Possessivpronomen, die eine Zugehörigkeit oder ein Besitzverhältnis beschreiben, hinter dem Bezugswort. Dieses trägt den bestimmten Artikel, denn es ist ja von einer klar definierten Person/Sache die Rede: **tatăl meu** "mein Vater", **mama mea** "meine Mutter", **fraţii mei** "meine Brüder", **surorile mele** "meine Schwestern".

Hier eine Übersicht über alle Possessivpronomen.

Singular		Plural	
Maskulinum	**Femininum**	**Maskulinum**	**Femininum**
meu	**mea**	**mei**	**mele**
tău	**ta**	**tăi**	**tale**
său (lui/ei)	**sa** (lui/ei)	**săi** (lui/ei)	**sale** (lui/ei)
nostru	**noastră**	**noştri**	**noastre**
vostru	**voastră**	**voştri**	**voastre**
lor	**lor**	**lor**	**lor**
Die unterstrichenen Vokale kennzeichnen die Betonung.			

Wie im Deutschen unterscheidet auch das Rumänische in der 3. Person Singular, ob der Besitzer männlich oder weiblich ist: **prietenul său** "sein Freund" gibt keine Auskunft über das Geschlecht des Besitzers, **prietenul lui** "sein Freund" und **prietenul ei** "ihr Freund" dagegen sehr wohl.

Schließlich muss man noch zwei weitere Pronomen erwähnen: **dumneavoastră** "Sie" (Lektion 16), die höfliche Anredeform für eine oder mehrere Personen, die man siezt, und **dumneata**, eine höfliche Variante von **tu**, die auch in der Form **dumitale** anzutreffen ist.

Dumneavoastră ist unveränderlich in Maskulinum, Femininum und allen grammatischen Fällen. Es wird im Schriftverkehr abgekürzt durch: **D-voastră**, **dvs.** oder **dv.**

Dumneata ist eine Form der mittleren Höflichkeit und wird im Gespräch zwischen einer älteren und einer jüngeren Person bzw. zwischen einem Vorgesetzten und seinem Angestellten oder im Lehrer-Schüler-Verhältnis verwendet.

Dumitale lautet die Anredeform im Genitiv und Dativ, abgekürzt: **d-tale**.

3. Personalpronomen im Akkusativ

Auch im Rumänischen können die Personalpronomen je nach Kasus unterschiedliche Formen annehmen. Wir haben hier die (unbetonten) Formen für den Akkusativ (Wen-Fall) zusammengestellt:

Unbetonte Personalpronomen im Akkusativ	
Singular	**Plural**
mă "mich"	**ne** "uns"
te "dich"	**vă** "euch/Sie"
îl/o "ihn/sie"	**îi/le** "sie" (♂/♀)

Sie können feststellen, dass in der 3. Person Plural ein Unterschied zwischen der männlichen und der weiblichen Form gemacht wird. Zur Verdeutlichung ein Beispiel:

Îi caut. "Ich suche sie." (= eine Gruppe von männlichen Personen)
Le caut. "Ich suche sie." (= eine Gruppe von weiblichen Personen)

Die Personalpronomen haben wie in den anderen romanischen Sprachen eine betonte und eine unbetonte Form. Die unbetonte Form wird obligatorisch gebraucht, die betonte Form fakultativ (nach Präpositionen wie **pe**, **la**, **cu** im Akkusativ, nach Steigerungsadverbien oder einem vorangestellten Adverb, das die Funktion einer Präposition übernimmt (**decât**, **ca**), um das unbetonte Personalpronomen im Akkusativ noch zu betonen, als Kurzantwort auf eine Frage).

Einige der betonten Formen haben Sie bereits kennengelernt. Hier die komplette Übersicht:

Betonte Personalpronomen im Akkusativ	
Singular	**Plural**
(**pe**) **mine** "mich"	(**pe**) **noi** "uns"
(**pe**) **tine** "dich"	(**pe**) **voi** "euch/Sie"
(**pe**) **el/ea** "ihn/sie"	(**pe**) **ei/ele** "sie" (♂/♀)

4. Reflexive Verben

Die reflexiven Verben stellen keine größere Schwierigkeit dar. Sie werden im Rumänischen ebenso gebildet wie im Deutschen, nämlich mit einem Reflexivpronomen.

Beachten Sie, dass bestimmte Verben, die im Deutschen nicht reflexiv sind, im Rumänischen reflexiv verwendet werden; dazu gehört z. B. **a se plimba** "spazieren gehen": **eu mă plimb** "ich gehe spazieren"; **tu te plimbi** "du gehst spazieren", **el/ea se plimbă** "er/sie geht spazieren"; **noi ne plimbăm** "wir gehen spazieren", **voi vă plimbaţi** "ihr geht spazieren", **ei/ele se plimbă** "sie gehen spazieren".

Hier die Reflexivpronomen im Akkusativ und Dativ:

Singular		Plural	
Akkusativ	**Dativ**	**Akkusativ**	**Dativ**
mă "mich"	**îmi** "mir"	**ne** "uns"	**ne** "uns"
te "dich"	**îţi** "dir"	**vă** "euch/sich"	**vă** "euch"
se "sich" (♂/♀)	**îşi** "sich" (♂/♀)	**se** "sich" (♂/♀)	**îşi** "sich" (♂/♀)

Wie Sie sehen, sind die Pronomen – mit Ausnahme der 3. Person Singular und Plural – identisch mit den Personalpronomen im Akkusativ (siehe Kapitel 3).

Denken Sie daran, dass das Reflexivpronomen **se** ebenfalls zum Ausdruck des unpersönlichen "man" benutzt wird: **Se crede că...** "Man denkt, dass ...".

Die Reflexivpronomen im Dativ Singular und Plural lauten **îşi**.

5. Konjunktiv

5.1 Verwendung

Der Konjunktiv ist, ebenso wie der Indikativ ("Wirklichkeitsform"), ein sogenannter "Modus". Er drückt aus, dass etwas nur mittelbar und ohne Gewähr wiedergegeben, als möglich vorgestellt bzw. als irreal dargestellt wird. Man nennt ihn auch "Möglichkeitsform". Sie haben den Konjunktiv bereits an mehreren Stellen angetroffen (u. a. auch in Nebensätzen).

Beispiele: **vreau să învăţ** "ich will lernen" (wörtl. "will^{ich} dass würde^{ich}-lernen"); **vreau să înveţi** "ich will, dass du lernst" (wörtl. "will^{ich} dass würdest^{du}-lernen"); **refuz să recunosc** "ich weigere mich zuzugeben" (wörtl. verweigere^{ich} dass würde^{ich}-zugeben").

Das Rumänische vermeidet in dieser Art Wendungen den Infinitiv. Anders sieht es aus, wenn die Konstruktion von den Verben **a putea** "können" oder **a şti** "wissen" eingeleitet wird; in diesem Fall kann im Nebensatz der Infinitiv (ohne die Präposition **a**) stehen: **pot înţelege** "ich kann verstehen"; **ştiu scrie** "ich weiß, wie man schreibt".

5.2 Bildung

Den Konjunktivformen geht immer die Konjunktion (Bindewort) **să** "dass" voran. Die meisten Formen sind identisch mit denen des Indikativs, mit Ausnahme der 3. Person Singular und Plural. Vereinfacht ausgedrückt bedeutet dies folgendes:

- Bei den Verben, bei denen die 3. Person im Indikativ Präsens auf **-ă** endet, verwandelt sich dieses **-ă** im Konjunktiv in **-e**: **el/ei prefer-ă** ► **el/ei să prefer-e**.
- Bei den Verben, bei denen die 3. Person im Indikativ Präsens auf **-e** endet, verwandelt sich dieses **-e** im Konjunktiv in **-ă**: **el fac-e** ► **el/ei să fac-ă**.

Zwei Verben, nämlich **a fi** "sein" und **a avea** "haben", bilden den Konjunktiv unregelmäßig:

a fi "sein"	**a avea** "haben"
să fiu "ich wäre"	**să am** "ich hätte"
să fii "du wärst"	**să ai** "du hättest"
să fie "er/sie wäre"	**să aibă** "er/sie hätte"
să fim "wir wären"	**să avem** "wir hätten"
să fiţi "ihr wärt/Sie wären"	**să aveţi** "ihr hättet/Sie hätten"
să fie "sie wären"	**să aibă** "sie hätten"
Die unterstrichenen Vokale kennzeichnen die Betonung.	

6. Unregelmäßige Verben a putea "können" und a vrea "möchten, wollen": Indikativ Präsens

Ausgerechnet zwei der meistbenutzten Verben, **a putea** "können" und **a vrea** "möchten, wollen", werden im Indikativ Präsens unregelmäßig konjugiert:

a putea "können"	**a vrea** "möchten, wollen"
(**eu**) **pot** "ich kann"	(**eu**) **vreau** "ich möchte/will"
(**tu**) **poţi** "du kannst"	(**tu**) **vrei** "du möchtest/willst"
(**el/ea**) **poate** "er/sie kann"	(**el/ea**) **vrea** "er/sie möchte/will"
(**noi**) **putem** "wir können"	(**noi**) **vrem** "wir möchten/wollen"
(**voi**) **puteţi** "ihr könnt/Sie können"	(**voi**) **vreţi** "ihr möchtet/wollt / Sie möchten/wollen"
(**ei/ele**) **pot** "sie können"	(**ei/ele**) **vreau** "sie möchten/wollen"
Die unterstrichenen Vokale kennzeichnen die Betonung.	

Sie haben ein weiteres unregelmäßiges Verb kennengelernt, das ebenfalls sehr häufig benutzt wird: **a lua** "nehmen". Auch seine Konjugation wollen wir Ihnen vorstellen:

(**eu**) **iau** "ich nehme"	(**noi**) **luăm** "wir nehmen"
(**tu**) **iei** "du nimmst"	(**voi**) **luaţi** "ihr nehmt/Sie nehmen"
(**el/ea**) **ia** "er/sie nimmt"	(**ei/ele**) **iau** "sie nehmen"
Die unterstrichenen Vokale kennzeichnen die Betonung.	

Lesen Sie jede Wiederholungslektion mehrmals durch, und gehen Sie erst dann zur nächsten Lektion über, wenn Sie alle Erklärungen gut verstanden haben.

7. Verständnis-/Formulierungsübung

Exercițiul: Înțelegeți aceste propoziții?

① Bună ziua, căutăm o cameră pentru două nopți, ② nu prea scumpă, dacă se poate… ③ Îmi pare rău, nu avem camere ieftine, ④ toate au ferestre care dau spre mare. ⑤ Nu aveți o cameră cu vedere spre stradă? ⑥ Prețul e o problemă pentru noi… ⑦ Vă pot da o cameră mică la etajul zece, ⑧ dar e prea devreme, ⑨ nu este liberă decât la ora cinci după-masă. ⑩ Perfect, avem timp să mâncăm ceva… ⑪ Regret, la noi nu se poate mânca nimic la ora asta. ⑫ Hotelul dumneavoastră nu are restaurant? ⑬ Ba da, dar nu e deschis la weekend. ⑭ Trebuie să mergeți la un restaurant în oraș: ⑮ nu e departe, luați tramvaiul patru sau autobuzul șapte. ⑯ Stația e chiar vizavi de hotel. ⑰ Ce zici, draga mea? Am o idee: ⑱ hai să mergem pe jos, ⑲ după o lungă călătorie cu avionul, ⑳ o plimbare bună face poftă de mâncare.

Soluția exercițiului: Ați înțeles?

① Guten Tag, wir suchen ein Zimmer für zwei Nächte, ② nicht zu teuer, wenn es möglich ist … ③ Es tut mir leid, wir haben keine preiswerten Zimmer, ④ sie haben alle Fenster mit Meerblick (die geben[sie] nach Meer). ⑤ Haben Sie kein Zimmer mit Blick auf die Straße? ⑥ Der Preis ist ein Problem für uns … ⑦ Ich kann Ihnen ein kleines Zimmer auf der 10. Etage geben, ⑧ aber es ist [noch] zu früh, ⑨ es wird erst (nur) um fünf Uhr nachmittags frei. ⑩ Das ist perfekt, [so] haben wir Zeit, etwas essen zu gehen … ⑪ Ich bedaure, bei uns können Sie um diese Uhrzeit nichts essen. ⑫ Hat Ihr Hotel kein Restaurant? ⑬ Doch, aber es ist am Wochenende nicht geöffnet. ⑭ Sie müssen in ein Restaurant in der Stadt gehen: ⑮ Es ist nicht weit, nehmen Sie die Straßenbahn [der Linie] 4 oder den Bus [der Linie] 7. ⑯ Die Haltestelle ist direkt gegenüber vom Hotel. ⑰ Was sagst du, mein Schatz? Ich habe eine Idee: ⑱ Lass uns zu Fuß gehen, ⑲ nach einer langen Flugreise (Reise mit Flugzeug) ⑳ macht ein schöner Spaziergang (Spaziergang gut) Appetit (Lust von Essen).

29 Lecţia a douăzeci şi noua [*läkzja a do^{a}setsch^{i} schi nOua*]

Ce oră e?

1 – Nu şt**i**i cât e ce**a**sul? ①
2 Sper că nu e pre**a** târz**i**u!
3 Am întâln**i**re cu I**o**n Pop**e**scu, un pri**e**ten bun, la ami**a**ză;
4 mânc**ă**m împre**u**nă la prânz. ②
5 – Nu şt**i**u **o**ra ex**a**ctă,
6 ce**a**sul m**e**u e stric**a**t, nu m**a**i m**e**rge de d**o**uă z**i**le… ③ ④
7 Aşte**a**ptă puţ**i**n, mă **u**it pe mob**i**l, d**a**că vr**e**i … ⑤
8 E… e **o**ra d**o**uăsprezece f**ă**ră douăz**e**ci de min**u**te. ⑥
9 – Perf**e**ct, d**a**că plec ac**u**m pot să aj**u**ng la timp;
10 ne întâln**i**m în c**e**ntru, la primăr**i**e.
11 – Nu te grăb**i**, **a**i tot t**i**mpul!
12 – **A**i drept**a**te, şt**i**u fo**a**rte b**i**ne că I**o**n întâ**r**zie cu un sfert de **o**ră ⑦

PRONUNŢIE

[*tschä **O**r^{a} jä **1** … kît jä tschea**ß**ul **2** ßpär … **3** am întîlnirä … amjas^{a} **4** mînk^{a}m împräun^{a} la prîns **5** … **o**ra egsakt^{a} **6** … ßtrik**a**t … **7** aschte**a**pt^{a} … m^{a} **u**it ... **8** … d**o**^{a}ßpresetsche f^{a}r^{a} do^{a}setschi … **10** nä întîln**i**m în tsch**ä**ntru la prim^{a}r**i**ä **11** nu tä gr^{a}b**i** … **12** … întîrsiä … ßfärt … **13** … întîlnirilä …*]

ANMERKUNGEN

① Es gibt zwei Möglichkeiten, nach der Uhrzeit zu fragen: **Cât e ceasul?** und **Ce oră e?**. **Ceas** ist ein Synonym von **oră**.

② **împreună** ist das Adverb "zusammen, gemeinsam", das Adjektiv "gemeinsam" lautet **comun**.

29. Lektion

Wie viel Uhr ist es?

1 – Weißt du nicht, wie viel Uhr es ist? (wie-viel ist^{es} Uhr$^{\varnothing}$)?

2 Ich hoffe, dass es [noch] nicht zu spät ist!

3 Ich habe eine Verabredung♀ mit Johannes Popescu einem guten Freund, am Mittag♀;

4 wir essen zusammen zu Mittag.

5 – Ich weiß nicht, wie viel Uhr es genau ist (nicht weiß^{ich} Stunde♀ genaue♀),

6 meine [Armband]uhr$^{\varnothing}$ ist kaputt, sie geht seit zwei Tagen nicht mehr ...

7 Warte kurz (ein-bisschen), ich schaue auf dem Handy nach, wenn du willst ...

8 Es ist … zwanzig vor zwölf (Stunde zwölf ohne/abzüglich zwanzig von Minute$^{\varnothing\varnothing}$).

9 – Perfekt, wenn ich jetzt fahre, kann ich rechtzeitig ankommen;

10 wir treffen uns im Zentrum$^{\varnothing}$, am Rathaus♀.

11 – Du brauchst dich nicht zu beeilen (nicht dich beeilst^{du}), du hast alle Zeit [der Welt]!

12 – Du hast Recht, ich weiß sehr gut, dass Johannes sich um eine Viertelstunde verspätet (verspätet^{er}-sich mit ein Viertel$^{\varnothing}$ von Stunde)

③ Weiter oben haben Sie bereits **ceas** "Uhr" kennengelernt. Weitere Ausdrücke mit **ceas** sind **ceas de mână** "Armbanduhr" und **ceas deşteptător** "Wecker".

④ Das Verb **a merge** "gehen, laufen" wird auch im Sinne von "funktionieren" gebraucht.

⑤ Sie haben schon **a uita** "vergessen" angetroffen. In der reflexiven Form, **a se uita**, hat es eine stark abweichende Bedeutung: "schauen".

⑥ Das weibliche Zahladjektiv **douăsprezece** "zwölf" passt sich an das weibliche **ora** "Stunde" an. Man kann in diesem Satz auch auf **oră** und **minut** verzichten; es reicht aus, **e douăsprezece fără douăzeci** zu sagen. Die wörtliche Übersetzung von **douăzeci** ist übrigens "zwei Zehner".

⑦ **a întârzia** "sich verspäten, verzögern". **În general trenul întârzie cu un sfert de oră.** "Im Allgemeinen verspätet sich der Zug um eine Viertelstunde."

13 la toate întâlnirile noastre.

Exerciţiul 1: Înţelegeţi aceste propoziţii?

❶ Nu ştiu precis ce oră e, dar sper să ajung la timp. ❷ Mă întâlnesc cu soţia mea la amiază, vrem să mâncăm împreună azi. ❸ Ceasul meu nu merge bine, întârzie cu zece minute. ❹ Dacă te uiţi pe fereastră, vezi marea. ❺ Ştii că frigiderul nostru e stricat?

Exerciţiul 2: Completaţi locurile libere cu cuvintele care lipsesc!

❶ Wir treffen uns in zehn Minuten, an der Bushaltestelle.

Ne ______ peste ______ minute, la ______ de ______ .

❷ Das Musikgymnasium befindet sich genau im Stadtzentrum gegenüber vom Rathaus.

Liceul de muzică e ______ în ______ , ______ de ______ .

❸ Wenn es in Paris ein Uhr morgens ist, ist es in Bukarest bereits zwei Uhr.

______ la Paris e ora unu ______ , la Bucureşti e ______ ora ______ .

❹ Meine Armbanduhr geht eine Viertelstunde nach.

______ meu ______ cu un ______ de oră.

13 bei all unseren Treffen.

Soluţia exerciţiului 1: Aţi înţeles?

❶ Ich weiß nicht, wie viel Uhr es genau ist, aber ich hoffe, rechtzeitig anzukommen. ❷ Ich treffe mich mit meiner Frau am Mittag, wir wollen heute zusammen essen. ❸ Meine [Armband]uhr funktioniert nicht gut, sie geht zehn Minuten nach (verspätet[es]-sich mit zehn Minuten). ❹ Wenn du aus dem Fenster schaust, siehst du das Meer. ❺ Weißt du, dass unser Kühlschrank kaputt ist?

> ***Lerntipp:*** *Nutzen Sie die Multimedialität Ihres Kurses mit dem handlichen Lehrbuch, das überall einsetzbar ist und den Audio-CDs bzw. der MP3-CD, mit denen/der Sie auch unterwegs mobil und flexibel lernen können.*

❺ Haben Sie die genaue Uhrzeit, bitte?
_____ ora ______, __ ___?

Soluţia exerciţiului 2: Cuvintele care lipsesc.

❶ întâlnim – zece – staţia – autobuz ❷ chiar – centru – vizavi – primărie ❸ Când – dimineaţa – deja – două ❹ Ceasul – întârzie – sfert ❺ Aveţi – exactă – vă rog.

Familiennamen

Die typischste Endung rumänischer Nachnamen ist **-escu**. Früher haben einige rumänische Berühmtheiten, die ins Ausland gezogen sind, diese Endung in **-o** geändert: **Eugen Ionescu**, der französisch-rumänische Autor und Dramatiker, die Schauspielerin **Elvira Popescu**, die in Frankreich unter dem Namen **Elvira Popesco** bekannt wurde, und schließlich der aus Bukarest stammende **Henri Alexandru Negrescu**, der 1912 in Nizza das berühmte Luxushotel **Hotel Negresco** im Stil der Belle Epoque erbauen ließ, das heute zur Allianz "Leading Hotels of the World" gehört.

30 Lecţia a treizecea [*läkzja a träisetscha*]

O vară frumoasă

1 – Ar**ă**ţi b**i**ne, bronz**a**t şi v**e**sel! ①

2 – Am nor**o**c, mă simt b**i**ne, nu sunt boln**a**v!

3 E o vr**e**me spl**e**ndidă, ②

4 şi prof**i**t în fiec**a**re zi de so**a**re. ③

5 – E dej**a** fo**a**rte cald, şi sunt**e**m n**u**mai în i**u**lie;

6 mă într**e**b cum o să f**i**e l**u**na **a**ugust. ④

7 – Nu m**a**i av**e**m dec**â**t d**o**uă anot**i**mpuri în Român**i**a! ⑤

8 – E trist, dar e adevăr**a**t:

PRONUNŢIE

[*... w**a**ra frumo**a**ß*^{a} **1** *ar**a**z*^{j} *... brons**a**t schi w**ä**ßäl* **2** *... m*^{a} *ßimt ... bOln**a**w* **3** *... wr**ä**mä ßpl**ä**ndid*^{a} **4** *... prOf**i**t în fjäk**a**rä si dä ßo**a**re* **5** *... j**u**liä* **6** *... l**u**na **a**ugußt* **7** *... anot**i**mpuri ...* **8** *... trißt ...*]

ANMERKUNGEN

① **a arăta** hat die Grundbedeutung "vorweisen, (an)zeigen". **A arăta bine** "gut aussehen"; **a arăta rău** "schlecht aussehen".

② In den meisten Fällen, auch z. B. bei Wetterberichten, werden die Begriffe **timp** und **vreme** "Wetter" synonym verwendet (**timp** bedeutet außerdem "Zeit"!). Sie werden später noch Beispiele für Wortpaare sehen, bei denen ein Teil lateinische und der andere slawische Wurzeln hat.

30. Lektion

Ein schöner Sommer♀

1 – Du siehst gut aus (zeigst^du gut), braun gebrannt (gebräunt) und gut gelaunt!

2 – Ich habe Glück, ich fühle mich wohl (gut), [und] ich bin nicht krank!

3 Es ist herrliches Wetter,

4 und ich genieße jeden Tag die Sonne (profitiere^ich in jede Tag von Sonne♂).

5 – Es ist bereits sehr warm, und wir haben erst (und sind^wir nur im) Juli;

6 ich frage mich, wie [erst] der (Monat♀) August sein wird.

7 – Wir haben nur noch zwei Jahreszeiten (nicht mehr haben^wir als zwei Jahreszeit^øø) in Rumänien!

8 – Es ist traurig, aber es ist wahr:

③ Mit **fiecare** "jeder, -e, -es" lassen sich neben **în fiecare zi** "täglich, jeden Tag" auch andere nützliche Wendungen bilden, z. B. **în fiecare dimineaţă** "jeden Morgen".

④ Die Monatsnamen werden Ihnen nicht allzu viele Schwierigkeiten bereiten, denn sie ähneln stark den deutschen Namen; eine Übersetzung erübrigt sich daher: **ianuarie**, **februarie**, **martie**, **aprilie**, **mai**, **iunie**, **iulie**, **august**, **septembrie**, **octombrie**, **noiembrie**, **decembrie**.

⑤ In **anotimp** "Jahreszeit" erkennen Sie leicht **an**♂ "Jahr" und **timp** "Zeit".

9 nu m**a**i ex**i**stă pr**i**măvară şi to**a**mnă.

10 **I**arna e pre**a** r**e**ce şi n**i**nge mult ⑥

11 şi v**a**ra e m**a**i c**a**ldă ca niciod**a**tă. ⑦

12 – D**u**pă m**i**ne, polu**a**rea e de v**i**nă … ⑧ ⑨ ⑩

PRONUNŢIE

[*__9__ … pr**i**mªwarª schi to**a**mnª __10__ j**a**rna … n**i**ndĵä … __11__ … w**a**ra … nitschiod**a**tª __12__ … m**i**nä polu**a**ra … dä w**i**nª*]

Exerciţiul 1: Înţelegeţi aceste propoziţii?

❶ **U**nde e Mar**i**a? Nu m**a**i v**i**ne la şco**a**lă, po**a**te e boln**a**vă. ❷ **I**arna nu m**a**i sunt fl**o**ri şi grăd**i**na e tr**i**stă. ❸ D**a**că nu te s**i**mţi b**i**ne **a**zi, p**o**ţi să pl**e**ci ac**a**să. ❹ O să prof**i**t o **o**ră de so**a**re, dar nu vre**a**u să exager**e**z. ❺ Nu **e**u sunt de v**i**nă d**a**că tu ar**ă**ţi rău!

9 Es gibt keinen Frühling mehr und [keinen] Herbst.

10 Der Winter♀ ist zu kalt, und es schneit viel,

11 und der Sommer ist heißer denn je.

12 – Meiner Ansicht nach (nach mir) ist die [Umwelt]verschmutzung♀ schuld … (ist[sie] von Schuld♀).

⑥ "Im Winter", "im Frühling", "im Sommer" und "im Herbst" werden ausgedrückt, indem die Präposition **în** vorangestellt und der Jahreszeit der bestimmte Artikel angehängt wird: **iarnă** – **în iarna**; **primăvară** – **în primăvara**; **vară** – **în vara**; **toamnă** – **în toamna**.

⑦ Ebenso wie wir nutzen die Rumänen im Sommer gerne Außengastronomie, z. B. Biergärten. In Rumänien nennt man dies **grădină de vară** "Sommergarten".

⑧ **mine** "mir, mich“ ist das betonte Personalpronomen der 1. Person Singular im Akkusativ, ausgehend vom Nominativ **eu**. Der Dativ lautet **mie**.

⑨ Anstelle von **vină** "Schuld" kann man auch **greşeală** verwenden, dessen Grundedeutung jedoch "Fehler, Irrtum, Versehen" ist. **E vina mea./Eu sunt de vină.** "Das ist meine Schuld." **Sunt sigură că nu e greşeala lui.** "Ich bin sicher, dass es nicht seine Schuld ist."

⑩ Die meisten Präpositionen, wie z. B. **după** "nach", verlangen im Rumänischen den Akkusativ.

Soluţia exerciţiului 1: Aţi înţeles?

❶ Wo ist Maria? Sie kommt nicht mehr in die Schule, vielleicht ist sie krank. ❷ Im Winter gibt es keine Blumen mehr, und der Garten sieht traurig aus (ist[sie] traurig). ❸ Wenn du dich heute nicht gut fühlst, kannst du nach Hause gehen. ❹ Ich werde eine Stunde die Sonne genießen, aber ich möchte es nicht übertreiben. ❺ Es ist nicht meine Schuld, wenn du schlecht aussiehst!

Exerciţiul 2: Completaţi locurile libere cu cuvintele care lipsesc!

❶ Du siehst heute sehr gut aus, ich frage mich, warum (von was) …

___ foarte ___ azi, ___ ___ de ce…

❷ Ich bin sicher, dass der Monat August ein warmer Monat sein wird.

Sunt ___ că luna ___ o să ___ o lună ___.

❸ Im Allgemeinen schneit es viel in Rumänien im Winter.

În general ___ mult în România în ___.

❹ Ich kaufe jeden Tag Obst und Gemüse vom (von an) Markt.

Cumpăr ___ ___ ___ fructe şi ___ de la ___.

❺ Ich frage mich, ob das Jahr noch vier Jahreszeiten hat.

___ ___ dacă ___ mai are încă ___ ___.

31 Lecţia a treizeci şi una [*läkzja a träisetsch^j schi una*]

Unde locuieşti?

1 – Eug**e**n! **A**sta-i b**u**nă! M**i**că-i l**u**mea! ①

2 Locui**e**şti a**i**ci în carti**e**r?

3 E pr**i**ma d**a**tă că te văd pe str**a**da **a**sta!

4 – Da, locui**e**sc pe str**a**da P**a**rcului ②

5 la colţ cu Bulev**a**rdul Independ**e**nţei.

PRONUNŢIE

[*undä lOkuijäscht^j* **1** *äudʃän aßta-i bun^a mik^a-i lumäa* **2** *lOkuijäscht^j … kartiär* **3** *… dat^a …* **4** *… lOkuijäßk … parkuluj* **5** *… buläwardul indäpändänzej*]

ANMERKUNGEN

① **lume** "Welt" wird auch im Sinne von "Leute, Menschen" benutzt.

Soluţia exerciţiului 2: Cuvintele care lipsesc.

❶ Arăţi – bine – mă întreb ❷ sigură – august – fie – caldă ❸ ninge – iarna ❹ în fiecare zi – legume – piaţă ❺ Mă întreb – anul – patru anotimpuri.

Lateinische Wurzeln

Auch Rumänisch ist das Ergebnis einer Vermischung des Lateinischen mit den Sprachen der "Eindringlinge": germanische Völker aus dem Westen und slawische Stämme aus dem Osten. Die Rumänen empfinden sich jedoch keineswegs als Slawen. Es erfüllt sie mit Stolz, dass der Name ihres Landes noch immer von den lateinischen Wurzeln des Volkes und seiner Sprache zeugt. Kein anderes Volk, das aus der römischen Kolonialisierung hervorgegangen ist, hat die Erinnerung an Rom im Namen seiner Sprache oder seines Landes verewigt. Die Mehrheit der Rumänen, Bewohner der drei historischen Provinzen, die das heutige Rumänien bilden, fühlt sich seinen lateinischen Wurzeln sehr verbunden: Bereits vor dem Aufkommen des Namens **România** für den Nationalstaat im 19. Jh. bezeichnete sich das Volk als **români**, und man sprach und spricht noch heute – **româneşte**.

31. Lektion

Wo wohnst du?

1 – Eugen! Na, das ist ja toll (dies-ist[es] gut)! Die Welt ist klein! (klein-ist[sie] Welt♀-die!)

2 Wohnst du hier im Viertel∅?

3 Das ist das erste Mal♀, dass ich dich in (auf) dieser Straße♀ sehe!

4 – Ja, ich wohne in der Parkstraße (Straße des-Parks∅),

5 an der Ecke (mit) Unabhängigkeitsboulevard (Boulevard∅ der-Unabhängigkeit♀).

② Rumänisch gilt nicht umsonst als die romanische Sprache, die sich am meisten an das Lateinische anlehnt. Im Rumänischen ist die Deklination wie bei den lateinischen Kasus (grammatische Fälle). So ist **parcului** der Genitiv (Wes-Fall) von **parc** "Park". Die Genitivendung maskuliner Nomen lautet -**lui**; sie wird an das Nomen angehängt.

6 – A, văd precis unde, aproape de Piaţa Păcii! ③ ④

7 Eu nu stau departe de Bulevardul Dacia, pe Aleea Florilor, ⑤ ⑥

8 într-un bloc vizavi de staţia troleibuzului numărul şapte. ⑦

9 – Trebuie să ne vedem săptămâna asta!

10 Ştii ce? Notează adresa mea:

11 strada Parcului numărul treisprezece,

12 scara C, etajul şapte, apartamentul douăzeci şi unu. ⑧ ⑨

13 Când ieşi din lift ⑩

14 e prima uşă pe dreapta,

15 numele e sub sonerie.

PRONUNŢIE

[**6** … *pjaza p^{a}tschi* **7** *jäu nu ßtau … datschja … pä aläa …* **8** *întrun blOk …* **10** *… notäas^{a} adräßa mäa* **12** *ßkara … etaĵul … apartamäntul…* **13** *… jäsch^{j} din lift* **14** *… usch^{a} …* **15** *… ßonäriä*]

Lerntipp: *Hören Sie sich die Dialoge der Lektionen immer mehrmals an, und versuchen Sie, die Stimmen nachzuahmen. Gerade der ständige Wechsel von mehreren Sprechern mit ihren unterschiedlichen Sprechgewohnheiten schult besonders gut Ihr Ohr.*

6 – Ah, ich sehe genau, wo [das ist], in der Nähe des Friedensplatzes (Platz des-Friedens♀)!

7 Ich wohne nicht weit vom Dacia-Boulevard, in der Blumenallee♀,

8 in einem Wohnblock gegenüber der Haltestelle des Busses Nummer 7.

9 – Wir müssen uns [unbedingt] diese Woche sehen!

10 Weißt du was? Schreib dir meine Adresse♀ auf:

11 Parkstraße Nummer 13,

12 Treppenhaus (Treppe♀) C, siebte Etage (Etage-das sieben), WohnungØ (-die) einundzwanzig.

13 Wenn du aus dem AufzugØ herausgehst,

14 ist es die erste Tür♀ rechts,

15 der Name steht unter der Klingel♀.

③ Noch korrekter wäre die Ausdruckweise **ştiu exact unde este** "ich weiß genau, wo das ist".

④ **Independenţei** (Satz 5) ist der Genitiv von **independenţă** "Unabhängigkeit" und **păcii** der Genitiv von **pace** "Frieden". Die Genitivendung für weibliche Nomen im Singular lautet **-ei** bzw. **-ii**.

⑤ **a sta** "liegen, sitzen, stehen" ist hier ein Synonym von **a locui** "wohnen". **A sta** taucht in einer Vielzahl von sehr nützlichen Wendungen auf: **a sta în picioare** "stehen"; **a sta în pat** "das Bett hüten"; **a sta la masă** "am Tisch sitzen, essen"; **Stai!** "Stehenbleiben!"; **Stai puţin!** "Warte kurz!"; **Staţi jos!** "Setzen Sie sich!"

⑥ **Florilor** ist der Genitiv des weiblichen Pluralnomens **flori** "Blumen". Das Maskulinum Plural hat dieselbe Endung: **-lor**.

⑦ Mit **bloc** bezeichnet man die typischen, in den 60 Jahren entstandenen Plattenbauten, wie wir sie z. B. aus der ehemaligen DDR kennen.

⑧ Wie Sie bereits aus Lektion 25 wissen, wird bei der Etagennummer meist nicht die Ordnungszahl, sondern die Grundzahl verwendet. Man sagt also **etajul cinci** "Etage fünf" anstelle von **etajul al cincilea** "fünfte Etage". Merken Sie sich außerdem **la etaj** "im Obergeschoss".

⑨ Beachten Sie, wie sich **treisprezece** und **douăzeci şi unu** zusammensetzen: **trei** "drei" + **spre** "nach, auf" + **zece** "zehn" bzw. **două** "zwei" + **zeci** "Zehner" + **şi** "und" + **unu** "eins".

⑩ Alternativ zu dem aus dem Englischen entlehnten **lift** hört man auch **ascensor**Ø, das die Rumänen aus dem Französischen übernommen haben.

Exerciţiul 1: Înţelegeţi aceste propoziţii?

❶ E pre**a** m**u**ltă l**u**me în restaur**a**nt, h**a**i să c**ă**utăm o grăd**i**nă de v**a**ră. ❷ Locui**e**sc în carti**e**r de z**e**ce **a**ni, dar nu şt**i**u **u**nde **e**ste cinematogr**a**ful D**a**cia. ❸ Chi**o**şcul de zi**a**re **e**ste l**â**ngă st**a**ţia autob**u**zului n**u**mărul d**oi**sprezece. ❹ Pr**e**ţul c**a**merei e mult pre**a** m**a**re, cred că nu pot plăt**i**. ❺ În fiec**a**re dimine**a**ţă, p**i**sica vec**i**nilor c**a**ută c**e**va la n**o**i în grăd**i**nă.

Exerciţiul 2: Completaţi locurile libere cu cuvintele care lipsesc!

❶ Das Zimmer der Eltern ist im Obergeschoss, die Kinder schlafen unten.

Dormitorul .... e la ...., copiii .... jos.

❷ Das Foto deines Bruders ist auf dem Tisch im Wohn-/Esszimmer.

Fotografia .... tău e pe .... în ....

❸ Er ist ein schwieriger Junge, mit all den Problemen der Pubertät.

E un ..... dificil, cu toate problemele ....

❹ Ich verstehe nicht, warum du in einem Wohnblock wohnst und nicht in einem Haus.

Nu .... de ce .... într-un .... şi nu într-o .....

❺ Mir tun die Beine weh, weil wir in der 10. Etage wohnen, und der Aufzug ist kaputt.

Mă dor ...., pentru că locuim la etajul ...., şi ...... e ....

Soluţia exerciţiului 1: Aţi înţeles?

❶ Es sind zu viele Menschen im Restaurant, lass uns einen Biergarten suchen. ❷ Ich wohne seit zehn Jahren im Viertel, aber ich weiß nicht, wo das Kino Dacia ist. ❸ Der Zeitungskiosk ist in der Nähe der Haltestelle des Busses Nummer 12. ❹ Der Preis des Zimmers ist viel zu hoch, ich glaube, ich kann das nicht bezahlen. ❺ Jeden Morgen sucht die Katze der Nachbarn etwas bei uns im Garten.

Soluţia exerciţiului 2: Cuvintele care lipsesc.

❶ părinţilor – etaj – dorm ❷ fratelui – masă – sufragerie ❸ băiat – adolescenţei ❹ înţeleg – locuieşti – bloc – casă ❺ picioarele – zece – liftul – stricat.

Dacia

Die Provinz **Dacia** "Dakien" gehörte von 106 bis 271 zum Römischen Reich. Es war das dort ansässige Volk der Daker, das der Provinz ihren Namen gab. Im Laufe seiner bewegten Geschichte wurde die Provinz von verschiedenen römischen Kaisern immer wieder neu unterteilt und umstrukturiert. Während seiner Besetzung war Dakien aufgrund der reichen Bodenschätze und seiner florierenden Landwirtschaft ein wichtiger Standort. Insgesamt bestand Dakien größtenteils aus dem Gebiet des heutigen Siebenbürgen und der Region Moldau.

32 Lecţia a treizeci şi doua [*läkzja a träisetsch^{i} schi dOua*]

Unchiul din America

1 – Alo, bună ziua, sunt Ion Ionescu! ①

2 – Salut, ce mai faci? Eşti bine, sănătos?

3 – Totul e în regulă, mulţumesc!

4 Sunt la Bucureşti pentru două zile

5 şi doresc să te văd.

6 – Cu plăcere, putem merge la restaurant în oraş.

7 – Eşti liber la prânz? Dacă vrei, vin imediat! ②

8 – Din păcate nu pot acum, sunt ocupat, ③

9 o să mănânc un sandviş la dejun, ④ ⑤

10 dar te invit eu în seara asta la cină. ⑥

11 – Perfect, o să profit ca să-ţi cer un sfat. ⑦

PRONUNŢIE

[*unkjul din amärika* **1** *alO …* **2** *ßalut … ßanatOß* **5** *… doräßk ß^{a} tä w^{a}d* **7** *… imädiat* **8** *din p^{a}katä … Okupat* **9** *… ßandwisch … däĵun* **10** *… tä inwit … tschin^{a}* **11** *… prOfit … ßa-t^{i} tschär un ßfat*]

ANMERKUNGEN

① **Alo** ist die übliche Floskel, mit der man sich am Telefon meldet, und das rumänische Wort hierfür dürften Sie sich gut merken können: **telefon**$^{\varnothing}$.

② Bisher haben Sie **prânz** in der Bedeutung "Mittagessen" kennengelernt. Es heißt aber auch "Mittag".

③ **Din păcate** "leider, unglücklicherweise". Eine weitere nützliche Wendung mit **păcat** ist **Ce păcat!** "Wie schade!"

Der Onkel aus Amerika

1 – Hallo, guten Tag, ich bin Johannes Ionescu!

2 – Hallo, wie geht's? Geht es dir (bist^du) gut, [bist du] gesund?

3 – Alles ist in Ordnung, danke!

4 Ich bin für zwei Tage in Bukarest,

5 und ich möchte (wünsche^ich) dich [gerne] sehen.

6 – Gerne, wir können ins Restaurant in die Stadt gehen.

7 – Hast du am Mittag Zeit (bist^du frei an Mittag)? Wenn du willst, komme ich sofort!

8 – Leider (von Sünde^ø) kann ich jetzt nicht, ich bin beschäftigt,

9 ich werde ein Sandwich^ø zum Mittagessen essen,

10 aber *ich* lade dich heute Abend (Abend♀ diese) zum Abendessen ein.

11 – Das ist hervorragend, ich werde das ausnutzen, um dich um einen Rat zu bitten (als/wie dass-dir bitte^ich ein Rat^ø).

④ Sie haben in den letzten Lektionen bereits mehrmals die Konstruktion **o** + Konjunktiv angetroffen, mit der die Zukunft gebildet wird. Wir vertiefen dies in der Wiederholungslektion.

⑤ In bestimmten Zusammenhängen kann **dejun** "Mittagessen" synonym zu **prânz** verwendet werden, das außerdem auch "Mittag" heißen kann und somit ein Äquivalent von **amiază** ist. Die "Mittagessenszeit" heißt **ora prânzului**. Das Verb dazu lautet **a dejuna** oder **a prânzi** – oder auch **a mânca de amiază**.

⑥ Das entsprechende Verb zu **cină** "Abendessen" ist **a cina** "zu Abend essen". Das Wort **dineu**^ø [*dinäu*] wird ausschließlich für ein vornehmes "Dinner" benutzt.

⑦ **a cere** bedeutet "bitten, verlangen, fordern". Das Nomen zu **a cere** heißt **cerere**♀ "Antrag, Bitte". Merken Sie sich unabhängig davon auch **cer**^ø "Himmel".

12 Şt**i**i că am r**u**de în străinăt**a**te?

13 – Da, o mătu**ş**ă, s**o**ra m**a**mei t**a**le, căsători**t**ă la New-Y**o**rk. ⑧ ⑨

14 – **E**i b**i**ne, sper că p**o**ţi să mă sfătui**e**şti:

15 ce să fac cu b**a**nii pe c**a**re o s**ă**-i moşten**e**sc de la **u**nchiul m**e**u din Am**e**rica? ⑩

PRONUNŢIE

[*12 … ßtr^{a}in^{a}tatä 13 … m^{a}tusch^a … ßOra mamei talä k^{a}ß^{a}tOrit^a … 14 … ßpär … ßf^{a}tujäscht^i 15 … bani … mOsch-tänäßk … unkjul …*]

Exerciţiul 1: Înţelegeţi aceste propoziţii?

❶ D**a**că vr**e**i, put**e**m să ne întâln**i**m **a**zi la prânz în ora**ş**. ❷ Al**o**, c**i**ne e la telef**o**n? ❸ So**ţ**ia sa **e**ste sănăt**o**asă, nu e niciod**a**tă boln**a**vă. ❹ Vin imedi**a**t, aşte**a**ptă pu**ţ**in. ❺ Dacă văd că mă m**a**i do**a**re c**a**pul, o să merg la d**o**ctor, des**i**gur!

12 Weißt Du, dass ich Verwandte im Ausland♀ habe?

13 – Ja, eine Tante, die Schwester deiner Mutter, [die] in New York verheiratet [ist].

14 – Nun gut, ich hoffe, dass du mich beraten kannst:

15 Was soll ich (mache[ich]) mit dem Geld, das ich von meinem Onkel in Amerika erben werde (mit Geld♂♂ auf welche werde[ich] dass-sie erbe[ich] von in Onkel-der mein von Amerika)?

⑧ Der bestimmte Genitiv des Femininums wird gebildet aus dem Grundwort im Nominativ Singular (**mama**), aus dem der Nominativ Plural gebildet wird (**mame**), dem dann ein **i** angehängt wird (**mamei**). Rein grammatikalisch handelt es sich um einen Plural, daher müssen auch alle Begleiter (Pronomen usw.) Pluralform haben. So ergibt sich die Form **tale**, Plural von **ta**. Der Plural zum Genitiv Singular **mamei tale** lautet **mamelor tale**. Diese Regeln beziehen sich nur auf das Femininum.

⑨ **căsătorită** "verheiratet" von **a se căsători** "die Ehe eingehen". Dieses Verb kann für beide Geschlechter verwendet werden, im Gegensatz zu **a se însura** (wenn ein Mann heiratet) und **a se mărita** (wenn eine Frau heiratet). Merken Sie sich auch **a cere în căsătorie** "einen Heiratsantrag machen".

⑩ **bani** "Geld" wird nur im Plural verwendet. Der Singular, **ban**, hat die Bedeutung "Geldstück, Hartgeld, Münze". Die rumänische Währung ist der "Rumänische Leu": **Leu**♂ [*läu*] **românesc**.

Lerntipp: *Sie lernen im Laufe der Lektionen sehr viele feste Wendungen kennen:* ***Încântat de cunoştinţă!*** *"Freut mich, Ihre Bekanntschaft zu machen!";* ***Daţi-mi voie să mă prezint*** *"Erlauben Sie mir, mich vorzustellen";* ***Îmi pare bine!*** *"Sehr erfreut!";* ***Nu vă supăraţi*** *"Entschuldigen Sie bitte";* ***Preţul nu are importanţă*** *"Der Preis spielt keine Rolle" sind nur einige davon. Streichen Sie doch die Wendungen einfach mit einem Textmarker in einer bestimmten Farbe an, und überfliegen Sie sie von Zeit zu Zeit. Später, in der aktiven Phase, können Sie sie dann schon gut anwenden.*

Soluţia exerciţiului 1: Aţi înţeles?

❶ Wenn du willst, können wir uns heute Mittag in der Stadt treffen. ❷ Hallo, wer ist am Apparat (Telefon)? ❸ Seine Ehefrau ist gesund, sie ist niemals krank. ❹ Ich komme sofort, warte kurz (ein-wenig)! ❺ Wenn ich sehe, dass ich immer noch Kopfschmerzen habe, werde ich selbstverständlich zum Arzt gehen!

Exerciţiul 2: Completaţi locurile libere cu cuvintele care lipsesc!

❶ Wir können uns jetzt nicht treffen, wir werden uns später sehen.

Nu ______ să __ ________ acum, _ __ __ vedem mai târziu.

❷ Ich nutze (profitiere[ich]-von) diesen schönen Sonntag, um einen Spaziergang im Park zu machen.

______ de ________ asta frumoasă ca să fac o ________ în ____.

❸ Sie möchten eine Reise ins Ausland machen diesen Sommer, vielleicht nach Amerika.

Ei vor __ ____ o călătorie în ____________ vara asta, _____ în America.

❹ Meine Tante ist seit zehn Jahren mit meinem Onkel verheiratet.

______ mea este căsătorită cu _______ meu de zece ani.

33 Lecţia a treizeci şi treia [*läkzja a träisetsch[j] schi träja*]

Bine aţi venit!

1 – B**i**ne **a**ţi ven**i**t! Intr**a**ţi, vă rog! ①

2 – B**i**ne v-am găs**i**t, săr**u**t m**â**na! ② ③

PRONUNŢIE

[*1 … az[j] wänit … 2 … w-am gaßit ß[a]rut mîna*]

ANMERKUNGEN

① Hier sehen Sie den **perfect compus**, den man faktisch als zusammmengesetzte Gegenwart bezeichnen müsste, da er mit den Präsensformen des Hilfsverbs **a avea** gebildet wird und die Zeitform Ereignisse beschreibt, die als noch nicht abgeschlossen angesehen werden und deren Auswirkungen bis in die Gegenwart andauern. Je nachdem, ob **a avea** Hilfs- oder Vollverb ist, sind die Formen unterschiedlich (s. S. 134 unten).

❺ Ich rate dir, die rumänische Sprache mit meinem Lehrer zu erlernen.

Te ______ să ______ limba ______ cu ______ meu.

Soluţia exerciţiului 2: Cuvintele care lipsesc.

❶ putem – ne întâlnim – o să ne ❷ Profit – duminica – plimbare – parc ❸ să facă – străinătate – poate ❹ Mătuşa – unchiul ❺ sfătuiesc – înveţi – română – profesorul.

Rumänische Währung

Der rumänische **Leu** "Löwe" (Plural **Lei**) unterteilt sich in 100 **Bani**. Die Währung verdankt ihren Namen dem Umstand, dass im 17. Jh. in den rumänischen Fürstentümern niederländische Löwentaler zirkulierten. Das aktuelle Zahlungsmittel mit der Abkürzung RON und dem Währungssymbol L wurde am 1. Juli 2005 eingeführt und löste die bis dato geltende Währung im Verhältnis 1:10.000 ab. Rumänien ist seit 2007 EU-Mitglied, bei Drucklegung hatte das Land den Euro noch nicht eingeführt.

33. Lektion

Herzlich willkommen!

1 – Herzlich willkommen (gut haben^{Sie} gekommen)! Kommen Sie herein, bitte!

2 – Wir freuen uns, Sie zu sehen (gut Sie-haben^{wir} gefunden), küss die Hand$^{♀}$!

② Beachten Sie die Wortstellung bei **bine v-am găsit**: Das Objekt **vă** steht – anders als im Deutschen – vor dem Hilfsverb (**am**). Das **ă** von **vă** fällt hier weg.

③ Ja, in Rumänien gibt es ihn noch, den Handkuss, und zwar bei der Begrüßung älterer Damen und auch unter Familienangehörigen! Bei mehreren Personen kann man die Wendung auch im Plural verwenden: **sărut mâinile** "Ich küsse die Hände". **Sărut**$^{\varnothing}$ ist der "Kuss".

3 Bucur**o**şi de o**a**speţi? ④

4 – Mă b**u**cur să vă văd!

5 Poft**i**ţi înă**u**ntru şi lu**a**ţi loc! ⑤ ⑥

6 Ce m**a**i fac cop**i**ii v**o**ştri? N-**a**u put**u**t să v**i**nă?

7 Nu i-**a**m văz**u**t de m**u**ltă vr**e**me,

8 tr**e**buie să f**i**e m**a**ri ac**u**m!

9 – Vă rug**ă**m s**ă**-i înţel**e**geţi:

10 sunt fo**a**rte ocup**a**ţi, înv**a**ţă p**e**ntru ex**a**mene.

11 – Ce păc**a**t că n-**a**u put**u**t ven**i**!

12 Aprop**o**, felicit**ă**ri, ⑦

13 am afl**a**t că amând**o**i **a**u intr**a**t cu n**o**te b**u**ne la universit**a**te. ⑧

14 – Da, f**i**ul n**o**stru **a**re m**u**ltă amb**i**ţie

15 şi f**i**ica no**a**stră e fo**a**rte h**a**rnică. ⑨

16 – E norm**a**l, cop**i**ii v**o**ştri vă se**a**mănă…

PRONUNŢIE

[*3 bukurOsch^{j} … oaßpäz^{j} 4 m^{a} bukur … 5 pOftiz^{j} în^{a}untru schi luaz^{j} lOk 6 … wOschtri … ß^{a} win^{a} 9 … ß^{a}-i înzälädĵäz^{j} 10 … Okupaz^{j} …ägsamänä 12 apropo fälitschi-t^{a}ri 13 am aflat … notä … 14 … fiul noßtru … ambiziä 15 … fiika … harnik^{a} 16 jä nOrmal … w^{a} ßäam^{a}n^{a}*]

④ Dieser Satz mag Ihnen sonderbar erscheinen, es handelt sich jedoch um eine sehr gängige Höflichkeitsfloskel. **Bucuros** "froh, glücklich" gehört in dieselbe Familie wie **a se bucura** "sich erfreuen" und lässt automatisch an die rumänische Hauptstadt **Bucureşti** denken.

3 [Sind Sie] glücklich, Gäste$^{♂}$ [zu haben]?

4 – Ich bin erfreut, Sie zu sehen!

5 Kommen Sie herein (begehren^{Sie} innen), und nehmen Sie Platz$^{\varnothing}$!

6 Wie geht es Ihren Kindern? Konnten sie nicht kommen? (nicht-haben^{sie} gekonnt dass gekommen?)

7 Ich habe sie lange nicht gesehen (nicht sie-habe^{ich} gesehen von viel Zeit),

8 sie müssen jetzt groß sein!

9 – Bitte verstehen Sie (Sie bitten^{wir} zu-sie verstehen^{Sie}):

10 Sie sind sehr beschäftigt, sie lernen für die Prüfungen$^{\varnothing}$.

11 – Wie schade, dass sie nicht kommen konnten (nicht-haben^{sie} gekonnt gekommen)!

12 Übrigens, Gratulation,

13 ich habe erfahren, dass die beiden mit guten Noten an der Universität zugelassen wurden (dass beide haben^{sie} eingetreten mit Note$^{♀♀}$ gut in Universität$^{♀}$).

14 – Ja, unser Sohn hat viel Ehrgeiz$^{♀}$,

15 und unsere Tochter ist sehr fleißig.

16 – Das ist normal, Ihre Kinder ähneln Ihnen …

⑤ **Poftiţi** ist der Imperativ (Befehlsform) von **a pofti** "begehren, Lust haben auf" (vgl. **Poftă bună** "Guten Appetit", L. 20). Dieses Verb ist in einem höflichen Kontext sehr gebräuchlich, gelegentlich hört man auch die Form **poftim** "Entschuldigung, Pardon".

⑥ **luaţi loc**: Sie sehen hier, dass das Rumänische exakt dieselbe Formulierung benutzt wie das Deutsche. **Loc** bedeutet "Stelle, Ort, Platz".

⑦ Mit **apropo** "apropos" haben die Rumänen wieder eine Anleihe beim Französischen gemacht.

⑧ Unterscheiden Sie gut zwischen **a afla** "(eine Neuigkeit) erfahren" und **a învăţa** "lernen".

⑨ **fiică** ist die "Tochter", **fată** das "Mädchen". Ebenso: **fiu** "Sohn"; **băiat** "Junge".

Exerciţiul 1: Înţelegeţi aceste propoziţii?

❶ Sărut mâinile, doamnă, mă bucur că vă întâlnesc! ❷ E liber locul de lângă fereastră? ❸ Copiii n-au putut să vină, învaţă pentru nişte examene dificile. ❹ Am avut mulţi oaspeţi toamna asta, rude şi prieteni. ❺ Păcat că nu ai venit ieri seară cu noi la restaurant, am mâncat foarte bine.

Exerciţiul 2: Completaţi locurile libere cu cuvintele care lipsesc!

❶ Ich küsse die Hand, gnädige Frau, wie geht es Ihnen?

____ mâna ____, ce mai ____?

❷ Ich verstehe nicht, warum du nicht glücklich mit ihr bist!

Nu ____ de ce nu eşti ____ cu ea!

❸ Jedes Jahr fahren meine Eltern im Juli ans Meer und im August aufs Land.

În ____ an, părinţii mei pleacă la ____ în ____ şi la ____ în august.

❹ Apropos, [du brauchst] dich nicht [zu] beeilen, [um] zum Flughafen [zu fahren], dein Flugzeug hat eine Stunde Verspätung (Flugzeug$^{\varnothing}$-das dein verspätet^{es}-sich eine Stunde).

____, nu te ____ la aeroport, ____ tău ____ o ____.

Soluţia exerciţiului 1: Aţi înţeles?

❶ Ich küsse die Hände, gnädige Frau, es freut mich, Sie zu treffen (dass Sie treffe[ich])! ❷ Ist der Platz am (neben) Fenster frei? ❸ Die Kinder konnten nicht kommen, sie lernen für einige schwierige Prüfungen. ❹ Wir haben diesen Herbst viele Gäste gehabt, Verwandte und Freunde. ❺ Schade, dass du gestern Abend nicht mit uns ins Restaurant gekommen bist, wir haben sehr gut gegessen.

Eine immer noch bestehende Schwierigkeit ist wahrscheinlich, die Betonungen korrekt zu setzen. Spontan ist es nicht immer leicht, die richtige Silbe zu treffen. Da hilft nur häufiges Anhören der Tonaufnahmen und das Vertrauen darauf, dass Sie irgendwann die nötigen Automatismen entwickeln. Machen Sie sich im Moment noch nicht allzu viel Stress damit, und konzentrieren Sie sich weiterhin auf das Verstehen.

❺ Sein Sohn ähnelt sehr (mit) seiner Mutter, und seine Tochter ihrem Vater.

___ său ___ mult cu ___ sa, şi ___ sa cu ___ său.

Soluţia exerciţiului 2: Cuvintele care lipsesc.

❶ Sărut – domnişoară – faceţi ❷ înţeleg – fericit ❸ fiecare – mare – iulie – ţară ❹ Apropo – grăbi – avionul – întârzie – oră ❺ Fiul – seamănă – mama – fiica – tatăl.

Der Handkuss

Nicht nur in Ungarn und Polen, auch in Rumänien ist der Handkuss bei der Begrüßung von Frauen, vor allem beim ersten Kennenlernen, noch sehr verbreitet, begleitet von der Floskel **sărut mâna** oder **sărut mâinile**. Das Verb **a săruta** "küssen" hat seinen Ursprung im lateinischen *saluta*, was darauf schließen lässt, dass das Küssen bei den Vorfahren der Rumänen eine sehr gängige Form der Begrüßung war. Auch **Te sărut!** "Ich küsse dich!" hört man in Rumänien sehr häufig. Unter Freunden gehören Umarmungen, Wangenkuss und Schulterklopfen, wie in anderen romanischsprachigen Ländern, zum Standard.

34 Lecţia a treizeci şi patra [*läkzja a träisetsch^j schi patra*]

O simplă coincidenţă

1 – Nu ştiu ce să cred,

2 dar am impresia că cifra şapte joacă un rol important în viaţa mea!

3 – Nu mai spune! Ce idee bizară!

4 – Ascultă cu atenţie: ①

5 sunt al şaptelea copil din familia mea, ②

6 m-am născut la şapte iulie – luna a şaptea, deci, ③ ④

7 şi pe strada mea locuiesc la numărul şapte!

8 Ce zici, nu e ciudat?

9 – Ba da, e interesant, dar e o simplă coincidenţă!

10 – Deloc: de exemplu, de ziua mea ⑤

11 am pariat toţi banii pe calul numărul şapte. ⑥

12 – Şi ai câştigat şapte milioane?

13 – Nu, n-am câştigat nimic, am pierdut tot:

14 calul meu a ajuns al şaptelea.

PRONUNŢIE

[**2** … *impräßia … tschifra schaptä îoak^a un rOl impOrtant în wjaz^a* … **3** … *tschä idäe bisar^a* **4** *aßkult^a ku atänziä* **5** *…al schaptälea* … **6** *mam n^{a}ßkut … luna a schaptäa* … **8** *tschä sitsch^j … tschiudat* **9** … *jä intäräßant … ßimpl^a kointschidänz^a* **11** … *pariat … kalul* … **12** … *kîschtigat … miljoanä* **13** … *pjärdut* … **14** … *aîunß* …]

ANMERKUNGEN

① **ascultă** "hör": Der Imperativ, der sich an eine Einzelperson richtet, wird mit der 3. Person Singular Indikativ gebildet.

34. Lektion

Ein simpler Zufall

1 – Ich weiß nicht, was ich glauben soll (was dass glaube[ich]),

2 aber ich habe den Eindruck♀, dass die Zahl♀ 7 eine wichtige Rolleø in meinem Leben♀ spielt!

3 – Was du nicht sagst (nicht mehr sagst[du])! Was für eine eigenartige Idee!

4 – Hör genau zu (mit Aufmerksamkeit):

5 Ich bin das siebte Kind in meiner Familie,

6 ich wurde geboren (mich-habe[ich] geboren) am 7. Juli – im 7. Monat (Monat♀ die siebte) also,

7 und in meiner Straße wohne ich im [Haus] Nr. 7!

8 Was sagst du, ist das nicht eigenartig?

9 – Doch, das ist interessant, aber das ist ein simpler Zufall♀!

10 – Überhaupt (nicht): Zum Beispiel, an meinem Geburtstag (Tag meine)

11 habe ich (gewettet) das ganze Geld auf das Pferd♂ Nr. 7 gesetzt.

12 – Und du hast sieben Millionenø gewonnen?

13 – Nein, ich habe nichts gewonnen, ich habe alles verloren:

14 Mein Pferd ist (hat[er] angekommen) als siebtes [im Ziel] angekommen …

② Auf der Basis der Kardinalzahl **şapte** "sieben" wird die männliche Ordinalzahl **al şaptelea** "der siebte" gebildet.

③ **a se naşte** "geboren werden" ist ein reflexives Verb. Man kann in der 1. Person Singular aber auch **sunt născut** sagen.

④ **a şaptea** "die siebte" ist die weibliche Ordnungszahl, wiederum gebildet auf der Grundlage der Kardinalzahl **şapte**.

⑤ **ziua mea** bedeutet nicht nur "mein Tag", sondern auch "mein Geburtstag". Der komplette Ausdruck lautet **ziua mea de naştere** (**naştere**♀ "Geburt"). Alternativ gibt es für "Geburtstag" auch den Ausdruck **aniversare**.

⑥ Dieser Satz ist ein gutes Beispiel dafür, dass das Rumänische in vielen Fällen den Einsatz von Possessivpronomen umgeht. Die Idee des Besitzes wird hier durch den bestimmten Artikel ausgedrückt: **banii** "das Geld".

Exerciţiul 1: Înţelegeţi aceste propoziţii?

❶ Nu şt**i**u ce cr**e**zi tu, dar **e**u cred că în vi**a**ţă nu ex**i**stă coincid**e**nţe. ❷ D**a**că b**e**a pre**a** mult alco**o**l, r**i**scă să v**a**dă d**u**blu: un ş**a**ptezeci şi ş**a**pte în loc de un ş**a**pte. ❸ **U**nul din r**o**lurile pol**i**ţiei **e**ste să examin**e**ze cu at**e**nţie paşapo**a**rtele la fronti**e**ră. ❹ **E**ste import**a**nt p**e**ntru n**o**i să vorb**i**m b**i**ne român**e**şte, f**ă**ră acc**e**nt d**a**că se po**a**te. ❺ G**e**menele m**e**le s-**a**u născ**u**t în l**u**na **a**ugust, şi f**i**ul m**e**u în i**u**lie.

Wieder sind Sie sechs Lektionen weiter gekommen. In der nächsten Lektion können Sie ein wenig wiederholen und vertiefen. Gehen Sie auch ruhig einmal zu vergangenen Lektionen zurück, und arbeiten Sie jeden Tag ein bisschen an Ihrer Aussprache. Achten Sie noch einmal auf die Wortstellung von Nomen und Adjektiven bzw. Demonstrativpronomen; sie ist für Deutsche etwas gewöhnungsbedürftig. Assimilieren Sie daher immer kurze Sätze und Wendungen im Ganzen.

Exerciţiul 2: Completaţi locurile libere cu cuvintele care lipsesc!

❶ Es ist eigenartig, ich habe den Eindruck, dass ich Sie sehr gut kenne.

E ______, am ________ că vă ______ foarte ____.

❷ Warum bist du traurig? Das Leben ist schön, nichts ist verloren!

De ce eşti _____? _____ e frumoasă, _____ nu e _______!

❸ Man isst kein Pferdefleisch in Rumänien.

Nu __ mănâncă _____ de ___ în România.

Soluţia exerciţiului 1: Aţi înţeles?

❶ Ich weiß nicht, was *du* davon hältst (was glaubst[du] du), aber ich glaube, dass es im Leben keine Zufälle gibt. ❷ Wenn er zu viel Alkohol trinkt, riskiert er, doppelt zu sehen: eine 77 anstelle (in Stelle von) einer 7. ❸ Eine der Aufgaben (Rollen) der Polizei ist es, aufmerksam die Pässe an der Grenze zu überprüfen. ❹ Es ist wichtig für uns, gut Rumänisch zu sprechen, ohne Akzent, wenn es möglich ist. ❺ Meine Zwillinge sind im Monat August geboren und mein Sohn im Juli.

❹ Wann bist du geboren, im Frühling oder im Herbst?
____ te-ai ______, __________ sau ______?

❺ Er bereut nichts, es ist nicht seine Schuld: Er hat gewettet, und er hat verloren.
Nu _______ nimic, nu e _________ lui: a ______ şi a _______.

Soluţia exerciţiului 2: Cuvintele care lipsesc.

❶ ciudat – impresia – cunosc – bine ❷ trist – Viaţa – nimic – pierdut ❸ se – carne – cal ❹ Când – născut – primăvara – toamna ❺ regretă – greşeala – pariat – pierdut.

35 Lecţia a treizeci şi cincea [läkzja a träisetsch' schi tschintscha]

Recapitulare

1. Genitiv

Der Genitiv ist der grammatische Fall, der ein Besitz- oder Zugehörigkeitsverhältnis zwischen zwei Substantiven ausdrückt.

1.1 Genitiv Singular allgemeiner Substantive

Die Genitivendung lautet im Maskulinum Singular -**lui**; sie wird an das Substantiv angehängt: **vârsta fratelui** "das Alter des Bruders". Endet das Substantiv auf einen Konsonanten, wird der Verbindungsvokal -**u**- eingefügt: **câinele vecinului** "der Hund des Nachbarn".

Die Genitivendung im Femininum Singular lautet -**i**; sie wird an die Pluralform des Substantivs angehängt. Hieraus ergeben sich die Endungen -**ei** bzw. -**ii**: **numărul casei** "die Nummer des Hauses; die Hausnummer"; **preţul vieţii** "der Preis des Lebens".

Bei den weiblichen Substantiven, die auf -**ie** enden und bei denen jeder dieser beiden Vokale für sich ausgesprochen wird (man nennt dies "Hiatus"), brauchen Sie für den Genitiv Singular nicht den Umweg über den Plural zu machen, sondern Sie fügen einfach am Ende ein -**i** an: **fotografia familiei** "das Familienfoto, das Foto der Familie".

1.2 Genitiv Plural allgemeiner Substantive

Die Genitivendung für männliche und weibliche Substantive im Plural ist -**lor**: **accentul străinilor** "der Akzent der Ausländer"; **poluarea apelor** "die Verschmutzung der Gewässer". Der unbestimmte Artikel im Plural lautet **unor**: **adolescenţa unor băieţi** "die Pubertät von/einiger Jungen".

1.3 Genitiv von Eigennamen

• Männliche Personennamen

Bei männlichen Personennamen steht der Genitiv vor dem Namen: **paşaportul lui Ion** "Johannes' Pass, der Pass von Johannes".

• Weibliche Personennamen

Im Femininum folgen die Personennamen (**Ana**, **Maria**…) derselben Regel, die auch für die allgemeinen Substantive gilt: -**a** am Wortende wird durch -**ei** ersetzt. **Ana este mama Mariei.** "Anne ist Marias Mutter/die Mutter von Maria."

Weibliche Eigennamen, die nicht auf -**a** enden, werden wie männliche Eigennamen behandelt: **Mama lui Carmen** "Carmens Mutter/ die Mutter von Carmen".

Durch den zunehmenden internationalen Einfluss bei der Namensgebung und den daraus entstehenden Schwierigkeiten bei der Flexion ist man immer mehr dazu übergegangen, weibliche Eigennamen wie männliche zu behandeln; man hört jetzt immer öfter **lui Maria** anstelle von **Mariei**.

- **Ortsnamen**

Geografische Bezeichnungen werden ebenfalls wie allgemeine Substantive gebeugt: **străzile Parisului** "die Straßen von Paris". Ortsnamen, die auf -**a** enden, erhalten wie die allgemeinen Substantive die Genitivendung -**ei**: **identitatea României** "die Identität Rumäniens".

1.4 Genitiv und unbestimmter Artikel

Tritt ein maskulines Substantiv zusammen mit dem unbestimmten Artikel **un** "ein" auf, dann nimmt dieser die Genitivform **unui** an: **numele unui cal** "der Name eines Pferdes". Bei weiblichen Substantiven lautet der unbestimmte Artikel im Genitiv Singular **unei**: **umorul unei conversaţii** "der Humor einer Unterhaltung". Beachten Sie, dass das Substantiv die Pluralform annimmt, auch dann, wenn es sich um ein Femininum Singular handelt! Anders ausgedrückt: Aus **o conversaţie** wird im Genitiv **unei conversaţii** – die Änderung wirkt sich auf beide Elemente aus. Ebenso wird aus **mama mea** "meine Mutter" im Genitiv **mamei mele** "meiner Mutter/von meiner Mutter".

1.5 Wichtiges zum Genitiv

Merken Sie sich schließlich noch Folgendes:

- Treten maskuline oder neutrale Substantive ohne Artikel auf, haben sie keine eigene Genitivform, sondern bleiben bei der Deklination unverändert.
- Nur der bestimmte oder der unbestimmte Artikel erhält die Dativ- bzw. die Genitivendung.
- Im Allgemeinen ist die Genitivform der weiblichen Substantive im Singular ohne Artikel identisch mit ihrer Pluralform;
- Neutrale Substantive verhalten sich im Singular wie männliche Substantive und im Plural wie weibliche Substantive.

- Bestimmte Präpositionen und Wendungen mit Präpositionen verlangen den Genitiv (darauf kommen wir noch zu sprechen);
- Bestimmte Formen, die wir bei den Possessivpronomen eingeordnet haben, sind in Wirklichkeit Genitivformen von Personalpronomen: **lui** ist der Genitiv von **el**; **ei** ist der Genitiv von **ea**, und **lor** ist der Genitiv von **ei** und von **ele**. Im Folgenden eine Übersicht mit den Beispielwörtern **an** "Jahr" und **casă** "Haus":

	Bestimmter Artikel		Unbestimmter Artikel	
	Singular	**Plural**	**Singular**	**Plural**
♂	**an(u)lui** "des Jahres"	**anilor** "der Jahre"	**unui an** "eines Jahres"	**unor ani** "von Jahren"
♀	**casei** "des Hauses"	**caselor** "der Häuser"	**unei case** "eines Hauses"	**unor case** "von Häusern"
Die unterstrichenen Vokale kennzeichnen die Betonung.				

2. Indikativ Präsens einsilbiger Verben

In Lektion 21 wurde dieses Thema bereits kurz angeschnitten. Die Bildung des Indikativ Präsens der einsilbigen Verben folgt in den vier Verbgruppen nicht exakt den Regeln. Streicht man die für die Verbgruppe charakteristische Endung, bleiben als Stamm oft nur ein oder zwei Konsonanten übrig, mit denen sich keine Verbform bilden lässt. Hier die Konjugationen einiger häufig verwendeter einsilbiger Verben:

	a da "geben"	**a şti** "wissen"	**a lua** "nehmen"	**a sta** "wohnen; sitzen, stehen"	**a bea** "trinken"	**a vrea** "wollen"
Singular						
1. P.	**dau**	**ştiu**	**iau**	**stau**	**beau**	**vreau**
2. P.	**dai**	**ştii**	**iei**	**stai**	**bei**	**vrei**
3. P.	**dă**	**ştie**	**ia**	**stă**	**bea**	**vrea**
Plural						
1. P.	**dăm**	**ştim**	**luăm**	**stăm**	**bem**	**vrem**
2. P.	**daţi**	**ştiţi**	**luaţi**	**staţi**	**beţi**	**vreţi**
3. P.	**dau**	**ştiu**	**iau**	**stau**	**beau**	**vreau**

3. Verb a pofti

Das Verb **a pofti** hat je nach Kontext sehr unterschiedliche Bedeutungen: "begehren, wünschen, Lust haben auf, einladen, ersuchen, auffordern" und vieles mehr. Es taucht auch in zahlreichen festen Wendungen auf:

Poftiţi/Poftim înăuntru/în casă! "Bitte kommen Sie herein/ins Haus!"

Poftiţi! (oder **Poftim!**) **la masă!** "Bitte zu Tisch!/Zum Essen kommen!"

Poftiţi! und **Poftim!** "Bitte schön!" begleitet die Geste, die man ausführt, wenn man einer Person etwas überreicht.

Poftim? "Wie bitte?", "Entschuldigung?", wenn man jemanden nicht richtig verstanden hat.

4. Zusammengesetzte Vergangenheit

4.1 Regelmäßige Bildung

Die zusammengesetzte Vergangenheit, auch Perfekt genannt, wird mit dem Hilfsverb **a avea** "haben" und dem Partizip Perfekt des Hauptverbs gebildet (im Deutschen bilden wir diese Zeitform entweder mit "haben" oder mit "sein"). Es mag Sie erleichtern, dass sie die Formen von **a fi** "sein" also hierfür nicht anwenden müssen und dass außerdem die Form des Partizips Perfekt immer unverändert bleibt, ungeachtet des Genus und des Numerus.

• Hilfsverb a avea

Das Hilfsverb **a avea** nimmt in seiner Funktion als Bestandteil der zusammengesetzten Vergangenheit einige Sonderformen an (hier kursiv dargestellt), die sich von den Formen des Vollverbs **a avea** "haben" unterscheiden:

	a avea (Vollverb)	**a avea** (Hilfsverb)
Singular		
1. Pers.	**am**	**am**
2. Pers.	**ai**	**ai**
3. Pers.	**are**	***a***
Plural		
1. Pers.	**avem**	***am***
2. Pers.	**aveţi**	***aţi***
3. Pers.	**au**	**au**

Wir wollen diesen Unterschied anhand einiger Beispiele verdeutlichen:

El are mult timp liber. "Er hat viel freie Zeit." ≠ **El a avut mult timp liber.** "Er hat viel freie Zeit gehabt."
Noi avem o conversaţie interesantă. "Wir haben eine interessante Unterhaltung." ≠ **Noi am avut o conversaţie interesantă.** "Wir haben eine interessante Unterhaltung gehabt."
Voi aveţi o idee bună. "Ihr habt eine gute Idee." ≠ **Voi aţi avut o idee bună.** "Ihr habt eine gute Idee gehabt."

• **Bildung des Partizip Perfekt**

In jeder der vier Verbgruppen vollzieht sich die Bildung des Partizips Perfekt auf eine andere Weise.

• Bei den Verben der 1. Gruppe (Endung -**a**) und der 4. Gruppe (Endung -**i** oder -**î**) wird ein -**t** an den Infinitiv angehängt:
a uita "vergessen" ▶ **uitat** "vergessen"; **a dormi** "schlafen" ▶ **dormit** "geschlafen"; **a omorî** "töten" ▶ **omorât** "getötet".

• Bei den meisten Verben der 3. Gruppe (Endung -**e**) werden die beiden letzten Buchstaben des Infinitivs durch -**s** ersetzt:
a ajunge "ankommen, erreichen" ▶ **ajuns** "angekommen, erreicht"; **a zice** "sagen, erzählen" ▶ **zis** "gesagt, erzählt"; **a merge** "gehen, laufen, funktionieren" ▶ **mers** "gegangen, gelaufen".

Einige Verben dieser Gruppe bilden das Partizip auf -(**p**)**t**: **a rupe** "abbrechen, abreißen" ▶ **rupt** "abgebrochen, abgerissen"; **a frige** "braten, grillen" ▶ **fript** "gebraten, gegrillt".

• Bei einigen Verben auf -**e** und den Verben auf -**ea** (2. Gruppe) ersetzt man die Infinitivendung durch -**ut**: **a cere** "bitten, verlangen, auffordern" ▶ **cerut** "gebeten, verlangt, aufgefordert"; **a crede** "glauben, meinen" ▶ **crezut** "geglaubt, gemeint"; **a face** "machen, tun; herstellen" ▶ **făcut** "gemacht"; **a putea** "können" ▶ **putut** "gekonnt"; **a vrea** "möchten" ▶ **vrut** "gemocht".

• Und schließlich noch die Partizip-Perfekt-Formen der beiden Hilfsverben: **a fi** "sein" ▶ **fost** "gewesen"; **a avea** "haben" ▶ **avut** "gehabt".

5. Partizip Perfekt und Stellung des Personalpronomens als Akkusativobjekt

Sie haben gesehen, dass die Personalpronomen, die als Akkusativobjekt fungieren, in der zusammengesetzten Vergangenheit in abgekürzter Form dem Verb unmittelbar vorangestellt werden, wenn dieses mit einem Vokal beginnt: **v-am** "wir haben euch", **i-am** "wir haben sie" (L. 33), **m-am** "ich habe mich" (L. 34).

Sie können Folgendes feststellen:

- Das **ă** von **mă** und von **vă** wird beim Zusammenfall mit dem **a** des Hilfsverbs getilgt, ebenso wie das **î** von **îl** und von **îi**.
- Das **e** wiederum entfällt nicht (Ausnahme: das Reflexivpronomen **se**, das immer entfällt), jedoch wird das Pronomen als Einheit mit dem Hilfsverb ausgesprochen, was durch den Bindestrich verdeutlicht wird. Hier Beispiele mit dem Verb **a vedea** "sehen":
  m-a văzut "er/sie hat mich gesehen";
  te-a văzut "er/sie hat dich gesehen";
  l-a văzut "er/sie hat ihn gesehen"; **a văzut-o** "er/sie hat sie gesehen";
  ne-a văzut "er/sie hat uns gesehen";
  v-a văzut "er/sie hat euch/Sie gesehen";
  i-a văzut "er/sie hat sie♂♂ gesehen"; **le-a văzut** "er/sie hat sie♀♀ gesehen".

Das weibliche Pronomen **o** "sie" bildet eine Ausnahme von der Regel, denn es wird an das Partizip angehängt:

o văd "ich sehe sie" ▶ **am văzut-o** "ich habe sie gesehen".

Aufgrund dieses angehängten **o** ist im Singular das Femininum gut vom Maskulinum zu unterscheiden: **l-a văzut** "er/sie hat ihn gesehen"; **a văzut-o** "er/sie hat sie gesehen".

6. Futur

Der Konjunktiv ist ein sehr wichtiger Verbmodus, nicht nur, weil er nach einem weiteren Verb anstelle eines Infinitivs verwendet wird, sondern auch, weil mit ihm die meistgenutzte Futurform in der Umgangssprache gebildet wird. Hierfür stellt man der entsprechenden Personalform des Vollverbs im Präsens Konjunktiv die Partikel **o** voran: **o să merg** "ich werde gehen".

Es gibt darüber hinaus noch eine "literarische", also der Schriftsprache vorbehaltene Futurform, auf die wir später noch einmal zurückkommen.

7. Kardinalzahlen (Grundzahlen)

Wenn Sie aufmerksam die Seitenzahlen verfolgt haben, dann sind Sie mit den rumänischen Kardinalzahlen schon vertraut. Hier noch einmal systematisch die Zahlen von "1" bis "10":

un, **unu** (♂) / **o**, **una** (♀) "1"; **doi** (♂) / **două** (♀) "2"; **trei** "3"; **patru** "4"; **cinci** "5"; **şase** "6"; **şapte** "7"; **opt** "8"; **nouă** "9"; **zece** "10".

7.1 Un und o

Im Rumänischen sind die Kardinalzahlen **un** und **o** formgleich mit dem unbestimmten Artikel im Singular "ein" bzw. "eine". Fungieren sie als Pronomen oder werden sie am Ende zusammengesetzter Zahlen benutzt, wird **un** durch **unu** und **o** durch **una** ersetzt: Man sagt also **unu** - **doi** - **trei**, wenn man männliche Objekte zählt, und **una** - **două** - **trei**, wenn man weibliche Objekte zählt. Und man sagt **douăzeci şi unu de ani** für "21 Jahre" und **o mie şi una de nopţi** für "1001 Nacht".

7.2 Bildung der Zahlen von "11" bis "19"

Die Zahlen von "11" bis "19" werden nach dem Muster **un** "eins" (**doi** "zwei", **trei** "drei" ...) + **spre** "über" + **zece** "10" gebildet (**spre** stammt vom lateinischen *supra* "über" ab).

Gelegentlich findet man die Grundzahlen in einer leicht veränderten Variante vor: **patrusprezece** (oder **paisprezece**) "14"; **cincisprezece** (oder **cinsprezece**) "15"; **şaisprezece** "16"; **şaptesprezece** "17"; **optsprezece** "18"; **nouăsprezece** "19".

In der Umgangssprache hört man diese Wörter oft noch verkürzt: **unşpe**, **doişpe**, **treişpe**, **paişpe**, **cinşpe**, **şaişpe**, **şapteşpe**, **optşpe**, **nouăşpe**. Achtung bei "12", da es eine männliche und eine weibliche Form kennt: **doisprezece băieţi** "zwölf Jungen", **douăsprezece fete** "zwölf Mädchen".

7.3 Zehner, Hunderter und darüber

Um die Zehnerzahlen zu bilden, setzt man **zece** "zehn" in den Plural (**zeci**): **douăzeci** "20"; **treizeci** "30"; **patruzeci** "40"; **cincizeci** (oder **cinzeci**) "50"; **şaizeci** "60"; **şaptezeci** "70"; **optzeci** "80"; **nouăzeci** "90".

Der Unterschied zwischen **unu/una** und **doi/două** taucht in den zusammengesetzten Zahlen wieder auf: **douăzeci şi unu**♂ "21" (männliche Objekte); **douăzeci şi una**♀ "21"(weibliche Objekte); **douăzeci şi doi**♂ "22" (männliche Objekte); **douăzeci şi două**♀ "22" (weibliche Objekte).

Sută "100" ist ein weibliches Substantiv; der Plural lautet **sute** und wird ähnlich wie **zece** für die Bildung der Hunderterzahlen benutzt. **Mie** "1000" (Plual **mii**) ist ebenfalls ein Femininum, **milion** "Million" (Plural **milioane**) und **miliard** "Milliarde" (Plural **miliarde**) sind hingegen neutral.

Wichtig ist noch, dass bei zusammengesetzten Zahlen ...

- … ab "20" zwischen den Zehner- und den Einereinheiten die Konjunktion **şi** "und" eingefügt werden muss: **treizeci şi cinci** "35";
- … ab **douăzeci** "20" zwischen dem Zahlwort und dem Substantiv, auf das sich das Zahlwort bezieht, **de** eingefügt werden muss: **nouăsprezece minute** "19 Minuten", aber **douăzeci de minute** "20 Minuten", **cinzeci şi şase de minute** "56 Minuten".

8. Ordinalzahlen (Ordnungszahlen)

Ordinalzahlen (mit Ausnahme von "erster" und "erste") werden auf die folgende Weise gebildet:

Maskulinum	Femininum
al + Kardinalzahl + **lea**	**a** + Kardinalzahl + **a**

Einige Beispiele:

al doilea/a doua "der zweite"/"die zweite"; **al zecelea/a zecea** "der zehnte"/"die zehnte"; **al douăzeci şi unulea/a douăzeci şi una** "der einundzwanzigste"/"die einundzwanzigste" … **al o sutălea/a o suta** "der hundertste"/"die hundertste".

Merken Sie sich außerdem:

- **Primul** "der erste" und **prima** "die erste" haben die Alternativausdrücke **întâiul** und **întâia**;
- Die Ordinalzahl kann vor oder hinter dem Substantiv stehen: **al zecelea cuvânt/cuvântul al zecelea** "das zehnte Wort";
- In der Umgangssprache wird anstelle der Ordinalzahl sehr häufig die Kardinalzahl benutzt. Man hört also eher **etajul zece** ("Etage zehn") als **etajul al zecelea** ("zehnte Etage").

Sie merken, dass Sie schon enorme Fortschritte gemacht haben! Machen Sie sich keine Sorgen, wenn noch nicht alles 100%ig klar ist. Beschäftigen Sie sich weiter täglich ein wenig mit Ihrer neuen Fremdsprache, und Ihnen wird auffallen, dass sich Ihre Kenntnisse durch die ständige Wiederholung stetig festigen werden.

9. Verständnis-/Formulierungsübung

Exerciţiul: Înţelegeţi aceste propoziţii?

① V-am invitat la cină mâine seară, ② vă aşteptăm la ora şase, nu întârziaţi! ③ Nu mai ştiu cum ajung la tine, ④ am uitat adresa exactă! ⑤ Locuiesc pe strada Toamnei numărul şaisprezece; ⑥ luaţi liftul până la etajul şapte, ⑦ e a treia uşă pe dreapta, ⑧ apartamentul douăzeci şi cinci. ⑨ Sper că o să găsiţi repede blocul nostru: ⑩ e chiar lângă parc. ⑪ Nu-i o problemă, văd unde e; ⑫ cunosc bine cartierul, ⑬ fratele meu locuieşte nu departe de tine, ⑭ pe Primăverii, vizavi de liceu. ⑮ Da, îl întâlnesc adesea duminica la piaţă. ⑯ Apropo, l-am văzut ieri pe stradă cu soţia lui. ⑰ Aveţi noroc, locuiţi într-un cartier frumos, ⑱ cu mulţi pomi şi puţină poluare. ⑲ Puteţi veni pe jos, nu e departe, ⑳ profitaţi ca să faceţi o plimbare; ㉑ e cald, suntem în luna august! ㉒ În douăzeci de minute sunteţi la noi. ㉓ Nu, mersi, prefer să iau autobuzul sau un taxi: ㉔ dacă merg mult pe jos, mă dor picioarele.

36 Lecţia a treizeci şi şasea

Croitorul meu e bogat

1 – Ce elegant eşti astăzi! E un costum nou? ① ②

2 – Da, de lână pură, sută la sută, făcut la comandă. ③

PRONUNŢIE

[*krOitOrul mäu … bogat* **1** *tschä älägant … aßt*[a]*si … kOßtum …* **2** *… lîn*[a] *pur*[a] *… ßut*[a] *la ßut*[a] *… komand*[a]]

Soluţia exerciţiului: Aţi înţeles?

① Wir haben euch morgen Abend zum Abendessen eingeladen, ② wir erwarten euch um sechs Uhr, verspätet euch nicht! ③ Ich weiß nicht mehr, wie ich zu dir komme, ④ ich habe die genaue Adresse vergessen! ⑤ Ich wohne in der Herbststraße Nr. 16; ⑥ nehmt den Aufzug bis zur 7. Etage, ⑦ es ist die dritte Tür rechts, ⑧ Wohnung [Nr.] 25. ⑨ Ich hoffe, dass ihr unseren Wohnblock schnell findet: ⑩ Er befindet sich direkt am (genau neben) Park. ⑪ Das ist kein Problem, ich weiß (sehe[ich]), wo das ist; ⑫ ich kenne das Viertel gut, ⑬ mein Bruder wohnt nicht weit von dir, ⑭ in der Frühling[sstraße], gegenüber des Gymnasiums. ⑮ Ja, ich treffe ihn oft sonntags auf dem Markt. ⑯ Apropos, ich habe ihn gestern auf der Straße mit seiner Frau gesehen. ⑰ Ihr habt Glück, ihr wohnt in einem schönen Viertel, ⑱ mit vielen Bäumen und wenig Luftverschmutzung. ⑲ Ihr könnt zu Fuß kommen, es ist nicht weit, ⑳ nutzt es, um einen Spaziergang zu machen; ㉑ es ist warm, wir haben August! ㉒ In zwanzig Minuten seid ihr bei uns. ㉓ Nein danke, ich ziehe es vor, den Bus oder ein Taxi zu nehmen: ㉔ Wenn ich viel zu Fuß gehe, tun mir die Füße weh.

36. Lektion

Mein Schneider ist reich

1 – Wie elegant du heute [gekleidet] bist! Ist das ein neuer Anzug?

2 – Ja, aus (von) reiner Wolle, 100 Prozent (hundert auf hundert), auf Bestellung (gemacht auf Auftrag♀).

ANMERKUNGEN

① Steht **ce** "was, wie" vor einem Adjektiv oder Adverb, verleiht es der Aussage den Charakter eines Ausrufs: **Ce frumos e azi!** "Wie schön es heute ist!"; **Ce bine vorbiţi româneşte!** "Wie gut Sie Rumänisch sprechen!"

② **costum** haben die Rumänen von den Franzosen übernommen: Es kann "Anzug" und "Kostüm" bedeuten.

③ **comandă** "Auftrag, Bestellung, Gebot; Kommando".

3 – Croit**o**rul t**ă**u tr**e**buie să f**i**e mulţum**i**t, ④

4 cu cli**e**nţi ca t**i**ne, câşt**i**gă m**u**lţi b**a**ni!

5 – E adevăr**a**t dar **î**i m**e**rită: lucre**a**ză r**e**pede şi b**i**ne. ⑤

6 – De fapt, cred că **a**re puţ**i**ni cli**e**nţi

7 p**e**ntru h**a**ine pe măs**u**ră… ⑥

8 – Croitor**i**a răm**â**ne t**o**tuşi rent**a**bilă, ⑦ ⑧

9 se po**a**te sp**u**ne că croit**o**rul m**e**u e bog**a**t!

10 – E pos**i**bil, dar cred că dent**i**stul m**e**u

11 e tot at**â**t de bog**a**t ca şi croit**o**rul t**ă**u, ⑨

12 d**a**că nu m**a**i bog**a**t dec**â**t el! ⑩

13 **A**re fo**a**rte m**u**lţi paci**e**nţi,

14 s**a**la l**u**i de aştept**a**re e întotdea**u**na pl**i**nă.

PRONUNŢIE

[**3** … *mulzum***i***t* **4** … *kli***ä***nz*^{j} …*kîscht***i***g*^{a} … **5** … *m***ä***rit*^{a} *lukrä***a***s*^{a} … **7** … *h***a***inä pä m*^{a}*ß***u***r*^{a} **8** …*krOitOr***i***a r*^{a}*m***î***nä t***O***tusch*^{j} *ränt***a***bil*^{a} **10** *jä pOß***i***bil* … *dänt***i***ßtul* … **12** … *däk***î***t jäl* … **13** … *patschi***ä***nz*^{j} … **14** *ß***a***la* … *aschtäpt***a***rä* … *întOtdäa***u***na pl***i***n*^{a}]

3 – Dein Schneider muss zufrieden sein,

4 mit Kunden wie dir verdient er viel Geld!

5 – Das ist richtig, aber es lohnt sich (sie♂♂ verdient[er]):
Er arbeitet schnell und gut.

6 – Eigentlich glaube ich, dass er wenig Kundschaft (Kunde♂♂) hat

7 für maßgeschneiderte Kleidung♀♀ …

8 – Dennoch bleibt das Schneiderhandwerk rentabel,

9 man kann sagen, dass mein Schneider reich ist!

10 – Das ist möglich, aber ich glaube, dass mein Zahnarzt

11 ebenso reich ist wie dein Schneider,

12 wenn nicht [sogar] reicher (mehr reich) als er!

13 Er hat sehr viele Patienten,

14 sein Wartezimmer ist immer voll.

④ **mulţumit** "zufrieden" gehört zur selben Familie wie das Verb **a mulţumi** "danken, sich bedanken; zufriedenstellen". Sie kennen bereits die Form der 1. Person Singular Präsens: **Mulţumesc** "Danke".

⑤ **îi** bezieht sich auf **bani** "Geld" (Mask. Pl.); es ist die unbetonte Form des Personalpronomens, die in der Regel vor dem Verb steht.

⑥ **măsură** bedeutet nicht nur "Maß, Ausmaß, Abmessung", sondern auch "Maßnahme".

⑦ **Croitorie** "Schneiderhandwerk, Schneiderei" kommt ebenso wie **croitor** "Schneider" von **a croi** "schneidern, zuschneiden".

⑧ **totuşi** "dennoch, trotzdem, immerhin, allerdings".

⑨ Merken Sie sich die nützliche Wendung **tot atât de… ca…** " ebenso … wie …" für Vergleiche zweier gleichwertiger Dinge.

⑩ **mai… decât…** ist eine Komparativform. **Decât** kann durch **ca** ersetzt werden: **Ana e mai simpatică decât** (oder **ca**) **Maria.** "Anne ist sympathischer als Marie".

Exerciţiul 1: Înţelegeţi aceste propoziţii?

❶ Gara e mult mai aproape de centrul oraşului decât aeroportul. ❷ Am un singur costum pe care l-am cumpărat când s-a căsătorit fiica mea. ❸ Mi-e foarte foame, şi chelnerul întârzie prea mult cu comanda. ❹ Nu e o problemă de bani, caut un croitor bun, care să înţeleagă ce vreau. ❺ Nu sunt mulţumit de apartamentul nostru, e prea mic pentru noi; trebuie să caut unul mai mare.

Exerciţiul 2: Completaţi locurile libere cu cuvintele care lipsesc!

❶ Du kannst gehen, wenn du möchtest, ich bleibe hier [und] warte auf ihn (dass-ihn warte[ich]).

Poţi __ _____ dacă ____, eu _____ aici să-l ______.

❷ Es ist möglich, dass er krank ist, gestern hat er den ganzen Tag Kopfschmerzen gehabt.

E ________ să fie _______, ieri l-a durut _____ toată ____.

❸ Du hast Recht, er ist ebenso liebenswürdig wie sein Bruder, den ich gut kenne.

Ai dreptate, el e tot ____ de _______ ca şi _______ lui, pe care îl ______ bine.

37 Lecţia a treizeci şi şaptea

Memoria cifrelor

1 – Trebuie să facem cumpărături, ①

2 nu ne rămân decât două conserve de peşte

PRONUNŢIE

[*mämoria tschifrälOr* **1** … *kump*ᵃ*r*ᵃ*turi* **2** … *kOnßärwä dä päschtä* …]

Soluţia exerciţiului 1: Aţi înţeles?

① Der Bahnhof ist viel näher am Stadtzentrum als der Flughafen. ② Ich habe [nur] einen einzigen Anzug, den ich gekauft habe, als meine Tochter geheiratet hat. ③ Ich bin sehr hungrig, und der Kellner verspätet sich zu sehr mit der Bestellung. ④ Geld ist nicht das Problem, ich suche einen guten Schneider, der verstehen soll (welcher dass versteht[er]), was ich möchte. ⑤ Ich bin nicht zufrieden mit unserer Wohnung, sie ist zu klein für uns; ich muss eine größere suchen.

Lesen Sie Ihre Lektion am Ende immer noch ein paar Mal durch, und versuchen Sie weiterhin, die Sätze zu wiederholen, ohne auf den Text zu sehen.

④ All meine Freunde behaupten, dass ich eleganter [gekleidet] bin als mein Schneider.

____ prietenii mei ______ că sunt ___ _______ decât _________ meu.

⑤ Sie sind das Geld wert, das sie verdienen, sie arbeiten von morgens bis abends.

Ei ______ banii pe care îi _______, lucrează de _________ până _____.

Soluţia exerciţiului 2: Cuvintele care lipsesc.

① să pleci – vrei – rămân – aştept ② posibil – bolnav – capul – ziua ③ atât – amabil – fratele – cunosc ④ Toţi – susţin – mai elegant – croitorul ⑤ merită – câştigă – dimineaţa – seara.

37. Lektion

Zahlengedächtnis

1 – Wir müssen Einkäufe♀ machen,

2 es bleiben uns (nicht uns bleiben[sie]) nur zwei Konserven mit (von) Fisch übrig,

ANMERKUNGEN

① **a face cumpărături** "Einkäufe machen/tätigen"; **să mergem la cumpărături** "einkaufen gehen".

3 şi frigid**e**rul e apro**a**pe gol! ② ③

4 N-o să mânc**ă**m n**u**mai p**â**ine cu unt!

5 – De ac**o**rd, m**e**rgem la superm**a**rket, ④

6 dar h**a**i să tr**e**cem m**a**i înt**â**i pe la b**a**ncă ⑤

7 vre**a**u să scot n**i**şte b**a**ni: ⑥

8 pref**e**r să plăt**i**m cu b**a**ni ghe**a**ţă. ⑦

9 – Dar b**a**nca e înch**i**să la **o**ra **a**sta … ⑧

10 – N**u**-i grav, e un bancom**a**t în p**a**rking. ⑨

11 – Perf**e**ct, dar note**a**ză b**i**ne c**o**dul c**a**rdului,

12 şt**i**u că nu ai mem**o**ria c**i**frelor,

13 r**i**şti să-l **u**iţi şi să te înş**e**li ca d**a**ta trec**u**tă

14 când l-**a**i confund**a**t cu c**o**dul de la po**a**rtă! ⑩

PRONUNŢIE

[**3** … *aproapä gOl* **4** … *pîjnä ku unt* **5** *dä akOrd … ßupermarkät* **6** … *trätschäm mai întîj … bank*[a] **7** … *ßkOt* … **8** … *bani gäaz*[a] **9** … *înkiß*[a] … **10** *nu-i graw … bankOmat … parking …* **11** … *kodul …* **13** … *rischt*[j] … *tä înschäli* … **14** … *kOnfundat … poart*[a]]

Lerntipp: *Legen Sie sich Karteikarten an. Diese können Sie überall hin mitnehmen und ansehen, wenn Sie Zeit haben. Vokabeln, die Sie schon "gespeichert" haben, können Sie ablegen und später wieder anschauen. Sie können Ihre Wörter jederzeit neu ordnen, umsortieren und systematisieren. Als Gedankenstütze könnten Sie z. B. auch passende Bilder zu den Wörtern zeichnen oder sich Merksätze dazu notieren. Und Ihr Erfolg wird sichtbar! Wenn Sie einen großen Stapel vor sich hinlegen können, haben Sie schon eine ganze Menge geschafft.*

3 und der Kühlschrank ist fast leer!

4 Wir werden nicht nur Brot mit Butter essen!

5 – Einverstanden, gehen wir zum Supermarkt,

6 aber komm, lass uns zuerst bei der Bank vorbeigehen,

7 ich möchte etwas Geld abheben:

8 Ich ziehe es vor, bar zu zahlen (bezahle[ich] mit Geld[♂♂] Eis[♀]).

9 – Aber die Bank ist um diese Uhrzeit geschlossen ...

10 – Das ist nicht schlimm, es gibt einen Geldautomaten im Parkhaus.

11 – Perfekt, aber schreib dir gut den [Pin-]Code für die [Scheck]Karte auf,

12 ich weiß, dass du kein Zahlengedächtnis hast,

13 du riskierst ihn zu vergessen und dich zu irren wie letztes Mal (wie Mal[♀] vergangenes),

14 als du ihn mit dem Code für die Haustür (Tor) verwechselt hast!

② **aproape** bedeutet als Adjektiv "nahe, in der Nähe", als Adverb heißt es "nahezu, fast".

③ **gol** hat mehrere Bedeutungen: "leer, hohl; nackt; nüchtern".

④ Für "Supermarkt" benutzen die Rumänen gerne den Anglizismus **supermarket**, daneben gibt es noch den einheimischen Ausdruck **supermagazin**, in dem das Wort **magazin** "Geschäft" steckt.

⑤ Sie kennen **întâi** als die Ordinalzahl "erster". Hier taucht es in der Form **mai întâi** als Adverb auf: "zuerst, zunächst".

⑥ Den Ausdruck **a scoate bani** "Geld abheben" können Sie als Reisender in Rumänien bestimmt gut gebrauchen.

⑦ Zu "Bargeld" sagt man auch **numerar** oder **cash**.

⑧ **asta** "diese" ist eine umgangssprachliche Variante des Demonstrativpronomens **aceasta**.

⑨ **parking** "Parkplatz, Parkhaus", ein weiterer gängiger Anglizismus, wird synonym zum einheimischen **parcare** gebraucht, das wiederum von **a parca** "parken" abgeleitet ist.

⑩ Das bereits bekannte **uşă** bezeichnet eine Tür im Inneren des Hauses, **poartă** hingegen ist ein "Tor", das nach draußen führt. Auch im Sport wird **poartă** für "Tor" benutzt, und der "Torhüter" heißt **portar**, ein Ausdruck, der ebenso für einen "Hausmeister" benutzt wird.

Exerciţiul 1: Înţelegeţi aceste propoziţii?

❶ La m**i**cul dej**u**n nu am mânc**a**t dec**â**t p**â**ine prăj**i**tă cu unt şi am b**ă**ut o ciocol**a**tă c**a**ldă. ❷ **A**zi m**a**i put**e**m încă să f**a**cem cumpărăt**u**ri, m**â**ine to**a**te magaz**i**nele sunt înch**i**se. ❸ Nu sunt de ac**o**rd cu t**i**ne, cli**e**nţii l**u**i nu sunt bog**a**ţi, dar pref**e**ră să a**i**bă h**a**ine pe măs**u**ră. ❹ Am uit**a**t c**a**rdul pe pi**a**n, nu am cu ce plăt**i** la restaur**a**nt. ❺ Am răm**a**s s**i**nguri: cop**i**ii au plec**a**t în vac**a**nţă, şi c**a**sa e go**a**lă f**ă**ră **e**i.

Exerciţiul 2: Completaţi locurile libere cu cuvintele care lipsesc!

❶ Wenn ich mit dir [zusammen] bin, habe ich den Eindruck, dass die Zeit schneller vergeht.

Când sunt cu ...., am .... că timpul ...... mai ....

❷ Es gibt einen Geldautomaten genau neben dem Supermarkt, aber er ist oft leer.

.... un .... chiar lângă ...., dar e ...... gol.

❸ Es ist schwierig, zu dieser Uhrzeit einen freien Platz im Parkhaus zu finden.

E .... să găseşti un ... liber în ...., la ora .... .

❹ Wenn ich mich nicht irre, spricht er perfekt zwei Fremdsprachen.

.... nu .. ...., vorbeşte .... două ..... străine.

38 Lecţia a treizeci şi opta

Alo, cine e la telefon?

1 – Draga m**e**a … telef**o**nul! Nu vr**e**i să răsp**u**nzi tu?

PRONUNŢIE [*alo … täläfOn* **1** *… r^{a}ßpuns^{j} …*]

Soluţia exerciţiului 1: Aţi înţeles?

❶ Zum Frühstück habe ich nur getoastetes Brot mit Butter gegessen und eine heiße Schokolade getrunken. ❷ Heute können wir noch Einkäufe machen, morgen sind alle Geschäfte geschlossen. ❸ Ich stimme nicht mit dir überein, seine Kunden sind nicht reich, aber sie ziehen es vor, maßgeschneiderte Kleidung zu haben. ❹ Ich habe meine [Scheck]karte auf dem Klavier vergessen, ich habe nichts, womit ich im Restaurant bezahlen kann. ❺ Wir sind (geblieben) alleine: Die Kinder sind in Urlaub gefahren, und das Haus ist leer ohne sie.

❺ Sie hat ein ausgezeichnetes Gedächtnis, sie kann mehrere Dutzend (Zehner♀♀) Wörter pro Tag lernen.

Ea are o .... excelentă, poate .. .. zeci de .... pe zi.

Soluţia exerciţiului 2: Cuvintele care lipsesc.

❶ tine – impresia – trece – repede ❷ Este – bancomat – supermarket – adesea ❸ greu – loc – parking – asta ❹ Dacă – mă înşel – perfect – limbi ❺ memorie – să înveţe – cuvinte.

38. Lektion

Hallo, wer ist am Telefon?

1 – Mein Schatz … das Telefon! Willst du nicht antworten?

2 **E**u am m**â**inile **u**de, sp**ă**l v**a**sele! ① ②

3 – Şi **e**u sunt ocup**a**tă, calc r**u**fele! ③

4 – B**i**ne, l**a**să, răsp**u**nd **e**u… Al**o**?

5 … Nu, nu e c**a**sa Vasil**e**scu… **a**ţi greş**i**t n**u**mărul!

6 … Nu f**a**ce nim**i**c, înţel**e**g, n**u**-i n**i**ciun der**a**nj… ④

7 … N**u**-i nev**o**ie să vă scuz**a**ţi, la reved**e**re…

8 – E a m**i**a o**a**ră că cinev**a** **î**i c**a**ută pe Vasil**e**ştii **ă**ştia şi ne deranje**a**ză pe n**o**i! ⑤ ⑥ ⑦

9 Nu m**a**i sup**o**rt!

10 Tr**e**buie să ne schimb**ă**m n**u**mărul!

11 – În c**a**zul **ă**sta, m**a**i b**i**ne renunţ**ă**m la telef**o**nul fix ⑧

PRONUNŢIE

[**2** … *mîjnilä* ***u**dä* *ßp^{a}l* *wa**ß**älä* **3** … *Okup**a**t^a* *kalk* *r**u**fälä* **4** … *l**a**ß^a* … **5** … *waßil**ä**ßku* … *gräsch**i**t* … **6** … *där**a**nj* **8** … *o**a**r^a* … *tschinäw**a*** … *^{a}schtja* … *däranjä**a**s^a* **9** … *ßup**O**rt* **10** … *ßkimb^{a}m* … **11** … *k**a**sul* *^{a}ßta* … *ränunz^{a}m* … *fikß*]

ANMERKUNGEN

① **a spăla** ist das Verb für "waschen", das auch in folgenden Zusammenhängen benutzt wird: **a spăla vasele** "das Geschirr spülen" (**veselă** "Geschirr"), **a spăla rufele** "die Wäsche waschen".

2 Ich habe nasse Hände, ich spüle (wasche^ich) das Geschirr^øø!

3 – Ich bin auch beschäftigt, ich bügele die Wäsche♀!

4 – Gut, dann lass es, ich antworte … Hallo?

5 … Nein, das ist nicht das Haus der Familie Vasilescu … Sie haben die falsche Nummer!

6 … Das macht nichts, ich verstehe, Sie stören uns nicht (kein Störung^ø).

7 … Sie brauchen sich nicht zu entschuldigen (nicht-ist^sie Notwendigkeit dass Sie entschuldigen^Sie), auf Wiedersehen …

8 – Das ist das tausendste Mal, dass jemand diese Vasilescus sucht und uns stört!

9 Ich ertrage [es] nicht mehr!

10 Wir müssen die Nummer wechseln!

11 – In diesem Fall melden wir besser das Festnetztelefon ab (geben^wir-auf auf Telefon-das fest)

② Der Singular von **vase** lautet **vas**; dieses Wort bezeichnet das "Gefäß, Glas", die "Vase" und auch das "Schiff".

③ Die Hauptbedeutung von **rufe**, das selten im Singular (**rufă**) benutzt wird, ist "Wäsche" (Kleidung, Tisch- oder Bettwäsche).

④ **a deranja** hat folgende Bedeutungen: "stören, belästigen, genieren; beengen; lästig werden; behindern, Mühe machen".

⑤ **Vasileştii** ist eine zwanglose Pluralform, um die Mitglieder der Familie **Vasilescu** zu bezeichnen. So würde man auch **Ioneştii** und **Popeştii** für die Mitglieder der Familien **Ionescu** und **Popescu** sagen. Allerdings ist diese Form ziemlich respektlos; besser benutzt man **familia Vasilescu**.

⑥ **ăştia**, die umgangssprachliche Variante des Demonstrativpronomens **aceştia** "diese", benutzt man eher in einem informellen Rahmen. Die Personen, von denen die Rede ist, sollten dabei nicht anwesend sein …

⑦ Beachten Sie im Verb **a deranja pe cineva** "jmdn. stören" die Verwendung der Präposition **pe**, die immer ein Akkusativobjekt einleitet; in diesem Fall das betonte Personalpronomen **noi**.

⑧ **mai bine** "besser" dient nicht nur zur Steigerung, es kann auch in Verbindung mit einem Verb verwendet werden: **mai bine plecăm** "es ist besser, zu gehen; wir gehen besser".

12 şi păstr**ă**m n**u**mai celul**a**rele! ⑨
13 – Sunt de ac**o**rd cu t**i**ne, n**u**-i o id**ee** re**a**;
14 o să vorb**i**m m**a**i puţ**i**n la telef**o**n
15 şi o să f**a**cem economi**i** import**a**nte…

[*12 … p^{a}ßtr^{a}m … tschälul**a**rälä* ***13*** *… idäjä rä**a*** ***15*** *… äkO-nOm**i** …*]

Exerciţiul 1: Înţelegeţi aceste propoziţii?

❶ Scuz**a**ţi-mă, dar **a**stăzi sunt fo**a**rte ocup**a**t; sun**a**ţi mâ**i**ne, o să fi**u** m**a**i l**i**ber. ❷ Ref**u**z să răsp**u**nd la telef**o**n, sunt s**i**gur că e **u**na din pri**e**tenele t**a**le. ❸ De fapt, soţ**i**a l**u**i P**e**tre nu c**a**lcă niciod**a**tă r**u**fele: sp**u**ne că o do**a**re m**â**na dre**a**ptă. ❹ El n-a av**u**t b**a**ni să plăte**a**scă c**i**na la restaur**a**nt şi a tr**e**buit să sp**e**le v**a**sele la bucătăr**i**e. ❺ Pl**o**uă, mă într**e**b de ce te-**ai** înt**o**rs ac**a**să pe jos, **e**şti ud din cap până în pici**oa**re!

Exerciţiul 2: Completaţi locurile libere cu cuvintele care lipsesc!

❶ Es tut mir leid, aber ich habe die falsche Nummer.
Îmi ………… rău, dar am ………… numărul.

❷ Morgen werde ich mit den Popescus (*respektlos*) ins Kino gehen; möchtest du mit uns kommen?
………… o să merg la ………… cu Popeştii; vrei …… …… cu noi?

❸ Ich kenne dich gut, ich verstehe, warum du auf das Getränk verzichten willst.
Te ………… bine, ………… de ce vrei …… ………… la ………….

❹ Geben Sie mir bitte Ihr Handy, ich muss zu Hause anrufen.
Daţi-mi …… …… mobilul dumneavoastră, ………… să telefonez ………….

12 und behalten nur die Handys (behalten^{wir} nur Mobiltelefon^{ØØ})!

13 – Ich stimme mit dir überein, das ist keine schlechte Idee;

14 [dann] telefonieren wir weniger (sprechen^{wir} mehr wenig an Telefon)

15 und sparen richtig viel Geld (machen^{wir} Ersparnis♀♀ bedeutend) …

⑨ Es gibt zwei Ausdrücke für "Handy, Mobiltelefon": (**telefon**) **mobil** oder (**telefon**) **celular**.

Soluţia exerciţiului 1: Aţi înţeles?

❶ Entschuldigen Sie, aber heute bin ich sehr beschäftigt; rufen Sie morgen an, ich werde mehr Zeit haben (werde^{ich}-sein mehr frei). ❷ Ich weigere mich, am Telefon zu antworten (dass antworte^{ich} an Telefon), ich bin sicher, es ist eine von deinen Freundinnen. ❸ Eigentlich bügelt die Frau von Peter niemals die Wäsche: Sie sagt, dass ihr die rechte Hand weh tut. ❹ Er hatte kein Geld, um das Abendessen im Restaurant zu bezahlen, und er musste in der Küche das Geschirr spülen. ❺ Es regnet, ich frage mich, warum du zu Fuß nach Hause zurück gekommen bist, du bist nass von Kopf bis Fuß!

❺ Geben Sie sich keine Mühe für ihn, er wird sicher die Tür finden.

Nu vă .... pentru el, o să .... sigur ... .

Soluţia exerciţiului 2: Cuvintele care lipsesc.

❶ pare – greşit ❷ Mâine – cinematograf – să vii ❸ cunosc – înţeleg – să renunţi – băutură ❹ vă rog – trebuie – acasă ❺ deranjaţi – găsească – uşa.

Zum Lernen gehört – leider – auch das Vergessen. Um dem Vergessen vorzubeugen, gibt es einen sicheren Weg: das Wiederholen. Dabei gilt: 1. Lieber regelmäßig wiederholen als sporadisch. 2. Besser in kleinen Einheiten wiederholen als in großen "Brocken". 3. Bleiben Sie flexibel! Ein paar Karteikärtchen passen in jede Tasche, und bei geeigneter Gelegenheit können Sie sie hervorholen. 4. Überfrachten Sie Ihr Gedächtnis nicht. Was Sie schon können, brauchen Sie nicht ständig zu wiederholen.

39 Lecţia a treizeci şi noua

O familie care ştie primi

1 – E târz**i**u, aj**u**tă-mă să pun m**a**sa, ①
2 invit**a**ţii o să sose**a**scă p**e**ste puţ**i**n timp! ②
3 – Scot ves**e**la de porţel**a**n şi pah**a**rele de crist**a**l? ③ ④
4 – Da, şi tac**â**murile de arg**i**nt!
5 **E**u aranj**e**z cuţ**i**tele, furcul**i**ţele, l**i**ngurile şi lingur**i**ţele, ⑤
6 şi tu farfur**i**ile ad**â**nci şi înt**i**nse.
7 – Vr**e**i s**ă**-i impresion**e**zi pe o**a**speţii n**o**ştri, pe cuv**â**ntul m**e**u!
8 – Ţin să le ar**ă**t că ştim prim**i** ⑥
9 şi nu vre**a**u să pl**e**ce nemulţum**i**ţi de la n**o**i; ⑦

PRONUNŢIE

[… *prim**i*** **1** … *aĵ**u**t^{a}m^{a}* … **2** … *ßoßä**a**ßk^{a}* … **3** … *wäß**ä**la dä pOrzäl**a**n* … *paCH**a**rälä* … *krißt**a**l* **4** … *tak**î**murilä dä ardĵ**i**nt* **5** … *aranĵ**ä**s kuz**i**tälä furkul**i**zälä l**i**ngurilä* … *lingur**i**zälä* **6** … *farfur**i**ilä ad**î**ntsch^{j}* … *înt**i**nßä* **7** … *impräßjon**ä**si* … **8** *zin* … **9** … *nämulzum**i**zi* …]

39. Lektion

Eine Familie, die weiß, wie man [Gäste] empfängt

1 – Es ist spät, hilf mir, den Tisch zu decken,

2 die Gäste werden in Kürze eintreffen (über wenig Zeit)!

3 – Soll ich das Porzellangeschirr♀ und die Kristallgläser^Ø herausholen?

4 – Ja, und das Silberbesteck^ØØ!

5 Ich lege die Messer^Ø, die Gabeln♀, die [großen] und die [kleinen] Löffel♀ hin,

6 und du die tiefen und die flachen Teller♀.

7 – Du willst [wohl] unsere Gäste beeindrucken, das sag ich dir (auf Wort-das mein)!

8 – Ich möchte ihnen zeigen, dass wir wissen, wie man [Gäste] empfängt,

9 und ich möchte nicht, dass sie uns unzufrieden verlassen;

ANMERKUNGEN

① **ajută-mă** ist eine Befehlsform, die mit dem Verb in der 3. Person Singular gebildet wird.

② Der Infinitiv von **sosească** lautet **a sosi** "eintreffen, ankommen".

③ Beachten Sie das betonte zweite **e** bei **veselă** (vom französischen *vaisselle*). Dies ist wichtig, denn es gibt noch das Adjektiv **veselă**, das Femininum Singular von **vesel** "froh, fröhlich, gut gelaunt" mit der Betonung auf dem ersten **e**.

④ Wird in Zusammenhang mit einem Nomen ein Material genannt, so wird dieses stets dem Nomen mit der Präposition **de** nachgestellt: **costum de lână** "Wollkostüm, Kostüm aus Wolle".

⑤ **furculiţă** war ursprünglich das Diminutiv von **furcă** "Heu-/Mistgabel". **Linguriţă** "kleiner Löffel, Kaffee-/Teelöffel" ist wiederum das Diminutiv von **lingură** "Löffel".

⑥ **a primi** heißt "bekommen, erhalten", aber auch "empfangen".

⑦ **nemulţumit** "unzufrieden": Durch Voranstellen der verneinenden Vorsilbe **ne-** vor ein Adjektiv kehrt sich der Sinn ins Gegenteil um.

10 nu uit**a** că pr**i**ntre musaf**i**ri e şi ş**e**ful t**ău** ⑧

11 c**a**re o să f**a**că în cur**â**nd propu**n**erile de avans**a**re…

[*10 … printrä mußafiri … schäful … 11 … prOpunärilä dä awanßarä*]

Exerciţiul 1: Înţelegeţi aceste propoziţii?

❶ Hai să p**u**nem m**a**sa, invit**a**ţii o să sose**a**scă p**e**ste un sfert de **o**ră. ❷ **Î**mi p**a**re r**ău**, dar nu pot să te aj**u**t **a**stăzi. ❸ Nu vre**au** să prim**e**sc nim**i**c de la t**i**ne. ❹ Musaf**i**rii lor au plec**a**t cu to**a**te lingur**i**ţele de arg**i**nt. ❺ În rom**â**nă şi în franc**e**ză, se înţel**e**ge uş**o**r că o furcul**i**ţă nu e dec**â**t o f**u**rcă m**a**i m**i**că.

Exerciţiul 2: Completaţi locurile libere cu cuvintele care lipsesc!

❶ Wenn du den Tisch deckst, vergiss nicht die Messer!
Când ▯▯▯ masa, nu ▯▯▯▯ cuţitele!

❷ Ihr Ehemann weiß nicht, dass die tiefen Teller für die Suppe sind.
Soţul ▯▯ nu ştie că farfuriile ▯▯▯▯▯▯ sunt pentru ▯▯▯▯.

❸ Ich möchte euch sagen, dass eure Gäste mir überhaupt nicht gefallen.
▯▯▯ să vă ▯▯▯▯ că invitaţii voştri ▯▯-▯▯▯ ▯▯▯▯ deloc.

40 Lecţia a patruzecea

Dacia mea veche e în pană

1 – Am auz**i**t că **a**i o maş**i**nă stră**i**nă, nou-n**o**uţă! ① ②

[*… în pan[a] 1 am ausit … maschin[a] … nounouz[a]*]

ANMERKUNGEN

① Da das "Auto", **maşină**, im Rumänischen weiblich ist, heißt es im Titel auch **Dacia mea**…

10 vergiss nicht, dass unter den Gästen auch dein Chef ist,

11 der bald die Personen vorschlagen wird, die befördert werden sollen (macht^{er} in bald Vorschlag♀♀ von Beförderung♀♀) …

⑧ Die Rumänen sind ausgesprochen "gastfreundlich": **ospitalier**. Es existieren drei Begriffe für "Gast": **musafir**♂, **oaspete**♂ und **invitat**♂.

Soluţia exerciţiului 1: Aţi înţeles?

❶ Lass uns den Tisch decken, die Gäste werden in einer Viertelstunde eintreffen. ❷ Es tut mir leid, aber ich kann dir heute nicht helfen. ❸ Ich möchte nichts von dir bekommen. ❹ Ihre Gäste sind mit all den Silberlöffeln weggegangen. ❺ Auf Rumänisch und auf Französisch versteht man leicht, dass eine Gabel (*furculiţă*) nur eine kleinere Mistgabel (*furcă*) ist.

❹ Ich hatte Kopfschmerzen, ich habe letzte Nacht (diese) nicht schlafen können.

M-a ____ capul, nu am ____ să ____ noaptea asta.

❺ Ich verstehe nicht (nicht sehe^{ich}), warum sie immer unzufrieden ist.

Nu ___ de ce ea e întotdeauna ________.

Soluţia exerciţiului 2: Cuvintele care lipsesc.

❶ pui – uita ❷ ei – adânci – supă ❸ Ţin – spun – nu-mi plac ❹ durut – putut – dorm ❺ văd – nemulţumită.

40. Lektion

Mein alter Dacia hat eine Panne

1 – Ich habe gehört, dass du ein ausländisches Auto♀ hast, funkelnagelneu!

② **nou-nouţă**: Der zweite Bestandteil ist das Diminutiv des ersten Bestandteils **nou** "neu". Zusammen bewirken sie eine Verstärkung der Aussage: "brandneu, funkelnagelneu".

2 Ce-ai făcut cu Dacia ta, pe care o ai de douăzeci de ani?
3 – O ţin deocamdată în garaj,
4 ca de obicei, e în pană,
5 dar o să mă debarasez de ea, am promis-o unui vecin ③
6 care lucrează la un service: ④
7 îi plac motoarele, e pasionat de mecanică
8 şi poate găsi toate piesele ca să o repare.
9 – Săracul de el, nu ştie ce-l aşteaptă! ⑤
10 Trebuie să schimbe tot, de la volan până la roţi! ⑥
11 O să aibă surpriza să vadă că maşina consumă zeci de litri de benzină şi de ulei, ⑦
12 şi că pe piaţă nu mai valorează doi bani! ⑧
13 – Ştiu foarte bine, de aceea o dau gratis!

PRONUNŢIE

[*3 … däokamdat^a în garaî 5 … däbaraßäs … am promißo… 6 … ßärwiß 7 … motoarälä … paßjonat dä mäkanik^a 8 … piäßälä … räpară 9 ß^{a}rakul … 10 … wOlan … rOz^i 11 … ßurprisa … kOnßum^a … litri dä bänsin^a … uläj 12 … waloräas^a … 13 … atschäa … gratiß*]

Maşina *"Auto" ist im Rumänischen ein Femininum. Spricht man von einer bestimmten Automarke, entscheidet deren Endung jedoch darüber, ob man den männlichen oder den weiblichen Artikel benutzt. Endet der Name auf einen Konsonanten oder ein* ***-i****, wählt man den männlichen Artikel. Endet der Name auf* ***-a****, wird er als weiblich angesehen. Man sagt also* ***un Renault****,* ***un Peugeot****,* ***un Ford****,* ***un Ferrari****, aber* ***o Lancia****,* ***o Skoda****,* ***o Lada*** *und natürlich* ***o Dacia****.*

2 Was hast du mit dem Dacia gemacht, den du seit 20 Jahren hast?

3 – Ich lasse (behalte[ich]) ihn vorläufig in der Garage,

4 wie gewöhnlich ist er kaputt (ist[sie] in Panne),

5 aber ich werde mich von ihm trennen, ich habe ihn einem Nachbarn versprochen,

6 der in einer Autowerkstatt arbeitet:

7 Er mag die Motoren, er ist begeistert (leidenschaftlich) von Mechanik,

8 und er kann alle [Ersatz]teile♀ finden, um ihn zu reparieren.

9 – Der Arme, er weiß nicht, was ihn erwartet!

10 Er muss alles auswechseln, vom Lenkrad bis zu den Rädern♀!

11 Es wird ihn überraschen (hat[er] Überraschung♀), zu sehen, dass das Auto mehrere Dutzend (Zehner♀♀) Liter Benzin und Öl verbraucht,

12 und dass es auf dem Markt keinen Cent mehr wert ist (nicht mehr ist[sie]-wert zwei Geldstück♂♂)!

13 – Das weiß ich sehr gut, deshalb gebe ich es umsonst ab!

③ **unui vecin** "einem Nachbarn": **unui** ist der unbestimmte Artikel im Dativ (Wem-Fall) für das Maskulinum und Neutrum, der dieselben Formen hat wie der Genitiv, den Sie bereits kennen.

④ **service** ist sowohl der Ausdruck für "Kundendienst; Dienstleistung" als auch für "Autowerkstatt". Man hört für Letzteres auch **sărvis**, **servis** oder **atelier** (**de reparaţii**).

⑤ **Sărac** wird für "arm" im finanziellen Sinne ebenso wie im übertragenen Sinne benutzt.

⑥ **roţi** ist der Plural von **roată** "Rad"; es existiert auch der Plural **roate**: **a merge ca pe roate** "wie am Schnürchen laufen".

⑦ **benzină** "Benzin"; **motorină** "Diesel". "Treibstoff" allgemein bedeutet **combustibil**. **Benzinărie** oder **staţie de benzină** oder **peco** ist die "Tankstelle".

⑧ Sie kennen bereits **ban** "Geldstück, Hartgeld, Münze". Denken Sie daran, dass der Plural **bani** für "Geld" im Allgemeinen steht.

Exerciţiul 1: Înţelegeţi aceste propoziţii?

❶ Dacia ta e departe de a fi nou-nouţă! ❷ Problema e că maşinile străine sunt mult mai scumpe decât maşinile româneşti. ❸ Nu ştiţi unde este o staţie de benzină? ❹ Maşina ta e prea veche, consumă mult ulei. ❺ Avem două maşini în familie, şi un singur garaj

Exerciţiul 2: Completaţi locurile libere cu cuvintele care lipsesc!

❶ Es ist ihm gelungen, preiswert ein rumänisches Auto zu kaufen.
A reuşit să cumpere ______ o ______ românească.

❷ Ich frage mich, ob die Autowerkstatt am Samstag geöffnet ist.
Mă ______ dacă ______ de reparaţii este ______ sâmbăta.

❸ Ich habe angerufen, um zu erfahren (sehe[ich]), ob sie das [Ersatz]teil haben, das ich brauche.
Am ______ ca __ ___ dacă au ______ de care am ______.

❹ Er arbeitet nicht, er ist sehr arm, und seine Familie hilft ihm nicht.
Nu ______, este foarte ______, şi familia ___ nu-l ______.

❺ Das ist überhaupt keine Überraschung für mich, ich weiß, wie viel sein Wort wert ist.
Nu-i ______ o ______ pentru mine, eu ______ cât ______ cuvântul lui.

Soluţia exerciţiului 1: Aţi înţeles?

❶ Dein Dacia ist weit davon entfernt, nagelneu zu sein! ❷ Das Problem ist, dass die ausländischen Autos viel teurer sind als die rumänischen Autos. ❸ Sie wissen nicht, wo eine Tankstelle ist? ❹ Dein Auto ist zu alt, es verbraucht viel Öl. ❺ Wir haben zwei Autos in der Familie und eine einzige Garage.

Soluţia exerciţiului 2: Cuvintele care lipsesc.

❶ ieftin – maşină ❷ întreb – atelierul – deschis ❸ telefonat – să văd – piesa – nevoie ❹ lucrează – sărac – lui – ajută ❺ deloc – surpriză – ştiu – valoreaza.

Dacia

Die Produktion des **Dacia** begann Ende der 1960er Jahre unter der Lizenz von Renault. Anfangs waren die Autos für den rumänischen und den Markt des kommunistischen Osteuropa bestimmt. Im Laufe der Jahre gingen die unterschiedlichsten Modelle im Werk **Colibaşi** in der Nähe von **Piteşti** vom Band. Das Low-Budget-Modell **Dacia Logan** war 2004 in Rumänien, Frankreich und anderen west- und osteuropäischen Ländern, aber auch in Afrika, China, Indien, Iran und Südamerika erfolgreich. 1999 erwarb Renault die Mehrheit der Dacia-Aktien. Mit seinen Modellen **Sandero** und **Duster** konnte **Dacia** sich dann endgültig auf dem Weltmarkt durchsetzen.

41 Lecţia a patruzeci şi una

Nu sunt superstiţios!

1 – Se z**i**ce că z**i**ua b**u**nă se cuno**a**şte de dimine**a**ţă ①

2 **e**i b**i**ne, **a**zi m-am scul**a**t cu st**â**ngul,

3 am răsturn**a**t s**a**re din s**o**lniţă pe f**a**ţa de m**a**să, ②

4 am spart ogl**i**nda din b**a**ie, ③

5 am trec**u**t pe sub o sc**a**ră din neat**e**nţie ④

6 şi o pis**i**că ne**a**gră a travers**a**t str**a**da îna**i**ntea me**a**. ⑤

7 – Să b**a**tem în lemn! **A**zi e v**i**neri tr**e**isprezece!

8 Eu cred că nu p**o**ţi să f**a**ci nim**i**c c**o**ntra dest**i**nului,

9 dar tu **e**şti un om mod**e**rn, emancip**a**t,

PRONUNŢIE

[… *ßupärßtizj**O**ß* **2** … *ßkul**a**t* … **3** … *r^{a}ßturn**a**t ß**a**rä* … *ß**O**lniz^{a}* … *f**a**za* … **4** … *ßpart ogl**i**nda* … *b**a**jä* **5** … *ßk**a**r^{a}* … *näat**ä**nziä* **6** … *piß**i**k^{a} n**ä**agr^{a}* … *trawärß**a**t* … *îna**i**ntäa* … **7** *ß^{a} b**a**täm în lämn* … **8** … *däßt**i**nului* **9** … *m**O**d**ä**rn ämantschip**a**t*]

41. Lektion

Ich bin nicht abergläubisch!

1 – Man sagt, dass man einen guten Tag an dem Morgen erkennt (sich erkennt[es] von Morgen♀),

2 nun gut, heute bin ich mit dem linken [Fuß zuerst] aufgestanden,

3 ich habe Salz♀ aus dem Salzstreuer♀ auf die Tischdecke♀ (um)gekippt,

4 ich habe den Spiegel♀ im Badezimmer♀ zerbrochen,

5 ich bin aus Unachtsamkeit♀ unter einer Leiter♀ hindurch gelaufen,

6 und eine schwarze Katze♀ hat vor mir die Straße überquert.

7 – Klopfen wir auf (in) Holz[Ø]! Heute ist Freitag, der dreizehnte!

8 Ich glaube, man kann gegen das Schicksal[Ø] nichts machen,

9 aber du bist ein moderner Mensch, emanzipiert,

ANMERKUNGEN

① **Ziua bună se cunoaşte de dimineaţă**, sinngemäß "Ob ein Tag gut wird, erkennt man am Morgen", ist eines der zahlreichen rumänischen Sprichwörter. Es deutet an, dass ein Projekt oder eine Unternehmung, die gut beginnt, meist auch gut weitergeht.

② Die Hauptbedeutung von **faţă** ist "Gesicht". **Faţă în faţă** heißt z. B. "von Angesicht zu Angesicht". Nicht zu verwechseln mit **fată** "Mädchen; Tochter".

③ **baie** ist sowohl das "Bad" als auch das "Badezimmer". "Ein Bad nehmen" heißt **a face baie**.

④ **scară** ist das Wort für "Treppe" und für "Leiter".

⑤ **înaintea** ist eine der Präpositionen, die den Genitiv verlangen. Diesen Präpositionen wird der bestimmte Artikel angehängt, hier **înainte** "vor" + **a** = **înaintea** "vor", gefolgt vom Genitiv **mea**.

10 nu te l**a**şi impresion**a**t de s**e**mnele r**e**le…

11 – C**a**re s**e**mne? V**o**rbe go**a**le! Prost**i**i! ⑥

12 Din feric**i**re, nu sunt del**o**c superstiţi**o**s:

13 sunt conv**i**ns că **a**sta po**a**rtă ghini**o**n! ⑦

[***10*** *… ß**ä**mnälä r**ä**lä* ***11*** *… w**O**rbä … pr**O**ßti* ***13*** *… kOnw**i**nß … poart*^{a} *ginj**O**n*]

Exerciţiul 1: Înţelegeţi aceste propoziţii?

❶ De ce te s**u**peri at**â**t de uş**o**r? Te-ai scul**a**t cu st**â**ngul? ❷ Pri**e**tenul vec**i**nei no**a**stre are obic**e**iul să p**u**nă s**a**re în cafe**a**. ❸ M-am uit**a**t dimine**a**ţa în ogl**i**ndă şi nu m-am recun**o**scut. ❹ Am av**u**t d**o**uăsprezece pah**a**re de crist**a**l, dar copiii au spart dej**a** p**a**tru. ❺ Din neat**e**nţie, am trec**u**t pe l**â**ngă ea f**ă**ră să o sal**u**t; n-am recun**o**scut-o.

Exerciţiul 2: Completaţi locurile libere cu cuvintele care lipsesc!

❶ Der braune Tisch ist zu groß für diese blaue Tischdecke.
Masa …… e prea …… pentru faţa asta de masă …… .

❷ Er denkt, dass es sein Schicksal ist, Landarzt zu sein, aber er hat wenige Patienten.
…… că …… lui este să fie doctor de ……, dar are puţini …… .

❸ Böses Omen (Zeichen), ich habe heute zwei schwarze Katzen gesehen!
…… rău, …… …… azi …… pisici …… !

❹ Du kennst ihn gut? Man kann sagen, dass er Pech im Leben hat!
Îl …… bine? Se poate …… că are …… în …… !

❺ Er trägt mit Eleganz einen teuren Anzug, angefertigt (gemacht) von einem italienischen Schneider.
El …… cu …… un …… scump, …… de un …… italian.

10 du lässt dich nicht von bösen Omen beeindrucken (Zeichen⌀⌀ schlecht) …

11 – Was für Vorzeichen? Leeres Geschwafel (Wort♀♀ leer)! Unsinn!

12 Glücklicherweise bin ich überhaupt nicht abergläubisch:

13 Ich bin überzeugt, dass das Pech bringt!

⑥ **prostie** "Dummheit, Blödsinn" kommt von **prost** "blöd, doof, dumm, dämlich".

⑦ Mit dem Wort **ghinion** "Pech" haben die Rumänen wieder eine Anleihe beim Französischen (*guignon*) gemacht.

Soluţia exerciţiului 1: Aţi înţeles?

❶ Warum ärgerst du dich so leicht? Bist du mit dem linken Fuß zuerst aufgestanden? ❷ Der Freund unserer Nachbarin hat die Angewohnheit, Salz in den Kaffee zu tun. ❸ Ich habe mich heute Morgen im Spiegel angesehen, und ich habe mich nicht wiedererkannt. ❹ Wir hatten zwölf Kristallgläser, aber die Kinder haben bereits vier zerbrochen. ❺ Aus Unachtsamkeit bin ich an ihr vorbeigelaufen, ohne sie zu grüßen; ich habe sie nicht erkannt.

Soluţia exerciţiului 2: Cuvintele care lipsesc.

❶ maro – mare – albastră ❷ Crede – destinul – ţară – pacienţi ❸ Semn – am văzut – două – negre ❹ cunoşti – spune – ghinion – viaţă ❺ poartă – eleganţă – costum – făcut – croitor.

Sprichwörter

Die rumänische Folklore ist reich an Sprichwörtern und Aphorismen. Sie wurden über die Jahrhunderte mündlich überliefert und spiegeln auf sehr vielfältige Weise die Erfahrungen, die Traditionen und die Weisheit vergangener Generationen wider. Hier nur einige Beispiele: **Nu-i frumos ce-i frumos, e frumos ce-ţi place** "Es ist nicht das schön, was schön ist, es ist schön, was dir gefällt"; **Când nu poţi avea ce-ţi place, trebuie să-ţi placă ce ai** "Wenn man nicht haben kann, was einem gefällt, muss einem gefallen, was man hat"; **Cine se scoală de dimineaţă departe ajunge** "Wer am Morgen früh aufsteht, wird weit kommen".

42 Lecţia a patruzeci şi doua

Recapitulare

1. Ausdrücken von Vergleichen bei Adjektiven und Adverbien

1.1 Komparativ

Wie im Deutschen gibt es im Rumänischen bei Vergleichen drei verschiedene Formen:

- **Komparativ der Unterlegenheit**

Eines der miteinander verglichenen Objekte ist in qualitativer oder quantitativer Hinsicht geringwertiger einzuschätzen als das Referenzobjekt (unser "als" kann dabei entweder durch **decât** oder durch **ca** ausgedrückt werden):

Vinul e mai puţin bun decât / ca şampania. "Der Wein ist schlechter als der Champagner."

- **Komparativ der Gleichheit**

Die miteinander verglichenen Objekte sind gleichwertig ("so ... wie" kann dabei auf drei Arten ausgedrückt werden):

Ea e tot aşa de / la fel de / tot atât de frumoasă ca (**şi**) **mama ei.** "Sie ist so schön wie ihre Mutter."

- **Komparativ der Überlegenheit**

Eines der miteinander verglichenen Objekte ist in qualitativer oder quantitativer Hinsicht hochwertiger einzuschätzen als das Referenzobjekt:

El e mai catolic decât papa. "Er ist katholischer als der Papst."

1.2 Superlativ

- **Relativer Superlativ**

Er wird mithilfe der Partikel **ce** gebildet, an die der bestimmte Artikel für das jeweilige Geschlecht angehängt wird. Darauf folgt die Komparativkonstruktion, hier der Komparativ der Überlegenheit:

cel mai înalt "der höchste"
cea mai înaltă "die höchste"
cei mai înalţi "die höchsten♂♂"
cele mai înalte "die höchsten♀♀"

Der relative Superlativ kann auch mit dem Komparativ der Unterlegenheit gebildet werden. Hierzu wird die Konstruktion wie folgt um **puţin** "wenig" ergänzt:

cel mai puţin interesant "der uninteressanteste".

• Absoluter Superlativ

Er wird mit **foarte** "sehr" gebildet; dieses kann auch durch **prea** "zu (sehr)", **tare** "mächtig, kräftig, stark", **extrem de** "überaus", **extraordinar de** "außergewöhnlich, besonders", **formidabil de** "außergewöhnlich, beachtlich" ersetzt werden. **E foarte simplu!** "Das ist ganz einfach!" Oder?

In der Jugendsprache wird der absolute Superlativ übrigens auch mit **super** + Adjektiv oder Adverb gebildet: **super interesant** = **foarte interesant**.

Für die Bildung der verschiedenen Komparative der Adverbien gelten dieselben Regeln wie für die Adjektive.

2. Demonstrativadjektive und -pronomen

2.1 Demonstrativadjektive

- Demonstrativadjektive sind im Grunde Demonstrativpronomen, die auf ein bestimmtes Objekt oder eine Person hindeuten. So macht das Rumänische ebenso wie das Deutsche einen Unterschied zwischen **acest om** "dieser Mann hier" und **acel om** "dieser Mann dort", je nachdem, ob sich das beschriebene Objekt in der Nähe des Sprechers oder weiter vom Sprecher entfernt befindet.
- Demonstrativadjektive können dem Nomen entweder voran- oder nachgestellt werden: **acest om / omul acesta** "dieser Mann hier"; **acel om / omul acela** "dieser Mann dort".

Bei der zweiten Variante wird dem Demonstrativadjektiv -**a** angehängt, und das Nomen muss den bestimmten Artikel tragen:

		Singular		Plural	
		voran-gestellt	nach-gestellt	voran-gestellt	nach-gestellt
"hier"	♂	acest	acesta (ăsta)*	acești	aceştia (ăştia)*
	♀	această	aceasta (asta)*	aceste	acestea (astea)*
"dort"	♂	acel	acela (ăla)*	acei	aceia (ăia)*
	♀	acea	aceea (aia)*	acele	acelea (alea)*

Die unterstrichenen Vokale kennzeichnen die Betonung.
* In Klammern die umgangssprachlichen Varianten.

Unter den umgangssprachlichen Varianten gibt es eine Form, die in die Standardsprache eingegangen ist: **asta** "diese". **Asta** kann auch als neutrales Pronomen verwendet werden, ähnlich unserem "das, dies da": **Asta e imposibil!** "Das ist unmöglich!"

2.2 Demonstrativpronomen

Die nachgestellten Demonstrativadjektive werden als Demonstrativpronomen verwendet: **Acesta este mai bun.** "Dieser hier ist besser." Hier alle Formen:

Singular	Plural
acesta (**ăsta**)* "dieser hier"	**aceştia** (**ăştia**)* "diese♂ hier"
aceasta (**asta**)* "diese hier"	**acestea** (**astea**)* "diese♀ hier"
acela (**ăla**)* "dieser dort"	**aceia** (**ăia**)* "diese♂ dort"
aceea (**aia**)* "diese dort"	**acelea** (**alea**)* "diese♀ dort"
* In Klammern die umgangssprachlichen Varianten.	

3. Dativ (Wem-Fall)

3.1 Dativendungen

Die Endungen des Dativs sind formal identisch mit denen des Genitivs: -**lui** und -**lor** im Maskulinum, -**ei** (oder -**ii**) und -**lor** im Femininum.

3.2 Bildung des Dativ

- Das erste Wort der Nominalgruppe erhält die Dativendung: Geht dem Substantiv ein unbestimmter Artikel voraus, wird dieser in den Dativ gesetzt:

  Am dat tot unui prieten / unei prietene / unor prieteni / unor prietene. "Ich habe alles einem Freund / einer Freundin / Freunden / Freundinnen gegeben."

Wie beim Genitiv nimmt beim Dativ ein weibliches Substantiv im Singular die Pluralform an, wenn es in der Nominalgruppe an zweiter Stelle steht.

- Bestimmte Verben werden mit einem Personalpronomen im Dativ verbunden. Hierzu gehören z. B. **a plăcea** "gefallen" und **a trebui** "müssen, sollen":

Asta îmi / îţi / îi / ne / vă / le place mult. "Das gefällt mir / dir / ihm/ihr / uns / euch/Ihnen / ihnen sehr."

Ein weiteres Verb, das in derselben Konstruktion auftaucht, ist **a părea** "scheinen, aussehen":

Îmi pare bine. "Es freut mich."
Îmi pare rău. "Es tut mir leid."

4. Verneinungspräfix ne-

Unter den Verneinungspräfixen ist **ne**- das gängigste; es kann vor Nomen ebenso wie vor Adjektiven stehen und entspricht unserem "Un-/un-" oder "Nicht-", z. B. in **organizaţie neguvernamentală** oder **organizaţie nonguvernamentală** "Nichtregierungsorganisation".

Hier einige Beispiele für die Verwendung des Präfixes **ne**-:

mulţumit ≠ nemulţumit "zufrieden ≠ "unzufrieden"
atenţie ≠ neatenţie "Aufmerksamkeit" ≠ "Unaufmerksamkeit"
căsătorit ≠ necăsătorit "verheiratet" ≠ "unverheiratet, ledig"
declarat ≠ nedeclarat "erklärt, deklariert" ≠ "nicht berichtet/ gemeldet"
fericit ≠ nefericit "glücklich" ≠ "unglücklich"
obosit ≠ neobosit "müde" ≠ "unermüdlich"
plăcere ≠ neplăcere "Vergnügen" ≠ "Ärgernis"
plăcut ≠ neplăcut "angenehm, erfreulich" ≠ "unangenehm, unerfreulich"
sănătos ≠ nesănătos "gesund" ≠ "ungesund"
sigur ≠ nesigur "sicher" ≠ "unsicher"
noroc ≠ nenoroc "Glück" ≠ "Unglück"

Achtung: Nicht immer lässt sich mit der Partikel **ne**- der Gegensinn eines Wortes bilden. Das Pendant zu **bun** "gut" lautet z. B. **rău** "schlecht"!

Lerntipp: *Seien Sie Ihr eigener Lehrer, und versuchen Sie, es sich so einfach wie möglich zu machen. Eine wichtige Hilfe dabei sind z. B. eigene Merksätze oder Eselsbrücken. Dies hat gleichzeitig den positiven Nebeneffekt, dass Sie sich sehr intensiv mit dem Stoff auseinandersetzen und ihn so noch besser verinnerlichen.*

5. Verständnis-/Formulierungsübung

Exerciţiul: Înţelegeţi aceste propoziţii?

❶ Poţi să mă ajuţi? Nu cunoşti un croitor bun? ❷ Am nevoie de un costum negru, ❸ nu prea scump, dar de lână pură... ❹ Fiul meu se însoară peste o lună ❺ şi o să avem mulţi invitaţi, din toată ţara... ❻ Te înţeleg, dar nu e mai simplu ❼ să cumperi un costum de la magazin? ❽ Am văzut costume elegante la supermarket, ❾ sunt mult mai ieftine decât hainele pe măsură... ❿ Desigur, dar nu vreau să renunţ la ideea mea, ⓫ chiar dacă o să mă coste mai mulţi bani. ⓬ Ai dreptate, te înţeleg foarte bine... ⓭ Dacă nu mă înşel, e prima căsătorie în familia ta! ⓮ Da, e important pentru noi toţi... ⓯ Ai noroc, cunosc un croitor foarte bun ⓰ care nu locuieşte departe de tine; ⓱ cred că atelierul lui e în cartierul tău, ⓲ dar nu ştiu adresa exactă, nici strada, nici numărul... ⓳ Lasă, nu-i o problemă, o să-l găsesc eu! ⓴ Spune-mi numai numele lui! ㉑ Ştii, din păcate, n-am deloc memoria numelor, ㉒ am uitat cum îl cheamă...

43 Lecţia a patruzeci şi treia

Distracţie plăcută!

1 – Mergem la teatru în seara asta?

2 Se joacă mai multe piese care merită să fie văzute... ① ②

PRONUNŢIE [... *dißtrakziä plªkutª* **1** ... *täatru* ...]

ANMERKUNGEN

① Mit **mai** wird, wie Sie wissen, der Komparativ gebildet. So bedeutet **mai mult** "mehr", aber **mai multe** bedeutet "mehrere, verschiedene, diverse".

Soluţia exerciţiului: Aţi înţeles?

① Kannst du mir helfen? Kennst du nicht einen guten Schneider? ② Ich brauche einen schwarzen Anzug, ③ nicht zu teuer, aber aus reiner Wolle … ④ Mein Sohn heiratet in einem Monat, ⑤ und wir werden viele Gäste haben, aus dem ganzen Land … ⑥ Ich verstehe dich, aber ist es nicht einfacher, ⑦ einen Anzug im Geschäft zu kaufen? ⑧ Ich habe elegante Anzüge im Supermarkt gesehen, ⑨ sie sind viel preiswerter als die maßgeschneiderte Kleidung … ⑩ Selbstverständlich, aber ich möchte meine Idee nicht aufgeben, ⑪ auch wenn mich das mehr Geld kostet. ⑫ Du hast Recht, ich verstehe dich sehr gut … ⑬ Wenn ich mich nicht irre, ist das die erste Hochzeit in deiner Familie! ⑭ Ja, das ist wichtig für uns alle … ⑮ Du hast Glück, ich kenne einen guten Schneider, ⑯ der nicht weit entfernt von dir wohnt; ⑰ ich glaube, sein Atelier ist in deinem Viertel, ⑱ aber ich kenne die genaue Adresse nicht, weder die Straße, noch die Hausnummer … ⑲ Lass gut sein, das ist kein Problem, ich werde ihn finden! ⑳ Sag mir nur seinen Namen! ㉑ Weißt du, leider habe ich überhaupt kein Namensgedächtnis, ㉒ ich habe vergessen, wie er heißt …

43. Lektion

Angenehme Unterhaltung!

1 – Gehen wir heute Abend ins Theater$^{\varnothing}$?

2 Es werden mehrere Stücke♀ gespielt, die es wert sind, angesehen zu werden (sein gesehen) ...

② Das Relativpronomen **care** "der, die, das, welcher, welche, welches" haben Sie mittlerweile schon öfter angetroffen. In der Wiederholungslektion gehen wir noch einmal systematisch auf seine unterschiedlichen Verwendungsweisen ein.

3 – A nu, ştii că e genul de spectacol care mă plictiseşte!
4 Comediile nu mă fac să râd
5 şi tragediile nu mă fac să plâng
6 decât după banii cheltuiţi…
7 – Poate preferi să vezi un film?
8 – Nu, la cinematograf e prea multă lume
9 şi trebuie să stai la coadă pentru bilete… ③
10 – Hai să ieşim, te rog, ④
11 avem nevoie de puţină distracţie ⑤
12 după o săptămână de muncă!
13 N-am mai fost de mult la operă, să vedem un balet…
14 Ce zici de un concert de muzică clasică?
15 – Doamne fereşte! În nici un caz! ⑥ ⑦
16 Risc să adorm în sală, în întuneric. ⑧
17 Ştii ce? Poţi să mergi singură, dacă vrei;
18 eu prefer să rămân liniştit acasă:
19 e un meci important de fotbal la televizor! ⑨

PRONUNŢIE

[**3** … *ßpäktakOl* … *pliktißäschtä* **4** *kOmädiilä* … *ß*^{a} *rîd* **5** … *tradjädiilä* … *plîng* **6** … *kältuizi* **9** … *kOad*^{a} … *bilätä* **13** … *Opär*^{a} … *balät* **14** … *kOntschärt* … *klaßik*^{a} **15** *doamnä* *färäschtä* … *nitschun* … **18** … *linischtit* … **19** … *mätsch*^{j} … *fOtbal* … *täläwisOr*]

③ **a sta la coadă**: Das Verb **a sta** "wohnen, liegen, sitzen, stehen" ist vielseitig einsetzbar, Sie werden es in den verschiedensten Wendungen antreffen.

④ In **Hai să ieşim!** verstärkt **Hai!** "Komm!; Los!" den Imperativ, der hier die Konjunktivform hat: **să ieşim**. Einen solchen Konjunktiv finden Sie z. B. auch in (**Să**) **trăiască republica!** "Es lebe die Republik!". **Hai!** alleine bedeutet "Komm!"

3 – Ach nein, du weißt, dass das die Art∅ von Aufführung∅ ist, die mich langweilt!

4 (Die) Komödien♀ bringen mich nicht zum Lachen (nicht mich machen^{sie} dass lache^{ich}),

5 und (die) Tragödien♀ bringen mich nicht zum Weinen,

6 allenfalls wegen des (als nach) ausgegebenen Geldes …

7 – Vielleicht möchtest du lieber einen Film∅ ansehen?

8 – Nein, im Kino∅ sind zu viele Leute♀,

9 und man muss (in) Schlange♀ stehen für die Eintrittskarten∅ …

10 – Komm, lass uns ausgehen, bitte,

11 wir brauchen ein bisschen Abwechslung♀

12 nach einer Woche♀ [voller] Arbeit!

13 Ich bin schon lange nicht mehr in der Oper♀ gewesen, um ein Ballett∅ zu sehen …

14 Was meinst du zu einem Konzert∅ mit klassischer Musik♀?

15 – Gott (Herr) bewahre! Auf keinen Fall∅!

16 Ich riskiere, im Zuschauerraum (Saal♀) einzuschlafen, im Dunkeln∅.

17 Weißt du was? Du kannst alleine gehen, wenn du möchtest;

18 ich ziehe es vor, in Ruhe zu Hause zu bleiben:

19 Es gibt ein wichtiges Fußballspiel∅ im Fernsehen∅!

⑤ **distracţie** bedeutet nicht nur "Abwechslung", sondern – wie Sie im Titel sehen – auch "Unterhaltung". **Distracţie plăcută!** kann auch mit "Viel Spaß!" oder "Viel Vergnügen!" übersetzt werden.

⑥ Der Vokativ **Doamne fereşte!** kommt von **Domn** "Gott" (nicht zu verwechseln mit **domnule** "Herr"). Ein weiterer Ausdruck für "Gott" ist **Dumnezeu**. Man hört auch oft die Vokativformen **Dumnezeule!** oder **Doamne-Dumnezeule!** "Mein Gott!, Meine Güte!".

⑦ **niciun**, **nicio** "kein, keine". **Nici o problemă!** "Kein Problem!"

⑧ Die Hauptbedeutung von **întuneric** ist "Dunkelheit"; ein Synonym ist **beznă**. **Întuneric** ist auch ein Adjektiv: "dunkel", die Steigerung, "stockdunkel, stockfinster", lautet **întuneric beznă**.

⑨ **meci** "Spiel, Wettkampf" können Sie sich bestimmt gut merken, denn es ähnelt dem englischen Wort *match*.

Exerciţiul 1: Înţelegeţi aceste propoziţii?

❶ Am nevoie de puţină distracţie, vreau să văd o comedie. ❷ Sunt prea obosită, nu am poftă să râd. ❸ Piesele de teatru mă plictisesc, adorm în întuneric de fiecare dată. ❹ Pentru mine, spectacolul străzii e mai interesant decât un spectacol în sală. ❺ Fiica lui e bucuroasă, o să joace un mic rol într-un film italian.

Exerciţiul 2: Completaţi locurile libere cu cuvintele care lipsesc!

❶ Wir arbeiten zu viel, am Wochenende sind wir immer müde.

...... prea ...., în week-end suntem .... obosiţi.

❷ Ich möchte in der Bank nicht Schlange stehen, um Geld abzuheben.

Nu vreau .. .. la bancă ca să .... bani.

❸ Ich mag seinen Humor sehr, er bringt mich sehr leicht zum Lachen.

... . mult ...... lui, mă face .. ... foarte .... .

❹ Ich finde, dass die Eintrittskarten zu teuer sind und dass die Vorstellung zu lang ist.

...... că .... sunt prea ...... şi că .... e prea .... .

❺ Im Fernsehen sieht man mehr Fußballspiele als Opern.

La .... se văd mult mai multe .... de fotbal decât ..... .

Soluţia exerciţiului 1: Aţi înţeles?

❶ Ich brauche ein bisschen Abwechslung, ich möchte eine Komödie ansehen. ❷ Ich bin zu müde, ich habe keine Lust zu lachen. ❸ (Die) Theaterstücke langweilen mich, ich schlafe jedes Mal im Dunkeln ein. ❹ Für mich ist das Straßentheater (Aufführung-die der-Straße) interessanter als Aufführungen im Theater (Aufführung in Saal). ❺ Seine Tochter ist glücklich, sie wird eine kleine Rolle in einem italienischen Film spielen.

Soluţia exerciţiului 2: Cuvintele care lipsesc.

❶ Muncim – mult – întotdeauna ❷ să stau la coadă – scot ❸ Îmi place – umorul – să râd – uşor ❹ Găsesc – biletele – scumpe – spectacolul – lung ❺ televizor – meciuri – opere.

Theater in Rumänien

Die Theaterlandschaft wird noch immer von ca. 40 staatlichen Schauspielhäusern dominiert, darunter sechs ungarische, zwei deutschsprachige und ein jüdisches Theater. Deutsche Theaterbühnen können in Rumänien bis ins 16. Jh. zurückverfolgt werden. Heute gibt es zwei institutionelle deutschsprachige Bühnen: in **Temeswar** und in **Hermannstadt**. Das Theater spielte schon immer eine besondere Rolle als Kulturträger, was u. a. die Verleihung des KulturPreises Europa 2009 an das Nationaltheater **Temeswar** zeigt. Die moderne rumänische Dramatik beschäftigt sich mit Themen wie die Manipulation der Gesellschaft, die Orientierungslosigkeit der jungen Generation sowie der Traum von einem besseren Leben, aber auch die Auseinandersetzung mit der kommunistischen Ära.

44 Lecţia a patruzeci şi patra

Tehnică modernă

1 – Ai noutăţi de la Ion, de când a plecat? ①
2 A ajuns cu bine în Statele Unite? ②
3 Ştiu că îşi petrece vacanţa la o prietenă, ③
4 o americancă pe care a cunoscut-o vara trecută. ④
5 – N-am primit încă nimic de la el,
6 nici măcar o carte poştală…
7 – E ridicol, la ora actuală, cine mai scrie scrisori? ⑤
8 Ai verificat bine? Ţi-a trimis poate un mail! ⑥
9 – Un mail, el? Glumeşti! Nu ştii cu cine ai de-a face?
10 – Aşa-i, cred că e singurul dintre prietenii noştri ⑦
11 care mai foloseşte o maşină de scris ⑧

[*tächnik^{a}* … **1** … *nout^{a}z^{j}* … **3** … *päträtschä* … **4** … *amerikank^{a}* … **6** … *m^{a}kar o kartä pOschtal^{a}* **7** *jä ridikOl… ßkriä ßkrißO-ri* **8** … *wärifikat* … *mäil* **9** … *glumäscht^{j}* … **10** … *dinträ* … **11** … *fOlOßäschtä* …]

ANMERKUNGEN

① Im Gegensatz zu **noutate** "Neuheit, Neuigkeit" bezeichnet man die "Nachrichten" im Fernsehen oder Rundfunk als **buletin$^{\varnothing}$ de ştiri** oder einfach nur **ştiri**.

② Neben **a ajunge cu bine** können Sie sich auch die Abschiedsfloskel **Rămâi cu bine!** "Leb wohl!" bzw. **Rămâneţi cu bine!** "Leben Sie wohl!" merken. Alternativ hört man auch sehr häufig **Adio!** "Tschüss!, Ade!"

③ Bei **îşi petrece** handelt sich um den "possessiven Dativ", bei dem das Reflexivpronomen als Possessivadjektiv benutzt wird, also keine reflexive Bedeutung hat (s. a. L. 56): **Noi ne-am văzut prietenii.** "Wir haben unsere Freunde gesehen."

Moderne Technik

1 – Hast du Neuigkeiten♀ von Ion, seit er weggefahren ist?

2 Ist er wohlbehalten (mit gut) in den Vereinigten Staaten∅ angekommen?

3 Ich weiß, dass er (sich) seinen Urlaub bei einer Freundin verbringt,

4 einer Amerikanerin, die er letzten Sommer♀ kennengelernt hat.

5 – Ich habe noch nichts von ihm erhalten,

6 nicht einmal eine Postkarte …

7 – Das ist lächerlich, wer schreibt heute (in Stunde aktuell) noch Briefe♀?

8 Hast du es gründlich überprüft (gut)? Er hat dir vielleicht eine E-Mail geschickt!

9 – Eine E-Mail, er? Du machst Witze (scherzt[du])! Weißt du nicht, mit wem du es zu tun hast?

10 – Das ist wahr, ich glaube, er ist der einzige unter unseren Freunden,

11 der noch eine Schreibmaschine (Maschine von geschrieben) benutzt

④ **americancă**: Nationalitätsbezeichnungen werden kleingeschrieben. In der Wiederholungslektion gehen wir auf die Besonderheiten ein, die für die Nomen und Adjektive bei den Nationalitätsbezeichnungen gelten.

⑤ Der Singular von **scrisori** ist **scrisoare** "Brief", sowohl im Nominativ als auch im Akkusativ.

⑥ Hinsichtlich des Informatikvokabulars hat das Rumänische größtenteils die Begriffe aus dem anglo-amerikanischen Sprachraum übernommen; die Aussprache orientiert sich dabei in den meisten Fällen stark am Ursprungswort.

⑦ In diesem Kontext bevorzugt das Rumänische **dintre** "unter" gegenüber **printre** "inmitten, unter, zwischen".

⑧ In **maşină de scris** "Schreibmaschine" ist **scris** das Partizip Perfekt von **a scrie** "schreiben", dem die Präposition **de** vorangeht. Diese Konstruktion nennt sich "Supinum"; es handelt sich um eine grammatikalische Mischform zwischen Nomen und Verb, die wir im Deutschen nicht kennen.

12 şi ref**u**ză s**ă**-şi c**u**mpere un comp**u**ter. ⑨

13 Nu **a**re n**i**cio încr**e**dere în t**e**hnica mod**e**rnă ⑩

14 şi z**i**ce că nu po**a**te cit**i** b**i**ne pe ecr**a**n!

15 **E** n**u**mai un pret**e**xt! De fapt, **î**i **e**ste fr**i**că de tot ce e n**o**u ⑪

16 şi în speci**a**l de tot ce ţ**i**ne de inform**a**tică:

17 p**e**ntru el, m**o**use-ul nu e dec**â**t un anim**a**l

18 s**a**u un person**a**j de des**e**ne anim**a**te. ⑫ ⑬

PRONUNŢIE

[*12* … *kOmpjut^{ə}r* *13* … *înkrädärä* … *14* … *tschiti* … *äkran* *15* … *prätäkßt* … *frik^{a}* … *16* … *infOrmatik^{a}* *17* … *maußul* … *18* … *pärßonaj* … *animatä*]

Exerciţiul 1: Înţelegeţi aceste propoziţii?

❶ Când are timp liber, el joacă fotbal cu prietenii lui: e portar. ❷ Trebuie să facem economii dacă vrei să plecăm în vacanţă vara asta. ❸ Unde se pot cumpăra cărţi poştale aici? ❹ Când o să ajung acasă, o să-ţi scriu imediat un mail. ❺ Nu am notat adresa exactă, nu pot să-i trimit scrisoarea.

12 und der sich weigert, einen Computer zu kaufen.

13 Er hat kein Vertrauen♀ in die moderne Technik♀,

14 und er sagt, dass er nicht gut auf dem BildschirmØ lesen kann!

15 Das ist nur ein VorwandØ! Eigentlich hat er Angst vor allem, was neu ist,

16 und speziell vor allem, was mit Informatik zu tun hat:

17 für ihn ist die Maus nur ein Tier

18 oder eine Comic-Figur (FigurØ von ZeichnungØØ bewegt).

⑨ Neben dem anglo-amerikanischen **computer**, das die Rumänen englisch aussprechen, gibt es noch die Synonyme **calculator** und **ordinator**.

⑩ **a avea încredere în** "Vertrauen zu jmdm. haben, jmdm. vertrauen".

⑪ **îi este frica**: 3. Person Singular des Verbs **a-i fi frică** "Angst haben". Dieses Verb tritt in Verbindung mit einem indirekten Objekt auf. In Lektion 49 erfahren Sie mehr darüber.

⑫ **personaj** bedeutet nicht nur "Figur, Gestalt", sondern auch "Person".

⑬ Beachten Sie immer wieder, dass das grammatische Geschlecht vieler rumänischer Nomen nicht dasselbe ist wie im Deutschen.

Lerntipp: *Seien Sie aktiv, und nutzen Sie die vielfältigen Möglichkeiten, mit Ihrer neuen Sprache in Kontakt zu kommen. Finden Sie heraus, was Ihnen am meisten Spaß macht: Tandempartnerschaften im Internet, Brieffreundschaften, leichte Literatur (z. B. Kinderbücher), Hörspiele, Kino, DVDs, Musik, Radio, Zeitungen und Zeitschriften.*

Soluţia exerciţiului 1: Aţi înţeles?

❶ Wenn er Zeit (frei) hat, spielt er Fußball mit seinen Freunden: Er ist Torwart. ❷ Wir müssen sparen, wenn du willst, dass wir diesen Sommer in Urlaub fahren. ❸ Wo kann man hier Postkarten kaufen? ❹ Wenn ich zu Hause ankomme, werde ich dir sofort eine E-Mail schreiben. ❺ Ich habe die genaue Adresse nicht notiert, ich kann ihm den Brief nicht schicken.

Exerciţiul 2: Completaţi locurile libere cu cuvintele care lipsesc!

❶ Der Computer bleibt etwas Eigenartiges für ihn.

. . . . rămâne ceva ciudat pentru . . .

❷ Er verbringt den gesamten Monat August im Haus seiner Eltern, am (nahe von) Meer.

. . . . toată . . . . august în casa . . . . lui, ... de . . . . .

❸ Das ist normal, in diesem Alter kann er noch nicht lesen und schreiben.

E normal, la . . . . . asta el nu . . . . încă să . . . . şi . . . .

45 Lecţia a patruzeci şi cincea

În vagonul de clasa întâia

1 – Iert**a**ţi-mă, stim**a**tă do**a**mnă,

2 pot să pun sac**o**şa me**a** p**e**ste val**i**za dumneavo**a**stră?

3 Nu e gre**a**, n**u**-i m**a**re l**u**cru înă**u**ntru! ①

4 – S**i**gur că da; n**u**-i dest**u**l loc p**e**ntru bag**a**je

5 şi tr**e**nul e aglomer**a**t, îna**i**nte de sărbăt**o**ri.

6 – Călător**i**ţi dep**a**rte? **E**u v**o**i cobor**î** la pr**i**ma g**a**ră. ②

PRONUNŢIE

[*… wag**O**nul …* **1** *… ßtim**a**t*^{a} *…* **2** *… ßak**O**scha …* **3** *… l**u**kru …* **4** *… bag**a**jä* **5** *… aglOmär**a**t … ß*^{a}*rb*^{a}*t**O**ri* **6** *k*^{a}*l*^{a}*tor**i**z*^{i} *… w**o**j kObOr**î** …*]

❹ Ich bin sicher, dass er scherzt, wenn er sagt, dass er Angst im Flugzeug hat.

Sunt ______ că ______ când ______ că ______ ______ ______ în avion.

❺ Ich rate dir, kein Vertrauen zu dieser lächerlichen Person zu haben.

Te ______ să nu ai ______ în acest ______ ridicol.

Soluţia exerciţiului 2: Cuvintele care lipsesc.

❶ Computerul – el ❷ Îşi petrece – luna – părinţilor – aproape – mare ❸ vârsta – ştie – scrie – să citească ❹ sigur – glumeşte – spune – îi este frică ❺ sfătuiesc – încredere – personaj.

45. Lektion

Im Wagen der 1. Klasse

1 – Verzeihen Sie (mir), gnädige (geschätzte) Frau,

2 kann ich meine Einkaufstasche♀ auf (über) Ihren Koffer stellen?

3 Sie ist nicht schwer, es ist nicht viel (nicht-ist[es] groß Sache[ø]) darin!

4 – Aber sicher; es gibt nicht genügend Platz für das Gepäck,

5 und der Zug ist überfüllt vor den Feiertagen♀.

6 – Reisen Sie weit? *Ich* werde am ersten Bahnhof aussteigen.

ANMERKUNGEN

① Hier lernen Sie nun auch das Gegenteil von **uşor** "leicht, einfach" kennen: **greu** "schwer, schwierig".

② **voi coborî** ist eine Futurform, die man vorwiegend in der Literatursprache findet; in der Umgangssprache würde man **o să cobor** "ich werde aussteigen" sagen. Beachten Sie, dass **a coborî** auch "fallen, sinken" bedeutet".

7 – Şi **e**u mă d**a**u jos la pr**i**ma! ③

8 Ce de l**u**me! Deabi**a** am put**u**t urc**a** în vag**o**n!

9 N-am m**a**i găs**i**t l**o**curi dec**â**t la cl**a**sa înt**â**ia!

10 Pe cât se p**a**re, la a d**o**ua

11 **a**u vând**u**t m**a**i m**u**lte bil**e**te p**e**ntru ac**e**laşi loc!

12 – Ce pro**a**stă organiz**a**re! **E** revoltăt**o**r, ④

13 m**u**lţi călăt**o**ri st**a**u în pici**o**are pe culo**a**r! ⑤

14 O**a**menii sunt nerv**o**şi şi se ce**a**rtă cu control**o**rii. ⑥

15 – A**i**ci în compartim**e**nt e mult m**a**i b**i**ne, s**u**ntem linişt**i**ţi!

16 Tr**e**buie spus că bil**e**tele sunt sc**u**mpe – pr**e**ţul e apro**a**pe d**u**blu.

17 – Av**e**ţi drept**a**te, dar **e**u am nor**o**c: sunt cefer**i**st ⑦

18 şi nu plăt**e**sc dec**â**t l**o**cul, difer**e**nţa de cl**a**să

19 şi suplim**e**ntul de vit**e**ză p**e**ntru rap**i**d.

PRONUNŢIE

[*8 … däabj**a** … urk**a** … **11** … atsch**ä**lasch^j … **12** … prOaßt^a Organis**a**rä … räwOlt^{a}t**O**r **13** … k^{a}l^{a}t**O**ri … kul**O**ar **14** … när-w**O**sch^j … tschä**a**rt^a … kOntrOl**O**ri **15** … kOmpartim**ä**nt … linischt**i**z^j **16** … d**u**blu **17** … tschäfär**i**ßt **18** … difär**ä**nza … **19** … ßuplim**ä**ntul … rap**i**d*]

7 – (Und) ich werde auch am ersten [Bahnhof] aussteigen!

8 Was für eine Menschen[menge]! Ich habe kaum in den Wagen steigen können!

9 Ich habe nur noch in der 1. Klasse [freie] Plätze gefunden!

10 So wie es scheint (auf wie-viel sich scheint[es]), in der 2. Klasse

11 haben sie [sogar] mehrere Fahrkarten für denselben Platz verkauft!

12 – Was für eine miese Organisation! Das ist empörend,

13 viele Reisende stehen im (in Fuß auf) Gang!

14 Die Leute sind nervös und streiten sich mit den Kontrolleuren.

15 – Hier im Abteil ist es viel besser, wir haben unsere Ruhe (sind[wir] ruhig)!

16 Man muss sagen, dass die Fahrkarten teuer sind – der Preis ist fast doppelt so hoch (nah doppelt).

17 – Sie haben Recht, aber ich habe Glück: Ich bin Bahnbeamter,

18 und ich zahle nur den Platz, die [Preis]differenz♀ [zwischen den beiden] Klassen

19 und den Zuschlag (von Geschwindigkeit) für den Schnellzug.

③ **a se da jos** "aussteigen" ist ein Synonym für **a coborî**. Es besteht aus den Elementen **a da** "geben" in der reflexiven Form und dem Adverb **jos** "unten, herab, herunter; niedrig, tief".

④ **prost, proastă, proşti, proaste** (m. Sg./f. Sg./m. Pl./f. Pl.) "schlecht, mies, armselig".

⑤ In **în picioare** erkennen Sie **picior** "Fuß, Bein".

⑥ **Oameni** "Menschen, Leute", den unregelmäßigen Plural von **om** "Mensch", kennen Sie bereits.

⑦ Der Ausdruck **ceferist** hat seinen Ursprung in der Abkürzung **CFR** [*tschäfärä*] für **Căile Ferate Române**, die rumänische Eisenbahngesellschaft. **Căi** ist der Plural von **cale**, das die Bedeutungen "Weg, Pfad, Straße, Allee" hat.

Exerciţiul 1: Înţelegeţi aceste propoziţii?

❶ E adevărat că am multe bagaje, dar toate sunt uşoare. ❷ Trenul e adesea aglomerat, nu e destul loc pentru toţi călătorii. ❸ Vă daţi jos aici? ❹ Ele coboară amândouă la prima staţie. ❺ Nu ţi-a cumpărat un bilet de întâia, sub pretextul că a uitat cardul acasă.

Exerciţiul 2: Completaţi locurile libere cu cuvintele care lipsesc!

❶ Gnädige (geschätzte) Frau, wo sind Ihre Koffer? Ich sehe sie nicht!

_______ doamnă, ____ sunt ________ dumneavoastră? Nu __ văd!

❷ Ich reise nur mit dem Zug, wenn mein Auto eine Panne hat.

__________ cu trenul _____ când ______ mi-e în ____.

❸ In einem Wagen der 1. Klasse gibt es nur sechs Reisende in jedem Abteil.

Într-un _____ de clasa ______ nu sunt decât şase ________ în fiecare ____________.

❹ Es ist schwierig sich mit ihm zu unterhalten, er ist nervös, und er streitet mit allen Leuten.

_ ____ să discuţi cu el, e ______ şi se ______ cu toată _____.

❺ Ich werde das Flugzeug nach Bukarest nehmen, wo ein Freund mit dem/seinem Auto auf mich wartet.

___ ___ avionul ____ la Bucureşti, unde mă ________ un prieten cu maşina / ___.

Soluţia exerciţiului 1: Aţi înţeles?

❶ Es ist richtig, dass ich viele Gepäck[stücke] habe, aber sie sind alle leicht. ❷ Der Zug ist oft überfüllt, es gibt nicht genug Platz für alle Reisenden. ❸ Steigen Sie hier aus? ❹ Sie♀ steigen beide an der ersten [Bahn]station aus. ❺ Er hat dir keine Fahrkarte für die 1. Klasse gekauft, unter dem Vorwand, dass er die Kreditkarte zu Hause vergessen hat.

Soluţia exerciţiului 2: Cuvintele care lipsesc.

❶ Stimată – unde – valizele – le ❷ Călătoresc – numai – maşina – pană ❸ vagon – întâia – călători – compartiment ❹ E greu – nervos – ceartă – lumea ❺ Voi lua – până – aşteaptă – lui.

Zugfahren in Rumänien

Beim **CFR** gibt es vier Zuggattungen: **Personal**, **Accelerat**, **Rapid** und **Intercity**. **Personal** sind die langsamsten Züge; sie halten an jedem Bahnhof. Der preiswerte **Accelerat**, der in jeder größeren Ortschaft hält, ist vergleichbar mit einem Eil- oder D-Zug mit 1. und 2. Klasse, bei Nachtfahrten auch Liege- und Schlafwagen. Der relativ komfortable Schnellzug **Rapid** hält in jeder Stadt. Er wird auch im internationalen Zugverkehr eingesetzt; einige Züge führen Speise- oder Bordbistrowagen mit sich. Der **Intercity** mit Speisewagen und gutem Komfort verbindet die großen Städte und wichtige Touristenorte und bedient auch den internationalen Bahnverkehr. Fast alle Intercity-Verbindungen beginnen und enden in Bukarest.

46 Lecţia a patruzeci şi şasea

E greu de ales!

1 – Dr**a**ga me**a**, nu p**o**ţi să te grăb**e**şti puţ**i**n?
2 E dej**a** **o**ra 7 şi nu **e**şti **î**ncă g**a**ta! ①
3 Nu vre**a**u să întârzi**e**m, nu se f**a**ce!
4 – Uş**o**r de spus, gr**e**u de făc**u**t: ②
5 nu şt**i**u ce h**a**ine să al**e**g:
6 un tai**o**r, o f**u**stă cu bl**u**ză s**a**u o r**o**chie… ③
7 Tu ce f**a**ci? Cum te îmbr**a**ci?
8 – Nu pre**a** şt**i**u… cât m**a**i s**i**mplu pos**i**bil; ④
9 în definit**i**v, nu sărbător**i**m nimic ofici**a**l, ⑤
10 nu e dec**â**t o s**i**mplă invit**a**ţie la c**i**nă…
11 – Aten**ţ**ie t**o**tuşi la ce p**u**i pe t**i**ne! ⑥
12 Nu p**o**ţi m**e**rge în v**i**zită cu h**a**inele de to**a**te z**i**lele!
13 – B**i**ne, cum vr**e**i tu… **I**au sac**o**ul n**e**gru, ⑦ ⑧

PRONUNŢIE

[… *al**ä**ß* **2** … *g**a**ta* **6** … *taj**O**r* … *f**u**ßt*^{a} *ku bl**u**s*^{a} … *r**O**kiä* **7** … *îmbr**a**tschi* **9** *în däfinit**i**w nu ß*^{a}*rb*^{a}*tOr**i**m* … *Ofitschj**a**l* **13** … *ßak**O**ul* …]

ANMERKUNGEN

① Das Adjektiv **gata** "fertig, bereit" ist unveränderlich. **E gata să plece.** "Er ist bereit zum Gehen/fertig zum Aufbruch." Es kann auch als Ausruf gebraucht werden: **Gata!** "Fertig!; Das reicht!; Schluss!"

② Wendungen, die im Deutschen in fast derselben Form anzutreffen sind, kann man sich in der Regel gut merken, so auch **Uşor de spus, greu de făcut**.

46. Lektion

Es ist schwierig auszuwählen!

1 – Mein Schatz, kannst du dich nicht ein bisschen beeilen?
2 Es ist bereits sieben Uhr, und du bist noch nicht fertig!
3 Ich möchte nicht, dass wir uns verspäten, das gehört sich nicht (nicht sich macht[es])!
4 – Leichter gesagt als getan (leicht von gesagt, schwer von gemacht):
5 Ich weiß nicht, was ich anziehen soll (dass wähle[ich]-aus):
6 ein Kostüm[ø], einen Rock♀ mit Bluse oder ein Kleid♀ …
7 Was machst *du*? Wie ziehst *du* dich an?
8 – Ich weiß es nicht so richtig … so einfach wie möglich;
9 schließlich feiern wir nichts Offizielles,
10 es ist nur eine schlichte Einladung♀ zum Abendessen …
11 – Achte trotzdem darauf (Achtung♀), was du anziehst (was legst[du] auf dich)!
12 Du kannst nicht in Alltagskleidung zu einem Besuch gehen (mit Kleidung-die von alle Tage-die)!
13 – [Na] gut, wie du willst … ich nehme den schwarzen Sakko[ø],

③ In Lektion 36 haben Sie bereits **costum** kennengelernt, das den "Anzug" für den Mann ebenso wie das "Kostüm" für die Frau bezeichnen kann. Mit **taior** ist eindeutig das "Kostüm" für die Dame gemeint.

④ Auch dies eine Formulierung, die Sie in Unterhaltungen mit Rumänen bestimmt gut gebrauchen können: **cât mai… posibil** "so … wie möglich", z. B. **cât mai curând posibil** "so bald wie möglich".

⑤ Merken Sie sich zu **în definitiv** auch das Adjektiv **definitiv** "endgültig, abschließend, definitiv".

⑥ Eine andere Ausdrucksweise wäre **Atenţie totuşi cu ce te îmbraci**. **A se îmbrăca** "sich kleiden, anziehen".

⑦ Für den Ausruf **Bine!** "Gut!" benutzt das Rumänische das Adverb; das Adjektiv lautet **bun**.

⑧ **sacou** kann sowohl "Sakko" als auch "Blazer" bedeuten.

14 n**i**şte pantal**o**ni gri, o căm**a**şă **a**lbă, ⑨ ⑩ ⑪
15 o crav**a**tă şi şos**e**te asort**a**te.
16 – Şt**i**i, m-am hotăr**â**t p**e**ntru r**o**chia v**e**rde
17 pe c**a**re mi-**a**i cumpăr**a**t-o **a**nul **ă**sta de z**i**ua
mea, ⑫
18 dar din păc**a**te nu se potriv**e**şte cu nim**i**c: ⑬
19 nu am n**i**ci pant**o**fi şi n**i**ci poş**e**tă la culo**a**re. ⑭
20 – A, **a**stea p**o**ţi să ţi le c**u**mperi s**i**ngură
21 d**a**că nu vr**e**i să aşt**e**pţi cad**o**urile de anivers**a**re
de **a**nul viit**o**r…

PRONUNŢIE

[***14*** *… pantal**O**ni gri … k^{a}m**a**sch^{a} **a**lb^{a}* ***15*** *… kraw**a**t^{a} … schOß**ä**tä aßOrt**a**tä* ***16*** *… hot^{a}r**î**t …* ***18*** *… pOtriw**ä**schtä …* ***19*** *… pant**O**f … pOsch**ä**t^{a} la kulO**a**rä* ***21*** *… kad**O**urile dä aniwärß**a**rä …*]

Exerciţiul 1: Înţelegeţi aceste propoziţii?

❶ E foarte târziu, dar ea nu e încă gata. ❷ Ţi-am călcat cămaşa albastră, dar nu mai ştiu unde am puso. ❸ Ei se îmbracă întotdeauna elegant, când merg în vizită la prieteni. ❹ Se zice că haina face pe om. ❺ Pantofii ăştia sunt mult prea mari pentru piciorul tău.

14 irgendeine graue Hose♂, ein weißes Hemd,

15 eine Krawatte und passende Socken♀.

16 – Weißt du, ich habe mich für das grüne Kleid entschieden,

17 das du mir dieses Jahr zu meinem Geburtstag gekauft hast,

18 aber leider passt es zu nichts:

19 Ich habe weder die Schuhe♂ (und) noch die Handtasche♀, die farblich [dazu] passen (in Farbe♀).

20 – Ach, die (diese♀♀) kannst du dir alleine kaufen,

21 wenn du nicht auf die Geburtstagsgeschenke (Geschenk∅∅ von Geburtstag♀) des kommenden Jahres warten willst …

⑨ Merken Sie sich die verschiedenen Bedeutungen von **nişte**: "ein paar; etwas; irgendein/-e; manche; einige; etliche".

⑩ Das Wort für "Hose" wird sowohl im Singular (**pantalon**) als auch im Plural (**pantaloni**) verwendet.

⑪ Das Farbadjektiv **gri** "grau", das aus dem Französischen übernommen wurde, ist unveränderlich. Ebenso verhält es sich mit **bej** [*bäj*] "beige" und **roz** [*ros*] "rosa".

⑫ In Lektion 34 haben Sie bereits erfahren, dass in **ziua mea** "mein Geburtstag" **ziua mea de naştere** impliziert ist. Ein Alternativausdruck wäre **aniversarea mea**.

⑬ Zu dem reflexiven Verb **a se potrivi** "(zusammen)passen, stimmen, übereinstimmen, sich eignen für" gibt es das Synoynm **a se asorta**.

⑭ Mit **poşetă**, abgeleitet vom französischen *pochette*, ist ausschließlich die "Handtasche" gemeint. Die "Schultasche" heißt z. B. **ghiozdan**∅, die "Aktentasche" **servieta**♀ und "Reisetasche" **geantă**♀ [*ĵantᵊ*] **de voiaj** [*woajaj*]. In L. 45 haben Sie auch **sacoşa** "Tragetasche" kennengelernt.

Soluţia exerciţiului 1: Aţi înţeles?

❶ Es ist sehr spät, aber sie ist noch nicht fertig. ❷ Ich habe dir das blaue Hemd gebügelt, aber ich weiß nicht mehr, wo ich es hingelegt habe. ❸ Sie ziehen sich immer elegant an, wenn sie zu Freunden auf Besuch gehen. ❹ Man sagt, dass Kleider Leute machen (dass Kleidung macht[sie] auf Mensch). ❺ Diese Schuhe sind viel zu groß für deine Füße (Fuß-das dein).

Exerciţiul 2: Completaţi locurile libere cu cuvintele care lipsesc!

❶ Wenn du dich beeilst, kommen wir vielleicht rechtzeitig bei den Popescus an.

Dacă … …, vom … poate … … la Popeşti.

❷ Warte ein bisschen, du wirst sehen, dass ich mich viel schneller anziehe als du!

… puţin, vei vedea că eu … … mult mai … ca tine!

❸ Sie passen sehr gut zusammen; sie begeistern sich beide (sind^{sie} beide begeistert) für die (von) Oper.

… … foarte bine …; sunt amândoi … de … .

❹ Was sagst du, passt die rosa Bluse gut zu dem grauen Rock?

… …, bluza … merge bine cu … gri?

47 Lecţia a patruzeci şi şaptea

La iarbă verde

1 – **Î**ţi prop**u**n să ieş**i**m undev**a** dum**i**nica **a**sta, ①

2 ca să respir**ă**m **a**er cur**a**t, să stăm la so**a**re… ②

3 Sunt obos**i**tă, d**u**pă o săptăm**â**nă de m**u**ncă… ③

4 – M**i**e-mi sp**u**i?! N-am nim**i**c împotr**i**vă, ④

PRONUNŢIE

[*… jarb^a …* **1** *… prOp**un** … undäw**a** …* **2** *… ß^a räßpir^{a}m **a**är kur**at** … ßOarä* **4** *… împOtr**i**w^a*]

ANMERKUNGEN

① **undeva** besteht aus **unde** "wo" + dem Suffix -**va**, das benutzt wird, wenn ein Begriff nicht näher bestimmt ist, so z. B. auch bei **ce** "was" > **ceva** "etwas"; **care** "welcher, -e, -es" > **careva** "irgendjemand"; **cine** "wer" > **cineva** "jemand"; **cum** "wie" > **cumva** "irgendwie"; **când** "wann" > **cândva** "irgendwann; einst".

⑤ Ich habe mich geirrt, die Schuhe und die Handtasche passen nicht gut zu dem beigen Kleid.

Am ______, ______ şi ______ nu __ ______ cu ______ beja.

Soluţia exerciţiului 2: Cuvintele care lipsesc.

① te grăbeşti – ajunge – la timp ② Aşteaptă – mă îmbrac – repede ③ Se potrivesc – împreună – pasionaţi – operă ④ Ce zici – roz – fusta ⑤ greşit – pantofii – poşeta – se asortează – rochia.

Sie nähern sich jetzt mit großen Schritten der "Zweiten Welle" (nähere Erklärungen hierzu finden Sie am Ende von Lektion 49 und am Beginn von Lektion 50). Dann kommt der große Moment: Sie beginnen, selbst Sätze auf Rumänisch zu formulieren.

47. Lektion

[Ausflug] ins Grüne

1 – Ich schlage dir vor, dass wir diesen Sonntag irgendwohin fahren,

2 um saubere Luft$^{\varnothing}$ zu atmen [und] uns zu sonnen (sitzen^{wir} in Sonne$^{♂}$) …

3 Ich bin müde, nach einer Woche [voller] Arbeit …

4 – Das sagst du *mir* (mir-mir sagst^{du})?! Ich habe nichts dagegen,

② Hier sehen Sie wieder eine der zahlreichen Wendungen, in deren Mittelpunkt das Verb **a sta** steht: **a sta la soare** "sich sonnen, ein Sonnenbad nehmen".

③ Merken Sie sich zum Adjektiv **obosit** "müde" auch das Nomen **oboseală** "Müdigkeit, Erschöpfung".

④ Durch das Voranstellen des betonten Personalpronomens **mie** wird die Aussage verstärkt. Das unbetonte Pronomen, das bei Dativkonstruktionen benutzt wird, lautet **îmi**, jedoch wird das **î** von **îmi** durch den Bindestrich ersetzt. Ebenso bei **nu-mi place** "es gefällt mir nicht".

5 n-am m**a**i ieş**i**t la **a**er l**i**ber de o m**i**e de **a**ni…

6 Mi-**e** dor de un p**i**cnic la i**a**rbă v**e**rde! ⑤ ⑥

7 – O să f**a**cem s**a**ndvişuri cu br**â**nză şi cu ş**u**ncă, ⑦

8 a m**a**i răm**a**s n**i**şte c**a**rne de p**u**i de **ie**ri, ⑧

9 av**e**m r**o**şii şi ard**ei**… N-o să mur**i**m de fo**a**me!

10 – N**i**ci de s**e**te! În portbag**a**j av**e**m **a**pă miner**a**lă,

11 dar put**e**m lu**a** şi o st**i**clă de vin r**o**şu, des**i**gur!

12 Tu, d**a**că b**ei** vin alb,

13 te pl**â**ngi ap**o**i că te do**a**re c**a**pul. ⑨ ⑩

14 – Şt**ii** ce? Cred că n-o să be**a**u vin; ⑪

15 p**e**ntru m**i**ne i**a**u un t**e**rmos cu ce**a**i.

16 – Fo**a**rte b**i**ne, **î**mi conv**i**ne perf**e**ct!

17 D**a**că cond**u**ci tu la întoarcere,

18 **e**u pot să be**a**u f**ă**ră s**ă**-mi f**i**e fr**i**că de un contr**o**l de pol**i**ţie…

PRONUNŢIE

[**6** *mi-**ä**dOr* … *p**i**knik* … *j**a**rb^{a}* … **7** … *ß**a**ndwischuri* … *br**î**ns^{a}* … *sch**u**nk^{a}* **8** … *p**u**j* … **9** … *r**O**schi schi ard**ä**j* … *mur**i**m* … **10** … *pOrtbag**a**ĵ* … **11** … *ßt**i**kl^{a}* … *r**O**schu* … **13** *tä pl**î**ndĵi* … **15** … *t**ä**rmOß ku tsch**a**j* **16** … *kOnw**i**nä* … **17** … *kOnd**u**tschi* … *întoa**r**tschärä*]

⑤ Zum Ausdruck **Mi-e dor de** "Ich sehne mich nach …"; "Ich vermisse …" muss man wissen, dass die Sehnsucht und damit einhergehende Nostalgiegefühle ein wichtiger Teil der rumänischen Mentalität sind. Merken Sie sich auch **dor de casă** "Heimweh".

⑥ **a ieşi la iarbă verde** ist in etwa gleichbedeutend mit dem im vorherigen Satz verwendeten **a ieşi la aer liber** "rausgehen, ins Freie/in die Natur gehen, ins Grüne fahren".

⑦ Einige Käsesorten: **brânză de vacă** "Käse aus Kuhmilch"; **brânză de capră** "Ziegenkäse"; **brânză de oaie** [*oajä*] "Schafskäse".

5 ich bin seit tausend Jahren nicht mehr an der frischen Luft gewesen ... (nicht-habe[ich] mehr gegangen in Luft frei von ein Tausend♀ von Jahr♂♂ ...)

6 Ich sehne mich nach einem Picknick im Grünen! (mir-ist[es] Sehnsucht∅ von ein Picknick∅ in Gras♀ grün!)

7 – Wir werden Sandwiches∅ mit Käse♀ und (mit) Schinken♀ machen,

8 es ist noch (hat[es] mehr geblieben) etwas Hühnerfleisch (Fleisch♀ von Huhn♂) von gestern übrig,

9 wir haben Tomaten♀ und Paprika♂ … Wir werden nicht verhungern (sterben[wir] von Hunger♀)!

10 – Und nicht verdursten (weder von Durst♀)! Im Kofferraum∅ haben wir Mineralwasser,

11 aber wir können auch eine Flasche♀ Rotwein∅ mitnehmen!

12 Du, wenn du Weißwein trinkst,

13 beklagst dich anschließend, dass du Kopfschmerzen hast.

14 – Weißt du was? Ich glaube, ich werde keinen Wein trinken;

15 für mich nehme ich eine Thermosflasche∅ mit Tee∅ mit.

16 – Sehr gut, das passt mir perfekt!

17 Wenn du es bist, der auf dem Heimweg♀ fährt,

18 kann ich trinken, ohne Angst vor einer Polizeikontrolle zu haben (ohne dass-mir wäre[es] Angst von ein Überprüfung∅ von Polizei♀) …

⑧ **pui** ist nicht nur das "Hühnchen", sondern wird auch allgemein für "Tierjunges" benutzt.

⑨ Verwechseln Sie nicht **a se plânge** "jammern, klagen, sich beklagen" und **a plânge** "weinen".

⑩ Ebensowenig sollten Sie **dor** "Sehnsucht, Verlangen" und **durere** "Schmerz, Leiden, Kummer" verwechseln.

⑪ Wie bei uns wird auch in Rumänien gerne "Weinschorle" getrunken, also Wein, der mit Mineralwasser gemischt wird. Die Bezeichnung dafür lautet **şpriţ** [*schpriz*].

Exerciţiul 1: Înţelegeţi aceste propoziţii?

❶ Nu mai suport poluarea din oraş, trebuie să ies la iarbă verde. ❷ Am încredere în tine, m-am hotărât să te las să conduci maşina nouă. ❸ Când nu plouă ninge, şi n-am mai văzut soarele de nu ştiu câte zile. ❹ Un picnic, azi, când sunt două meciuri la televizor? Sunt împotrivă! ❺ Mulţi români care locuiesc în străinătate susţin că le este dor de ţara lor.

Exerciţiul 2: Completaţi locurile libere cu cuvintele care lipsesc!

❶ Wenn du saubere Luft atmen willst, musst du weit weg danach suchen.

Dacă vrei ___ ___ aer ___, trebuie ___-___ ___ departe.

❷ Ich werde nur Brot mit Käse aus Kuhmilch essen, und ich werde Tee trinken.

Nu ___ ___ decât ___ cu ___ de vacă şi voi bea ___.

❸ Sie hat rote und grüne Paprika in den Salat gegeben.

Ea a ___ în ___ ardei ___ şi ___.

❹ In dieser Thermosflasche bleibt der Kaffee bis zum Abend heiß.

În ___ ăsta, ___ va ___ caldă ___ seara.

Soluţia exerciţiului 1: Aţi înţeles?

❶ Ich ertrage die [Umwelt]verschmutzung [in] der Stadt nicht mehr, ich muss ins Grüne fahren. ❷ Ich vertraue dir, ich habe mich entschieden, dich das neue Auto fahren zu lassen. ❸ Wenn es nicht regnet, [dann] schneit es, und ich habe die Sonne seit ich weiß nicht wie vielen Tagen nicht mehr gesehen. ❹ Ein Picknick, heute, wo (wann) zwei Fußballspiele im Fernsehen sind? Ich bin dagegen! ❺ Viele Rumänen, die im Ausland leben, behaupten, dass sie Heimweh nach ihrem Land haben (dass ihnen ist[es] Sehnsucht von Land-die ihr).

❺ Er ist ein schwieriger Mensch, er beklagt sich die ganze Zeit, nichts passt ihm.

E un .. dificil, ... tot ......, nimic ..-. ....

Soluţia exerciţiului 2: Cuvintele care lipsesc.

❶ să respiri – curat – să-l cauţi ❷ voi mânca – pâine – brânză – ceai ❸ pus – salată – roşii – verzi ❹ termosul – cafeaua – rămâne – până ❺ om – se plânge – timpul – nu-i convine.

Weinbau in Rumänien

Mit seiner ca. 6.000-jährigen Weinbautradition zählt Rumänien zu einem der ältesten und traditionsreichsten Weinbauländer Europas. Durch seine warmen Sommer, die trockenen Herbstmonate und regelmäßige Niederschläge herrschen hervorragende Bedingungen für den Weinbau. Acht Weinbauregionen mit einer Rebfläche von insgesamt rund 250.000 Hektar sind in diverse Weinanbaugebiete unterteilt, in denen eine beachtliche Rebenvielfalt herrscht. Drei Viertel der Produktion entfällt auf Weißwein und lediglich ein Viertel auf Rotwein. Als hochwertigste Traubensorte gilt vielfach die blaue **Fetească neagră** ("Schwarze Mädchentraube").

48 Lecţia a patruzeci şi opta

O marcă străină

1 – **U**nde vă duc, d**o**mnule? În ce dir**e**cţie?

2 – Nu şt**i**u pre**a** b**i**ne... Tot îna**i**nte

3 şi ap**o**i la stânga... s**a**u m**a**i degr**a**bă la dre**a**pta...

4 M**e**rgeţi înc**e**t, vă spun **e**u când să opr**i**ţi... ① ② ③

5 – Vizit**a**ţi carti**e**rul? Nu e nim**i**c interes**a**nt a**i**ci,

6 n**i**ciun monum**e**nt, n**i**ciun muz**e**u, n**i**cio bis**e**rică...

7 – Mi-**e** ruş**i**ne, dar tr**e**buie să recun**o**sc ④

8 că mă învârt în zad**a**r pe străzi de d**o**uă **o**re:

9 nu m**a**i ţin m**i**nte **u**nde am lăs**a**t maş**i**na... ⑤

10 – Se m**a**i întâmplă ... Ce m**a**rcă e? Ce mod**e**l?

PRONUNŢIE

[... *mark*[a] ... **1** ... *dir**ä**kziä* **3** ... *m**a**j däg**ra**b*[a] ... **4** ... *întsch**ä**t* ... *Opr**i**z*[j] **5** *wisit**a**z*[j] ... **6** ... *mOnum**ä**nt* ... *mus**ä**u* ... *biß**ä**rik*[a] **7** *mi-j**ä*** *rusch**i**nä* ... **8** ... *m*[a] *înw**î**rt* *în* *sad**a**r* ... **9** ... *zin m**i**ntä* ... **10** ... *înt**î**mpl*[a] ... *mOd**ä**l*]

ANMERKUNGEN

① Das Rumänische verwendet in diesem Kontext **a merge** "gehen, laufen, rollen" für "fahren": **Maşina merge cu o sută pe oră.** "Das Auto fährt mit 100 km/h." "Ein Auto fahren" bedeutet **a conduce o maşină/un vehicul**, "jemanden fahren" **a duce** oder **a transporta**: **El ne-a dus/transportat în oraş.** "Er hat uns in die Stadt gefahren."

48. Lektion

Eine ausländische Marke

1 – Wohin bringe (führe^{ich}) ich Sie, mein Herr? In welche Richtung♀?

2 – Ich weiß nicht so recht … weiter geradeaus

3 und dann nach links … oder vielmehr nach rechts …

4 Fahren Sie langsam, ich werde Ihnen sagen, wann Sie anhalten [sollen] …

5 – Besichtigen (besuchen) Sie das ViertelØ? Es gibt hier nichts Interessantes [zu sehen],

6 kein DenkmalØ, kein MuseumØ, keine Kirche♀ …

7 – Ich schäme mich (mir-ist^{sie} Scham♀), aber ich muss zugeben,

8 dass ich seit zwei Stunden vergeblich in den Straßen umherfahre:

9 Ich kann mich nicht mehr erinnern (nicht mehr halte^{ich} Sinn/Geist♀), wo ich mein Auto abgestellt (gelassen) habe …

10 – Das kommt vor … Was ist es für eine Marke? Welches Modell?

② Das Adverb **încet** bedeutet "langsam", nimmt aber im folgenden Satz eine andere Bedeutung an: **a vorbi încet** "leise sprechen".

③ Beachten Sie die zwei Bedeutungen von **când** "wann" und "wenn, als". Auch **de când** haben Sie bereits kennengelernt: "seit".

④ **Mi-e ruşine**: Achten sie auf die wörtliche Übersetzung dieses Ausdrucks; er wird anders gebildet als im Deutschen! In der Wiederholungslektion gehen wir auf Konstruktionen mit dem Verb **a fi** + Personalpronomen im Dativ ein.

⑤ **a ţine minte** "sich erinnern" beinhaltet **minte** "Geist, Sinn, Verstand, Vernunft". Weiterhin gibt es **spirit**Ø "Geist" und **memorie**♀ "Gedächtnis, Erinnerungsvermögen", aber auch "[Computer]speicher".

11 – Hab**a**r n-am… nu mă pric**e**p del**o**c la maş**i**ni; ⑥ ⑦

12 **e** g**a**lbenă, l**u**ngă şi l**a**tă, cu p**a**tru **u**şi,

13 cu n**u**măr de înmatricul**a**re de Bucur**e**şti…

14 Am cumpăr**a**t-o rec**e**nt, soţ**i**a me**a** a al**e**s-o;

15 cred că e franţuze**a**scă s**a**u nemţe**a**scă, ⑧

16 în **o**rice caz, are un n**u**me imposi**b**il de pronunţ**a**t…

PRONUNŢIE

[*__11__ hab**a**r nam … pritsch**ä**p … __12__ jä g**a**lbän^{a} … l**a**t^{a} … __13__ … înmatrikul**a**rä … __15__ … franzusä**a**ßk^{a} … nämzä**a**ßk^{a} __16__ … **o**ritschä … impOß**i**bil dä pronunz**a**t*]

Exerciţiul 1: Înţelegeţi aceste propoziţii?

❶ Cred că am greşit direcţia, mai bine renunţăm şi ne întoarcem acasă. ❷ În limba lui, se scrie de la dreapta spre stânga. ❸ Nu insistaţi, nu-i nimic de văzut în oraşul ăsta! ❹ Toate muzeele sunt închise la ora asta. ❺ Nu mai ţii minte cum o cheamă pe fata şefului tău?

11 – Ich habe keine Ahnung … ich kenne mich mit Autos überhaupt nicht aus;

12 es ist gelb, lang und breit, mit vier Türen,

13 mit einem Bukarester Nummernschild (Nummer∅ von Anmeldung♀) …

14 Wir haben es kürzlich gekauft, meine Frau hat es ausgesucht;

15 ich glaube, [das Fabrikat] ist französisch oder deutsch,

16 auf jeden Fall hat es einen Namen, der unmöglich auszusprechen ist …

⑥ **Habar** "Ahnung" taucht häufig in **a nu avea habar** (**de ceva**) "keine Ahnung/nicht die leiseste Idee von etw. haben" auf.

⑦ **a se pricepe** (**la ceva**) "sich mit etw. auskennen, mit etw. vertraut sein". **Maşina mea e în pană şi nu mă pricep deloc la mecanică.** "Mein Auto hat eine Panne, und ich kenne mich überhaupt nicht mit Mechanik aus."

⑧ Adjektive, die auf **-esc** bzw. im Femininum **-ească** enden, wie **franţuzească** "französisch" und **nemţească** "deutsch", werden in der modernen Sprache durch einfachere Formen ersetzt: **franceză** und **germană**. **Neamţ/Neamţoaică** bedeutet "Deutscher/Deutsche" und **german** "deutsch", der einzig gebräuchliche Ausdruck für "Deutschland" lautet **Germania**.

Soluţia exerciţiului 1: Aţi înţeles?

❶ Ich glaube, ich habe mich in der Richtung geirrt, besser wir geben auf und kehren nach Hause zurück. ❷ In seiner Sprache schreibt man von rechts nach links. ❸ Bestehen Sie nicht darauf, es gibt nichts zu sehen in dieser Stadt! ❹ Alle Museen sind zu dieser Uhrzeit geschlossen. ❺ Erinnerst du dich nicht mehr daran, wie die Tochter deines Chefs heißt?

Exerciţiul 2: Completaţi locurile libere cu cuvintele care lipsesc!

❶ In diesem Viertel gibt es viele interessante alte Kirchen.

În cartierul ______ sunt multe __________ vechi ____________.

❷ Er fährt (macht[er]) viele Kilometer mit seinem Taxi und möchte ein deutsches Auto kaufen.

Face mulţi __________ cu taxiul lui şi ______ să ________ o maşină __________.

❸ Meine Schwester ist sehr zufrieden mit ihrem neuen französischen Markenschneider.

Sora ____ e foarte __________ de noul său taior __________ de ______.

49 Lecţia a patruzeci şi noua

Recapitulare

1. Verwendungsweisen von care

Care hat eine Vielzahl unterschiedlicher Verwendungsweisen, weshalb wir ihm hier ein Kapitel widmen.

1.1 care in Fragesätzen

In Fragesätzen bedeutet **care** "welcher, welche, welches":

Care (**autobuz**) **merge la gară?** "Welcher (Bus) fährt zum Bahnhof?"

Care kann in Fragen mit verschiedenen Präpositionen kombiniert werden:

Cu care (**rochie**) **mergi în vizită la mătuşa ta?** "In (mit) welchem (Rock) gehst du auf Besuch zu deiner Tante?"
La care (**restaurant**) **mă inviţi?** "In welches (Restaurant) lädst du mich ein?"
De care (**film**) **vorbiţi?** "Von welchem (Film) sprichst du?"
Între maşina albă şi maşina neagră, pe care o alegi? "[Wenn du dich] zwischen dem weißen Auto und dem schwarzen Auto [entscheiden müsstest], welches wählst du?"

1.2 care in indirekter Rede

Nu ştiu care (**vin**) **e mai bun.** "Ich weiß nicht, welcher (Wein) besser ist."

❹ Er sucht vergeblich nach einem Haus mit einer Garage für drei Autos.

Ei caută ___ ___ o ___ cu un ___ pentru trei ___.

❺ Ich schäme mich nicht zuzugeben, dass ich mich nicht mit Mechanik auskenne.

Nu ___-___ ___ să recunosc că nu ___ ___ la mecanică.

Soluţia exerciţiului 2: Cuvintele care lipsesc.

❶ ăsta – biserici – interesante ❷ kilometri – vrea – cumpere – nemţească ❸ mea – mulţumită – franţuzesc – marcă ❹ în zadar – casă – garaj – maşini ❺ mi-e ruşine – mă pricep.

49. Lektion

Mă întreb pe care (geamănă) s-o cer în căsătorie. "Ich frage mich, welchem (Zwillingsmädchen) ich einen Heiratsantrag mache."
Nu înţeleg din care (ţară) veniţi. "Ich verstehe nicht, aus welchem (Land) Sie kommen."

1.3 despre care "von dem, von der"

Diese Verwendungsweise kam zwar noch nicht vor, wir führen sie allerdings der Vollständigkeit halber hier mit auf:

El a scris o piesă de teatru despre care se vorbeşte mult. "Er hat ein Theaterstück geschrieben, von dem man viel spricht."

(**Despre** alleine bedeutet "über, von".)

1.4 care als Relativpronomen

Fungiert **care** als Relativpronomen (bezügliches Fürwort), also als Bindeglied zwischen einem Haupt- und einem Nebensatz, hat es die Bedeutung "der, die, das":

Am întâlnire la amiază cu o străină care vine de departe. "Ich habe am Mittag eine Verabredung mit einer Ausländerin, die von weit her kommt."
Romeo şi Julieta, pe care îi cunosc bine, par fericiţi împreună. "Romeo und Julia, die ich gut kenne, scheinen miteinander glücklich zu sein."

2. Weitere Relativpronomen

Auch die Fragepronomen **cine?** "wer?", **ce?** "was?" und **cât?** "wie viel?" können als Relativpronomen verwendet werden. Das zusammengesetzte Relativpronomen **cel ce** "derjenige, welcher" ist in der Umgangssprache sehr verbreitet. Das Element **cel** verändert sich je nach Genus, Numerus und Kasus:

Kasus	Singular		Plural	
	Maskulinum	**Femininum**	**Maskulinum**	**Femininum**
Nom./Akk.	**cel ce** "derjenige, welcher"/"denjenigen, welchen"	**ceea ce** "diejenige, welche"	**cei ce** "diejenigen, welche"	**cele ce** "diejenigen, welche"
Gen./Dat.	**celui ce** "desjenigen, welcher"/demjenigen, welcher"	**celei ce** "derjenigen, welche"/derjenigen, welche"	**celor ce** "derjenigen, welche"/"denjenigen, welche"	

3. Literarisches Futur

In Lektion 35 sind wir auf die Bildung des Futurs in der Umgangssprache eingegangen, die mithilfe von **o** + Konjunktivform des Verbs gebildet wird.

Darüber hinaus verfügt das Rumänische über das "literarische Futur", das fast ausschließlich der Schriftsprache oder den Situationen vorbehalten ist, in denen der Sprecher sich besonders gepflegt ausdrücken will.

Hierfür wird eine spezielle Form von **a vrea** benutzt: **a voi**. Dieses fungiert in diesem Fall als Hilfsverb, und ihm wird der Infinitiv des Vollverbs nachgestellt.

Wir illustrieren dies anhand der Verben **a prefera** "bevorzugen", **a tăcea** "schweigen", **a merge** "gehen, laufen" und **a dormi** "schlafen" (die unterstrichenen Vokale kennzeichnen die Betonung):

	Singular
1. Pers. (**eu**)	**voi prefera** (**tăcea**, **merge**, **dormi**)
2. Pers. (**tu**)	**vei prefera** (**tăcea**, **merge**, **dormi**)
3. Pers. (**el/ea**)	**va prefera** (**tăcea**, **merge**, **dormi**)
	Plural
1. Pers. (**noi**)	**vom prefera** (**tăcea**, **merge**, **dormi**)
2. Pers. (**voi**)	**veţi prefera** (**tăcea**, **merge**, **dormi**)
3. Pers. (**ei/ele**)	**vor prefera** (**tăcea**, **merge**, **dormi**)

Bei den beiden Futurformen gibt es keinerlei Unterschiede hinsichtlich der Bedeutung; sie unterscheiden sich lediglich in Bezug auf den Stil. **O să plec** und **voi pleca** bedeuten beide "ich werde gehen".

Zum Ausdruck des nahen Futurs kann man noch ein Adverb hinzufügen, z. B. **o să plec imediat/voi pleca imediat** "ich werde sofort gehen". Und um "Wir werden mühelos Rumänisch lernen" auszudrücken, haben Sie die Wahl zwischen **O să învăţăm româneşte fără efort** und **Vom învăţa româneşte fără efort**.

4. Nationalitätsbezeichnungen

Ländernamen schreibt man im Rumänischen immer groß, die Nationalität und die Sprache jedoch klein. Das Rumänische macht wie das Deutsche bei Nationalitätsbezeichnungen einen formalen Unterschied zwischen Substantiv und Adjektiv. Für beides gibt es eine männliche und eine weibliche Form. Bei den Adjektiven wird zur Bildung des Femininums -**ă** angehängt, bei einigen Substantiven ist dies ebenso, bei anderen wird -**că** oder -**oaică** angefügt. Einige Beispiele:

Ländername	Adjektiv	Substantiv
America "Amerika"	**american**, **americană**	**american**, **americancă**
China "China"	**chinez**, **chineză**	**chinez**, **chinezoaică**
Franţa "Frankreich"	**francez**, **franceză**	**francez**, **franţuzoaică**
Germania "Deutschland"	**german**, **germană**	**neamţ**, **nemţoaică**
Italia "Italien"	**italian**, **italiană**	**italian**, **italiancă**
România "Rumänien"	**român**, **română**	**român**, **româncă**
Rusia "Russland"	**rus**, **rusă**	**rus**, **rusoaică**
Spania "Spanien"	**spaniol**, **spaniolă**	**spaniol**, **spanioloaică**
Suedia "Schweden"	**suedez**, **suedeză**	**suedez**, **suedeză**
*Die unterstrichenen Vokale kennzeichnen die Wortbetonung.		

Bei der Form **franţuzoaică** erkennt man noch ein Überbleibsel der veralteten männlichen Form **franţuz**. Die Form **neamţ** "Deutscher" wird in der Umgangssprache anstelle von **german** verwendet. Zu diesen Nomen gibt es in der Umgangssprache auch die entsprechenden Adjektive: **franţuzesc/franţuzească** und **nemţesc/nemţească**. Für die meisten Adjektive, die Nationalitäten bezeichnen, existieren darüber hinaus Varianten auf -**esc**/-**ească**, wie man z. B. bei Produktbezeichnungen sieht: **vin românesc** "rumänischer Wein"; **bucătărie italienească** "italienische Küche".

5. Dativ - unbetonte und betonte Formen des Pronomens

5.1 Formen des Dativs

Sie wissen, dass bestimmte Verben mit einem Personalpronomen im Dativ kombiniert werden. Am häufigsten werden die unbetonten Personalpronomen benutzt:

Îmi place. "Es gefällt mir."

	unbetonte Form	betonte Form
1. Pers. Sing.	**îmi** "mir"	**mie** "mir"
2. Pers. Sing.	**îţi** "dir"	**ţie** "dir"
3. Pers. Sing.	**îi** "ihm, ihr"	**lui/ei** "ihm, ihr"
1. Pers. Pl.	**ne** "uns"	**nouă** "uns"
2. Pers. Pl.	**vă** "euch, Ihnen"	**vouă** "euch, Ihnen"
3. Pers. Pl.	**le** "ihnen"	**lor** "ihnen"

Die unbetonte Form muss immer mit einer Verbform stehen. Die betonte Form kann mit der unbetonten Form zusammen auftreten, aber die betonte kann in einem Satz mit Verb nie allein vorkommen.

Ţie îţi trebuie o cafea tare! "Du, du brauchst einen starken Kaffee!"

5.2 Veränderungen der unbetonten Formen

In bestimmten Wendungen unterliegen die unbetonten Formen der Personalpronomen bestimmten Veränderungen, die sich durch das jeweilige Vokalumfeld erklären.

- **Bei negativen Aussagen**

Ist die Aussage verneint, führt das Vorhandensein von **nu** dazu, dass das **î** der Singularformen entfällt:

Nu îmi place ► **Nu-mi place.** "Das gefällt mir nicht."
Nu îţi place ► **Nu-ţi place.** "Das gefällt dir nicht."
Nu îi place ► **Nu-i place.** "Das gefällt ihm/ihr nicht."

- **Mit Reflexivpronomen**

Handelt es sich bei dem Verb, das mit dem Pronomen auftritt, um ein reflexives Verb, ändern sich die Pronomen vor der Partikel **se**:

Mi se spune "Man sagt mir"
Ti se spune "Man sagt dir"

I se spune "Man sagt ihm/ihr"
Ni se spune "Man sagt uns"
Vi se spune "Man sagt euch/Ihnen"
Li se spune "Man sagt ihnen"

• **In der zusammengesetzten Vergangenheit (Perfekt)**

In der zusammengesetzten Vergangenheit sind die Pronomen mit dem jeweiligen Hilfsverb verbunden: **Mi-a dat** "Er hat mir gegeben"; **Ţi-a dat** "Er hat dir gegeben"; **I-a dat** "Er hat ihm/ihr gegeben"; **Ne-a dat** "Er hat uns gegeben"; **V-a dat** "Er hat euch/Ihnen gegeben"; **Le-a dat** "Er hat ihnen gegeben".

5.3 Dativpronomen und Verb a fi

Pronomen im Dativ treten auch in Verbalkonstruktionen mit dem Verb **a fi** "sein" auf (die im Deutschen in vielen Fällen mit "haben" ausgedrückt werden!):

Infinitiv	Beispiel
a-i* fi foame	**Mi-e foame** "Ich habe Hunger"
a-i fi sete	**Mi-e sete** "Ich habe Durst"
a-i fi poftă	**Mi-e poftă** "Ich habe Lust"
a-i fi ruşine	**Mi-e ruşine** "Ich schäme mich"
a-i fi frică a-i fi teamă	**Mi-e frică** oder **mi-e teamă** "Ich habe Angst"
a-i fi lene	**Mi-e lene** "Ich bin [zu] faul" (**lene** "Faulheit")
a-i fi somn	**Mi-e somn** "Ich bin müde"
*Das **-i** ist das Kennzeichen für die 3. Person im Dativ.	

Hierzu noch einige weitere wichtige Wendungen: **Mi-e bine/rău** "Mir geht es gut/schlecht" (**a-i fi bine/rău**); **Mi-e dor** "Ich sehne mich/ vermisse" (**a-i fi dor**); **Mi-e uşor/greu** "Es fällt mir leicht/schwer" (**a-i fi uşor/greu**).

Und hier noch alle Formen von **a-i fi foame** "Hunger haben":

Singular		Plural	
1. Pers.	**mi-e foame**	1. Pers.	**ne e foame**
2. Pers.	**ţi-e foame**	2. Pers.	**vă e foame**
3. Pers.	**i-e foame**	3. Pers.	**le e foame**

6. Verständnis-/Formulierungsübung

Exerciţiul: Înţelegeţi aceste propoziţii?

① Ştii ce, hai să mergem la teatru sâmbătă seară; ② n-am văzut de multă vreme o piesă bună! ③ Sunt mai multe spectacole interesante în oraş… ④ Draga mea, dacă trebuie să ieşim, ⑤ eu prefer să mergem la restaurant: ⑥ mâncăm o friptură, bem un vin roşu ⑦ şi putem să discutăm până târziu… ⑧ E o idee bună! Dacă n-ai nimic împotrivă, ⑨ îţi propun să-i invităm şi pe Popeşti; ⑩ ultima dată când am ieşit împreună, ei au plătit… ⑪ Doamne fereşte! Ea mi-e foarte simpatică, ⑫ dar el e un personaj greu de suportat: ⑬ ne certăm de fiecare dată când ne întâlnim. ⑭ Ai dreptate, mai bine renunţăm la restaurant… ⑮ Vreau totuşi să ieşim undeva împreună! ⑯ Dacă nu vrei să asculţi un concert de muzică clasică, ⑰ sub pretext că e prea lung şi că te plictiseşte ⑱ eşti invitatul meu la cinematograf: ⑲ filmele sunt mai scurte şi biletele mai ieftine.

Soluţia exerciţiului: Aţi înţeles?

① Weißt du was, lass uns am Samstagabend ins Theater gehen; ② ich habe seit langer Zeit kein gutes Stück angesehen! ③ Es gibt mehrere interessante Aufführungen in der Stadt … ④ Mein Schatz, wenn wir [unbedingt] ausgehen müssen, ⑤ dann ziehe ich es vor, ins Restaurant zu gehen: ⑥ Wir essen einen Braten, trinken einen Rotwein, ⑦ und wir können bis spät [in der Nacht] diskutieren … ⑧ Das ist eine gute Idee! Wenn du nichts dagegen hast, ⑨ schlage ich dir vor, auch die Popescus einzuladen; ⑩ das letzte Mal, als wir zusammen ausgegangen sind, sind sie es gewesen, die bezahlt haben … ⑪ Gott bewahre! Sie ist mir sehr sympathisch, ⑫ aber er ist ein Mensch, der schwer zu ertragen ist: ⑬ Wir streiten uns jedes Mal, wenn wir uns treffen. ⑭ Du hast Recht, besser verzichten wir auf das Restaurant … ⑮ Ich möchte trotzdem, dass wir zusammen irgendwo hingehen! ⑯ Wenn du kein klassisches Musikkonzert hören möchtest, ⑰ unter dem Vorwand, dass es zu lang ist und dich langweilt, ⑱ dann bist du mein Gast im Kino: ⑲ Die Filme sind kürzer und die Karten preiswerter.

7. Die "Zweite Welle" oder "Aktive Phase"

In den ersten 49 Lektionen haben Sie die Lektionstexte und die Anmerkungen gelesen, sich auf das Verstehen konzentriert und sich mit der Aussprache vertraut gemacht. Sie haben sich eher passiv mit dem Rumänischen beschäftigt, aber noch keine eigenen Sätze gebildet. Mit der nächsten Lektion treten Sie in eine neue Phase Ihres Rumänischstudiums ein: Die "Zweite Welle" oder auch "Aktive Phase".

Hierfür müssen Sie von nun an täglich ein paar Minuten mehr einplanen, denn nach jeder neu durchgearbeiteten Lektion "aktivieren" Sie eine der ersten Lektionen, d. h. Sie aktivieren nach Lektion 50 die Lektion 1, nach Lektion 51 die Lektion 2, nach Lektion 52 die Lektion 3 usw.

Sie gehen folgendermaßen vor: Sie verdecken den rumänischen Lektionstext und versuchen, den deutschen Text der Lektion – und danach, wenn Sie besonders gründlich sein wollen, auch den deutschen Text der Verständnisübung – auf Rumänisch zu formulieren. Sehen Sie dann auf der linken Seite nach, ob Sie die Sätze richtig wiedergegeben haben. Wiederholen Sie die Wörter und Wendungen, die Ihnen entfallen waren, oder lesen Sie ggf. noch einmal die entsprechenden Anmerkungen.

Im Laufe dieser "Zweiten Welle" werden Sie feststellen, dass Sie Ihre bislang erworbenen Kenntnisse vertiefen und festigen und gleichzeitig Ihren Wortschatz erweitern.

Verzichten Sie nicht auf diese "aktive Phase"; sie ist ein integraler Bestandteil des Kurses! Sie werden merken, wie viele passive Kenntnisse Sie schon besitzen, und nun können Sie endlich selbst auf Rumänisch formulieren! Außerdem zeigt Ihnen die Zweite Welle, welche Schwierigkeiten noch bestehen, und Sie werden herausfinden, was Sie noch einmal wiederholen müssen.

50 Lecţia a cinzecea

Vacanţa de vară

1 – **U**nde merg**e**ţi în conc**e**diu **a**nul **ă**sta? ①
2 – Soţia me**a** vre**a** neapăr**a**t să v**a**dă Par**i**sul, ② ③ ④
3 dar nu şt**i**u d**a**că put**e**m să m**e**rgem în Fr**a**nţa;
4 m-am uit**a**t pe intern**e**t, şi t**o**tul mi se p**a**re pre**a** scump! ⑤
5 – **E**i da, dar m**e**rită!
6 O să ved**e**ţi l**u**cruri minun**a**te!
7 – Nu uit**a** că m**e**rgem cu maş**i**na; ⑥ ⑦
8 p**â**nă ac**o**lo sunt cam d**o**uă m**i**i de kilom**e**tri,
9 şi benz**i**na o să ne c**o**ste o grăm**a**dă de b**a**ni…
10 – N**i**ci n**o**i nu ştim **î**ncă **u**nde să ne d**u**cem. ⑧
11 Şt**i**i cum se înt**â**mplă în fam**i**lia me**a**,
12 fiec**a**re **a**re păr**e**rea l**u**i: ⑨

PRONUNŢIE

[***1*** *… kOntschädiu … **2** … näap^{a}rat … **3** … franza **4** … intärnät … mi ßä parä ... **5** … märit^a **6** … minunatä **7** nu uita … **9** … gr^{a}mad^a… **10** … nä dutschäm **11** … kum ßä întîmpl^a … **12** … p^{a}räräa …*]

ANMERKUNGEN

① Mit **concediu** bezeichnet man den "Urlaub" für Erwerbstätige. Meint man die "Ferien" z. B. für Schüler und Studenten, benutzt man **vacanţă**.

② **neapărat** "unbedingt, absolut, um jeden Preis" hat ein Synonym: **cu orice preţ**.

③ Ortsnamen tragen meist den bestimmten Artikel: **Lyon<u>ul</u> şi Marsili<u>a</u> sunt două oraşe mari franceze.** "Lyon und Marseille sind zwei große französische Städte." Ortsnamen mit Konsonant am Ende sind männlich, solche auf **-a** sind weiblich: **Berlin<u>ul</u> este frumos, dar Vien<u>a</u> este mai frumoasă.** "Berlin ist schön, aber Wien ist schöner." Dies gilt ebenso für die Namen von Flüssen und Gebirgen: **Rinul** "der Rhein", **Sena** "die Seine", **Alpii** "die Alpen", **Pirineii** "die Pyrenäen" …

50. Lektion

Sommerferien

1 – Wo fahrt ihr dieses Jahr in den Urlaub hin?

2 – Meine Frau will unbedingt Paris sehen,

3 aber ich weiß nicht, ob wir nach Frankreich fahren können;

4 ich habe im Internet nachgesehen, und alles erscheint mir sehr teuer!

5 – Tja, aber das lohnt sich!

6 Ihr werdet wunderschöne Dinge sehen!

7 – Vergiss nicht, dass wir mit dem Auto [dorthin] fahren;

8 bis dorthin sind es ungefähr 2.000 Kilometer,

9 und das Benzin wird uns einen Haufen Geld kosten …

10 – Wir wissen noch nicht, wo wir hinfahren.

11 Du weißt, wie (passiert[es]) das in meiner Familie läuft,

12 jeder hat seine Meinung:

④ Im Allgemeinen bemühen sich die Rumänen, ausländische geografische Namen getreu der Originalaussprache zu artikulieren. Es gibt jedoch einige Ausnahmen, vor allem, was bekannte Städtenamen angeht: **Paris** (das End-**s** wird gesprochen), **Londra**, **Lisabona**, **Praga**, **Budapesta**, **Moscova** …

⑤ In **mi se pare** "mir erscheint" erkennen Sie das Verb **a părea** "scheinen, aussehen, wirken".

⑥ Mitunter gibt es große Bedeutungsunterschiede zwischen der Verbform ohne Reflexivpronomen und der mit: **a uita** "vergessen" – **a se uita** "schauen".

⑦ Der Präposition **cu** "mit" folgt ein Substantiv mit bestimmtem Artikel. Insofern verhält sich **cu** anders als andere Präpositionen mit Nomen, die keinen bestimmten Artikel tragen und daher als unbestimmt angesehen werden (vgl. L. 4).

⑧ Auch hier zwei Verben, zwischen denen ein Bedeutungsunterschied festzustellen ist: **a se duce** "gehen, sich begeben" und **a duce** "tragen, zuführen".

⑨ Als Synonym zu **părere** "Meinung, Ansicht", das zur selben Familie wie **a părea** "scheinen, aussehen, wirken" gehört, können Sie sich **opinie** merken.

13 f**i**ica me**a** vre**a** la m**a**re şi f**i**ul m**e**u la m**u**nte…

14 – Şi soţ**i**a ta?

15 E**a** nu **a**re un cuv**â**nt de spus?

16 – Ba da, dar e prud**e**ntă,

17 pref**e**ră s**ă**-mi l**a**se responsabilit**a**tea dec**i**ziei.

18 – Tr**e**buie t**o**tuşi să vă hotăr**â**ţi, t**i**mpul tr**e**ce r**e**pede,

19 sunt**e**m dej**a** în m**a**i, risc**a**ţi să nu m**a**i găs**i**ţi c**a**mere la h**o**tel…

20 – St**a**i puţ**i**n, **a**sta **î**mi dă o id**e**e! ⑩

21 Am găs**i**t o sol**u**ţie conven**a**bilă p**e**ntru to**a**tă l**u**mea: ⑪

22 o să las destinul să dec**i**dă! ⑫

23 Dise**a**ră când mă înt**o**rc de la bir**o**u,

24 **i**ntru în pr**i**ma agenţ**i**e de tur**i**sm

25 şi al**e**g pr**i**ma destin**a**ţie din catal**o**g.

PRONUNŢIE

[***13*** … *m**u**ntä* ***16*** … *prud**ä**nt^a* ***17*** … *räßpOnßabilit**a**ta dätsch**i**siäi* ***18*** … *t**O**tusch^j* … *hot^{a}r**î**z^j* … ***20*** *ßt**a**i…* ***21*** … *ßOl**u**ziä kOnwän**a**bil^a* … ***22*** … *ß^a dätsch**i**d^a* ***23*** *dißä**a**r^a…* *bir**O**u* ***24*** … *aĵänz**i**ä dä tur**i**ßm* ***25*** … *däßtin**a**ziä…. katal**O**g*]

Sie merken, dass wir langsam die wörtliche Übersetzung immer mehr einschränken. Mittlerweile können Sie schon viele Verbformen erkennen, und auch die Satzstrukturen des Rumänischen werden Ihnen immer vertrauter. In Zweifelsfällen lassen wir Sie natürlich nicht im Stich.

13 Meine Tochter will ans Meer und mein Sohn in die Berge …

14 – Und deine Frau?

15 Hat sie kein Wörtchen (Wort) zu sagen?

16 – Doch, aber sie ist vorsichtig,

17 sie bevorzugt es, mir die Verantwortung für die Entscheidung zu überlassen.

18 – Ihr müsst euch trotzdem entscheiden, die Zeit vergeht schnell,

19 wir haben schon Mai, ihr lauft Gefahr, kein Zimmer mehr im Hotel zu finden …

20 – Warte mal, da kommt mir eine Idee!

21 Ich habe eine geeignete Lösung für alle gefunden:

22 Ich werde das Schicksal entscheiden lassen!

23 Heute Abend, wenn ich aus dem Büro zurückkomme,

24 werde ich in das erstbeste (erste) Reisebüro gehen,

25 und ich werde das erste Reiseziel im Katalog auswählen.

⑩ Sie haben **a sta** "liegen, sitzen, stehen" bereits einmal als Synonym von **a locui** "wohnen" kennengelernt. Es kann ebenfalls "warten" bedeuten und ist dann synonym zu **a aştepta**: **Stai puţin/Aşteaptă puţin!** "Warte ein bisschen!"

⑪ **convenabil** "angemessen, passend, befriedigend".

⑫ **a decide** "entscheiden" ist synonym zu **a hotărî**. Vergleichen Sie mit dem Paar **opinie/părere**. Wie **opinie** ist **a decide** erst später in die Umgangssprache aufgenommen worden. Ein Synonympaar besteht meist aus einem "traditionellen" Wort (hier **a hotărî** und **părere**) und einem Wort aus dem Französisch des 19. Jahrhunderts.

Exercițiul 1: Înțelegeți aceste propoziții?

❶ Din păcate, vara asta nu pot să iau decât două săptămâni de concediu. ❷ Nu l-am văzut demult în oraş, mi se pare că e bolnav. ❸ Eu înţeleg că e dificil pentru el, dar trebuie totuşi să ia o decizie definitivă. ❹ Pari foarte obosit, ce se întâmplă cu tine? ❺ Diseară o să-i fac o surpriză, o s-o invit la restaurant.

Exercițiul 2: Completați locurile libere cu cuvintele care lipsesc!

❶ Meine Meinung ist, dass sie nicht mehr warten kann, sie muss unter ihnen auswählen.

..... mea este că ea nu mai poate să ....., trebuie să ..... între ei.

❷ Ich vergesse alles schnell, was mir nicht gefällt: deine Witze zum Beispiel.

Uit repede ..... ce nu-mi ..... : ..... tale, de ..... .

❸ Ich kenne ihn nicht genügend, ich weiß nicht, ob er mein Vertrauen verdient.

Nu-l ..... destul, nu ..... dacă ..... încrederea mea.

Soluţia exerciţiului 1: Aţi înţeles?

❶ Leider kann ich diesen Sommer nur zwei Wochen Urlaub nehmen. ❷ Ich habe ihn schon lange nicht mehr in der Stadt gesehen, mir scheint, er ist krank (dass ist^{er} krank). ❸ Ich verstehe, dass es schwer für ihn ist, aber er muss trotzdem (nimmt^{er}) eine endgültige Entscheidung treffen. ❹ Du scheinst sehr müde zu sein, was ist los (was sich geschieht^{es}) mit dir? ❺ Heute Abend werde ich sie überraschen (mache^{ich} eine Überraschung), ich werde sie ins Restaurant einladen.

In den ersten 49 Lektionen haben Sie sich mit der Grundstruktur der rumänischen Sprache vertraut gemacht. Sie haben sich auf das Verstehen konzentriert und eher passiv gelernt. Nun beginnt die "aktive Phase" (oder "Zweite Welle"): Ab jetzt formulieren Sie selbstständig Sätze auf Rumänisch. Sie werden feststellen, dass Ihnen die benötigten Ausdrücke und Redewendungen spontan einfallen. Mittlerweile verstehen Sie sehr viel, und die Texte der ersten Lektionen werden Ihnen besonders leicht erscheinen. Bevor Sie jedoch diesen neuen Lernabschnitt absolvieren, sollten Sie die heutige Lektion ganz normal bearbeiten, d. h. sich nur mit dem Verstehen des Dialogs beschäftigen. Wie Sie die "Zweite Welle" absolvieren, wird am Ende von Lektion 49 erklärt.

❹ Du musst unbedingt diesen Film ansehen, er ist wunderschön!

Trebuie ________ să ____ filmul ____, e ________!

❺ Es ist unvorsichtig, zu schnell zu fahren, wenn es regnet oder wenn es schneit.

Nu e ________ să ________ prea repede când _____ sau când _____.

Soluţia exerciţiului 2: Cuvintele care lipsesc.

❶ Părerea – aştepte – aleagă ❷ tot – place – bancurile – exemplu ❸ cunosc – ştiu – merită ❹ neapărat – vezi – ăsta – minunat ❺ prudent – conduci – plouă – ninge.

Zweite Welle: Aktivieren Sie heute Lektion 1!

51 Lecţia a cinzeci şi una

O datorie veche

1 – Asc**u**ltă, te rog s**ă**-mi f**a**ci un m**a**re serv**i**ciu!
2 Sper că pot cont**a** pe prieten**i**a ta…
3 P**o**ţi s**ă**-mi împrum**u**ţi n**i**şte b**a**ni, p**e**ntru c**â**teva z**i**le? ①
4 – **Î**ţi ad**u**c am**i**nte că m**a**i **a**i o dator**i**e la m**i**ne…
5 **Ţ**i-**a**m dat împrum**u**t b**a**ni **a**nul trec**u**t ②
6 şi **î**ncă aşt**e**pt să m**i**-i d**a**i înap**o**i… ③
7 – **Ş**t**i**u fo**a**rte b**i**ne, să nu cr**e**zi că am uit**a**t,
8 dar te rog să aşt**e**pţi p**â**nă l**u**na viito**a**re…
9 – S**i**ncer să f**i**u, nu înţel**e**g ce se înt**â**mplă cu t**i**ne,
10 **e**şti b**i**ne plăt**i**t, **a**i un sal**a**riu bun,
11 dar în buzun**a**rele t**a**le s**u**flă v**â**ntul! ④
12 Dr**a**ce! **U**nde disp**a**r b**a**nii t**ă**i? ⑤
13 – Am av**u**t cheltu**ie**li neprevăz**u**te:
14 a trebu**i**t să c**u**mpăr o maş**i**nă n**o**uă

[*O datOriä … **1** … ßärwitschju **2** … kOnta pä priätänia … **3** … împrumuzi … **6** … înapOj **7** … ujtat **9** ßintschär … întîmpl^a… **10** … ßalarju … **11** … busunarälä … ßufl^a wîntul **12** dratschä … dißpar… **13** … kältujäli näpräw^{a}sutä*]

ANMERKUNGEN

① **a împrumuta cuiva ceva** bedeutet "etw. an jmdn. aus-/verleihen"; es tritt mit einem Akkusativobjekt auf: **I-am împrumutat <u>bani</u> fratelui meu.** "Ich habe meinem Bruder <u>Geld</u> geliehen." **A împrumuta ceva de la** (ebenfalls mit Akkusativobjekt) bedeutet "sich etw. leihen": **Am împrumutat <u>bani</u> de la bancă.** "Ich habe mir <u>Geld</u> von der Bank geliehen."

② Ebenso wie das Verb **a împrumuta** hat auch das Nomen **împrumut** zwei Bedeutungen: "Anleihe; Darlehen": **a da** (**cu**) **împrumut** "jmdm. ein Darlehen geben" – **a lua** (**cu**) **împrumut** "ein Darlehen aufnehmen".

51. Lektion

Eine alte Schuld

1 – Hör zu, ich bitte dich, mir einen großen Dienst zu erweisen!

2 Ich hoffe, dass ich auf deine Freundschaft zählen kann …

3 Kannst du mir etwas Geld leihen, für einige Tage?

4 – Ich erinnere dich daran (dir bringen sich-erinnern), dass du noch Schulden bei mir hast …

5 Ich habe dir letztes Jahr ein Darlehen gegeben,

6 und ich warte immer noch darauf, dass du es mir zurückgibst.

7 – Das weiß ich sehr gut, denk nicht, dass ich es vergessen habe,

8 aber ich bitte dich, bis nächsten Monat zu warten ...

9 – Um ehrlich zu sein (ehrlich dass wäre[ich]), ich verstehe nicht, was mit dir los ist,

10 du wirst gut bezahlt, du hast ein gutes Gehalt,

11 aber deine Taschen sind leer (in Taschen-die deine bläst Wind-der)!

12 Du Teufel! Wo verschwindet dein Geld?

13 – Ich hatte unvorhersehbare Ausgaben:

14 Ich musste ein neues Auto kaufen

③ Merken Sie sich zu **a da înapoi** "zurückgeben, wiedergeben" auch das Adverb **înapoi** "zurück, rückwärts" und **a veni înapoi** "zurückkommen".

④ Wie das Deutsche kennt auch das Rumänische den Ausdruck für "leere Taschen haben": **are buzunarele goale**. Etwas poetischer ist **îi suflă vântul prin buzunare** "ihm bläst der Wind in den Taschen". Sie sehen hier, dass das Rumänische anstelle des erwarteten Possessivpronomens ein Dativobjekt (**îi**) verwendet. Mehr dazu erfahren Sie in der Wiederholungslektion.

⑤ **Drac** wird häufiger benutzt als **diavol**, das ebenfalls "Teufel" heißt. **Drace!** ist der Vokativ, wobei der Ausdruck auch im Sinne von "Verdammt!" verwendet wird. Sie verstehen jetzt, woher der Name "Dracula" kommt …

15 şi să înlocui**e**sc frigid**e**rul, maş**i**na de găt**i**t ⑥ ⑦
16 şi cupt**o**rul cu micro**u**nde…
17 To**a**te s-**a**u stric**a**t în ac**e**laşi timp! ⑧
18 – De fapt, nu şt**i**i să te organiz**e**zi,
19 nu **e**şti prevăzăt**o**r, **e**şti cu c**a**pul în n**o**ri:
20 cheltui**e**şti b**a**nii mult m**a**i r**e**pede dec**â**t **î**i câşt**i**gi!
21 – Del**o**c, cum să spun, e chi**a**r **i**nvers:
22 adevăr**a**ta me**a** probl**e**mă e că n**u**-i câşt**i**g
23 cu vit**e**za cu c**a**re **î**i cheltui**e**sc…

PRONUNŢIE

[**15** … *înlOkujäßk* … *g^{a}tit* **16** … *kuptOrul ku mikrOundä* **17** … *atschelasch^{j}* … **18** … *Organisäs^{j}* **19** … *präw^{a}s^{a}tOr* … *nOri* **20** … *kîschtid^{j}* **21** … *inwärß* **23** ... *witäsa* ...]

Exerciţiul 1: Înţelegeţi aceste propoziţii?

❶ După mine, e un prieten sigur, poţi conta pe ajutorul lui. ❷ N-a refuzat niciodată să-mi facă un serviciu, când am avut nevoie. ❸ Dacă pleci prea târziu, n-o să mai poţi veni înapoi la timp, ca să mâncăm împreună. ❹ Nu mai ştiu unde am pus biletele de teatru, cred că le-am lăsat în buzunarul cămăşii pe care am purtat-o ieri. ❺ Şeful nostru are un salariu mult mai important, dar nu pot să spun că munceşte mai mult ca noi.

15 und den Kühlschrank und den Herd ersetzen

16 und die Mikrowelle (Ofen mit Mikrowelle) ...

17 Sie sind alle zur selben Zeit kaputtgegangen!

18 – Tatsächlich kannst du dich nicht organsieren,

19 du bist nicht vorsichtig, du hast den Kopf in den Wolken:

20 Du gibst das Geld viel schneller aus als du es verdienst!

21 – Überhaupt nicht, wie soll ich sagen, es ist genau umgekehrt:

22 Mein wahres Problem ist, dass ich es nicht verdiene

23 mit der Geschwindigkeit, mit der ich es ausgebe.

⑥ In **maşina de gătit** "Kochgerät" finden Sie, ebenso wie bei **maşină de scris** "Schreibmaschine" in Lektion 44, das Supinum des Verbs **a găti** "kochen".

⑦ Der geläufigere Ausdruck für Herd ist **aragaz**.

⑧ **a se strica** bedeutet "kaputtgehen, nicht mehr funktionieren" in Bezug auf ein Gerät, eine Maschine usw. und "verderben, faulen" in anderen Zusammenhängen, vor allem bei Nahrungsmitteln.

Soluţia exerciţiului 1: Aţi înţeles?

❶ Meiner Meinung nach ist er ein verlässlicher Freund (Freund sicher), du kannst auf seine Hilfe zählen. ❷ Er hat sich nie geweigert, mir einen Dienst zu erweisen, als ich es gebraucht habe. ❸ Wenn du zu spät aufbrichst, wirst du nicht mehr rechtzeitig zurückkommen können, damit wir zusammen essen. ❹ Ich weiß nicht mehr, wo ich die Theaterkarten hingelegt habe, ich glaube, ich habe sie in der Tasche des Hemds gelassen, das ich gestern getragen habe. ❺ Unser Chef hat ein viel höheres Gehalt (Gehalt viel noch wichtig), aber ich kann nicht behaupten (sagen), dass er viel mehr arbeitet als wir.

Exerciţiul 2: Completaţi locurile libere cu cuvintele care lipsesc!

❶ Wenn du ihm zu viel Geld leihst, wird er es dir nächsten Monat nicht zurückgeben können.

_____ îi împrumuţi prea mulţi _____, n-o să _____ să ţi-i dea _____ luna viitoare.

❷ Es ist traurig, es zu sagen, aber er ist genau dann verschwunden, als ich seinen Rat brauchte.

E _____ de _____, dar a _____ chiar _____ am avut nevoie de sfatul lui.

❸ Sie hat ihn schnell vergessen, und sie hat ihn durch jemanden ersetzt, der besser aussieht und reicher ist.

Ea l-a _____ repede, şi l-a înlocuit cu _____ mai _____ şi mai _____.

❹ Wenn du Hunger hast, ich habe Kartoffeln im Ofen gelassen, sie sind noch warm.

Dacă ţi-e _____, am _____ în _____ cartofi, încă sunt _____.

52 Lecţia a cinzeci şi doua

După sărbători

1 – Sal**u**t, am**i**ce! Ce c**a**uţi a**i**ci, la spit**a**l? ①

2 Sper că nu **e**şti boln**a**v!

3 – B**u**nă z**i**ua, **î**mi p**a**re b**i**ne că te văd!

4 Îl c**a**ut pe d**o**ctorul F**a**ur, mi se p**a**re că-l cun**o**şti…

5 Şt**i**i, e p**e**ntru o consult**a**ţie, ②

6 vre**a**u s**ă**-i cer păr**e**rea, cât m**a**i r**e**pede pos**i**bil.

PRONUNŢIE

[***1*** … *amitschä* … *ßpit**a**l* ***4*** … *f**a**ur* … ***5*** … *kOnßult**a**ziä* ***6*** … *p^{a}r**ä**räa*… *pOß**i**bil*]

❺ Ihre Ausgaben sind im letzten Jahr zu hoch (bedeutend) gewesen, was ist passiert?

.... dumneavoastră au fost prea .... anul ...., ce s-a ....?

Soluţia exerciţiului 2: Cuvintele care lipsesc.

❶ Dacă – bani – poată – înapoi ❷ trist – spus – dispărut – când ❸ uitat – cineva – frumos – bogat ❹ foame – lăsat – cuptor – calzi ❺ Cheltuieliie – importante – trecut – întâmplat.

Zweite Welle: Aktivieren Sie heute Lektion 2!

52. Lektion

Nach den Feiertagen

1 – Hallo, mein Freund! Was suchst du hier, im Krankenhaus?
2 Ich hoffe, du bist nicht krank!
3 – Guten Tag, ich freue mich, dich zu sehen!
4 Ich suche Doktor Faur, mir scheint, du kennst ihn …
5 Weißt du, es geht um eine Sprechstunde
6 ich möchte ihn um seine Meinung bitten, so schnell wie möglich (wie-viel noch schnell möglich).

ANMERKUNGEN

① Alternativ zu **prieten** "Freund" benutzen die Rumänen mitunter das etwas vertrautere **amic**, oft auch mit einem leicht ironischen Unterton. **Amice** ist ein Vokativ.

② **consultaţie** "Sprechstunde, Untersuchung, Beratung".

7 – Îl cunosc, suntem prieteni din copilărie!

8 Despre ce e vorba? Pot să te ajut cu ceva? ③

9 – Mersi, chiar am nevoie de o mână de ajutor. ④

10 Mi-e teamă că am exagerat de revelion; ⑤

11 n-am mâncat decât lucruri grase, greu de digerat:

12 cârnaţi, piftie şi sarmale… ⑥ ⑦ ⑧

13 şi acum mă doare stomacul şi ficatul. ⑨

14 – În cazul ăsta, ai dreptate, Faur e medicul de care ai nevoie!

15 – Lucrează azi, nu e plecat undeva în concediu?

16 – Nu, e aici, l-am văzut acum cinci minute.

17 De fapt, am venit la spital special pentru el. ⑩

18 – Slavă Domnului, pot să spun că am noroc!

19 – Stai puţin, nu te pot pune în legătură cu el… ⑪

PRONUNŢIE

[*7 … kOpil^{ə}riä 9 … aĵutOr 10 … räwäljOn 11 … graßä … didĵärat 12 kîrnaz^{j} piftiä schi ßarmalä 13 … ßtOmakul … fikatul 14 … mädikul … 15 lukräas^{a} …*]

③ **e vorba de**… oder **e vorba despre**... "es geht um, es handelt sich um" ist eine Wendung mit dem Wort **vorbă** "Wort".

④ Das Verb **a ajuta** "helfen" haben Sie bereits in Lektion 39 kennengelernt. Ein Synonym ist **a da o mână de ajutor**. Der Ausdruck für "(Zu) Hilfe!" lautet **Ajutor!**.

⑤ Mit **revelion** bezeichnen die Rumänen "Silvester", die "Silvesterfeier", "Silvester feiern" und den "Silvesterabend".

⑥ **piftie** "Sülze" hat als Synonym **răcituri**♀♀, was verdeutlicht, dass bei dieser Spezialität die zubereitete Fleischmasse durch Kühlen (**a se răci** "(ab)kühlen") in der Form erstarrt.

7 – Ich kenne ihn, wir sind seit der Kindheit befreundet (sind[wir] Freunde aus Kindheit)!

8 Worum geht es (über/von was ist[es] Wort♀)? Kann ich dir irgendwie helfen?

9 – Danke, ich brauche wirklich eine helfende Hand (genau habe[ich] Notwendigkeit von eine Hand♀ von Hilfe).

10 Ich fürchte, dass ich es an Silvester [etwas] übertrieben habe;

11 ich habe nur fetthaltige Sachen gegessen, die schwer verdaulich sind:

12 Würste, Sülze und Krautwickel …

13 und nun habe ich Magen- und Leberschmerzen.

14 – In diesem Fall, du hast Recht, ist Faur der Arzt, den du brauchst!

15 – Arbeitet er heute, ist er nicht irgendwohin in den Urlaub gefahren?

16 – Nein, er ist da, ich habe ihn vor fünf Minuten gesehen.

17 Eigentlich bin ich speziell für ihn ins Krankenhaus gekommen.

18 – Gott sei Dank, ich kann sagen, dass ich Glück habe!

19 – Warte kurz, ich kann dich nicht mit ihm in Verbindung bringen (nicht dich kann[ich] stellen in Verbindung mit er) ...

⑦ **sarma** (Sg.) ist eine Roulade aus in Salzlake eingelegten Wein- oder Kohlblättern mit einer Hackfleischfüllung. **Sarmalele** (Pl.) sind ein klassisches Festtagsgericht bei Anlässen wie Neujahr, Weihnachten oder bei Hochzeiten.

⑧ Ein klassisches Gericht ist auch **sângereţi** "Blutwurst" (von **sânge** "Blut").

⑨ Merken Sie sich, dass **acum** nicht nur "jetzt, nun", sondern auch "vor" im zeitlichen Sinne heißen kann.

⑩ **special** kann Adverb oder Adjektiv sein; hier wird es als Adverb benutzt. Da Adjektive und Adverbien in der Regel formgleich sind, kann nur der Kontext darüber Aufschluss geben, ob ein Wort als Adjektiv oder Adverb fungiert.

⑪ Merken Sie sich zu **puţin** "wenig, ein bisschen; kurz" auch die Wendung **cel puţin** "wenigstens, mindestens".

20 E într-o c**a**meră de la et**a**jul p**a**isprezece,

21 de d**a**ta **a**sta, ca paci**e**nt:

22 a fost intern**a**t de urg**e**nţă. ⑫

23 L-am invit**a**t la n**o**i de **A**nul N**o**u

24 şi a cam exager**a**t şi el cu mânc**a**rea şi cu băut**u**ra… ⑬

PRONUNŢIE

[*__18__ ßl**a**w^{a} … __19__ … leg^{a}t**u**r^{a} … __21__ … patschi**ä**nt __22__ … intärn**a**t dä urdĵ**ä**nz^{a} __24__ … kam … mînk**a**ra … b^{a}ut**u**ra*]

Exerciţiul 1: Înţelegeţi aceste propoziţii?

❶ Sunteţi nişte părinţi fericiţi, n-aţi avut niciodată nevoie să chemaţi doctorul noaptea, pentru copilul vostru. ❷ El se plânge de mâncarea de la spital, dar uită că nu e la restaurant, unde poate să comande ce vrea. ❸ Nu reuşeşte să-şi plătească datoriile la bancă şi a cerut ajutorul familiei. ❹ Revelionul de anul trecut l-am sărbătorit cu nişte prieteni, dar anul ăsta suntem prea obosiţi şi vrem să rămânem singuri. ❺ Trebuie să-i telefonez medicului meu de familie, pentru o consultaţie.

20 Er befindet sich in einem Zimmer in der 14. Etage,

21 dieses Mal als Patient:

22 Er wurde als (von) Notfall aufgenommen.

23 Wir haben ihn zu Neujahr zu uns eingeladen,

24 und auch er hat es ein wenig übertrieben mit dem Essen und dem Trinken …

⑫ **a interna** "aufnehmen" ist der Ausdruck für "ins Krankenhaus kommen, ins Krankenhaus eingeliefert werden" (jmdn. ins Krankenhaus einwiesen/einliefern/bringen). Das Synonym **a spitaliza** wird wesentlich seltener verwendet.

⑬ **cam** hat die Bedeutungen "ein bisschen, ein wenig, etwas", aber auch "ungefähr, circa": **Bucureştiul e cam la o mie şapte sute de kilometri de Berlin.** "Bukarest ist ca. 1.700 km von Berlin entfernt."

Lerntipp: *Wenn Sie motiviert sind und mit Freude lernen, werden Sie schnell Erfolge sehen können. Fangen Sie Ihre Lernsitzungen mit einer positiven Haltung an. Denken Sie niemals: "Das kann ich nicht." oder "Oh, ist das schwer!" Viel besser ist es, Sie denken sich: "Das kann ich alles!" oder "Selbst wenn es ein bisschen länger dauert – ich schaff das schon!" Versuchen Sie, IHREN Weg zu finden, und freuen Sie sich über Ihre Erfolge!*

Soluţia exerciţiului 1: Aţi înţeles?

❶ Ihr seid (einige) glückliche Eltern, ihr habt niemals in der Nacht für euer Kind den Arzt rufen müssen. ❷ Er beschwert sich über das Essen im Krankenhaus, aber er vergisst, dass er nicht im Restaurant ist, wo er bestellen kann, was er will. ❸ Es gelingt ihm nicht, seine Schulden bei der Bank abzubezahlen, und er hat seine Familie um Hilfe gebeten. ❹ Den Silvesterabend des vergangenen Jahres haben wir mit einigen Freunden gefeiert, aber dieses Jahr sind wir zu müde und wir möchten alleine bleiben. ❺ Ich muss wegen einer Sprechstunde mit meinem Familienarzt telefonieren.

Exerciţiul 2: Completaţi locurile libere cu cuvintele care lipsesc!

❶ Er erzählt allen Leuten, dass er eine glückliche Kindheit hatte, auf dem Land.

…… la toată …… că a …… o copilărie fericită, la …… .

❷ Ich wurde wegen eines Notfalls (von Notfall) im Büro angerufen, ich frage mich, worum es geht.

Am fost …… de …… la birou, mă …… despre ce este …… .

❸ Diese Krautwickel sind wunderbar, haben Sie sie gemacht?

…… astea sunt ……, dumneavoastră le-aţi …… ?

❹ Er hat Glück: Mit seinem Magen kann er alles essen, er verdaut alles ohne Probleme.

Are …… cu stomacul lui, poate …… orice, …… tot …… probleme.

53 Lecţia a cinzeci şi treia

Fiul meu se căsătoreşte

1 – Tăt**i**cule, tr**e**buie s**ă**-ţi spun cev**a** import**a**nt. ①

2 M-am hotăr**â**t să o cer în căsători**e** pe El**e**na:

3 o iub**e**sc din tot s**u**fletul,

4 m-am îndrăgost**i**t chi**a**r în mom**e**ntul în c**a**re am văz**u**t-o. ②

PRONUNŢIE

[**2** … k^{a}ß^{a}toriä … **3** ... jub**ä**ßk … ß**u**flätul **4** mam îndr^{a}gOßt**i**t … mOm**ä**ntul …]

❺ All seine Patienten sind zufrieden, man sagt, er sei der beste Arzt des Krankenhauses.

Toţi .... lui sunt ...., se spune că este ... mai bun medic din ....

Soluţia exerciţiului 2: Cuvintele care lipsesc.

❶ Spune – lumea – avut – ţară ❷ chemat – urgenţă – întreb – vorba ❸ Sarmalele – minunate – făcut ❹ noroc – mânca – digeră – fără ❺ pacienţii – mulţumiţi – cel – spital.

Zweite Welle: Aktivieren Sie heute Lektion 3!

53. Lektion

Mein Sohn heiratet

1 – Papa, ich muss dir etwas Wichtiges sagen.

2 Ich habe mich entschieden, Elena einen Heiratsantrag zu machen (dass eine bitte[ich] in Heirat auf Elena):

3 Ich liebe sie von ganzem Herzen (von ganz Seele[ø]),

4 ich habe mich verliebt genau in dem Moment, als ich sie gesehen habe.

ANMERKUNGEN

① **Tăticule** ist der Vokativ von **tătic**, Diminutiv von **tată** "Vater". Diminutive sind im Rumänischen sehr häufig.

② In **a se îndrăgosti** "sich verlieben" erkennen Sie das Adjektiv **drag** "lieb".

5 Sunt s**i**gur că e fem**e**ia v**i**surilor m**e**le, ③

6 o să fim feric**i**ţi împre**u**nă, sunt s**i**gur de **a**sta…

7 – În c**a**zul t**ă**u, f**ă**ră n**i**cio îndoi**a**lă, ④

8 se po**a**te vorb**i** de o dr**a**goste la pr**i**ma ved**e**re ⑤

9 dar mă gând**e**sc că **e**şti mult pre**a** t**â**năr,

10 şi n-o cun**o**şti pe El**e**na dec**â**t de c**â**teva l**u**ni…

11 Căsător**i**a e o tre**a**bă serio**a**să, ⑥ ⑦

12 n-**a**i **î**ncă dest**u**lă experi**e**nţă. ⑧

13 O iub**e**şti la nebun**i**e, de ac**o**rd, n**u**mai să ţ**i**nă! ⑨

14 – Sunt s**i**gur de sentim**e**ntele m**e**le!

15 La ce bun să m**a**i aşt**e**pt? La ce folos**e**şte? ⑩

16 De fapt, am fix**a**t dej**a** d**a**ta n**u**nţii, ⑪

PRONUNŢIE

[**5** … *w**i**ßurilOr* … **7** … *f^{a}r^a* … *îndOj**a**l^a* **8** … *dr**a**gOßtä* … **9** … *gînd**ä**ßk* … *t**î**n^{a}r* **11** … *trä**a**b^a ßärjo**a**ß^a* **12** … *däßt**u**l^a äkßpärj**ä**nz^a* **13** … *näbun**i**ä* … **14** … *ßäntim**ä**ntälä* … **15** … *fOlOß**ä**schtä* **16** … *fikß**a**t* … *n**u**nzi*]

③ Bevor aus dem Brautpaar **soţ** "Ehemann" und **soţie** "Ehefrau" werden, bezeichnet man sie als **mire** "Bräutigam" und **mireasă** "Braut".

④ **fără** haben Sie bereits in L. 29 in der Bedeutung "ohne, abzüglich" angetroffen. Assimilieren Sie die Wendung **fără nicio îndoială** als Ganzes.

⑤ Wie praktisch! Wie wir sprechen auch die Rumänen von der "Liebe auf den ersten Blick": **o dragoste la prima vedere**.

5 Ich bin sicher, dass sie meine Traumfrau ist,

6 wir werden zusammen glücklich sein, dessen bin ich mir sicher ...

7 – In deinem Fall, ohne (keinen) Zweifel,

8 kann man von (eine) Liebe auf den ersten Blick sprechen,

9 aber ich denke, dass du viel zu jung bist,

10 und du kennst Elena erst seit einigen Monaten ...

11 Die Ehe ist eine ernsthafte Angelegenheit,

12 [und] du hast noch nicht genügend Erfahrung.

13 Du liebst sie wahnsinnig (zu Wahnsinn), in Ordnung, hoffen wir, dass es so bleibt (bloß dass hält[es])!

14 – Ich bin mir meiner Gefühle sicher!

15 Warum noch warten? Was nützt das?

16 Eigentlich haben wir den Hochzeitstermin bereits festgelegt,

⑥ Ebenso wie bei uns gibt es in Rumänien die **căsătoria civilă** "standesamtliche Trauung" und die **căsătoria religioasă** "kirchliche Hochzeit", die meist in einer orthodoxen Kirche (**biserică ortodoxă**) stattfindet.

⑦ **treabă** "Angelegenheit" ist Bestandteil zahlreicher Wendungen: **am treabă** "ich habe zu tun"; **e treaba mea** "das ist meine Angelegenheit"; **a face treabă bună** "gute Arbeit leisten"; **a se pune pe treabă** "sich an die Arbeit machen" ... Ist die "Angelegenheit" in finanzieller oder kommerzieller Hinsicht gemeint, so benutzt man dagegen **afacere**.

⑧ **destulă** ist die weibliche Form von **destul** "genug, ausreichend". Die Formen im Plural lauten **destui** und **destule**. **Am destul timp.** "Ich habe genug Zeit."; **Destul!** "Genug!, Das reicht!"

⑨ **numai** hat viele Bedeutungen: "einzig und allein, gerade, lediglich, nur, erst dann, allein, bloß, einzig, einfach".

⑩ Das Verb **a folosi** haben Sie bereits in Lektion 44 im Sinne von "benutzen" kennengelernt; hier ist es eher im Sinne von "nützen, gut sein für" gemeint.

⑪ **nuntă** bezeichnet die "Eheschließung, Hochzeit" ebenso wie die gesamte "Hochzeitsfeier".

17 am al**e**s n**a**şii şi am făc**u**t l**i**sta de invit**a**ţi… ⑫

18 – **A**i drept**a**te… po**a**te că **e**u mă înş**e**l.

19 Şt**i**i m**a**i b**i**ne dec**â**t m**i**ne c**e**-i b**i**ne p**e**ntru t**i**ne,

20 în definit**i**v, e vi**a**ţa ta, f**a**ci cum vr**e**i!

21 N**u**-mi răm**â**ne dec**â**t s**ă**-ţi ur**e**z mult nor**o**c

22 şi c**a**să de pi**a**tră! ⑬ ⑭

PRONUNŢIE

[***17*** *… naschi… lißta …* ***18*** *… înschäl* ***20*** *… fatsch*^{j} *…* ***21*** *… uräs …* ***22*** *… pjatr*^{e}]

Exerciţiul 1: Înţelegeţi aceste propoziţii?

❶ Nu e momentul să te căsătoreşti, te sfătuiesc să renunţi la ideea asta. ❷ E o femeie foarte serioasă, cred că o să-ţi placă. ❸ Nu are noroc; din păcate pentru el, blonda sa preferată e deja măritată. ❹ Hotărârea mea e definitivă: deocamdată, eu trebuie să decid în locul tău. ❺ El se îndrăgosteşte foarte uşor, dar dragostea lui nu ţine foarte multă vreme.

17 wir haben die Paten ausgesucht und die Gästeliste erstellt …

18 – Du hast Recht … vielleicht irre ich mich.

19 Du weißt besser als ich, was gut für dich ist,

20 schließlich ist es dein Leben, du machst, was (wie) du willst!

21 Es bleibt mir nur noch, dir viel Glück zu wünschen

22 und alles Gute zur Hochzeit (Haus von Stein)!

⑫ Bei einer rumänischen Hochzeit wählt das Brautpaar ein oder zwei andere Paare aus, die als **naşi** "Paten" (**naş** "Pate"; **naşă** "Patin") die Heiratswilligen mit Rat und Tat unterstützen. Trauzeugen (**martorii**) sind eher selten, aber Brautjungfern (**domnişoarele de onoare**) gibt es.

⑬ Die Glückwunschfloskel **casă de piatră** verdeutlicht traditionell das (gemeinsame) Haus mit seiner Stabilität und Dauerhaftigkeit als Sinnbild für die Ehe. Dasselbe Bild vermittelt das Verb **a se căsători** mit dem Ausgangswort **casă**.

⑭ **de piatră** "aus Stein": Ein Material oder eine Beschaffenheit wird mit der Präposition **de** eingeführt: **lingură de lemn** "Holzlöffel".

Soluţia exerciţiului 1: Aţi înţeles?

❶ Das ist nicht der Moment, zu heiraten (dass dich heiratest[du]), ich rate dir, diese Idee aufzugeben. ❷ Sie ist eine sehr ernsthafte Frau, ich glaube, sie wird dir gefallen. ❸ Er hat kein Glück; leider (für ihn) ist seine bevorzugte Blondine bereits verheiratet. ❹ Mein Entschluss steht fest (ist[sie] definitiv): Vorerst muss ich an deiner Stelle entscheiden. ❺ Er verliebt sich sehr leicht, aber seine Liebe hält nicht lange (sehr viel Zeit).

Exerciţiul 2: Completaţi locurile libere cu cuvintele care lipsesc!

❶ Für ihre Hochzeit haben sie die älteste orthodoxe Kirche der Stadt ausgewählt.

Pentru ___ lor, au ___ cea mai veche ___ ortodoxă din ___.

❷ Wir haben ein Traumleben: Wir lieben uns (beide) wahnsinnig.

Avem o ___ de ___: ___ iubim amândoi ___ ___.

❸ Sie ist viel jünger als er, aber man sieht es nicht: Er sieht gut aus, für sein Alter.

Ea este mult mai ___ decât el, dar asta nu se ___: el ___ bine, pentru ___ lui.

❹ Ich gebe zu, dass Erfahrung nichts nützt, ich kann dir keine Ratschläge geben.

Recunosc că ___ nu ___ la nimic, nu ___ să-ţi dau ___.

❺ Ich habe vergessen, welche bedeutende Persönlichkeit gesagt hat: "Ich denke, also bin ich."

Am uitat ce ___ important a ___: "___, deci ___".

54 Lecţia a cinzeci şi patra

Mănânc ce vreau!

1 – Sunt**e**m în pl**i**nă primăv**a**ră, v**i**ne v**a**ra,

2 şi vre**a**u să plec în vac**a**nţă la m**a**re.

3 Mă gând**e**sc cu gro**a**ză că sunt pre**a** gr**a**să, ①

4 tr**e**buie ne**a**părat să slăb**e**sc c**â**teva kilogr**a**me…

PRONUNŢIE

[*3* … *grOas^{a}* … *4* … *ßl^{a}bäßk* …]

Soluţia exerciţiului 2: Cuvintele care lipsesc.

❶ căsătoria – ales – biserică – oraş ❷ viaţă – vis – ne – la nebunie ❸ tânără – vede – arată – vârsta ❹ experienţa – foloseşte – pot – sfaturi ❺ personaj – spus – Gândesc – exist.

Heiraten auf Rumänisch

Es gibt regional unterschiedliche Heiratsbräuche, einen dieser Bräuche wollen wir Ihnen aber vorstellen: Manche rumänische Hochzeit beginnt mit einem sportlichen Teil: Freunde der Braut müssen einen Baum erklimmen und an dessen Spitze einen Brautkranz befestigen, den die Freunde des Bräutigams dann mithilfe einer Menschenpyramide wieder abhängen müssen. Danach folgt die Trauung, die keine übergeordnete Rolle spielt, sondern eher als Einstimmung auf die Festlichkeiten dient. Zur Tradition gehören neben der Entführung der Braut und mehreren (gleichzeitig spielenden!) Musikkapellen auch das Werfen von Geldmünzen auf den Teppich, auf dem das Brautpaar in der Kirche steht, das Verspritzen von Rosenwasser durch die Braut auf der Schwelle ihres neuen Heims sowie das Werfen von Salz und Weizenkörnern in alle vier Himmelsrichtungen. Sachgeschenke sind übrigens unüblich, meist werden Geldbündel überreicht.

Zweite Welle: Aktivieren Sie heute Lektion 4!

54. Lektion

Ich esse, was ich will!

1 – Wir sind mitten im (voll) Frühling, der Sommer kommt,
2 und ich möchte in den Ferien ans Meer fahren.
3 Ich denke mit Grauen daran, dass ich zu dick (fett) bin,
4 ich muss unbedingt einige Kilo abnehmen …

ANMERKUNGEN

① An dieser Stelle wirkt die Verwendung von **groază** "Grauen, Entsetzen, Horror, Schrecken" vielleicht etwas übertrieben, jedoch ist dieses Wort in der Umgangssprache durchaus gängig: **un film de groază** "Horrorfilm" oder auch **o groază de…** "eine große Menge, viel".

5 – Da de **u**nde, ce vorb**e**şti! ②

6 **e**şti m**a**i sl**a**bă ca niciod**a**tă, pe cuv**â**ntul m**e**u! ③

7 N-**ai** n**i**ci un mot**i**v să te pl**â**ngi!

8 – Mi-**e** ruş**i**ne să **ie**s aş**a** pe pl**a**jă, în cost**u**m de b**a**ie…

9 Şt**i**u că cit**e**şti rev**i**ste pl**i**ne de reţ**e**te…

10 N**u**-mi p**o**ţi da un sfat?

11 – Ex**i**stă o sol**u**ţie fo**a**rte s**i**mplă:

12 măn**â**nci m**a**i puţ**i**n, p**o**rţii m**a**i m**i**ci

13 şi f**a**ci z**i**lnic gimn**a**stică!

14 I**a**tă reg**i**mul de slăb**i**t pe c**a**re ţi-l recom**a**nd: ④

15 dimine**a**ţa, suc de m**o**rcovi s**a**u de portoc**a**le,

16 la dej**u**n, leg**u**me fi**e**rte cu or**e**z ⑤

17 şi se**a**ra, cev**a** m**a**i uş**o**r,

18 de ex**e**mplu, un ia**u**rt cu p**â**ine prăj**i**tă. ⑥

19 – A nu, to**a**te **a**stea ţ**i**n de b**u**nul s**i**mţ, le şt**i**u şi **e**u!

20 Ce vre**a**u **e**u, **e**ste să pot mânc**a** tot ce am chef! ⑦

21 Nu şt**i**i d**a**că nu **a**u invent**a**t un medicam**e**nt n**o**u, un fel de pil**u**lă de slăb**i**t?

[**6** … *ßl**a**b^{a}* … **7** … *mOt**i**w* … *pl**î**ng^{j}* **8** … *pl**a**ĵ^{a}* … **9** … *räw**i**ßtä* … *räz**ä**tä* **11** … *ßOl**u**ziä* … **12** … *p**O**rzi* … **13** … *s**i**lnik dĵimn**a**ßtik^{a}* **14** … *rädĵ**i**mul dä ßl^{a}b**i**t* … *räkOm**a**nd* **15** … *ßuk dä m**O**rkOwi* … *pOrtOk**a**lä* **16** … *fj**ä**rtä ku Or**ä**s* **18** … *ja**u**rt* … **19** … *ß**i**mz* … **20** … *käf* **21** … *inwänt**a**t* … *pil**u**l^{a}* …]

② Beachten Sie immer wieder feststehende Wendungen wie **Da de unde!** oder **Ce vorbeşti?**, die sie als solche assimilieren sollten und die Sie später, wenn Sie sich mit Rumänen unterhalten, sehr gut in Unterhaltungen einflechten können.

5 – Aber woher (ja von wo), was redest du da?

6 du bist dünner als je zuvor, das sage ich dir!

7 Du hast keinen Grund, dich zu beschweren!

8 – Ich schäme mich, so an den Strand zu gehen, im Badeanzug (Kostüm von Bad) …

9 Ich weiß, dass du Zeitschriften liest, die voll mit Rezepten sind …

10 Kannst du mir nicht einen Rat geben?

11 – Es gibt eine sehr einfache Lösung:

12 Du isst weniger, kleinere Portionen,

13 und du machst täglich Gymnastik!

14 Dies (sieh-da) ist die Fastenkur, die ich dir empfehle:

15 morgens Karotten- oder Orangensaft,

16 zum Mittagessen gedämpftes Gemüse mit Reis,

17 und abends etwas Leichteres,

18 zum Beispiel ein Joghurt mit getoastetem Brot.

19 – Ah nein, all dies halte ich für gesunden Menschenverstand (gesund Sinn), das weiß ich schon!

20 Was ich will, ist, alles zu essen, worauf ich Lust habe!

21 Weißt du nicht, ob sie nicht ein neues Medikament erfunden haben, eine Art Abnehmpille?

③ Bei **pe cuvântul meu** kann der Zusatz **onoare** "Ehre" impliziert sein: **pe cuvântul meu de onoare** "auf mein [Ehren]wort".

④ Ein anderer Ausdruck für **regim de slăbit** "Abspeckdiät, Fastenkur" ist **regim de slăbire**; hier wird die Verbform **slăbit** durch das Nomen **slăbire** "Abmagern" ersetzt.

⑤ **fiert** "gekocht, gedämpft, gesotten".

⑥ In **pâine prăjită** "geröstetes Brot, Toastbrot" finden Sie das Adjektiv **prăjit** "gebacken (regional), gebraten, geröstet, getoastet" (vgl. auch **cartofi prăjiţi** "Bratkartoffeln, Pommes frites" in L. 18).

⑦ Ebenso wie das Ihnen bekannte **a avea poftă** (L. 20) bedeutet **a avea chef** "Lust haben zu/auf": **N-am niciun chef.** "Ich habe keine Lust." **N-am niciun chef să mă grăbesc, cursurile încep la ora opt.** "Ich habe keine Lust, mich zu beeilen, die Kurse beginnen um acht Uhr." **Chef** kommt auch in einer ganz anderen Bedeutung vor: **a face chef** "zechen, schlemmen, prassen, auf die Pauke hauen, einen draufmachen".

Exerciţiul 1: Înţelegeţi aceste propoziţii?

❶ Mâine încep o viaţă nouă: vreau să slăbesc înainte de a pleca în vacanţă. ❷ Ele au hotărât să nu mânânce decât legume fierte, fără pâine. ❸ Îmi place carne de porc, dar e prea grasă; sunt obligată să mănânc carne de pui. ❹ Am aflat că soţul ei este profesor de gimnastică la şcoala la care învaţă fiul meu. ❺ Mă plictisesc acasă, hai să ieşim în oraş, să vedem un film de groază.

> ***Lerntipp:*** *Es ist sehr hilfreich, sich in einem Heft Wörter und Wendungen aus bestimmten Wortfeldern zu notieren, z. B. eine Liste von Wörtern rund um das Thema "Reisen", "Essen" oder "Einkaufen" …*

Exerciţiul 2: Completaţi locurile libere cu cuvintele care lipsesc!

❶ Diese Diät ist nicht gut für mich, ich habe die ganze Zeit Hunger, und ich habe Kopfschmerzen!

..... ăsta nu e bun pentru mine, mi-e ..... tot timpul şi mă ..... capul!

❷ Ich weiß nicht, wie sie das macht, sie isst viel mehr als ich, und sie ist immer dünn.

Nu ştiu ..... face, ... mai mult ..... mine şi e întotdeauna .....!

❸ Ich glaube, dass ich krank bin, ich werde heute nur ein wenig gekochten Reis essen.

Cred că sunt ....., n-o să ..... astăzi decât ..... orez .....

❹ Du hast noch viel Arbeit zu erledigen (von gemacht), bevor du die Lösung des Problems findest.

Ai ..... multă ..... de făcut, înainte de a ..... soluţia .....

Soluţia exerciţiului 1: Aţi înţeles?

❶ Morgen beginne ich ein neues Leben: Ich möchte abnehmen, bevor ich in die Ferien fahre. ❷ Sie haben beschlossen, nur gedämpftes Gemüse zu essen, ohne Brot. ❸ Ich mag das Schweinefleisch, aber es ist zu fett; ich muss (bin[ich] verpflichtet) Hühnerfleisch essen. ❹ Ich habe erfahren, dass ihr Mann Gymnastiklehrer an der Schule ist, an der mein Sohn lernt. ❺ Ich langweile mich zu Hause, lass uns in die Stadt gehen, um einen Horrorfilm zu sehen.

❺ Er erfindet alle Arten von Gründen, um zu erklären, warum er nicht das tut, was er tun soll.

El ________ tot felul de ______ ca să explice de ce nu ____ ce trebuie să ____.

Soluţia exerciţiului 2: Cuvintele care lipsesc.

❶ Regimul – foame – doare ❷ cum – mănâncă – decât – slabă ❸ bolnav – mănânc – puţin – fiert ❹ încă – muncă – găsi – problemei ❺ inventează – motive – face – facă.

Zweite Welle: Aktivieren Sie heute Lektion 5!

55 Lecţia a cinzeci şi cincea

O familie de muzicieni

1 – Ce v**o**ce frumo**a**să **a**i! O adevăr**a**tă v**o**ce de **î**nger!

2 Te-**a**m invidi**a**t întotde**a**una p**e**ntru **a**sta!

3 Din păc**a**te p**e**ntru m**i**ne, **e**u cânt fals…

4 – E de mir**a**re! În fam**i**lia ta m**u**zica e un fel de moşten**i**re; ①

5 sunt m**u**lţi muzici**e**ni pr**i**ntre r**u**dele t**a**le!

6 Ce se înt**â**mplă cu t**i**ne?

7 – Aş**a**-i, t**a**ta e violon**i**st, m**a**ma c**â**ntă la pi**a**n, ②

8 bun**i**cul m**e**u c**â**ntă în c**o**rul bis**e**ricii, ③

9 şi f**i**ul m**e**u e sol**i**st **î**ntr-un grup de rock.

10 **E**u mi-**a**m cumpăr**a**t o tromp**e**tă, ④

11 dar nu reuş**e**sc să reprod**u**c cor**e**ct n**o**tele!

12 N-am del**o**c ur**e**che muzic**a**lă…

13 – Cred că sol**u**ţia dep**i**nde n**u**mai de t**i**ne;

14 **e**şti pr**ea** tim**i**d, **î**ţi lips**e**şte cur**a**jul! ⑤

PRONUNŢIE

[… *musitschj**ä**n*^{j} **1** … *w**O**tschä* … ***î**ndĵär* **2** … *inwidi**a**t* … **3** … *kînt falß* **4** … *mir**a**rä* … *mOschtän**i**rä* **7** … *wiOlOn**i**ßt* … **8** … *k**O**rul* … **9** … *ßol**i**ßt* … *grup* … **10** … *trOmp**ä**t*^{a} **11** … *räusch**ä**ßk ß*^{a} *räprod**u**k kor**ä**kt n**o**tälä* **12** … *ur**ä**kä musik**a**l*^{a} **14** … *tim**i**d* … *lipß**ä**schtä kur**a**ĵul*]

55. Lektion

Eine Familie von Musikern

1 – Was für eine schöne Stimme du hast! Eine wahre Engelsstimme!

2 Ich habe dich immer darum beneidet!

3 Leider singe ich falsch ...

4 – Es ist erstaunlich (ist[es] von Verwunderung)! In deiner Familie ist die Musik eine Art Erbe;

5 es sind viele Musiker unter deinen Verwandten!

6 Was ist mit dir?

7 – So ist es, Papa ist Geiger, Mama spielt Klavier,

8 mein Großvater singt im Kirchenchor,

9 und mein Sohn ist Solist in einer Rockgruppe.

10 Ich, ich habe mir eine Trompete gekauft,

11 aber es gelingt mir nicht, (dass gebe[ich]-wieder) die Noten korrekt zu spielen!

12 Ich habe überhaupt kein musikalisches Gehör (Ohr) …

13 – Ich glaube, die Lösung hängt nur von dir ab;

14 du bist zu schüchtern, dir fehlt der Mut!

ANMERKUNGEN

① Oft ersetzen Wendungen mit **de** + Substantiv ein Adjektiv: **de mirare** oder **mirare** "Erstaunen, Verwunderung" wird hier anstelle von **uimitor** "erstaunlich" verwendet.

② **tata** ist eine sehr vertrauliche Form von **tatăl** "Vater" und kann daher mit "Papa" übersetzt werden.

③ **a cânta** kann "singen" und "(ein Musikinstrument) spielen" bedeuten. "Spielen" im Sinne von "ein Spiel/Theater usw. spielen" heißt dagegen **a juca**: **a juca fotbal** "Fußball spielen"; **a juca un rol** "eine Rolle spielen".

④ Bei **mi-am cumpărat** "ich habe mir gekauft" steht das Reflexivpronomen im Dativ.

⑤ **a lipsi** "fehlen"; **a-i lipsi cuiva** "jmdm. fehlt etwas" (unpersönlich); **a se lipsi de** "etw. entbehren". Beim persönlichen Gebrauch von **a lipsi** "fehlen" können alle Subjektpronomen auftreten. **Dumneavoastră o să ne lipsiţi.** "Sie (höfl.) werden uns fehlen."

15 Cu v**o**cea pe c**a**re o **a**i, e dest**u**l s**ă**-ţi i**e**i **i**nima în d**i**nţi ⑥

16 şi sunt s**i**gur că v**e**i reuş**i** să c**â**nţi în p**u**blic! ⑦

17 – Po**a**te că **a**i drept**a**te; când nu mă a**u**de n**i**meni,

18 cânt dest**u**l de b**i**ne, în b**a**ie, când fac duş… ⑧

PRONUNŢIE

[*15* … *dinzi* *16* … *kînz*[j] … *p**u**blik* *17* … *a**u**de* … *18* … *dusch*]

Exerciţiul 1: Înţelegeţi aceste propoziţii?

❶ Vorbeşte cu o voce caldă şi adâncă, e o plăcere să-l asculţi. ❷ Acum poate să cumpere tot ce vrea, a primit o moştenire importantă de la bunicul lui. ❸ Ca să fii un bun violonist, trebuie să cânţi la vioară şase ore pe zi. ❹ Ea a cântat pentru prima dată în corul şcolii la vârsta de şase ani. ❺ Copiii lor au plecat în vacanţă la munte, cu un grup de prieteni.

15 Mit der Stimme, die du hast, genügt es, wenn du deinen Mut zusammen nimmst (nimmst[du] Herz in Zahn♂)

16 und ich bin sicher, dass du es schaffen wirst, vor Publikum (in Öffentlichkeit) zu singen!

17 – Vielleicht hast du Recht; wenn mich keiner hört,

18 singe ich ziemlich gut, in der Badewanne, wenn ich dusche (mache[ich] Dusche) ...

⑥ Oft wird das Possessivpronomen durch ein Pronomen im Dativ ersetzt: **să-ţi iei inima în dinţi** wird z. B. gegenüber **să iei inima ta în dinţi** bevorzugt.

⑦ **a reuşi** "erreichen, gelingen, zustande bringen". Merken Sie sich auch **a face faţă** "zurechtkommen".

⑧ Im Rumänischen "nimmt" man nicht ein Bad oder eine Dusche, man "macht" es: **a face baie** "ein Bad nehmen"; **a face duş** "eine Dusche nehmen".

Bestimmt haben Sie sich schon etwas an die Arbeitsweise der "Zweiten Welle" gewöhnt. Hören Sie sich ruhig immer wieder die Tonaufnahmen der ersten Lektionen an. Jetzt, wo Sie mehr verstehen, haben Sie ein noch besseres Ohr für den rumänischen Tonfall und die typischen Laute.

Soluţia exerciţiului 1: Aţi înţeles?

❶ Er spricht mit einer warmen und tiefen Stimme, es ist ein Vergnügen, ihm zuzuhören. ❷ Jetzt kann er alles kaufen, was er will, er hat ein bedeutendes Erbe von seinem Großvater erhalten. ❸ Um ein guter Geiger zu sein, muss man jeden Tag sechs Stunden Geige spielen. ❹ Sie hat zum ersten Mal im Alter von sechs Jahren im Schulchor gesungen. ❺ Ihre Kinder sind in den Ferien in die Berge gefahren, mit einer Gruppe von Freunden.

Exerciţiul 2: Completaţi locurile libere cu cuvintele care lipsesc!

❶ Er gleicht seinem Vater, er ist groß, aber er hat blaue Augen, wie seine Mutter.

______ cu ______ său, e ______, dar are ______ albaştri ___ mama ___.

❷ Ich glaube, dein Junge ist für jemanden seines Alters viel zu schüchtern.

Cred că ______ tău e ______ prea ______ pentru ______ de ______ lui.

❸ Seine Musik kommt beim Publikum sehr gut an (ist^sie sehr gut aufgenommen), es gibt keine Karten mehr für seine Vorstellung.

______ sa e foarte bine ______ de ______, nu mai sunt ______ pentru ______ său.

❹ Nachdem er mehrere (mehr) Jahre [lang] im Chor seiner Klasse gesungen hat, wurde er als Solist ausgewählt.

______ ce a ______ mai mulţi ani în corul ______, a fost ______ ca ______.

56 Lecţia a cinzeci şi şasea

Recapitulare

1. Diminutiv (Verkleinerungs-/Verniedlichungsform)

Die Rumänen lieben Diminutive, speziell wenn es darum geht, andere Personen liebevoll anzusprechen. Man muss sagen, dass die Sprache es ihnen da auch sehr leicht macht, denn für zahlreiche Substantive, Adjektive und auch Adverbien gibt es Suffixe (Nachsilben), die dem Wort oft eine sentimentale oder verniedlichende Nuance verleihen. Es gibt sogar Diminutive von Diminutiven: **câine**, **căţel**, **căţeluş** ("Hund", "junger Hund"/Welpe, "kleines Hündchen"), und wir verschonen Sie mit den ca. 20 Varianten des Wortes, zu dem die meisten das wahrscheinlich emotionalste Verhältnis haben: **mamă** "Mutter", dessen häufigste Koseform **mămică** "Mama" ist.

1.1 Diminutive von Substantiven

Es existieren Diminutive für männliche, weibliche und neutrale Nomen, die sich, wie Sie wissen, im Singular wie männliche Substantive verhalten (vgl. Lektion 14, Absatz "4.3 Pluralformen des Neutrums"):

❺ Ich kenne ihn besser als du, und ich weiß, dass er niemals korrekt singen können wird.

Îl ______ mai bine ______ tine şi ştiu că nu va ______ niciodată să cânte ______.

Soluţia exerciţiului 2: Cuvintele care lipsesc.

❶ Seamănă – tatăl – înalt – ochii – ca – sa ❷ băiatul – mult – timid – cineva – vârsta ❸ Muzica – primită – public – bilete – spectacolul ❹ După – cântat – clasei – ales – solist ❺ cunosc – decât – reuşi – corect.

Zweite Welle: Aktivieren Sie heute Lektion 6!

56. Lektion

• Maskulinum

băiat "Junge" ▶ **băieţel** "kleiner Junge, Jungchen"

• Femininum

farfurie "Teller" ▶ **farfurioară** "Untertasse, Tellerchen"
rochie "Kleid" ▶ **rochiţă** "Kleidchen"
casă "Haus" ▶ **căsuţă** "Häuschen"

• Neutrum

oraş "Stadt" ▶ **orăşel** "Städtchen"
pat "Bett" ▶ **pătuţ** "Bettchen"

1.2 Diminutiv von Personennamen

Häufig werden Personennamen mithilfe von Diminutiven abgewandelt, damit sie liebevoller klingen:

Ion "Hans, Johann" ▶ **Ionuţ** oder **Ionel** "Hänschen"
Ana "Anna/Anne" ▶ **Anuţa** oder **Anişoara** "Annette"

1.3 Diminutiv von Adjektiven und Adverbien

Auch von Adjektiven und Adverbien werden im Rumänischen Diminutive gebildet:

- **Adjektive**

mic "klein" ► **micuţ**, **mititel** "winzig, klitzeklein"
bun "gut" ► **bunişor**, **bunicel** "ziemlich gut"
slab "mager" ► **slăbuţ** "schmächtig, etwas dünn"

- **Adverbien**

bine "gut" ► **binişor** "ziemlich gut, recht gut"
încet "langsam, leise" ► **încetişor** "langsam, ruhig, sachte"

2. Verb a sta

Das Verb **a sta** hat zahlreiche Bedeutungen; die meisten davon beschreiben einen statischen Zustand bzw. drücken die Idee der Unbeweglichkeit aus. Die folgende Auflistung mit Beispielen fasst die Verwendungsweisen von **a sta** zusammen.

Am häufigsten treffen Sie **a sta** in diesen Bedeutungen an:

Stai! "Halt!, Stopp!"
Ceasul stă. "Die Uhr steht."
Nu-i mai stă gura. "Ihr Mund steht nicht mehr still." (**gură** "Mund")
Rochia îţi stă bine. "Das Kleid steht dir gut."

Weitere Satzstrukturen mit **a sta**:

- **a sta** + Präposition + Substantiv

Ea stă în Germania. "Sie wohnt/lebt in Deutschland."
El stă pe gânduri. "Er ist in Gedanken." (**gând** "Gedanke")
El stă la îndoială. "Er hat Zweifel."
Ele stau de vorbă. "Sie halten einen Plausch."
Cum stai cu româna? "Wie steht es bei dir mit Rumänisch?"
Cum stai cu sănătatea? "Wie geht‘s gesundheitlich?" (**sănătate** "Gesundheit")

- **a sta** + Adverb:

El stă treaz. "Er bleibt wach." (**treaz** "wach")
El stă liniştit. "Er bleibt ruhig."
Mai stai! "Bleib noch!"
El stă degeaba. "Er hängt untätig herum." (**degeaba** "umsonst")
El stă bine. "Er ist finanziell gut gestellt."

- **a sta** + Verb im Konjunktiv:

Piatra stă să cadă. "Der Stein fällt gleich herunter."
Stă să plouă. "Es wird gleich regnen."

3. Voranstellen des Dativpronomens/-objekts

Sie haben bereits Beispiele dafür gesehen, dass das Rumänische stellvertretend für eine Person, die das Akkusativobjekt bildet, ein Akkusativpronomen an den Satzanfang stellt:

Îl aştept pe prietenul meu. "Ich warte auf meinen Freund." ("ihn warte[ich] nach Freund-der mein.")

Auch das Dativobjekt kann, wenn es sich auf eine Person bezieht, in Form eines unbetonten Dativpronomens vorangestellt werden:

Îi trimit bani prietenului meu. "Ich schicke meinem Freund Geld." ("ihm schicke[ich] Geld dem-Freund mein.")

Das Dativpronomen kann dem Dativobjekt auch folgen:

Prietenului meu îi trimit bani. "Es ist mein Freund, dem ich Geld schicke." ("Dem-Freund mein ihm schicke[ich] Geld.")

Im letzteren Fall wird durch das Positionieren des Dativobjekts an den Satzanfang dieses stark betont, d. h. hier wird zum Ausdruck gebracht, dass das Geld dem Freund und niemand anderem geschickt wird.

3.1 Reflexivpronomen im Dativ

Sie erinnern sich an die Formen des Personalpronomens im Dativ, oder anders ausgedrückt, die Formen des Dativpronomens: **îmi** "mir"; **îţi** "dir"; **îi** "ihm/ihr"; **ne** "uns"; **vă** "Ihnen/euch"; **le** "ihnen". Das Reflexivpronomen im Dativ hat dieselben Formen, mit Ausnahme der 3. Person Singular und Plural: Hier werden die Formen **îi** "ihm/ihr" und **le** "ihnen" durch die Reflexivpartikel **îşi** "sich" ersetzt.

Vergleichen Sie die Sätze **El cumpără un ceas.** "Er kauft eine Uhr." (eventuell für eine andere Person) und **El îşi cumpără un ceas.** "Er kauft sich eine Uhr."

Verben, die mit einem Reflexivpronomen im Dativ konstruiert werden, sind im Infinitiv erkennbar an dem Vorhandensein der Reflexivpartikel **îşi** in ihrer verkürzten Form -**şi**. Ein gutes Beispiel ist das Verb **a-şi aminti** "sich erinnern, sich entsinnen":

(**eu**) **îmi amintesc** "ich erinnere mich"
(**tu**) **îţi aminteşti** "du erinnerst dich"
(**el/ea**) **îşi aminteşte** "er/sie erinnert sich"
(**noi**) **ne amintim** "wir erinnern uns"
(**voi**) **vă amintiţi** "ihr erinnert euch/Sie erinnern sich"
(**ei/ele**) **îşi amintesc** "sie erinnern sich"

Ein Synonym des Verbs **a-şi aminti** ist **a-şi aduce aminte**. Denselben Regeln folgen Verben wie z. B. **a-şi închipui** oder **a-şi imagina** "sich vorstellen, sich einbilden"; **a-şi da seama** "verstehen, erkennen"; **a-şi lua rămas bun** "sich verabschieden".

3.2 Personalpronomen im Dativ – Possessiver Dativ

Um ein Besitz- oder Zugehörigkeitsverhältnis auszudrücken, verwendet das Rumänische lieber Dativobjekte als Possessivpronomen. Einige Beispiele:

Ţi-am călcat cămaşa. "Ich habe dein Hemd gebügelt." ("dir-habe[ich] gebügelt Hemd-das.")
El mi-e frate. "Er ist mein Bruder." ("er mir-ist[er] Bruder-der.")
Îţi sunt prieten. "Ich bin dein Freund." ("dir bin[ich] Freund-der.")
Îi ascult vocea la radio. "Ich höre seine Stimme im Radio." ("ihm höre[ich] Stimme-die in Radio.")
Ne-am pierdut timpul. "Wir haben unsere Zeit vergeudet." ("uns-haben[wir] verloren Zeit-die.")
Vă voi cere adresa. "Ich werde Sie um Ihre Adresse bitten." ("Sie werde[ich] bitten Adresse-die.")
Le cunoaşte problemele. "Er kennt ihre (Pl.) Probleme." ("ihnen kennt[er] Probleme-die.")
El le-a spălat picioarele. "Er hat ihnen die Füße gewaschen." ("er ihnen-hat[er] gewaschen Füße-die.")

Man nennt diese Konstruktion "possessiven Dativ".

4. Verständnis-/Formulierungsübung

Exerciţiul: Înţelegeţi aceste propoziţii?

(1) Vrei să mergem sâmbătă s-o vedem pe Simona? (2) Îi ducem ciocolată, nişte flori, o sticlă de vin bun… (3) Merită, joacă într-o piesă despre care vorbeşte toată lumea! (4) E excelentă în rolul ei, are o voce bună şi o tehnică perfectă! (5) Am văzut-o şi eu, m-a impresionat foarte mult, (6) dar uiţi să spui că e blonda ta preferată (7) şi că o iubeşti de multă vreme – de departe! (8) Scuză-mă, dar de ce ţii să merg şi eu cu tine? (9) Insist, vreau neapărat să mergem împreună, (10) tu o cunoşti mai bine decât mine şi ea are încredere în tine! (11) Ştii foarte bine că sunt prea timid! (12) Problema mea este că nu reuşesc să mă decid: (13) mi-e frică să merg la ea singur! (14) Te-ai îndrăgostit de ea, dar nu ai curajul să i-o spui! (15) E femeia visurilor tale sau nu? (16) Iată un sfat de bun simţ: există o singură soluţie, (17) trebuie să-ţi iei inima în dinţi, (18) să te duci la ea şi să-i spui tot! (19) O să te înţeleagă, nu are o inimă de piatră…

Soluţia exerciţiului: Aţi înţeles?

❶ Möchtest du, dass wir am Samstag Simone besuchen gehen (sehen auf Simone)? ❷ Wir bringen ihr Schokolade, ein paar Blumen und eine Flasche guten Wein mit … ❸ Sie verdient es, sie spielt in einem Theaterstück mit, über das alle Welt spricht! ❹ Sie ist hervorragend in ihrer Rolle, sie hat eine gute Stimme und eine perfekte Technik! ❺ Ich habe sie auch gesehen, sie hat mich sehr stark beeindruckt, ❻ aber du vergisst zu sagen, dass sie deine bevorzugte Blondine ist ❼ und dass du sie schon lange liebst – aus der Entfernung! ❽ Entschuldige, aber warum bestehst du darauf (hältst[du]), dass auch ich mit dir komme? ❾ Ich bestehe darauf, ich möchte unbedingt, dass wir zusammen hingehen, ❿ du kennst sie besser als ich, und sie vertraut dir! ⓫ Du weißt sehr gut, dass ich zu schüchtern bin! ⓬ Mein Problem ist, dass ich es nicht schaffe, mich zu entscheiden: ⓭ Ich habe Angst, alleine zu ihr zu gehen! ⓮ Du hast dich in sie verliebt, aber du hast nicht den Mut, es ihr zu sagen! ⓯ Ist sie deine Traumfrau oder nicht? ⓰ Hier kommt ein Ratschlag des gesunden Menschenverstands: Es gibt eine einzige Lösung, ⓱ du musst deinen Mut zusammennehmen, ⓲ zu ihr gehen und ihr alles sagen! ⓳ Sie wird dich verstehen, sie hat kein Herz aus Stein …

*Nobody is perfect! ... Es ist nicht schlimm, wenn Sie Fehler machen. Sie sind ja gerade dabei, eine neue Sprache zu lernen. Sollten Sie einen Geprächspartner für Ihre neue Fremdsprache haben, bitten Sie ihn darum, Sie zu korrigieren. Vielleicht ist dieser auch bereit, Ihnen die Feinheiten und Sonderfälle seiner Muttersprache genau zu erklären. So lernen Sie ständig dazu. Und da Sie ja nun schon ein bisschen "fortgeschritten" sind, kommt der Hinweis auf die "Zweite Welle" ab der nächsten Lektion auf Rumänisch: "**Etapa a doua: Activaţi astăzi lecţia…!**"*

Zweite Welle: Aktivieren Sie heute Lektion 7!

57 Lecţia a cinzeci şi şaptea

Un nume de botez

1 – M**a**rele evenim**e**nt se apr**o**pie!

2 E mom**e**ntul să al**e**gem un n**u**me p**e**ntru cop**i**l,

3 dar cum s**ă**-ţi expl**i**c?

4 Soţ**i**a me**a** şi cu m**i**ne, nu s**u**ntem de ac**o**rd!

5 Când e v**o**rba de pren**u**me, av**e**m g**u**sturi difer**i**te…

6 – **Î**ţi prop**u**n **e**u câtev**a**: Vas**i**le, Ghe**o**rghe, Il**i**e, M**a**rcu, ①

7 Mat**e**i, L**u**ca, Io**a**n, P**a**vel, Ant**o**n, Dum**i**tru, Constant**i**n… ②

8 – St**a**i, că mă ameţ**e**şti!

9 **E**u pref**e**r n**u**me ca Bogd**a**n, Dr**a**goş, M**i**rcea, Vlad, Ştef**a**n … ③

10 – Mda, tot manu**a**lul de ist**o**rie…

Von dieser Lektion an wird die vereinfachte Lautschrift in den Lektionen fast komplett wegfallen. In Einzelfällen, z. B. bei Wörtern mit besonders schwieriger oder ungewöhnlicher Aussprache, werden Sie noch eine Transkription vorfinden. Hören Sie in Zweifelsfällen sehr aufmerksam die Tonaufnahmen an.

▼

PRONUNŢIE

[**6** … *ge**O**rgjä* … **8** … *amäz**ä**scht*ʲ **9** … *m**i**rtscha* …]

57. Lektion

Ein Taufname

1 – Das große Ereignis$^{\emptyset}$ rückt näher (sich nähert^{es})!

2 Es ist der Moment$^{\emptyset}$, einen Namen$^{\emptyset}$ für das Kind auszusuchen,

3 aber wie soll ich es dir erklären?

4 Meine Frau und ich, wir sind uns nicht einig (von einverstanden)!

5 Wenn es um Vornamen geht, haben wir unterschiedliche Geschmäcker$^{\emptyset}$ ...

6 – Ich schlage dir einige vor: Basilius, Georg, Elias, Mark,

7 Matthäus, Lukas, Johannes, Paulus, Anton, Dimitrios, Konstantin …

8 – Stopp, denn mir wird schwindelig!

9 Ich bevorzuge Namen wie Bogdan, Dragoş, Mircea, Vlad, Ştefan …

10 – Naja, das ganze Geschichtsbuch (Lehrwerk von Geschichte) …

ANMERKUNGEN

① **câteva** "einige, manche, mehrere, ein paar" ist ein Pronomen und ein unbestimmtes Adjektiv.

② In der rumänischen Namenskunde werden die traditionellen – meist religiösen – Namen immer mehr durch internationale Varianten ersetzt. So konkurrieren z. B. **Gheorghe** und **Georg** sowie **Pavel** und **Paul**.

③ Diese Namen verdanken ihre Popularität der Tatsache, dass sie von den **voievozi** getragen wurden, den im Mittelalter regierenden Fürsten in den drei historischen Provinzen Walachei, Moldau und Siebenbürgen.

11 Ce zici de Tiberiu, Remus, Octavian,

12 Emil, Liviu, poate chiar Vicenţiu? ④

13 – M-am gândit deja,

14 dar de fiecare dată când mă hotărăsc pentru un nume de botez ⑤

15 a doua zi mi se pare ridicol… ⑥

16 – Nu uita numele de fată! Nu se ştie niciodată…

17 – Dacă e fată, ne gândeam la Terezia, Letiţia, Monica, Marcela, Anca… ⑦

18 La nevoie, transformăm un nume de băiat: Alexandru-Alexandra, Victor-Victoria, Ion-Ioana … ⑧

19 – Ştii ce, îţi aduc două calendare, ortodox şi catolic;

20 sunt bune surse de inspiraţie,

21 îţi pot da multe sugestii interesante… ⑨

22 Mai este o altă soluţie: respecţi tradiţia,

23 îi dai numele sfântului din ziua în care se va naşte!

24 – Şi dacă se naşte în ziua tuturor sfinţilor? ⑩

PRONUNŢIE

[*12 ... witschänziju* *14 ... hot^{a}r^{a}ßk ...* *24 ... ßfinzilOr*]

④ Die Mode rund um Namen lateinischen Ursprungs geht zurück auf das Zeitalter der Aufklärung. Zur Zeit der Monarchie Österreich-Ungarn waren sie vor allem für die Rumänen in Siebenbürgen Ausdruck ihres Nationalbewusstseins.

⑤ Merken Sie sich zu **nume de botez** auch **botez** "Taufe". Diese wird in der Regel von einem "Priester" durchgeführt: **preot**.

11 Was sagst du zu Tiberius, Remus, Octavian,

12 Emil, Liviu, vielleicht sogar Vinzent?

13 – Ich habe schon daran gedacht,

14 aber jedesmal, wenn ich mich für einen Taufnamen entschieden habe,

15 erscheint er mir am nächsten Tag lächerlich ...

16 – Vergiss nicht den Mädchennamen! Man weiß nie ...

17 – Wenn es ein Mädchen wird, dachten wir an Theresia, Letizia, Monika, Marcela, Anca ...

18 Wenn es nötig ist, wandeln wir einen Jungennamen ab: Alexander - Alexandra, Viktor - Viktoria, Johannes - Johanna …

19 – Weißt du was, ich bringe dir zwei Kalender$^{\varnothing}$, [einen] orthodoxen und [einen] katholischen;

20 das sind gute Quellen der Inspiration,

21 sie können dir viele interessante Anregungen geben …

22 Es gibt noch eine andere Lösung: Du respektierst die Tradition,

23 und gibst [dem Kind] den Namen des Heiligen des Tages, an dem es geboren wird!

24 – Und wenn es an (Tag) Allerheiligen geboren wird?

⑥ Beachten Sie die Wendung **a doua zi** (wörtl. zu zweiter Tag) für "am nächsten Tag, am darauffolgenden Tag".

⑦ **ne gândeam** "wir dachten": 1. Person Plural Imperfekt (einfache Vergangenheit) des Verbs **a se gândi**.

⑧ Der Name **Ion** (mit der Variante **Ioan**) ist so verbreitet, dass er quasi den Prototyp des Rumänen schlechthin bezeichnet, vor allem den rumänischen Bauern. Verstärkt wurde dies noch durch den Erfolg des Romans *Ion* von Liviu Rebreanu aus dem Jahr 1920.

⑨ **multe** ist das Femininum Plural des Adjektivs **mult** "viel, viele".

⑩ **tuturor** ist der Genitiv Plural des unbestimmten Adjektivs **tot** "ganz, gesamt, alles".

Exerciţiul 1: Înţelegeţi aceste propoziţii?

❶ Am uitat cum îl cheamă, dar ştiu că are un nume extrem de ridicol. ❷ Numele de botez pe care l-am ales pentru fata noastră a fost Anca, şi găsesc că îi merge foarte bine. ❸ Cine avea o mamă pe care o chema Letiţia? ❹ N-am timp să ascult încă o dată toată istoria vieţii lui. ❺ Are puţine idei noi şi vorbeşte prea mult, după gustul meu.

> *Wenn Sie die "Zweite Welle" wie vorgesehen ab Lektion 50 begonnen haben, werden Sie mit dem Formulieren der ersten Lektionstexte wahrscheinlich keine großen Probleme gehabt haben. Den Stoff dieser Lektionen haben Sie schon vor langer Zeit assimiliert und inzwischen viele Male wiederholt. Profitieren Sie von diesen Erfolgserlebnissen, um in der gleichen Weise weiterzumachen!*

Exerciţiul 2: Completaţi locurile libere cu cuvintele care lipsesc!

❶ Sie erwarten ein Kind, das ist ein großes Ereignis für sie.
… un …, e un mare … pentru … .

❷ Ich habe den Eltern vorgeschlagen, ihm den Namen eines bedeutenden Heiligen zu geben.
Le-… propus … să-i dea … unui … important.

❸ Für mich ist die beste Quelle der Inspiration die Geschichte.
Pentru …, cea mai bună … de … e … .

❹ Bei seiner Taufe gab es (hat^{es} gewesen) zwei Priester, einen orthodoxen und einen katholischen.
La … lui, au fost doi …, unul … şi altul … .

Soluţia exerciţiului 1: Aţi înţeles?

❶ Ich habe vergessen, wie er heißt, aber ich weiß, dass er einen äußerst lächerlichen Namen hat. ❷ Der Taufname, den wir für unsere Tochter ausgewählt haben, ist (gewesen) Anca, und ich finde, dass er sehr gut zu ihr passt (ihr geht[er] sehr gut). ❸ Wer hatte eine Mutter, die Letizia hieß? ❹ Ich habe keine Zeit, mir noch einmal seine ganze Lebensgeschichte anzuhören. ❺ Er hat wenig neue Ideen, und er redet zu viel, nach meinem Geschmack.

❺ Ich fahre nicht zu schnell, ich habe das Gefühl, dass die Geschwindigkeit mich schwindelig macht.

Nu ______ prea ______, am impresia că ______ mă ________.

Soluţia exerciţiului 2: Cuvintele care lipsesc.

❶ Aşteaptă – copil – eveniment – ei ❷ am – părinţilor – numele – sfânt ❸ mine – sursă – inspiraţie – istoria ❹ botezul – preoţi – ortodox – catolic ❺ conduc – repede – viteza – ameţeşte.

Etapa a doua: Activaţi astăzi lecţia 8!

58 Lecţia a cinzeci şi opta

Noul apartament

1 – În sfârş**i**t, o v**e**ste b**u**nă!
2 Ne mut**ă**m la sfârş**i**tul săptăm**â**nii viito**a**re! ①
3 – **A**ţi găs**i**t d**e**ci un apartam**e**nt conven**a**bil? ②
4 Deş**i** nu e uş**o**r, şti**a**m că o să reuş**i**ţi! ③ ④
5 – **E**ste ex**a**ct c**e**ea ce căut**a**m:
6 p**a**tru c**a**mere, un sal**o**n m**a**re, ⑤
7 un dormit**o**r c**a**re dă spre c**u**rte
8 şi **a**ltul spre str**a**dă; m**a**i **e**ste o c**a**meră m**i**că
9 pe c**a**re o s-o folos**i**m ca bir**o**u-bibliot**e**că. ⑥
10 – Ce ş**a**nsă! Sper că chir**i**a nu e pre**a** m**a**re! ⑦
11 – M**e**rge, pr**e**ţul e cam piper**a**t, dar e pr**e**ţul pi**e**ţei… ⑧
12 Aprec**ie**z f**a**ptul că av**e**m d**o**uă b**ă**i,
13 **u**na cu c**a**dă şi **a**lta cu duş.
14 Am semn**a**t to**a**te **a**ctele,
15 am plăt**i**t tot ce er**a** de plăt**i**t,
16 dar mă într**e**b cum să transport**ă**m m**o**bila… ⑨

PRONUNŢIE

[***1*** *în ßfîrschit* … ***3*** … *dätsch*[j] … ***5*** … *tschäa* … ***10*** … *schanß*[a] …]

ANMERKUNGEN

① **Ne mutăm** ist eine Form des Verbs **a se muta** "umziehen; ausziehen".

② **convenabil** "brauchbar, geeignet, günstig, praktisch, preiswert".

③ **Deşi nu e uşor**: **deşi** bedeutet neben "obwohl" auch "trotzdem, allerdings".

④ **ştiam că o să reuşiţi**: Da die Zeitenfolge im Rumänischen nicht sehr streng geregelt ist, kann dieser Teilsatz auf zwei Arten übersetzt werden, also mit dem Indikativ oder mit dem Konjunktiv.

58. Lektion

Die neue Wohnung

1 – Endlich (in Ende) eine gute Nachricht!
2 Wir ziehen Ende der nächsten Woche um!
3 – Ihr habt also ein geeignetes Appartement gefunden?
4 Obwohl das nicht einfach ist, wusste ich, dass ihr es schaffen würdet!
5 – Es ist genau das, was ich gesucht habe:
6 vier Zimmer, ein großes Wohnzimmer,
7 ein Schlafzimmer, das zum Hof hinausgeht
8 und ein anderes zur Straße; es gibt auch ein kleines Zimmer,
9 das wir als Büro [und] Bibliothek benutzen werden.
10 – Was für ein Glück♀! Ich hoffe, dass die Miete nicht zu hoch ist!
11 – Es geht, der Preis ist ziemlich gesalzen, aber es ist der Marktpreis ...
12 Ich schätze [die Tatsache], dass wir zwei Badezimmer haben,
13 eins mit Badewanne♀ und eins mit Dusche∅.
14 Ich habe alle Papiere unterzeichnet,
15 ich habe alles bezahlt, was zu bezahlen war,
16 aber ich frage mich, wie wir die Möbel♀ transportieren ...

⑤ Synonyme für **salon** "Wohnzimmer; Aufenthaltsraum" sind **living** und **cameră de zi**.

⑥ In der Umgangssprache wird die Futur-I-Form **o** + Konjunktiv – in diesem Fall also **o folosim** – vorgezogen.

⑦ **şansă** kann "Glück" bedeuten (und ist dann eine andere Variante des bereits bekannten **noroc**), aber auch "Chance, Gelegenheit" (für das es auch das Synoynm **ocazie**♀ gibt). Es verbirgt seinen französischen Ursprung hinter seiner rumänischen Schreibweise. Ein weiteres Wort für "Glück" ist **fericire**♀.

⑧ Im Rumänischen sind die Preise "gepfeffert", bei uns verwendet man meist "gesalzene Preise". Die beiden Gewürze, die es auf den Tischen fast aller Länder der Welt gibt, sind **sarea şi piperul** "Salz und Pfeffer".

⑨ **mobila** "Möbel" ist wie im Deutschen ein Sammelbegriff.

17 – E s**i**mplu, închiri**e**zi un cami**o**n ⑩
18 şi f**a**ci ap**e**l la t**o**ţi pri**e**tenii! ⑪
19 Şt**i**i că te p**o**ţi baz**a** pe m**i**ne: ⑫
20 o să urc**ă**m m**o**bilele m**a**ri pe sc**a**ră ⑬
21 şi o să băg**ă**m în lift ce e gr**e**u! ⑭
22 – A, am uit**a**t s**ă**-ţi spun:
23 e un im**o**bil v**e**chi, f**ă**ră ascens**o**r; ⑮
24 apartam**e**ntul e la et**a**jul ş**a**se
25 şi tr**e**buie să urc**ă**m o s**u**tă tr**e**i tr**e**pte, le-**a**m număr**a**t **e**u…

PRONUNŢIE [**17** ... *înkiriäs*^{j} ... **23** ... *aßtschänß***O***r*]

Exerciţiul 1: Înţelegeţi aceste propoziţii?

❶ Trebuie să ne mutăm, soţia mea aşteaptă un copil şi apartamentul nostru e prea mic. ❷ Deşi îl cunosc de puţin timp, am încredere în el, nu pot să spun de ce. ❸ În noul nostru apartament avem un salon mare, putem acum să-i invităm pe toţi prietenii noştri. ❹ Biblioteca mea dă spre curte, pot să citesc liniştit fără să mă deranjeze nimeni. ❺ Chiria e tot mai scumpă în fiecare an, dar salariul meu nu se schimbă.

17 – Das ist einfach, du mietest einen LKW[Ø]
18 und du rufst alle Freunde an!
19 Du weißt, dass du auf mich zählen (stützen) kannst:
20 Wir werden die großen Möbelstücke über die Treppe nach oben bringen,
21 und wir werden das, was schwer ist, in den Aufzug[Ø] stellen!
22 – Ah, ich habe vergessen, dir zu sagen:
23 Es ist ein altes Gebäude (Immobilie), ohne Aufzug;
24 die Wohnung ist in der sechsten Etage,
25 und wir müssen dreihundert Treppenstufen hochsteigen, ich habe sie gezählt …

⑩ **a închiria** heißt nicht nur "mieten", sondern auch "vermieten".

⑪ Verwechseln Sie nicht **apel**, das sowohl "Anruf" als auch "anrufen" bedeutet, mit **a apela** "sich an jmdn. wenden, an jmdn. appellieren".

⑫ Das Nomen zum Verb **a se baza pe cineva** "sich auf etw. stützen, auf etw. beruhen, sich auf etw. gründen" ist **bază** "Grundlage, Basis". Es wird im selben Zusammenhang verwendet wie **a conta pe cineva** "auf jemanden zählen".

⑬ **a urca** "hoch/nach oben bringen".

⑭ **a băga**, das in zahlreichen Wendungen vorkommt, hat die Grundbedeutung "stellen, stecken, hineintun". **A băga mâna adânc în buzunar** "tief in die Tasche greifen" ist nur eine davon.

⑮ **imobil** "Immobilie, Liegenschaft, Besitz". Die eigentliche Übersetzung für "Gebäude" lautet **clădire**.

Soluţia exerciţiului 1: Aţi înţeles?

❶ Wir müssen umziehen, meine Frau erwartet ein Kind, und unsere Wohnung ist zu klein. ❷ Obwohl ich ihn [erst] kurze Zeit kenne, habe ich Vertrauen zu ihm, ich kann nicht sagen, warum. ❸ In unserem neuen Appartement haben wir ein großes Wohnzimmer, wir können jetzt all unsere Freunde einladen. ❹ Meine Bibliothek geht auf den Hof hinaus, ich kann in Ruhe lesen, ohne dass mich jemand (niemand) stört. ❺ Die Miete wird jedes Jahr teurer, aber mein Gehalt ändert sich nicht.

Exerciţiul 2: Completaţi locurile libere cu cuvintele care lipsesc!

❶ Seine Eltern haben ihm eine Wohnung mit vier Zimmern gekauft, in der fünften Etage.

Părinţii lui i-au ______ un ______ de patru ______, la etajul ______.

❷ Ich schätze sie sehr, sie ist eine echte Freundin, auf die man zählen kann.

O ______ mult, e o ______ prietenă, pe ______ poţi ______.

❸ [Zum] Teufel! Ich weiß nicht mehr, wo ich das Papier hingelegt habe, das ich unterzeichnen muss!

______, nu mai ştiu unde am ______ actul pe care ______ să-l ______!

❹ Ich habe ihm eine weitere Gelegenheit gegeben, ja zu sagen, aber mein Vorschlag interessiert ihn nicht.

I-am dat o altă ______ să spună ______, dar ______ mea nu o ______.

59 Lecţia a cinzeci şi noua

Cu cine seamănă băiatul vostru?

1 – M**a**re evenim**e**nt în fam**i**lie:

2 soţ**i**a me**a** a născ**u**t i**e**ri! ①

3 Av**e**m un al d**o**ilea cop**i**l – un băi**a**t!

4 V**i**sul n**o**stru a deven**i**t realit**a**te! ②

ANMERKUNGEN

① Das Verb **a naşte** in seiner aktiven Form bedeutet "entbinden, gebären"; in der reflexiven Variante haben Sie es bereits in Lektion 34 kennengelernt: **a se naşte** "geboren werden": **M-am născut la întâi iulie.** "Ich wurde am 1. Juli geboren."

❺ Ich appelliere an deinen gesunden Menschenverstand, ich kann nicht so viele Etagen zu Fuß hinaufgehen!

Fac ___ la ___ tău ___, nu pot ___ atâtea etaje pe jos!

Soluţia exerciţiului 2: Cuvintele care lipsesc.

❶ cumpărat – apartament – camere – cinci ❷ apreciez – adevărată – care – conta ❸ Drace – pus – trebuia – semnez ❹ şansă – da – propunerea – interesează ❺ apel – bunul – simţ – urca.

Das Wesentliche der Basisgrammatik haben Sie sich bereits erarbeitet. Seit Lektion 50 geht es vor allem darum, das Gelernte zu festigen und Ihre Rumänischkenntnisse weiter in die Praxis umzusetzen. Ein Grund mehr, die "Zweite Welle" nicht zu vernachlässigen.

Etapa a doua: Activaţi astăzi lecţia 9!

59. Lektion

Wem ähnelt euer Sohn?

1 – Großes Ereignis in der Familie:

2 Meine Frau hat gestern ein Kind bekommen (entbunden)!

3 Wir haben ein zweites Kind – einen Jungen!

4 Unser Traum ist Wirklichkeit geworden!

② Stellt man **veni** bestimmte Präfixe (Vorsilben) voran, so wird daraus ein Verb mit einer anderen Bedeutung, so z. B. **a deveni** "werden", **a interveni** "eingreifen" oder **a preveni** "vorbeugen, (vor)warnen".

5 – Felicit**ă**ri! Să f**i**e **î**ntr-un ce**a**s bun!

6 S**ă**-ţi trăi**a**scă!

7 Să cre**a**scă m**a**re! Să f**i**e sănăt**o**s! ③

8 – Mers**i**… Aşte**a**ptă un mom**e**nt,

9 d**a**că vr**e**i să-l v**e**zi, **î**ţi pot arăt**a** p**o**za ④

10 pe c**a**re am făc**u**t-o la maternit**a**te: ⑤

11 u**i**te, soţ**i**a me**a** îl ţ**i**ne în br**a**ţe. ⑥

12 – Extraordin**a**r, e le**i**t t**a**tăl s**ă**u, ⑦

13 semăn**a**ţi ca d**o**uă picăt**u**ri de **a**pă!

14 – Nu şt**i**u cum să zic, exager**e**zi,

15 e **î**ncă pre**a** devr**e**me p**e**ntru compar**a**ţii…

16 Se**a**mănă m**a**i mult cu **a**lţi n**o**u-născ**u**ţi dec**â**t cu păr**i**nţii l**u**i…

PRONUNŢIE

[**5** ... *tscha**ß*** ... **6** ... *tr^{a}ja**ß**k^{a}* **7** ... *kräa**ß**k^{a}* ... **11** ... *bra**zä*** **12** ... *läit* ... **14** ... *sik ekßadĵäräs'*]

5 – Gratulation! Viel Glück (dass wäre[es] zwischen/unter-ein Uhr/ Stunde gut)!

6 Er lebe hoch!

7 Auf dass er groß [und stark] werde! Auf dass er gesund bleibe!

8 – Danke ... Warte einen Moment,

9 wenn du ihn sehen möchtest, kann ich dir ein Foto♀ zeigen,

10 das ich auf der Entbindungsstation♀ gemacht habe:

11 Sieh, meine Frau hält ihn im Arm.

12 – Erstaunlich, dem Vater wie aus dem Gesicht geschnitten (ist[er] präzise Vater sein),

13 ihr gleicht euch wie zwei Tropfen Wasser!

14 – Ich weiß nicht, was ich sagen soll (erzähle[ich]), du übertreibst,

15 es ist noch zu früh für Vergleiche♀ ...

16 Er ähnelt viel mehr anderen Neugeborenen als seinen Eltern ...

③ Hier lernen Sie einige typische Glückwunschfloskeln kennen, die man bei der Geburt eines Kindes benutzt. Weitere Floskeln dieses Typs finden Sie in der Wiederholungslektion.

④ Als Synonym für **poză** kennen Sie aus Lektion 9 bereits **fotografie** "Foto, Bild, Aufnahme".

⑤ **maternitate** hat auch die Bedeutungen "Mutterschaft, Mütterlichkeit". **Concediu de maternitate** ist der "Mutterschaftsurlaub".

⑥ Der Ausruf **Uite!** "Sieh!, Schau!" kommt vom Verb **a se uita** "sehen, schauen".

⑦ **leit** "präzise, exakt, genau" wird vorwiegend in Situationen benutzt, in denen es um eine Ähnlichkeit zwischen Personen geht.

17 – Fugi de aici, foarte sincer, e adevărul adevărat: ⑧

18 are exact fruntea ta, nasul tău, buzele tale, bărbia ta…

19 Fac pariu că o să fie blond, ca tine! ⑨

20 – Depinde, nu-i sigur, nu se ştie niciodată,

21 de pildă, fata noastră e şatenă… ⑩ ⑪

22 – Dar ce culoare de păr are soţia ta? ⑫

23 E brunetă? Roşcată? Nu se vede bine în poză! ⑬

24 – Nu ştiu încă, a plecat azi dimineaţă la coafor... ⑭

PRONUNŢIE

[***17*** *fudĵi dä-aitsch*^{j} *... ßintschör ...* ***23*** *... brunät*^{ə} *rOschkat*^{ə} *...* ***24*** *... koafOr*]

⑧ **Fugi de aici!** kann auch "Mach keine Witze!" bedeuten oder "Geh weg!", "Verschwinde!". Es kommt vom Verb **a fugi** "laufen, rennen, flüchten".

⑨ Anstelle von **a face pariu** "eine Wette eingehen (machen)" kann man ebenso gut **a paria** "wetten" verwenden.

⑩ **de pildă** ist ein anderes Wort für **exemplu** "Beispiel, Muster, Vorbild". **De pildă** und **de exemplu** sind gleichbedeutend.

Exerciţiul 1: Înţelegeţi aceste propoziţii?

❶ Realitatea este că a venit momentul să luăm decizii importante împreună. ❷ În manualul francez de istorie este scris că cinematograful s-a născut la Paris. ❸ Bunica lui a trăit până la vârsta de o sută de ani şi n-a fost niciodată bolnavă. ❹ La maternitate am avut pentru prima dată impresia că toţi nou-născuţii seamănă între ei. ❺ Am aşteptat în zadar atâta timp şi uite că acum e prea târziu ca să intervin.

17 – Ach was (lauf von-hier), ganz ehrlich, es ist die volle (wahre) Wahrheit[Ø]:

18 Er hat exakt deine Stirn[♀], deine Nase[Ø], deine Lippen[♀], dein Kinn[♀] …

19 Ich gehe jede Wette ein (mache[ich] Wette[Ø]), dass er blond sein wird, wie du!

20 – Das hängt davon ab, das ist nicht sicher, man weiß nie,

21 zum Beispiel (von Vorbild[♀]), unsere Tochter ist dunkelhaarig (ist[sie] kastanienbraun).

22 – Aber welche Haarfarbe (Farbe[♀] von Haar[♂]) hat deine Frau?

23 Ist sie brünett? Rothaarig? Man sieht es auf dem Foto nicht gut!

24 – Ich weiß es noch nicht, sie ist heute morgen zum Friseur[♂] gegangen ...

⑪ **şatenă**, die weibliche Form von **şaten** "kastanienbraun", wird in der Regel für braunhaarige Frauen verwendet.

⑫ **păr** "Haar, Haare" wird immer im Singular benutzt. Das einzelne "Haar" ist **fir de păr** (**fir** "Faden, Draht, Halm").

⑬ Ebenso wie **e şatenă** sagt man **e blondă** "sie ist blond", **e brunetă** "sie ist brünett", **e roşcată** "sie ist rothaarig".

⑭ **coafor** bedeutet "Friseur" und "Friseursalon". Merken Sie sich auch **farmacist** "Apotheker" und **farmacie** "Apotheke" sowie **brutar** "Bäcker" und **brutărie** "Bäckerei". **Mă duc la brutărie.** "Ich gehe zum Bäcker." **Librărie** ist übrigens die "Buchhandlung", obwohl das "Buch" **carte** heißt.

Soluţia exerciţiului 1: Aţi înţeles?

❶ Die Realität ist, dass der Moment gekommen ist, wichtige Entscheidungen gemeinsam zu fällen. ❷ Im französischen Geschichtslehrbuch steht geschrieben, dass die Geburtsstunde des Kinos in Paris war (Kino-das sich-hat[es] geboren in Paris). ❸ Seine Großmutter hat bis zum Alter von hundert Jahren gelebt und ist nie krank gewesen. ❹ Auf der Entbindungsstation habe ich zum ersten Mal den Eindruck gehabt, dass alle Neugeborenen sich ähneln (zwischen ihnen). ❺ Ich habe so lange vergeblich gewartet, und, siehe da, jetzt ist es zu spät zum Eingreifen (dass greife[ich]-ein).

Exerciţiul 2: Completaţi locurile libere cu cuvintele care lipsesc!

❶ Wir sind mitten im Winter, es ist kalt … möchtest du nicht in meine Arme kommen?

Suntem în plină _____, e _____… nu vrei să _____ în _____ mele?

❷ Wenn du zwei Tropfen Cognac in [meinen] Kaffee gibst, trinke ich ihn gerne (mit Vergnügen).

Dacă _____ două _____ de coniac în _____, o beau cu _____.

❸ Als er die Wahrheit erfahren hat, war es zu spät: Die Gelegenheit war endgültig verloren.

_____ a aflat _____, era _____ târziu: ocazia era _____ pierdută.

❹ Ich weigere mich, mit dir zu wetten, ich möchte nicht, dass du zu viel bezahlen musst (bezahlst^{du} zu teuer).

_____ să _____ cu tine, nu vreau să te fac să _____ prea _____.

60 Lecţia a şaizecea

Ghici cine vine la cină?

1 – Iub**i**to, gh**i**ci c**i**ne v**i**ne la c**i**nă dise**a**ră? ①

2 – Aole**o**, mă tem de surpr**i**zele t**a**le! ②

3 Pe c**i**ne **a**i m**a**i invit**a**t f**ă**ră să mă prev**i**i?

4 Nu te enerv**a**, pe I**o**n şi pe **A**na…

5 Ne-**a**m întâln**i**t întâmplăt**o**r pe str**a**dă

PRONUNŢIE

[*gitsch^{i}* … **1** … *dißä**a**r^{a}* **5** … *întîmpl^{ä}t**O**r* …]

⑤ Ich verstehe dich, ich stimme mit dir überein, aber die Entscheidung hängt nicht von mir ab.

Te ______, sunt de ______ cu tine, dar decizia nu ______ de ______.

Soluţia exerciţiului 2: Cuvintele care lipsesc.

❶ iarnă – frig – vii – braţele ❷ pui – picături – cafea – plăcere ❸ Când – adevărul – prea – definitiv ❹ Refuz – pariez – plăteşti – scump ❺ înţeleg – acord – depinde – mine.

Etapa a doua: Activaţi astăzi lecţia 10!

60. Lektion

Rate mal, wer zum Abendessen kommt?

1 – Liebling, rate [mal], wer heute Abend zum Abendessen kommt?

2 – Ach, ich habe Angst vor deinen Überraschungen!

3 Wen hast du noch eingeladen, ohne mich vorzuwarnen?

4 Reg dich nicht über Johann und Anna auf …

5 Wir haben uns zufällig auf der Straße getroffen,

ANMERKUNGEN

① **Iubito** ist der Vokativ von **iubită** "Liebling, Schatz" von **a iubi** "lieben". Es wird alternativ zu **draga mea** und **scumpa mea** benutzt.

② **a se teme** "sich fürchten, sich ängstigen" ist synonym zu **a avea frică de ceva/de cineva** "Angst haben, sich fürchten, sich ängstigen vor". So sind auch **teamă** und **frică** "Angst, Furcht" Synonyme.

6 şi practic s-au invitat singuri la noi…
7 – Ce neplăcută surpriză!
8 Nu sunt deloc pregătită!
9 – Nu exagera, nu-i mare lucru de făcut,
10 mai avem salată de boeuf. ③
11 şi nişte cartofi franţuzeşti: ④
12 verşi smântână şi-i încălzeşti în cuptor… ⑤
13 De băutură nu ducem lipsă … ⑥
14 – Nu-i vorba de mâncare, de fapt nu-i suport,
15 găsesc că nu sunt deloc simpatici, mai ales Ion.
16 – Eşti severă cu el, nu merită antipatia ta!
17 E un om de viaţă, întotdeauna vesel şi bine dispus,

PRONUNŢIE

[**10** … *böf* **11** ... *franzusäscht^i* **12** … *ßmîntîn^a* … *înk^alsäscht^i* …]

6 und sie haben sich praktisch selbst (allein) bei uns eingeladen …

7 – Was für eine unerfreuliche Überraschung!

8 Ich bin überhaupt nicht darauf vorbereitet!

9 – Übertreib nicht, es ist nicht viel vorzubereiten (nicht-ist[es] groß Sache von gemacht),

10 wir haben noch russischen Salat (Salat von Rind)

11 und Kartoffelgratin (Kartoffeln französisch):

12 Du gießt Rahm darüber und wärmst sie im Ofen auf …

13 An Getränken mangelt es uns nicht (nicht führen[wir] Mangel) …

14 – Es geht nicht um das Essen, aber (tatsächlich) ich ertrage sie nicht,

15 ich finde, dass sie überhaupt nicht sympathisch sind, vor allem (mehr ausersehen) Johannes.

16 – Du bist streng mit ihm, er verdient deine Abneigung nicht!

17 Er ist ein Lebemann, immer fröhlich und gut gelaunt,

③ Der auch als "Olivier-Salat" bekannte Salat (nach Lucien Olivier, 1838-1883, Spitzenkoch im Moskauer Restaurant "Eremitage") wird meist aus gewürfeltem Rind- oder Hühnerfleisch und einer Mischung aus Kartoffeln, Möhren, Sellerie, Erbsen, sauren Gurken und viel Mayonnaise zubereitet.

④ Die Bezeichnung **cartofi franţuzeşti** könnte suggerieren, dass dieses Gericht französischen Ursprungs ist, jedoch ist es in Frankreich in dieser Form unbekannt. Bei diesem Auflauf werden Schichten von Kartoffeln und geschnittene harte Eier aufeinander gelegt, mit Rahm übergossen, mit geriebenem Käse bestreut und im Ofen gegart.

⑤ **a vărsa** bedeutet "gießen, schütten", im Zusammenhang mit Geld heißt es "be-/einzahlen": **a vărsa o sumă de bani** "einen Geldbetrag be-/einzahlen".

⑥ **a duce lipsă**: Das entsprechende Verb zu **lipsă** "Mangel" ist **a lipsi** "fehlen" (vgl. L. 55).

18 gata să facă chef cu prietenii şi cu rudele! ⑦

19 Ştie să aprecieze mâncarea şi băutura!

20 În plus, cântă cu orice ocazie, ⑧ ⑨

21 arii din opere şi cântece populare …

22 – …şi când începe, nimeni nu-l poate opri! ⑩

23 Vai, cred că n-o să dormim la noapte!

24 Ultima dată când a fost la noi,

25 a făcut atâta gălăgie că vecinii au chemat poliţia…

PRONUNŢIE

[*19 ... apretschiese ... 20 … Oritschä okasjä 21 ... kîntätschä ... 22 ... întschäpä ... 25 … gälädjiä …*]

Wenn Sie hin und wieder einge Lektionen zurückgehen und wiederholen, merken Sie, wie viel Sie schon assimiliert haben, und darauf sollten Sie stolz sein. Sie merken auch, dass wir seit einiger Zeit die wörtlichen Übersetzungen schrittweise reduziert haben. Mittlerweile können Sie die Unterschiede zwischen dem rumänischen und dem deutschen Satzbau selbst erkennen und nachvollziehen. So langsam sollten Sie damit beginnen, sich von den deutschen Strukturen zu lösen, um ein Gefühl für die rumänische Ausdrucksweise zu bekommen.

Exerciţiul 1: Înţelegeţi aceste propoziţii?

❶ Nu i-am văzut de mult pe Liana şi pe Eugen, mă gândesc să le telefonez ca să-i invit la noi duminică. ❷ Are o voce extraordinară, când cântă poate să spargă paharele de cristal. ❸ Te previn că nu avem nimic de mâncare, n-am avut timp să fac cumpărături, am fost la coafor. ❹ Regret, dar mă enervez de fiecare dată când mă gândesc la el. ❺ Nu-ţi aminteşti? I-am întâlnit întâmplător la nişte prieteni comuni.

18 bereit, einen drauf zu machen mit Freunden und Verwandten!

19 Er weiß Essen und Trinken zu schätzen!

20 Außerdem singt er bei jeder Gelegenheit

21 Opernarien und Volkslieder …

22 – … und wenn er anfängt, kann niemand ihn stoppen!

23 Oh weh, ich glaube, ich werde diese Nacht nicht schlafen!

24 Das letzte Mal, als er bei uns war,

25 hat er so viel Lärm gemacht, dass die Nachbarn die Polizei gerufen haben …

⑦ Achtung: Das Wort **chef** ist ein falscher Freund; es hat nichts mit dem "Chef" zu tun! Die Wendung **a face chef** "einen drauf machen, zechen, bechern" hatten wir Ihnen in Lektion 54 schon vorgestellt.

⑧ **plus** "plus" wird auch für das mathematische Zeichen benutzt: **doi plus doi fac patru** "zwei plus zwei macht vier".

⑨ Merken Sie sich zu **ocazie** auch **de ocazie** "Gebraucht-, Secondhand-".

⑩ **nimeni** "niemand, keiner" ist eines der Indefinitpronomen (unbestimmtes Pronomen), auf die wir in der Wiederholungslektion eingehen.

Soluţia exerciţiului 1: Aţi înţeles?

❶ Ich habe Liane und Eugen lange nicht gesehen, ich denke, dass ich sie anrufe, um sie am Sonntag zu uns einzuladen. ❷ Sie hat eine außergewöhnliche Stimme, wenn sie singt, kann sie Kristallgläser zum Zerspringen bringen (dass zerbricht[sie] Gläser von Kristall[ø]). ❸ Ich warne dich vor, dass wir nichts zu essen haben, ich habe keine Zeit gehabt, Einkäufe zu machen, ich war beim Friseur. ❹ Ich bedaure [es], aber ich rege mich jedesmal auf, wenn ich an ihn denke. ❺ Erinnerst du dich nicht? Wir haben sie zufällig bei gemeinsamen Freunden getroffen.

Exerciţiul 2: Completaţi locurile libere cu cuvintele care lipsesc!

❶ Ich glaube, er ist sehr gut vorbereitet, um (für machen Gesicht) mit dieser schwierigen Situation fertig zu werden.

___ că este ___ bine ___ pentru a face faţă acestei situaţii ___.

❷ Die Bank hat ihm viel Geld gezahlt, damit er so schnell wie möglich aufbrechen [kann].

Banca sa i-a ___ mulţi bani ca să ___ cât ___ repede ___.

❸ Der Arzt behauptet, dass der Mangel an Schlaf einer der Gründe für meine Müdigkeit ist.

Medicul ___ că ___ de somn este ___ din motivele oboselii ___.

❹ Der deutsche Lehrer ist sehr streng, er verzeiht keinen Fehler.

___ de ___ e foarte ___, nu iartă nicio ___.

61 Lecţia a şaizeci şi una

Cine ce face acasă? ①

1 – V**i**i târz**i**u **a**zi, av**e**ţi mult de l**u**cru la bir**o**u? ②

2 – Da, ca de obic**e**i la sfârş**i**t de l**u**nă

3 tot ce n-am făc**u**t p**â**nă ac**u**m

4 tr**e**buie să f**a**cem în **u**ltimele z**i**le… Ce nebun**i**e!

5 Lucr**ă**m pe r**u**pte, ca să recuper**ă**m t**i**mpul pierd**u**t … ③

[**2** ... *ßfîrschit* ...]

ANMERKUNGEN

① Üblicher wäre die Formulierung **Cine face acasă ce?**

❺ Woher kommt dieser Lärm? Ah, ich habe vergessen, dass diese Nacht das Musikfest ist.

De unde vine .... asta? A, am .... că .... asta e sărbătoarea muzicii.

Soluţia exerciţiului 2: Cuvintele care lipsesc.

❶ Cred – foarte – pregătit – dificile ❷ vărsat – plece – mai – posibil ❸ susţine – lipsa – unul – mele ❹ Profesorul – germană – sever – greşeală ❺ gălăgia – uitat – noaptea.

Etapa a doua: Activaţi astăzi lecţia 11!

61. Lektion

Wer macht was zu Hause?

1 – Du kommst spät heute, habt ihr viel Arbeit im Büro$^{\varnothing}$?

2 – Ja, wie gewöhlich am Monatsende,

3 [müssen wir] alles, was wir bis jetzt nicht gemacht haben,

4 in den letzten Tagen erledigen … Was für ein Wahnsinn♀!

5 Wir arbeiten ununterbrochen, um die verlorene Zeit wieder reinzuholen (erlangen[wir]-wieder Zeit-die verloren) …

② Für "Arbeit" gibt es zwei Nomen, **muncă** und **lucru**, und für "arbeiten" zwei Verben, **a munci** und **a lucra**. Das jeweils erste hat slawischen Ursprung, das jeweils zweite lateinischen.

③ **a lucra** (oder **a munci**) **pe rupte**: **rupte** kommt von **a rupe** "(ab-/durch)brechen, (ab-/durch)reißen".

6 – În întreprinderea noastră e la fel... ④
7 Îl cunoşti pe directorul nostru,
8 strigă toată ziua că nu muncim destul şi că tragem chiulul... ⑤ ⑥
9 – E de nesuportat, şi când ajungi acasă seara
10 mai sunt o groază de lucruri de făcut! ⑦
11 – Ai dreptate, şi eu singură trebuie să le fac pe toate:
12 eu fac de mâncare, eu fac curăţenie prin casă... ⑧
13 – Să nu exagerăm, scumpa mea!
14 Te ajut şi eu, la nevoie!
15 Cine şterge praful, cine dă cu aspiratorul?
16 – Apropo, dragul meu, nu vrei să speli tu vasele?
17 Un munte de farfurii a rămas în chiuvetă de aseară!
18 – Îmi pare rău, draga mea, dar am avut o zi infernală;
19 nu mai pot, sunt frânt de oboseală ⑨
20 mă dor toate oasele,
21 am stat ore întregi într-o poziţie inconfortabilă,
22 cu nasul în ecranul calculatorului...
23 – Ei bine, iubitule, voiam numai să te pun la încercare:

PRONUNŢIE

[**8** ... *tradĵäm kiulul* **10** ... *groas*^{a} ... **12** ... *kur*^{a}*zänje* ... **15** ...*schtärdĵä* ... **17** ... *kjuwät*^{a} ... **19** ... *oboßeal*^{a} **21** ... *întred*^{j} ...]

④ **fel** haben Sie schon mit der Bedeutung "Art, Sorte" kennengelernt. Hier sehen Sie es in der Wendung **a fi la fel** "gleich/dasselbe sein wie" auf.

⑤ Merken Sie sich zu **destul** "genug, genügend, ausreichend, hinlänglich" das Synonym **suficient**.

6 – In unserem Unternehmen♀ ist es dasselbe ...
7 Du kennst unseren Direktor,
8 er schreit den ganzen Tag, dass wir nicht genug arbeiten und dass wir uns vor der Arbeit drücken (dass ziehen^{wir} Schwänzen^{Ø}-das) ...
9 – Das ist unerträglich, und wenn du abends nach Hause kommst,
10 dann sind noch jede Menge Dinge zu erledigen!
11 – Du hast Recht, und ich muss sie alle alleine machen:
12 Ich bereite das Essen zu, ich putze das Haus (mache^{ich} Reinigung♀ durch Haus) ...
13 – Wir sollten nicht übertreiben, mein Schatz!
14 Ich helfe dir auch, wenn es nötig ist!
15 Wer wischt den Staub^{Ø}, wer saugt (gibt^{er} mit Staubsauger^{Ø}-das)?
16 – Apropos, mein Liebling, möchtest du nicht das Geschirr spülen?
17 Ein Berg♂ von Tellern steht (ist^{er} geblieben) seit gestern Abend im Spülbecken!
18 – Es tut mir Leid, meine Liebe, aber ich hatte einen höllischen Tag;
19 ich kann nicht mehr, ich bin total geschafft vor Müdigkeit♀,
20 mir tun alle Knochen weh,
21 ich habe (geblieben) stundenlang in einer unbequemen Position gesessen,
22 mit der Nase vor dem Computerbildschirm^{Ø} ...
23 – Nun gut, mein Liebling, ich wollte dich nur auf die Probe (Versuch♀) stellen:

⑥ **A chiuli** oder auch **a trage chiulul** "sich vor der Arbeit drücken, blaumachen, schwänzen".

⑦ In Lektion 54 kam **groază** mit der Bedeutung "Grauen, Entsetzen, Horror" vor. Dort haben Sie auch erfahren, dass **o groază de** "eine große Menge, viel" heißt.

⑧ **curăţenie** "Reinigung, Saubermachen, Putzen"; **curăţenie în casă** "Hausputz".

⑨ Alternativ zu **frânt de oboseală** können Sie auch **rupt de oboseală** verwenden. Die Verben **a frânge** und **a rupe** "durchbrechen" sind synonym.

24 v**a**sele sunt dej**a** spăl**a**te!

25 – Şi **e**u glume**a**m, iub**i**to, te-**a**ş fi ajut**a**t cu dr**a**gă **i**nimă! ⑩

Exerciţiul 1: Înţelegeţi aceste propoziţii?

❶ Deseară vin mai târziu acasă, am mult de lucru la spital. ❷ Am profitat de ocazie ca să-l pun la încercare, dar nu are destulă experienţă. ❸ Ultima întreprindere în care a lucrat nu mai există de un an. ❹ E atât de timid, că are nevoie de mai multe zile pentru a rupe gheaţa. ❺ Înainte de a pleca, vreau să recuperez mobila pe care am moştenito de la bunicul meu.

Exerciţiul 2: Completaţi locurile libere cu cuvintele care lipsesc!

❶ Er hat zu jung geheiratet, und jetzt sagt er, dass das Wahnsinn war (dass hat[er] gemacht ein Wahnsinn).

S-a .... prea ..... şi acum spune că a ..... o ....

❷ Es ist unerträglich, am Monatsende schreit unser Direktor von morgens bis abends.

E .. .., la .... lunii directorul nostru strigă de .... până seara.

❸ Jeden Abend bereitet sie das Essen für ihren Mann zu, aber sie isst nichts.

În .... seară, ea .... de mâncare pentru ..... ei, dar ea nu .... nimic.

❹ Lass uns putzen (machen[wir] Reinigung): Du, du wischst Staub, und ich sauge.

Hai să facem ....: tu ...... praful şi eu dau cu ....

❺ Ich habe keine Lust, all diese Teller zu spülen, ich ziehe es vor, sie zu zerbrechen!

N-am .... să spăl toate .... astea, ... să le ..... !

24 Das Geschirr ist schon gespült!

25 – Ich habe auch gescherzt (ich scherzte[ich]), Liebling, ich hätte dir gerne geholfen (mit lieb Herz)!

⑩ **glumeam** ist die 1. Person Singular Imperfekt von **a glumi** "scherzen", das Sie bereits in Lektion 44 in Form von **Glumeşti!** "Du machst Witze!" angetroffen haben.

Soluţia exerciţiului 1: Aţi înţeles?

❶ Heute Abend komme ich später nach Hause, ich habe viel Arbeit im Krankenhaus. ❷ Ich habe die Gelegenheit genutzt, ihn auf die Probe zu stellen, aber er hat nicht genug Erfahrung. ❸ Das letzte Unternehmen, in dem er gearbeitet hat, existiert seit einem Jahr nicht mehr. ❹ Er ist so schüchtern, dass er mehrere Tage gebraucht hat, um das Eis zu brechen. ❺ Bevor ich gehe, möchte ich die Möbel zurückbekommen, die ich von meinem Großvater geerbt habe.

Soluţia exerciţiului 2: Cuvintele care lipsesc.

❶ căsătorit – tânăr – făcut – nebunie ❷ de nesuportat – sfârşitul – dimineaţa ❸ fiecare – pregăteşte – soţul – mănâncă ❹ curăţenie – ştergi – aspiratorul ❺ chef – farfuriile – prefer – sparg.

Etapa a doua: Activaţi astăzi lecţia 12!

62 Lecţia a şaizeci şi doua

O căsnicie aproape perfectă

1 – Fratele tău pare din ce în ce mai abătut,

2 mai slab şi mai palid… E bolnav?

3 – Deloc, dar are probleme cu nevastă-sa; ①

4 nu se mai înţeleg deloc, se ceartă tot timpul. ②

5 – Din ce motiv? Păreau atât de fericiţi…

6 – E numai o iluzie, căsnicia lor e un infern!

7 De fapt, nu e vina cumnatei mele, ③

8 dar soacra fratelui meu intervine când nu trebuie,

9 se amestecă fără jenă în viaţa lor… ④

10 – Păcat, din punctul meu de vedere,

11 şi unul şi altul sunt simpatici, luaţi separat… ⑤

12 Amândoi au probabil dreptate, fiecare în felul lui…

13 Dar viaţa comună implică compromisuri!

PRONUNŢIE

*[… k^{a}ßnitschie … **3** … näwaßt^{a}-ßa **4** … tschart^{a} … **5** … färitschiz^{j} **6** … ilusjä k^{a}ßnitschia … **9** … amäßtek^{a} … jän^{a} …]*

ANMERKUNGEN

① **nevastă** ist ein umgangssprachlicher Ausdruck für **soţie**. Sie sehen hier, dass das Possessivpronomen an das Nomen angehängt ist und auf den Artikel verzichtet wird.

62. Lektion

Eine fast perfekte Ehe

1 – Dein Bruder scheint immer trauriger (von was in was mehr traurig),

2 immer dünner und immer blasser … Ist er krank?

3 – Ganz und gar nicht, aber er hat Probleme mit seiner Frau;

4 sie verstehen sich überhaupt nicht mehr, sie streiten sich die ganze Zeit.

5 – Aus welchem Grund? Sie schienen so glücklich zu sein …

6 – Es ist nur eine Illusion, ihre Ehe ist die Hölle$^{\varnothing}$!

7 Eigentlich ist es nicht die Schuld meiner Schwägerin,

8 aber die Schwiegermutter meines Bruders greift [immer] ein, wenn sie es nicht sollte,

9 sie mischt sich ohne Skrupel in ihr Leben ein …

10 – Schade, nach meinem Standpunkt

11 ist sowohl der eine als auch der andere (und einer und anderer) sympathisch, wenn man sie getrennt voneinander erlebt (genommen getrennt) …

12 Beide haben wahrscheinlich Recht, jeder auf seine Art …

13 Aber das Zusammenleben erfordert (Leben gemeinsam zieht^{sie}-nach-sich) Kompromisse$^{\varnothing}$!

② Ebenso wie im Deutschen kann **a (se) înţelege** "(sich) verstehen" sowohl in verstandesmäßiger Hinsicht als auch auf der zwischenmenschlichen Ebene gemeint sein.

③ Das Pendant zu **cumnată** "Schwägerin" ist **cumnat** "Schwager".

④ **jenă** "Skrupel, Verlegenheit, Befangenheit".

⑤ Die Wendung **şi unul şi altul** beinhaltet schon zwei der unbestimmten Pronomen, auf die wir in der nächsten Wiederholungslektion ausführlicher eingehen.

14 – Nu e întotdea**u**na uş**o**r să trăi**e**şti împre**u**nă cu cinev**a** c**a**re te c**a**lcă pe n**e**rvi … ⑥

15 T**o**tul **a**re o l**i**mită, n**u**-i aş**a**?

16 Da, la un mom**e**nt dat, **î**ţi pi**e**rzi răbd**a**rea…

17 V**e**zi, şi **e**u, cu s**o**ţul m**e**u, deş**i** îl iub**e**sc,

18 câteod**a**tă am chef să-l d**a**u af**a**ră pe **u**şă… ⑦

19 – Nu şt**i**u d**a**că mă cr**e**zi, dar **e**u nu mă cert niciod**a**tă cu P**a**ul…

20 – Vă invidi**e**z! Cum f**a**ceţi?

21 Impos**i**bil să nu vă ciondăn**i**ţi din când în când! ⑧

22 – La ce bun? Ne înţel**e**gem perf**e**ct! ⑨

23 Când greş**e**şte, recuno**a**şte imedi**a**t că **e**u am drept**a**te!

24 – Şi când **a**re el drept**a**te?

25 – A, **a**sta nu se înt**â**mplă niciod**a**tă! ⑩

PRONUNŢIE

[**14** … *tr*^{ə}*iäscht*^{j} … *närw*^{j} **16** … *piärs*^{j} *r*^{ə}*bd***a***ra* **20** … *inwidiäs* … **21** … *tschOnd*^{ə}*n***i***z*^{j}…]

14 – Es ist nicht immer einfach, mit jemandem zusammen zu leben, der dir auf den Nerven herumtrampelt (dich tritt[er] auf Nerv♂♂) …

15 Alles hat seine Grenzen (eine Grenze♀), ist es nicht so?

16 Ja, irgendwann (in ein Moment∅ gegeben) verlierst du die Geduld♀ …

17 Siehst du, auch ich, mit meinem Mann, obwohl ich ihn liebe,

18 manchmal habe ich Lust, ihn vor die Tür zu setzen (dass-ihn gebe[ich] draußen nach Tür) …

19 – Ich weiß nicht, ob du mir glaubst, aber ich streite mich niemals mit Paul …

20 – Ich beneide euch! Wie macht ihr das?

21 Es ist unmöglich, sich nicht gelegentlich (von wann in wann) zu streiten!

22 – Wozu? (zu was gut?) Wir verstehen uns perfekt!

23 Wenn er sich irrt, erkennt er sofort an, dass ich es bin, die Recht hat!

24 – Und wenn *er* Recht hat?

25 – Ach, das passiert nie!

⑥ "Er/Sie geht mir auf die Nerven" kann auf zwei Arten ausgedrückt werden: **Mă calcă pe nervi** oder **Îmi mănâncă nervii.** (wörtl. mir isst[er/sie] Nerven-die). Erinnern Sie sich, dass Sie in L. 38 **a călca** bereits in der Bedeutung "bügeln" kennengelernt haben?

⑦ **afară** "draußen, hinaus, aus".

⑧ Ebenso wie in **din când în când** "hin und wieder, von Zeit zu Zeit, dann und wann" treffen Sie **când** natürlich in zahlreichen Wendungen und vor allem in Konjunktionen an, die mit der Zeit zu tun haben, z. B. **pe când** "während", **de când** "seit, seitdem", **ca şi când** "als ob, als wenn".

⑨ Geläufigere Ausdrücke als **La ce bun?** sind **Pentru ce?** und **De ce?**

⑩ **a se întâmpla** "geschehen, passieren".

Exerciţiul 1: Înţelegeţi aceste propoziţii?

❶ N-am auzit de mult un banc bun, la birou nu glumim deloc! ❷ Vecinii care locuiesc la etajul patru se ciondănesc toată ziua, noi auzim tot ce-şi spun. ❸ Ea zice că el bea prea multă bere, el zice că ea mănâncă prea multe prăjituri; eu zic că au dreptate amândoi. ❹ Câteodată mă enervează atât de mult, că trebuie să fac eforturi ca să nu ne certăm. ❺ Degeaba s-a dus trei săptămâni la soare, s-a întors mai palid decât înainte de a pleca.

Exerciţiul 2: Completaţi locurile libere cu cuvintele care lipsesc!

❶ Ich verstehe sie, und ich streite mich nie mit ihr, weil ich sie liebe.

O ___ şi nu mă ___ niciodată cu ea pentru că o ___.

❷ Sie sind nicht dazu aufgelegt, Kompromisse im Familienleben zu machen.

Ei nu sunt ___ să facă ___ în ___ de familie.

❸ Heute sieht er alles (in) schwarz, er glaubt, dass das Glück nur eine Illusion ist.

Astăzi el ___ totul în ___, crede că ___ nu e decât o ___.

❹ Maria, die sich niemals irrt, sagt, dass Paul wahrscheinlich hin und wieder Recht hat.

Maria, care nu ___ niciodată, zice că Paul are ___ dreptate din ___ în ___.

63 Lecţia a şaizeci şi treia

Recapitulare

1. Adjektive und Adverbien für Mengenangaben

Eine Reihe von Adjektiven und Adverbien werden vor allem in Bezug auf Mengenangaben benutzt, darunter: **destul** "genug, ausrei-

Soluţia exerciţiului 1: Aţi înţeles?

❶ Ich habe seit langem keinen guten Witz gehört, im Büro scherzen wir überhaupt nicht! ❷ Die Nachbarn, die in der 4. Etage wohnen, streiten den ganzen Tag, wir hören alles, was sie sagen. ❸ Sie sagt, dass er zu viel Bier trinkt, er sagt, dass sie zu viel Kuchen isst; ich sage, dass sie beide Recht haben. ❹ Manchmal regt er mich so sehr auf, dass ich mir Mühe geben muss, damit wir uns nicht streiten. ❺ Es war umsonst, dass er drei Wochen in die Sonne gefahren ist, er ist blasser zurückgekommen als er vor seiner Abreise war (als vor abfahren).

❺ Seine Schwiegermutter und seine Schwägerin trampeln ihm alle beide auf den Nerven herum.
______ ei şi ______ ei o ______ amândouă pe nervi.

Soluţia exerciţiului 2: Cuvintele care lipsesc.

❶ înţeleg – cert – iubesc ❷ dispuşi – compromisuri – viaţa ❸ vede – negru – fericirea – iluzie ❹ greşeşte – probabil – când – când ❺ Soacra – cumnata – calcă.

Vergessen Sie nicht, ab und zu mal ein wenig zurück zu blättern und die eine oder andere Lektion zu wiederholen.

Etapa a doua: Activaţi astăzi lecţia 13!

63. Lektion

…chend"; **mult** "viel, viele"; **cât** "wie viel/e"; **puţin** "wenig"; **atâta** "so viel/e".

Für die Adjektive gilt, dass Sie sich in Numerus und Genus an das Nomen anpassen, das sie begleiten.

Singular		Plural	
Maskulinum	Femininum	Maskulinum	Femininum
atâta	atâta	atâţia	atâtea
cât	câtă	câţi	câte
destul	destulă	destui	destule
mult	multă	mulţi	multe
puţin	puţină	puţini	puţine

Einige dieser Adjektive werden im Plural im Genitiv und Dativ identisch dekliniert: **multor** (Gen. "vieler", Dativ "vielen"); **câtor** (Gen. "wie vieler", Dativ "wie vielen"); **atâtor** (Gen. "so vieler", Dativ "so vielen").

Alle rumänischen Adjektive können im Maskulinum Singular auch als Adverbien benutzt werden. Vergleichen Sie:

Un motor vechi consumă mult ulei. "Ein alter Motor verbraucht viel Öl." (**mult** = Adjektiv).

Un motor vechi consumă mult. "Ein alter Motor verbraucht viel." (**mult** = Adverb).

Am puţin timp de pierdut. "Ich habe [nur] wenig Zeit zu verlieren." (**puţin** = Adjektiv)

Nu te enerva, aşteaptă puţin! "Reg dich nicht auf, warte ein bisschen!" (**puţin** = Adverb).

2. Pronomen und Adjektive

Die Pronomen stellen eine wichtige grammatische Kategorie im Rumänischen dar. Wir möchten sie hier einmal systematisch darstellen und erläutern.

2.1 Unbestimmte Pronomen und Adjektive

• Einfache unbestimmte Pronomen

Die wichtigsten unter den einfachen unbestimmten Pronomen sind:

Singular		Plural	
Maskulinum	Femininum	Maskulinum	Femininum
unul "einer"	**una** "eine"	**unii** "die einen"	**unele** "die einen"
altul "ein anderer"	**alta** "eine andere"	**alţii** "andere"	**altele** "andere"
tot "ganzer, gesamter"	**toată** "ganze, gesamte"	**toţi** "alle"	**toate** "alle"
cutare "so einer, ein solcher"	**cutare** "so eine, eine solche"		

• Zusammengesetzte unbestimmte Pronomen

Die zusammengesetzten unbestimmten Pronomen werden auf der Grundlage der Relativpronomen **cine** "wer", **care** "der, die, das", **ce** "was" und **cât** "wie viele" gebildet, die mit folgendem kombiniert werden:

• Präfixe **fie-**, **ori-**, **oare-** oder **cine-**:

fiecare "jeder, jede, jedes"; **oricare** "jeder, jedweder, jeglicher"; **oricine** "wer auch immer, jedweder, irgendjemand"; **oarecare** "einige"; **orice** "jedes, was auch immer, irgendetwas"; **oricât** "wie viel auch immer".

• Partikel **-va**: **cineva** "jemand"; **careva** "jemand"; **ceva** "etwas"; **câtva** "etwas, einige".

• **vreo-**, das dem unbestimmten Pronomen **unul**, **una**, **unii**, **unele** vorangestellt wird: **vreunul** "(irgend)jemand♂"; **vreuna** "(irgend)jemand♀", **vreunii** "irgendwelche♂"; **vreunele** "irgendwelche♀".

Einige unbestimmte Pronomen setzen sich aus drei Elementen zusammen: **alt** + **cine/care/ce** + **va**: **altcineva** "jemand anderes"; **altceva** "etwas anderes".

• Deklination der unbestimmten Pronomen

Einige unbestimmte Pronomen werden nicht dekliniert, andere wiederum besitzen neben einer Form für den Nominativ und den Akkusativ (beide formgleich) auch Formen für den Genitiv und den Dativ (ebenfalls formgleich), jeweils im Singular und im Plural.

Hier z. B. die Deklination von **unul**, **una**, **unii**, **unele**:

	Kasus	Maskulinum	Femininum
Sg.	Nom./Akk.	**unul** "einer"	**una** "eine"
	Gen./Dat.	**unuia** "des einen/dem einen"	**uneia** "der einen/der einen"
Pl.	Nom./Akk.	**unii** "die einen"	**unele** "die einen"
	Gen./Dat.	**unora** (Mask./Fem.) "der einen/den einen"	

Tot "ganz, gesamt, alles"; **toată** "ganze, gesamte"; **toţi** "alle" und **toate** "alle" werden nur in den Pluralformen dekliniert:

	Maskulinum	Femininum
Nominativ/Akkusativ	**toţi** "alle"	**toate** "alle"
Genitiv/Dativ	**tuturor/a** "aller/allen"	

• **Cineva** "jemand ", **careva** "jemand", **altcineva** "jemand anderes", **altceva** "etwas anderes" und **oricine** "wer auch immer, jedweder, irgendjemand" sind immer unbestimmte Pronomen.

• **Ceva** "etwas", **fiecare** "jeder", **oricare** "jeder, jedweder, jeglicher", **orice** "jedes, was auch immer, irgendetwas", **oricât** "wie viel auch immer", **oarecare** "einige", **cutare** "so einer, ein solcher", **atât**(**a**) "so viel/e" und **câtva** "etwas" sind ebenfalls unbestimmte Pronomen, werden aber, wenn sie ein Substantiv näher bestimmen, zu unbestimmten Adjektiven, die sich in Genus, Numerus und Kasus diesem angleichen. Sie stehen dann vor dem Substantiv.

Vergleichen Sie das Pronomen **fiecare** in diesen beiden Sätzen:

Fiecare ştie ce are de făcut. "Jeder weiß, was er zu tun hat."

Hier ist **fiecare** ein Pronomen.

Fiecare participant câştigă un cadou. "Jeder Teilnehmer gewinnt ein Geschenk".

Hier ist **fiecare** ein Adjektiv.

- Gewisse Pronomen ändern, wenn sie zu unbestimmten Adjektiven werden, ihre Form und verlieren ihren bestimmten Artikel: **unul** wird zu **un**, **altul** zu **alt** und **vreunul** zu **vreun**:

Unul ştie, altul nu ştie. "Der eine weiß es, der andere weiß es nicht."
Un elev ştie, alt elev nu ştie. "Ein Schüler weiß es, ein anderer Schüler weiß es nicht."

- Beachten Sie, dass die deutschen Übersetzungen der unbestimmten Pronomen und Adjektive in vielen Fällen nur den ungefähren Wortsinn des Rumänischen wiedergeben können. Im Falle von **unul** und **una** beispielsweise kann die Bedeutung des Plurals **unii/unele** "die einen" manchmal besser mit "manche, gewisse, bestimmte" wiedergegeben werden:

Şi unul şi altul sunt de vină. "Sowohl der eine als auch der andere ist schuldig."
Unii preferă blondele. "Manche bevorzugen Blonde."
Unora le place jazzul "Manchen gefällt Jazz." ("den-einen Ihnen gefällt[er] Jazz.")

2.2 Negative Pronomen und Adjektive

Das negative Pronomen ist eine Variante des unbestimmten Pronomens, das in Verbindung mit dem negativen Adverb **nu** "nicht, kein" auftritt: **nimeni** "niemand, keiner", **nimic** oder **nimica** "nichts", **niciunul**, **niciuna** "kein, keiner":

Niciuna nu mă iubeşte! "Keiner liebt mich!"

In der Funktion als Adjektiv nimmt **niciunul**, **niciuna** die Form **niciun**, **nicio** an:

Niciun scop nu scuză mijloacele. "Kein Ziel[Ø] rechtfertigt (nicht entschuldigt[es]) die Mittel[Ø]."

3. Imperfekt Indikativ

3.1 Anwendung

Das rumänische Imperfekt drückt u. a. nicht abgeschlossene Handlungen in der Vergangenheit aus, wobei Dauer und Zeitpunkt nicht relevant sind. Das **perfect simplu** drückt komplett abgeschlossene

Handlungen in der Vergangenheit aus, wobei der Zeitpunkt relevant ist. Daher steht das **perfect simplu** mit exakten Zeitangaben. Im **perfect compus** stehen Handlungen, die in der Vergangenheit geschehen sind, deren Auswirkungen aber in der Gegenwart noch zu spüren oder die bis dato noch nicht abgeschlossen sind. Daher ist das **perfect compus** grammatikalisch gesehen eine Gegenwartsform.

3.2 Formen

• Unregelmäßige Formen

Man bildet das Imperfekt, indem man an den Verbstamm für die Verben auf -**a** und -**î** (1. und 4. Konjugation) die Endungen -**am**, -**ai**, -**a**, -**am**, -**aţi**, -**au** anhängt:

a prefer-a "bevorzugen, vorziehen"	**a cobor-î** "aussteigen"
prefer-am "ich bevorzugte"	**cobor-am** "ich stieg aus"
prefer-ai "du bevorzugtest"	**cobor-ai** "du stiegst aus"
prefer-a "er/sie bevorzugte"	**cobor-a** "er/sie stieg aus"
prefer-am "wir bevorzugten"	**cobor-am** "wir stiegen aus"
prefer-aţi "ihr bevorzugtet/Sie bevorzugten"	**cobor-aţi** "ihr stiegt/Sie stiegen aus"
prefer-au "ihr bevorzugtet"	**cobor-au** "sie stiegen aus"

Für die Verben auf -**ea**, -**e** und -**i** (2., 3. und 4. Konjugation) lauten die Personalendungen im Imperfekt -**eam**, -**eai**, -**ea**, -**eam**, -**eaţi**, -**eau**.

a merg-e "gehen"	**a ved-ea** "sehen"	**a fug-i** "laufen, flüchten"
merg-eam "ich ging"	**ved-eam** "ich sah"	**fug-eam** "ich lief, ich flüchtete"
merg-eai "du gingst"	**ved-eai** "du sahst"	**fug-eai** "du liefst/flüchtetest"
merg-ea …	**ved-ea** …	**fug-ea** …
merg-eam	**ved-eam**	**fug-eam**
merg-eaţi	**ved-eaţi**	**fug-eaţi**
merg-eau	**ved-eau**	**fug-eau**

Achtung bei der Aussprache! Die Imperfektendungen im Indikativ sind betont. Die Betonung liegt jeweils auf dem **a** der Endung.

3.3 Ausnahmen

Das Hilfsverb **a avea** "haben" gehört zur Kategorie der Verben auf -**eam**. Hier kommt es zu verschiedenen Vokalwechseln:

a fac-e "machen"	**a cunoaşt-e** "kennen"
făc-eam "ich machte"	**cunoşt-eam** "ich kannte"
făc-eai "du machtest"	**cunoşt-eai** "du kanntest"
făc-ea …	**cunoşt-ea** …
făc-eam	**cunoşt-eam**
făc-eaţi	**cunoşt-eaţi**
făc-eau	**cunoşt-eau**

- Verben, die auf Vokal + **i** ausgehen, behalten dieses **i**. Sehen wir uns hierzu das Verb **a locui** "wohnen, leben" an:
  locui-am; **locui-ai**; **locui-a**; **locui-am**; **locui-aţi**; **locui-au**.
- Das Imperfekt von **a vrea** "wollen, möchten" wird auf der Basis der Verbvariante **a voi** gebildet, die wir im literarischen Futur (L. 35 und 45) kennengelernt haben: **voi-am**; **vo-ai**; **voi-a**; **voi-am**; **voi-aţi**; **voi-au**.
- Die Ausnahmen betreffen in erster Linie die einsilbigen Verben, eine Kategorie, zu der z. B. auch das Hilfsverb **a fi** "sein" gehört. Hier müssen Sie bei der Aussprache darauf achten, dass die Imperfektformen, die mit **e** beginnen, ebenso wie die mit **e** beginnenden Präsensformen, mit einem anlautenden *j*-Laut gesprochen werden.

a da "geben"	**a sta** "sitzen, stehen"	**a şti** "wissen"	**a fi** "sein"
dăd-eam "ich gab"	**stăt-eam** "ich saß"	**şti-am** "ich wusste"	**er-am** "ich war"
dăd-eai "du gabst"	**stăt-eai** "du saßt"	**şti-ai** "du wusstest"	**er-ai** "du warst"
dăd-ea …	**stăt-ea** …	**şti-a** …	**er-a** …
dăd-eam	**stăt-eam**	**şti-am**	**er-am**
dăd-eaţi	**stăt-eaţi**	**şti-aţi**	**er-aţi**
dăd-eau	**stăt-eau**	**şti-au**	**er-au**

4. Verständnis-/Formulierungsübung

Exerciţiul: Înţelegeţi aceste propoziţii?

① L-am întâlnit întâmplător pe stradă pe fiul tău; ② a crescut atât de mult că nu l-am recunoscut la prima vedere! ③ S-a schimbat mult în ultima vreme… ④ Găseşti? Pentru mine a rămas tot copil… ⑤ Nu mai ştiu ce să fac cu el: ⑥ nu vrea deloc să înveţe, nu munceşte destul… ⑦ Nu e greu de ghicit de ce: ⑧ e în plină adolescenţă! ⑨ Nu-i nimic grav, totul se va aranja cu timpul, ⑩ e destul să aştepţi! ⑪ Probabil că e vina mea, ⑫ trebuia să-i impun mai repede nişte limite… ⑬ În realitate, e un băiat inteligent, ⑭ chiar dacă nu-i place să muncească. ⑮ Mă enervează ideea că nu-i nimic de făcut, ⑯ şi el exagerează: de pildă, aseară, în loc să pregătească examenul care se apropie, ⑰ a preferat să facă chef toată noaptea cu prietenii lui!

18 A venit acasă numai dimineaţa pe la opt, frânt de oboseală… 19 Nu aşa o să reuşească în viaţă! 20 Ce, tu, la vârsta lui, aveai chef de învăţat? 21 Îmi aduc bine aminte de tine, 22 profitai de orice ocazie ca să tragi chiulul de la şcoală! 23 Nu aveai răbdare să stai în clasă mai mult de trei ore pe zi…

Soluţia exerciţiului: Aţi înţeles?

1 Ich habe zufällig deinen Sohn auf der Straße getroffen; 2 er ist so gewachsen, dass ich ihn auf den ersten Blick nicht erkannt habe! 3 Er hat sich in der letzten Zeit sehr verändert … 4 Findest du? Für mich ist er ganz Kind geblieben … 5 Ich weiß nicht mehr, was ich mit ihm machen soll: 6 Er will überhaupt nicht lernen, er arbeitet nicht genug … 7 Es ist nicht schwer zu erraten, warum: 8 Er ist voll in der Pubertät! 9 Daran ist nichts Schlimmes, alles wird sich (arrangieren) mit der Zeit geben, 10 man muss nur warten! 11 Wahrscheinlich ist es meine Schuld, 12 ich müsste ihm schneller Grenzen setzen … 13 In Wirklichkeit ist er ein intelligenter Junge, 14 selbst wenn er es nicht mag zu arbeiten. 15 Mich regt der Gedanke auf, dass er nichts zu tun hat, 16 und er übertreibt: Beispielsweise gestern Abend, anstatt sich auf seine Prüfung vorzubereiten, die näher rückt, 17 hat er es vorgezogen, die ganze Nacht mit seinen Freunden einen drauf zu machen! 18 Er ist erst heute Morgen gegen acht Uhr zurückgekommen, geschafft vor Müdigkeit … 19 So wird er keinen Erfolg im Leben haben! 20 Was, hattest du in seinem Alter Lust zum Lernen? 21 Ich erinnere mich gut an dich, 22 du hast jede Gelegenheit genutzt, die Schule zu schwänzen! 23 Du hattest nicht die Geduld, mehr als drei Stunden am Tag im Klassenraum zu bleiben …

Denken Sie auch immer an die "Zweite Welle"? Jetzt, am Anfang dieser Phase, fällt Ihnen das Formulieren der ersten Lektionen auf Rumänisch bestimmt ganz leicht, denn Sie begegnen Kenntnissen, die Sie sich schon vor langer Zeit angeeignet und mittlerweile viele Male wiederholt haben. Das sollte Sie anspornen!

Etapa a doua: Activaţi astăzi lecţia 14!

64 Lecţia a şaizeci şi patra

N-am voie!

1 – A**o**le**o**, n-am văz**u**t cum tr**e**ce t**i**mpul! ①

2 La **o**ra **a**sta trebui**a** să f**i**u dem**u**lt ac**a**să!

3 Ch**e**lner! N**o**ta de pl**a**tă, vă rog! ② ③

4 – **U**nde vr**e**i să m**e**rgi? Af**a**ră pl**o**uă cu găle**a**ta,

5 n-**a**re n**i**ciun rost să ieş**i**m din restaur**a**nt, ④

6 n-**a**vem umbr**e**lă, plo**a**ia o să ne **u**de p**â**nă la pi**e**le! ⑤

7 M**a**i bem o b**e**re? E r**â**ndul m**e**u să fac c**i**nste! ⑥

8 Ch**e**lner, **î**ncă d**o**uă h**a**lbe ⑦

9 şi ş**a**se m**i**ci cu muşt**a**r, b**i**ne prăj**i**ţi! ⑧

10 – Dar mă aşte**a**ptă nev**a**stă-m**e**a cu m**a**sa!

11 D**a**că nu aj**u**ng la timp, o să se enerv**e**ze pe m**i**ne!

12 – Şi ce, e**a** **î**ţi dicte**a**ză ce tr**e**buie să f**a**ci?

PRONUNŢIE

[***3*** *k**ä**lnär …* ***6*** *… p**î**n[a] … pi**ä**lä* ***7*** *… tsch**i**nßtä* ***9*** *… m**i**tsch[j] … muscht**a**r …*]

ANMERKUNGEN

① **Aoleo!**, hier mit "Oh je!" übersetzt, aber grundsätzlich ist die Übersetzung von Interjektionen (Ausrufen) kontextabhängig, wie Sie in der nächsten Wiederholungslektion sehen werden.

② Anstatt um die **nota de plată** zu bitten, können Sie auch einfach **Plata, vă rog!** "Zahlen, bitte!" zum Kellner sagen.

③ Was Sie auch in Rumänien beim Bezahlen im Restaurant nicht vergessen sollten und womit der Kellner auf jeden Fall rechnet, ist **bacşiş** "Trinkgeld"!

64. Lektion

Ich darf nicht!

1 – Oh je, ich habe gar nicht gemerkt, wie [schnell] die Zeit vergangen ist (nicht-habe^{ich} gesehen wie vergeht^{es} Zeit)!

2 Um diese Uhrzeit hätte ich schon längst zu Hause sein sollen!

3 Kellner! Die Rechnung (Notiz♀ von Zahlung♀), bitte!

4 – Wo willst du hin(gehen)? Draußen regnet es in Strömen (mit Eimern♀),

5 es hat keinen Sinn^{Ø}, das Restaurant zu verlassen,

6 wir haben keinen Schirm♀, der Regen♀ wird uns durchnässen (gießen) bis auf die Haut♀!

7 Trinken wir noch ein Bier? Ich bin an der Reihe (ist^{es} Reihe^{Ø}-das mein), einen auszugeben (mache^{ich} Ehre♀)!

8 Kellner! Noch zwei Halbe♀

9 und sechs Hackfleischröllchen♂ mit Senf^{Ø}, gut durchgebraten!

10 – Aber meine Frau wartet [zu Hause] mit dem Essen auf mich!

11 Wenn ich nicht rechtzeitig zurückkomme, wird sie sich über mich ärgern!

12 – Und was? Ist sie es, die dir diktiert, was du zu tun hast?

④ **rost** "Sinn, Bedeutung". Merken Sie sich auch die Wendung **a învăţa pe de rost** "auswendig lernen".

⑤ **umbrelă** bezeichnet den "Regenschirm"; der "Sonnenschirm" hingegen heißt **umbrelă de soare**. Merken Sie sich neben **soare** "Sonne" auch gleich **lună** "Mond" und **stea** "Stern".

⑥ Die Wendung **a face cinste** hat zwei Bedeutungen: "jmdm. Ehre machen, jmdm. zur Ehre gereichen" und "eine Runde ausgeben".

⑦ **halbă** ist der "Krug, Humpen" und bezeichnet gleichzeitig einen halben Liter Bier (plus Schaum!).

⑧ **mic** (oder das Diminutiv **mititel**) ist eine kleine Hackfleischrolle, die auf dem Grill gebraten und gerne zum Bier, vor allem bei Volksfesten u.ä., gegessen wird.

13 **E**şti la **o**rdinele **e**i? Nu te şti**a**m sub pap**u**c! ⑨

14 – Ai dept**a**te! N**u**-mi p**a**să de ce z**i**ce e**a**! ⑩

15 St**a**u p**â**nă se opr**e**şte plo**a**ia, f**i**e ce-**o** fi! ⑪

16 De c**â**nd m-am căsător**i**t,

17 nu m**a**i am v**o**ie să **ie**s cu pri**e**tenii, ⑫

18 nu m**a**i am v**o**ie să înt**â**rzii ac**a**să,

19 nu m**a**i am v**o**ie să be**a**u, nu m**a**i am v**o**ie să fum**e**z…

20 – În concl**u**zie, **î**ţi p**a**re r**ă**u că te-**a**i însur**a**t!

21 – A nu, n**i**ci **a**sta n-am v**o**ie!

PRONUNŢIE [*13 … papuk 20 … kOnklusjä …*]

Exerciţiul 1: Înţelegeţi aceste propoziţii?

❶ În oraşul ăsta plouă de trei ori pe săptămână, trebuie să-mi cumpăr o umbrelă! ❷ O halbă e prea mult pentru mine, mă mulţumesc cu o sticlă mică de bere. ❸ E ultima dată când mai vin în restaurantul ăsta, micii lor sunt prea mici! ❹ Aţi uitat să puneţi pe masă sarea, piperul şi muştarul. ❺ Ţi-am spus de mai multe ori că nu ai voie să fumezi în dormitor.

13 Hörst du (bist[du]) auf ihr Kommando[Ø]? Ich wusste nicht, dass du unter dem Pantoffel♂ stehst!

14 – Du hast Recht! Es kümmert mich nicht, was sie sagt!

15 Ich bleibe, bis der Regen aufhört, komme, was wolle!

16 Seit ich geheiratet habe,

17 habe ich nicht mehr die Erlaubnis, mit meinen Freunden auszugehen,

18 ich darf nicht mehr verspätet nach Hause kommen,

19 ich darf nicht mehr trinken, ich darf nicht mehr rauchen …

20 – Fazit (in Schlussfolgerung♀): Es tut dir leid, dass du geheiratet hast!

21 – Oh nein, das darf ich auch nicht!

⑨ Die Bedeutungen von **ordin** sind "Kommando, Befehl, Anweisung, Anordnung".

⑩ Das Verb **a-i păsa** "sich kümmern, sich sorgen" kommt in vielen gängigen Wendungen vor, so z. B. in **Ce-mi pasă?** "Was kümmert mich das?" und **Puţin îmi pasă!** "Das kümmert mich wenig!; Das ist mir egal!"

⑪ **fie** ist der Konjunktiv (ohne die Konjunktion **să**) des Hilfsverbs **a fi** "sein". Es wird auch in der Form **Fie!** "Also gut!, Einverstanden!, Von mir aus!" benutzt.

⑫ Merken Sie sich als Synonym zu **a avea voie** das Verb **a permite** "erlauben, zulassen, genehmigen, gestatten" und auch das Nomen **permisiune** "Erlaubnis".

Soluţia exerciţiului 1: Aţi înţeles?

❶ In dieser Stadt regnet es dreimal pro Woche, ich muss mir einen Regenschirm kaufen! ❷ Ein Halbes ist zu viel für mich, ich begnüge mich mit einer kleinen Flasche Bier. ❸ Das ist das letzte Mal, dass ich in dieses Restaurant komme, ihre Hackfleischröllchen sind zu klein! ❹ Sie haben vergessen, das Salz, den Pfeffer und den Senf auf den Tisch zu stellen. ❺ Ich habe dir mehrmals gesagt, dass du im Schlafzimmer nicht rauchen darfst.

Exerciţiul 2: Completaţi locurile libere cu cuvintele care lipsesc!

❶ Es regnet seit einigen Tagen, ich frage mich, wohin die Sonne verschwunden ist.

… de … zile, ma … unde a … soarele.

❷ Ich kenne ihn sehr gut, er möchte, dass alle Leute (dass seien[sie]) auf sein Kommando hören!

Îl … foarte bine, … ca toată … să fie la … lui!

❸ Ich habe dich genug reden lassen, jetzt bin ich an der Reihe, das Wort zu ergreifen (nehme[ich] Wort-das).

Te-am … să vorbeşti …, e … meu să … cuvântul.

❹ Ich weiß gut, dass es dich nicht kümmert, was ich dir sage, aber ich rate dir mir zuzuhören.

… bine că …-… … de ce-ţi spun, dar te … să mă asculţi.

65 Lecţia a şaizeci şi cincea

De ce înveţi româneşte?

1 – Văd că cit**e**şti zi**a**rul… Ce m**a**i e n**o**u?

2 Ce se m**a**i înt**â**mplă în l**u**me? C**a**re s**u**nt şt**i**rile? ①

3 Dar văd că e scr**i**s **î**ntr-o l**i**mbă stră**i**nă…

4 – E un zi**a**r român**e**sc, "Român**i**a L**i**beră". ②

ANMERKUNGEN

① **ştire** "Meldung, Nachricht, Neuigkeit" ist – Sie haben es sich sicher schon gedacht – verwandt mit **a şti** "wissen". **A da de ştire** "Bescheid sagen".

❺ Ich finde meinen linken Pantoffel nicht, er muss irgendwo unter dem Bett sein.

Nu-mi găsesc _____ stâng, _____ să fie _____ sub ___.

Soluţia exerciţiului 2: Cuvintele care lipsesc.

❶ Plouă – câteva – întreb – dispărut ❷ cunosc – vrea – lumea – ordinele ❸ lăsat – destul – rândul – iau ❹ Ştiu – nu-ţi pasă – sfătuiesc ❺ papucul – trebuie – undeva – pat.

Etapa a doua: Activaţi astăzi lecţia 15!

65. Lektion

Warum lernst du Rumänisch?

1 – Ich sehe, dass du die Zeitung liest … Was gibt es Neues?
2 Was passiert auf der Welt? Was gibt es für (sind[sie]) Neuigkeiten♀?
3 Aber ich sehe, dass sie in einer fremden Sprache geschrieben ist …
4 – Es ist eine rumänische Zeitung, "România Liberă" (Rumänien frei).

② **România Liberă**, eine der führenden Tageszeitungen, wurde 1877 gegründet. Im Jahr 2000 kaufte die Westdeutsche Allgemeine Zeitung **România Liberă** auf, zog sich jedoch im Jahr 2010 wieder vom rumänischen Zeitungsmarkt zurück.

5 – Şi înţel**e**gi cev**a**? Nu e pre**a** complic**a**t?
6 – Dep**i**nde! Înţel**e**g uş**o**r report**a**jele sport**i**ve
7 şi une**o**ri art**i**colele de pol**i**tică şi de econom**i**e… ③
8 **O**perele liter**a**re sunt m**a**i gr**e**u de înţel**e**s, ④
9 m**a**i al**e**s poez**i**ile, cu limb**a**jul lor speci**a**l…
10 – Mda, nu p**a**re pre**a** dific**i**l… ⑤
11 Şi **e**u pot să înţel**e**g ce înse**a**mnă "l**i**beră"… ⑥
12 Dar de ce înv**e**ţi român**e**şte?
13 Vr**e**i să m**e**rgi în Român**i**a în vac**a**nţă s**a**u p**e**ntru af**a**ceri?
14 Se p**a**re că ex**i**stă oportunit**ă**ţi re**a**le…
15 – Deocamd**a**tă înv**ă**ţ l**i**mba,
16 înc**e**rc să cit**e**sc şi să fac convers**a**ţie cu priet**e**na m**e**a, ⑦
17 c**a**re e de or**i**gine rom**â**nă…
18 – A, trebu**i**a s**ă**-mi d**a**u se**a**ma de la încep**u**t! ⑧
19 Am uit**a**t că **e**şti un sentiment**a**l…
20 Aş**a** cum te cun**o**sc, **e**şti cap**a**bil să înv**e**ţi român**e**şte
21 n**u**mai ca s**ă**-i p**o**ţi dedic**a** priet**e**nei t**a**le un po**e**m în l**i**mba sa mat**e**rnă…

PRONUNŢIE

[**9** … *limbaĵul* … *ßpätschjal* **10** … *difitschil* **11** … *înßamn[a]* … **13** … *afatschär[i]* **16** *întschärk* … *tschitäßk* … **17** …. *oridĵinä* … **21** … *poäm* …]

③ **uneori** "manchmal" setzt sich zusammen aus **une** + **ori**, das von **oară** "Mal" abstammt. Weitere Ausdrücke für "manchmal" sind **câteodată** und **alteori**. Merken Sie sich auch **deseori** "oft, häufig".

④ **Operă** haben Sie bereits in der Bedeutung "Oper" kennengelernt; es hat aber auch die Bedeutung "Werk, Arbeit".

5 – Und verstehst du etwas? Ist es nicht zu kompliziert?

6 – Das hängt davon ab! Ich verstehe ohne weiteres (leicht) die Sportreportagen,

7 und manchmal die Artikel zu Politik und Wirtschaft …

8 Die Literaturwerke sind schwieriger zu verstehen,

9 vor allem die Gedichte♀, mit ihrer speziellen SpracheØ …

10 – Naja, das scheint [mir] nicht zu schwierig …

11 Ich kann auch verstehen, was "liberă" bedeutet …

12 Aber warum lernst du Rumänisch?

13 Möchtest du in den Urlaub nach Rumänien fahren oder geschäftlich (für Geschäft♀)?

14 Wie es scheint, gibt es echte Gelegenheiten …

15 – Vorerst lerne ich die Sprache,

16 ich versuche zu lesen und mich mit meiner Freundin zu unterhalten,

17 die aus Rumänien stammt (ist^{sie} von Herkunft♀ rumänisch) …

18 – Ah, ich hätte es von AnfangØ an verstehen müssen!

19 Ich habe vergessen, dass du ein Gefühlsmensch (gefühlvoll) bist …

20 Wie ich dich kenne, bist du imstande, Rumänisch zu lernen,

21 nur um deiner Freundin ein Gedicht in ihrer Muttersprache widmen zu können (Sprache ihre mütterlich) …

⑤ **dificil** "schwer, schwierig"; **complicat** "kompliziert".

⑥ **a însemna** "bedeuten; markieren, auszeichnen" ändert in bestimmten Zusammenhängen seine Bedeutung geringfügig: **Asta nu înseamnă nimic** "Das will nichts heißen/bedeuten"; **a însemna cu fierul roşu** "jmdn. brandmarken" (markieren mit Eisen-das rot).

⑦ Der Ausdruck **prietena mea** impliziert im Rumänischen, dass es sich um mehr als nur um eine Bekannte handelt.

⑧ **a-şi da seama** "etwas verstehen/erkennen, sich über etwas bewusst werden". **Seamă** hat zahlreiche Bedeutungen und tritt in einer Vielzahl von Wendungen auf. Eine kleine Auswahl: **de bună seamă** "sicher, bestimmt"; **mai cu seamă** "besonders"; **de o seamă** "gleichaltrig"; **neluat în seamă** "unbeachtet, unbemerkt".

Exerciţiul 1: Înţelegeţi aceste propoziţii?

❶ E uşor de înţeles că "România Literară" e o revistă în care nu găseşti prea multe articole sportive. ❷ În zadar citesc ziarul în fiecare zi, nu înţeleg nimic din economie. ❸ Mă întreb uneori dacă are rost să insist. ❹ Mi-am dat seama că o iubesc când era deja prea târziu. ❺ Are o memorie excelentă, e capabil să înveţe o limbă străină în câteva săptămâni.

Exerciţiul 2: Completaţi locurile libere cu cuvintele care lipsesc!

❶ Du bist ein Gefühlsmensch geblieben, du denkst, dass die Frau deiner Träume irgendwo existiert!
Ai ... un sentimental, crezi că ... visurilor ... există ... !

❷ Die Politik interessiert mich nicht mehr, ich ziehe es vor, fernab der Welt zu bleiben, mit meinen Büchern.
... nu mă mai ..., prefer să ... ... de ..., cu cărţile mele.

❸ Ich bin überzeugt, dass das Problem kompliziert ist, aber ich muss schnell eine Lösung finden.
Sunt ... că problema e ..., dar trebuie să ... repede o ... .

❹ Sie hat vergeblich versucht, ihm zu erklären, was sie wollte, er hat es vorgezogen, nicht zu verstehen.
În zadar a ... ea să-i ... ce ..., el a preferat să nu ... .

❺ Letztendlich muss ich anerkennen, dass sehr viele rumänische Wörter aus dem Französischen kommen.
În ..., trebuie să ... că multe cuvinte ... sunt de ... franceză.

Soluţia exerciţiului 1: Aţi înţeles?

❶ Es ist leicht zu verstehen, dass "România Literară" eine Zeitschrift ist, in der man nicht viele Artikel über den Sport findet. ❷ Ich lese vergeblich jeden Tag die Zeitung, ich verstehe nichts von Wirtschaft. ❸ Ich frage mich manchmal, ob es Sinn hat, dass ich [darauf] bestehe. ❹ Ich habe erkannt, dass ich sie liebe, als es bereits zu spät war. ❺ Er hat ein ausgezeichnetes Gedächtnis, er ist in der Lage, in einigen Wochen eine Fremdsprache zu erlernen.

Soluţia exerciţiului 2: Cuvintele care lipsesc.

❶ rămas – femeia – tale – undeva ❷ Politica – interesează – rămân departe – lume ❸ convins – complicată – găsesc – soluţie ❹ încercat – explice – voia – înţeleagă ❺ concluzie – recunosc – româneşti – origine.

Etapa a doua: Activaţi astăzi lecţia 16!

66 Lecţia a şaizeci şi şasea

Sete de lectură

1 – Sunt disper**a**tă, nu şt**i**u ce să m**a**i fac cu f**i**ul m**e**u
2 nu vre**a** del**o**c să cite**a**scă!
3 Dege**a**ba **î**i spun: "Cit**e**şte cev**a**! ①
4 St**i**nge blestem**a**tul **ă**la de televiz**o**r şi desch**i**de şi tu o c**a**rte!"
5 – Cu f**i**ică-me**a** e ex**a**ct **i**nvers, e pasion**a**tă de lect**u**ră,
6 tr**e**buie s**ă**-i interz**i**c să cite**a**scă pre**a** mult!
7 **Ş**i **ie**ri i-**a**m spus: "Nu m**a**i cit**i** at**â**ta, că o s**ă**-ţi str**i**ci **o**chii!" ②
8 Se pref**a**ce că mă asc**u**ltă, dar şt**i**u pre**a** b**i**ne
9 că cit**e**şte pe asc**u**ns cu lant**e**rna, no**a**ptea sub p**ă**tură! ③ ④
10 – L**a**s-o în p**a**ce, d**a**că-i pl**a**ce! Înv**a**ţă m**u**lte l**u**cruri!
11 – La ce bun? La c**e**-i folos**e**şte? P**ie**rdere de timp!
12 **E**u nu m**a**i cit**e**sc dec**â**t rev**i**ste ilustr**a**te,
13 nu am răbd**a**re să cit**e**sc t**e**xte l**u**ngi:
14 rom**a**nele şi nuv**e**lele mă obos**e**sc

PRONUNŢIE

[**2** … *tschit**a**ßk^a* **3** *dädĵ**a**ba* … **4** … *bläßtäm**a**tul* … *täläwis**O**r* … *däßk**i**dä* **5** … *ägs**a**kt* … **7** … *ßtr**i**tsch^j* ***O**ki* **13** … *l**u**ndĵ* **14** … *oboß**ä**ßk*]

ANMERKUNGEN

① **Citeşte** ist hier nicht die 3. Person Singular von **a citi** "lesen", sondern der Imperativ: "Lies!" Ebenso: **Cântă!** "Sing!".

66. Lektion

Lesedurst

1 – Ich bin verzweifelt, ich weiß nicht mehr, was ich mit meinem Sohn machen soll,

2 er will überhaupt nicht lesen!

3 Ich sage umsonst zu ihm: "Lies etwas!

4 Mach diesen verdammten FernseherØ aus, und öffne ein Buch♀!"

5 – Mit meiner Tochter ist es genau anders herum, sie ist begeistert vom Lesen (ist^{sie} leidenschaftlich von Lektüre♀),

6 ich muss ihr verbieten, zu viel zu lesen!

7 Noch (auch) gestern habe ich zu ihr gesagt: "Lies nicht so viel, denn du wirst dir die Augen verderben!"

8 Sie gibt vor, mich zu hören, aber ich weiß [nur] zu gut,

9 dass sie (auf) heimlich mit der Taschenlampe♀ liest, nachts, unter der Bettdecke♀!

10 – Lass sie in Ruhe (Frieden♀), wenn es ihr gefällt! Sie lernt viele Dinge!

11 – Wozu soll das gut sein? Zu was soll das dienen? Zeitverschwendung (Verlust♀ von Zeit)!

12 Ich lese nur noch Illustrierte (Zeitschrift♀ illustriert),

13 ich habe nicht die Geduld, lange TexteØ zu lesen:

14 RomaneØ und Novellen♀ ermüden mich,

② **Nu citi!** "Lies nicht!" ist der verneinte Imperativ (vgl. oben **Citeşte!**) Der verneinte Imperativ ist der einzige Verbmodus, dessen Form sich erheblich von der affirmativen Variante unterscheidet.

③ Merken Sie sich zu **pe ascuns** "heimlich, geheim" auch das Verb **a ascunde** "verbergen, verstecken, verheimlichen".

④ Im Zusammenhang mit dem Nomen **pătură** "Bettdecke" ist vielleicht für Sie auch das Verb **a acoperi** "zu-/bedecken" interessant.

15 şi poez**i**i n-am m**a**i cit**i**t de când er**a**m el**e**vă.

16 Bărb**a**tu-m**e**u cit**e**şte n**u**mai zi**a**re... ⑤

17 – **E**u cit**e**sc sistem**a**tic, de **a**ni de z**i**le! ⑥

18 Am chi**a**r o c**a**rte de căpăt**âi**

19 pe c**a**re o cons**u**lt apro**a**pe în fiec**a**re zi!

20 – **E**i t**a**ci! De **u**nde v**i**ne s**e**tea **a**sta de lect**u**ră la t**i**ne? ⑦

21 – C**a**re s**e**te? O cit**e**sc când mi-**e** fo**a**me!

22 E o c**a**rte de buc**a**te, cad**o**u de n**u**ntă de la m**a**ma! ⑧ ⑨

PRONUNŢIE [*18* ... $k^{a}p^{a}t\hat{\imath}^{i}$ *20* ... $tatsch^{j}$ ...]

Exerciţiul 1: Înţelegeţi aceste propoziţii?

❶ După ea, lectura nu foloseşte la mare lucru în ziua de azi. ❷ Stinge radioul, m-am săturat de atâtea ştiri rele! ❸ I-am interzis să-l mai vadă, băiatul ăla nu e pentru ea! ❹ Lasă-mă în pace, nu vezi că sunt ocupată? ❺ Dacă strigi toată ziua, o să-ţi strici vocea şi n-o să mai poţi cânta.

15 und Gedichte habe ich seit der Schule nicht mehr gelesen (von wenn war^{ich} Schülerin).

16 Mein Mann liest nur Zeitungen …

17 – Ich lese systematisch, seit Jahren!

18 Ich habe sogar eine Bettlektüre (Buch♀ von Kopfende^{ø})

19 die (auf welche die konsultiere^{ich}) ich fast täglich zur Hand nehme!

20 – Ach, hör auf! Woher kommt bei dir dieser Lesedurst?

21 – Welcher Durst? Ich lese es, wenn ich Hunger habe!

22 Es ist ein Kochbuch (Buch von Speise♀♀), ein Hochzeitsgeschenk meiner Mutter!

⑤ Dass dieser Dialog in einem eher informellen und vertraulicheren Kontext stattfindet, erkennt man an der Verwendung von **bărbatul meu** anstelle von **soţul meu** "mein Mann", **fiu-meu** anstelle von **fiul meu** "mein Sohn" und **fiică-mea** anstelle von **fiica mea** "meine Tochter".

⑥ **de ani de zile** bezeichnet ebenso wie "seit Jahr und Tag" eine sehr lange Zeitdauer. Eine Wendung mit etwa demselben Aufbau ist **în ziua de azi** "heute, heutzutage".

⑦ **Ei taci!** von **a tăcea** "schweigen, still sein" ist ebenfalls eine sehr verbreitete Wendung, die sie allerdings nur im vertrauteren Kreis bei Freunden und Verwandten benutzen sollten.

⑧ **bucate** "Speisen, Gerichte" wird in diesem Kontext immer im Plural verwendet. Dieses Wort ist selbstverständlich verwandt mit **bucătărie** "Küche", **bucătar** "Koch", **bucătăreasă** "Köchin". Nicht zu verwechseln mit **bucată**♀ "Stück, Brocken".

⑨ Im Zusammenhang mit **cadou** "Geschenk" möchten Sie vielleicht auch wissen, was "verschenken, (an)bieten" bedeutet: **a oferi**.

Soluţia exerciţiului 1: Aţi înţeles?

❶ Ihrer Meinung nach nützt das Lesen nicht viel (nicht nützt^{sie} zu groß Sache) heutzutage. ❷ Schalte das Radio aus, ich habe genug (habe^{ich} gesättigt) von so vielen schlechten Nachrichten! ❸ Ich habe ihr verboten, ihn noch zu sehen, dieser Junge ist nichts für sie! ❹ Lass mich in Ruhe (Frieden), siehst du nicht, dass ich beschäftigt bin? ❺ Wenn du den ganzen Tag schreist, wirst du deine Stimme ruinieren, und du wirst nicht mehr singen können.

Exerciţiul 2: Completaţi locurile libere cu cuvintele care lipsesc!

❶ Was du machst in der Schule, ist nur, deine Zeit zu vergeuden (verlierst[du]), du lernst niemals etwas (nicht lernst[du] niemals nichts)!

Nu faci .... să-ţi .... timpul la şcoală, nu .... niciodată ....!

❷ Siehe sie dir an, was sagst du, sie ist eine schöne Frau, nicht wahr?

........-te la ...., ce zici, e o femeie ...., nu-i ....?

❸ Ich glaube, dass ich dich verstehe, aber ich kann nicht mit dir einverstanden sein.

Cred că te ...., dar nu .... fi de .... cu tine.

❹ Er liest jeden Abend in seinem Bett, bevor er einschläft.

El .... în fiecare .... în patul ...., înainte de a ....

67 Lecţia a şaizeci şi şaptea

Nu se pricepe!

1 – C**a**re d**i**ntre v**o**i cuno**a**şte un instalat**o**r, ①

2 pricep**u**t, dispon**i**bil şi cinst**i**t, ② ③

3 cap**a**bil să rep**a**re un robin**e**t stric**a**t?

4 Nu şt**i**u prec**i**s ce **a**re,

[*… pritsch**ä**pä* **2** *pritschäp**u**t … tschinßt**i**t*]

ANMERKUNGEN

① Hier steht **instalator** für **instalator de apă**. Andere Arten von **instalator** sind **instalator de gaze** "Gasinstallateur", **instalator de calorifere** "Heizungsinstallateur", **instalator de lumină** (oder **electrician**) "Elektriker".

❺ Am Ende der Mahlzeit möchte ich unbedingt persönlich Ihren Koch kennenlernen.

La .... mesei, vreau .... să-l cunosc personal pe .... dumneavoastră.

Soluţia exerciţiului 2: Cuvintele care lipsesc.

❶ decât – pierzi – înveţi – nimic ❷ Uită – ea – frumoasă – aşa ❸ înţeleg – pot – acord ❹ citeşte – seară – lui – adormi ❺ sfârşitul – neapărat – bucătarul.

Lerntipp: *Sie haben inzwischen gemerkt, dass das Rumänische sehr reich an Präpositionen ist, und alle paar Lektionen lernen Sie neue kennen. Prägen Sie sich diese möglichst immer im Kontext, also in kurzen Wendungen, ein. Sie können sich die entsprechenden Ausdrücke auch im Buch in einer bestimmten Farbe anstreichen.*

Etapa a doua: Activaţi astăzi lecţia 17!

67. Lektion

Er kennt sich nicht aus!

1 – Wer von euch kennt einen Installateur,

2 erfahren, verfügbar und ehrlich,

3 der in der Lage ist, einen kaputten Wasserhahn$^{\varnothing}$ zu reparieren?

4 Ich weiß nicht genau, wo das Problem liegt (was hat^{es}),

② **priceput** "kundig, erfahren, bewandert" kommt vom Verb **a se pricepe** "sich auskennen" (s.a. L. 48).

③ **disponibil** "verfügbar, vorhanden, erhältlich, vorrätig".

5 dar în bucăt**ă**r**i**e **a**pa p**i**cură zi şi no**a**pte, de o săptăm**â**nă…

6 – **Î**ţi recom**a**nd **e**u un instalat**o**r polon**e**z,

7 un fo**a**rte bun speciali**s**t, om de încr**e**dere,

8 c**a**re se ţ**i**ne de cuv**â**nt şi c**e**re pr**e**ţuri rezon**a**-bile.

9 Locui**e**şte la d**oi** p**a**şi de t**i**ne,

10 d**a**că **ai** nor**o**c, v**i**ne imedi**a**t când îl ch**e**mi.

11 Dar **e**şti s**i**gură că s**o**ţul t**ă**u nu po**a**te f**a**ce nim**i**c?

12 Po**a**te că e n**u**mai o garnit**u**ră de schimb**a**t… ④

13 – El z**i**ce că se pric**e**pe, dar **e**u nu am încr**e**dere în el! ⑤

14 J**o**ia trec**u**tă am av**u**t un scurtcircu**i**t din c**a**uza **u**nui bec c**a**re a ars ⑥

15 şi am răm**a**s **o**re într**e**gi f**ă**ră lum**i**nă;

16 a ţin**u**t cu **o**rice preţ să interv**i**nă person**a**l

17 şi a provoc**a**t o adevăr**a**tă catastr**o**fă!

18 Cred că a invers**a**t n**i**şte f**i**re el**e**ctrice ⑦

19 şi ac**u**m televiz**o**rul se apr**i**nde şi se st**i**nge când vr**ea** el

20 cupt**o**rul răm**â**ne r**e**ce şi frigid**e**rul încălz**e**şte.

PRONUNŢIE

[***6*** … *pOlOn**ä**s* ***7*** … *ßpätschjal**i**ßt* … ***8*** … *räsOn**a**bilä* ***10*** … *k**ä**m*^{j} ***12*** … *ßkimb**a**t* ***14*** *ĵ**o**ja* … *ßkurttschirku**i**t* … ***18*** … *äl**ä**ktritschä* ***19*** … *wre**a** jäl* ***20*** … *înk*^{a}*ls**ä**schtä*]

5 aber in der Küche tropft das Wasser♀ Tag und Nacht, seit einer Woche …

6 – Ich empfehle dir einen polnischen Installateur,

7 ein sehr guter Spezialist, ein Mann des Vertrauens,

8 der sein Wort hält und vernünftige Preise verlangt.

9 Er wohnt nur wenige Schritte von dir [entfernt],

10 wenn du Glück hast, kommt er sofort, wenn du ihn anrufst.

11 Aber bist du sicher, dass dein Mann [da] nichts machen kann?

12 Vielleicht ist nur eine Dichtung♀ auszuwechseln …

13 – Er sagt, dass er sich auskennt, aber ich habe kein Vertrauen zu ihm!

14 Letzten Donnerstag hatten wir einen KurzschlussØ aufgrund einer GlühbirneØ, die durchgebrannt war,

15 und wir hatten (haben[wir] geblieben) stundenlang kein Licht♀;

16 er hat um jeden Preis darauf bestanden, es persönlich zu erledigen (greift[er]-ein persönlich),

17 und er hat eine echte Katastrophe verursacht!

18 Ich glaube, er hat einige elektrische DrähteØ vertauscht ,

19 und jetzt schaltet sich der Fernseher ein und aus, wann er will,

20 der Backofen bleibt kalt, und der Kühlschrank wird warm (erwärmt[es]).

④ **garnitură** ist nicht nur die "Dichtung", sondern bezeichnet auch die "Beilage" bei einem Gericht.

⑤ **a se pricepe** "sich auskennen"; **a pricepe** "begreifen, verstehen, erfassen".

⑥ Merken Sie sich zu **bec** "Glühbirne" auch **bec economic** "Energiesparleuchte".

⑦ Sie kennen **fir** aus L. 59 (**fir de păr** "Haar"). Die Bedeutung von **fir** kann sehr variieren; man findet es in zahlreichen Ausdrücken: **fir de telefon** "Telefonkabel"; **firul apei** "Rinnsal"; **a se ţine numai într-un fir** "am seidenen Faden hängen"; **firul ideilor** "der gedankliche Faden"; **firul zilelor** "der Lauf der Tage". Ein **fir de iarbă** ist jedoch ein "Grashalm", und **fir de nisip** bedeutet "Sandkorn".

Exerciţiul 1: Înţelegeţi aceste propoziţii?

❶ Sunt disperat, caut de o săptămână şi nu reuşesc să găsesc un instalator disponibil. ❷ Fii cinstit şi recunoaşte că nu eşti nici măcar capabil să repari un simplu robinet. ❸ Îl cunosc foarte bine, e un om rezonabil, poţi conta pe el. ❹ Lângă friptură, vă putem servi cartofi prăjiţi ca garnitură. ❺ Nu mă aşteptam ca romanul ăsta să fie atât de greu de citit.

Exerciţiul 2: Completaţi locurile libere cu cuvintele care lipsesc!

❶ [Als] bedeutender Spezialist der italienischen Oper hat er sein gesamtes Leben der Musik gewidmet.
(Ca) mare .... în ..... italiană, şi-a .... întreaga viaţă ....

❷ Als ich die Tür des Kühlschranks geöffnet habe, war die Glühbirne bereits durchgebrannt.
..... am .... uşa ...., ... era deja ars.

❸ Von der Straße aus habe ich Licht gesehen, und ich bin hineingekommen, um Ihnen guten Abend zu sagen.
Din ......, am văzut ...... şi am ...... ca să vă .... bună seara.

❹ Schalt den Fernseher ein, es ist Zeit zu erfahren, was in der Welt passiert.
.... televizorul, e ... să ...... ce se .... în lume.

❺ Entschuldigen Sie, aber Sie haben den Nachnamen und den Vornamen im Pass verwechselt.
........-mă, dar mi-aţi .... numele şi .... în ....

Soluţia exerciţiului 1: Aţi înţeles?

❶ Ich bin verzweifelt, ich suche seit einer Woche, und es gelingt mir nicht, einen verfügbaren Installateur zu finden. ❷ Sei ehrlich, und gib zu, dass du nicht einmal in der Lage bist, einen einfachen Wasserhahn zu reparieren. ❸ Ich kenne ihn sehr gut, er ist ein vernünftiger Mann, du kannst auf ihn zählen. ❹ Zum (neben) Braten können wir Ihnen Bratkartoffeln als Beilage servieren. ❺ Ich habe nicht erwartet, dass dieser Roman so schwierig zu lesen sein würde.

Soluţia exerciţiului 2: Cuvintele care lipsesc.

❶ specialist – opera – dedicat – muzicii ❷ Când – deschis – frigiderului – becul ❸ stradă – lumină – intrat – spun ❹ Aprinde – ora – aflăm – întâmplă ❺ Scuzaţi – inversat – prenumele – paşaport.

Etapa a doua: Activaţi astăzi lecţia 18!

68 Lecţia a şaizeci şi opta

La recepţia hotelului

1 – Am rezerv**a**t pe intern**e**t o c**a**meră cu un pat…

2 – O cl**i**pă, d**o**mnule, t**e**rmin cu do**a**mna ①

3 şi mă oc**u**p imedi**a**t de dumneavo**a**stră!

4 La reved**e**re, do**a**mnă, drum bun şi m**a**i poft**i**ţi pe la n**o**i! ② ③

5 B**u**nă z**i**ua, d**o**mnule… Cu ce vă pot ajut**a**?

6 – Spune**a**m că am rezerv**a**t la dumneavo**a**stră…

7 – Un s**i**ngle, da… Pe ce n**u**me? ④ ⑤

8 – I**a**ncu, Marc**e**l I**a**ncu. Răm**â**n d**o**uă săptăm**â**ni.

9 – Un mom**e**nt… **Î**mi p**a**re r**ă**u, dar nu vă am pe l**i**stă.

10 – De fapt, am lu**a**t c**a**mera încep**â**nd de m**â**ine, ⑥

11 dar am aj**u**ns cu o zi m**a**i devr**e**me,

12 am găs**i**t un bil**e**t de avi**o**n incred**i**bil de **i**eftin,

PRONUNŢIE

[*… retsch**ä**pzja …* **10** *… întschepînd …*]

ANMERKUNGEN

① Verwandt mit **clipă** "Augenblick" ist das Verb **clipi** "blinken, blinzeln" und auch die Wendung **într-o clipă** "in einem Augenblick, im Nu, gleich".

② **Drum bun!** ist ein sehr gängiger Ausdruck; meist fügen die Rumänen noch **Călătorie plăcută!** hinzu. Ein Synonym von **călătorie** lautet **voiaj** [*wojaj*]. So spricht man von **birou de voiaj** oder **agenţie de voiaj** "Reisebüro".

68. Lektion

An der Hotelrezeption

1 – Ich habe über das Internet ein Einzelzimmer reserviert (Zimmer mit ein Bett$^{\varnothing}$) …

2 – Einen Augenblick♀, mein Herr, ich bediene [gerade] diese Dame zu Ende,

3 und [dann] kümmere ich mich sofort um Sie!

4 Auf Wiedersehen, gnädige Frau, gute Reise (Weg$^{\varnothing}$ gut), und beehren Sie uns wieder (und mehr begehren^{Sie} nach zu wir)!

5 Guten Tag, mein Herr … Wie (mit was) kann ich Ihnen helfen?

6 – Ich sagte, dass ich bei Ihnen reserviert habe …

7 – Ein Einzelzimmer, ja … Auf welchen Namen?

8 – Iancu, Marcel Iancu. Ich bleibe zwei Wochen.

9 – Ein Moment … Es tut mir leid, aber ich habe Sie nicht auf der Liste.

10 – Eigentlich habe ich (genommen) das Zimmer ab (beginnend) morgen reserviert,

11 aber ich bin (mit) einen Tag früher angekommen,

12 ich habe ein unglaublich preiswertes Flugticket$^{\varnothing}$ gefunden,

③ In **Mai poftiţi pe la noi!** finden Sie das bereits bekannte **a pofti** "begehren, wünschen, Lust haben auf; einladen, (herein)bitten" wieder, das Sie schon in **Poftiţi înăuntru!** "Kommen Sie herein!" (L. 33) kennengelernt haben.

④ Auch die Hotelsprache ist international, und so haben die Rumänen das englische **un single** für "Einzelzimmer" übernommen; das rumänische Pendant lautet **o cameră simplă**.

⑤ Sie haben es schon bemerkt: Nicht immer benutzt das Rumänische die Präpositionen analog zum Deutschen. Prägen Sie sich daher Wendungen wie z. B. **Pe ce nume?** immer als Ganzes ein.

⑥ Die Form **începând** "beginnend" ist ein sog. Gerundium. Im vorliegenden Satz dient es dazu, einen genauen Zeitpunkt auszudrücken. Es kann auch die Begrenzung einer Zeitdauer beschreiben: **începând de mâine până la sfârşitul lunii** "ab morgen bis zum Monatsende".

13 un zbor cu o companie low-cost … ⑦
14 – Totul se explică…
15 Într-adevăr, camera e rezervată din 15 până în 30 august. ⑧
16 – Dacă nu e liberă în seara asta,
17 daţi-mi alta, provizoriu, până mâine;
18 de preferinţă la etaj, cu balcon şi cu vedere spre mare.
19 – Vă pot da camera 1001 (o mie unu) la etajul zece.
20 Poftiţi cheia… Vă urez şedere plăcută
21 şi vă asigur că la noi o să vă simţiţi ca acasă!
22 – Sper că nu! Am venit aici ca să mă odihnesc!

[*20 … keja … 21 … ßimzizj … 22 … odiCHnäßk*]

Exerciţiul 1: Înţelegeţi aceste propoziţii?

❶ Eu prefer să rezerv camere la hotel pe internet, e cea mai bună soluţie şi cea mai ieftină. ❷ Au spus la televizor că o să fie foarte frig la noapte, am nevoie de cel puţin două pături. ❸ Incredibil, îmi cere să tac când discut cu ea! ❹ Nu vreau să te provoc, dar cred că tu nu poţi să faci întotdeauna diferenţa între bine şi rău. ❺ Lucrez de doi ani la recepţia hotelului, dar n-am avut niciodată un client atât de dificil ca dumneavoastră!

13 ein Flug[Ø] mit einer Billig-Fluglinie (Gesellschaft[♀] billig) …

14 – Für alles gibt es eine Erklärung (alles sich erklärt[es]) …

15 In der Tat ist das Zimmer vom 15. bis zum 30. August reserviert.

16 – Wenn es heute Abend nicht frei ist,

17 geben Sie mir ein anderes, vorübergehend, bis morgen;

18 vorzugsweise (von Vorliebe[♀]) im Obergeschoss, mit Balkon[Ø] und Blick aufs Meer.

19 – Ich kann Ihnen Zimmer [Nummer] 1001 geben, in der 10. Etage (in Etage[Ø] zehn).

20 Hier ist (Bitte) der Schlüssel[♀] … Ich wünsche Ihnen einen angenehmen Aufenthalt[♀],

21 und ich versichere Ihnen, dass Sie sich bei uns wie zu Hause fühlen werden!

22 – Ich hoffe (dass) nicht! Ich bin hier her gekommen, um mich zu erholen!

⑦ Englisch ist die internationale Luftverkehrssprache, und so hat auch der Begriff **low-cost** "billig, kostengünstig" Eingang ins Rumänische gefunden.

⑧ **Într-adevăr** "in der Tat, es ist wahr, es stimmt".

Soluţia exerciţiului 1: Aţi înţeles?

❶ Ich ziehe es vor, Hotelzimmer über das Internet zu reservieren, dies ist die beste und die preiswerteste Lösung. ❷ Sie haben im Fernsehen gesagt, dass es diese Nacht sehr kalt werden wird, ich brauche mindestens zwei Bettdecken. ❸ Unglaublich, sie verlangt, dass ich schweige, wenn ich mich mit ihr unterhalte! ❹ Ich möchte dich nicht provozieren, aber ich glaube, dass du nicht immer den Unterschied zwischen gut und schlecht machen kannst. ❺ Ich arbeite seit zwei Jahren an der Hotelrezeption, aber ich habe niemals einen Gast (Kunde) gehabt, der so schwierig war wie Sie!

Exerciţiul 2: Completaţi locurile libere cu cuvintele care lipsesc!

❶ Wie lange (wie-viel Zeit) werden Sie bei uns bleiben, mein Herr?

..... timp veţi ..... la noi, ... ?

❷ Entschuldigen Sie, aber ich habe meinen Zimmerschlüssel verloren!

.....-mă, dar am pierdut ..... camerei ..... !

❸ Ich beende blitzschnell, was ich zu tun habe, und komme [dann] zu Ihnen (und komme^{ich} dass Ihnen sehe^{ich}).

..... ce am de ..... într-o ..... şi vin să vă ..... .

❹ Ich wünsche Ihnen allen eine gute Reise und sage "Bis bald"!

Vă ..... drum bun ..... şi vă spun pe ..... !

❺ Ich versichere dir, dass ich mich nur ausgestreckt in meinem Bett erholen kann (dass nicht mich kann^{ich} ausruhen nur liegend in Bett mein).

Te ..... că nu mă pot odihni decât întins în ..... meu.

69 Lecţia a şaizeci şi noua

O cheltuială neprevăzută

1 – **A**lo, R**a**dule! Sunt Eug**e**n… ①

2 Sc**u**ză-mă, şt**i**u că e un mom**e**nt nepotriv**i**t, ②

[… *kältuj**al**ª* … **1** … *ä-udĵ**ä**n*]

ANMERKUNGEN

① **Radule**: Vokativ von **Radu**. In der Wiederholungslektion gehen wir näher auf diese Anredeform ein.

Soluţia exerciţiului 2: Cuvintele care lipsesc.

❶ Cât – rămâne – domnule ❷ Scuzaţi – cheia – mele ❸ Termin – făcut – clipă – văd ❹ urez – tuturor – curând ❺ asigur – patul.

Rumänische Luftfahrt

Die Geschichte der rumänischen Luftfahrt geht zugleich mit der Weltgeschichte der Luftfahrt einher. So gilt z. B. der Ingenieur und Physiker **Henri Marie Coandă** (1886-1972) als bedeutender Luftfahrtpionier. **Coandă** baute das erste Flugzeug mit Strahltriebwerk. Nach ihm ist noch heute der Hauptflughafen von Bukarest benannt. Die wichtigste rumänische Fluggesellschaft heißt **TAROM** (**Transporturi Aeriene Române**) und besteht seit 1954.

Etapa a doua: Activaţi astăzi lecţia 19!

69. Lektion

Eine unvorhersehbare Ausgabe

1 – Hallo, Radu! Ich bin's, Eugen …

2 Entschuldige, ich weiß, dass es ein unpassender Moment ist,

② Ebenso wie **nefericit** "unglücklich" und **necăsătorit** "unverheiratet" (vgl. L. 42) wird **nepotrivit** "unpassend, ungeeignet" auf der Grundlage eines Adjektivs gebildet, dem die Verneinungspartikel **ne**- vorangestellt wird (**potrivit** "passend, geeignet").

3 nu voi**a**m să te deranj**e**z în **o**rele de bir**o**u.

4 – Nu f**a**ce nim**i**c, t**o**cmai am termin**a**t de scris ③

5 un art**i**col d**e**spre s**o**ldurile de i**a**rnă, ④

6 cu oc**a**zia sărbăt**o**rilor de Crăci**u**n şi de **A**nul N**o**u.

7 Ce m**a**i f**a**ci, bătr**â**ne? ⑤

8 Nu ne-**a**m văz**u**t de un s**e**col!

9 – P**o**ţi vorb**i**?

10 Vre**a**u să zic: **e**şti s**i**ngur în bir**o**u?

11 – Da, col**e**gii m**e**i **a**u ieş**i**t să mân**â**nce în ora**ş**.

12 Dar ce vr**e**i s**ă**-mi sp**u**i? Zi ce **a**i de zis!

13 – Asc**u**ltă, pri**e**tene, cum st**a**i cu econom**i**ile? ⑥ ⑦

14 M**a**i **a**i n**i**şte b**a**ni p**u**şi deop**a**rte,

15 o s**u**mă relat**i**v import**a**ntă?

16 Aşte**a**ptă-te la o cheltui**a**lă serio**a**să, ⑧

17 c**a**re o s**ă**-ţi l**a**se o g**a**ură în bug**e**t!

18 – Nu înţel**e**g nim**i**c din ce sp**u**i, f**i**i m**a**i clar!

19 N-am prevăz**u**t să c**u**mpăr cev**a** speci**a**l!

20 – **E**i b**i**ne, chi**a**r de **a**sta **î**ţi telefon**e**z, ca să te prev**i**n!

21 Nev**a**stă-me**a**, c**a**re prof**i**tă de **o**rice red**u**cere de preţ

PRONUNŢIE

[*3 … däranĵ**ä**s … 6 … ok**a**sja ßᵊrbᵊt**O**rilOr … krᵊtschj**u**n 8 … ß**ä**kOl 11 … kOl**ä**dĵi … 17 … budĵ**ä**t 21 … räd**u**tschärä …*]

③ Zum Ausdruck der nahen Vergangenheit verwendet man Adverbien wie **tocmai** oder **chiar**, beide "gerade (eben)": **Chiar am sosit.** "Ich bin gerade (eben) gekommen." Befindet sich die Handlung noch im Ablauf, werden **tocmai** und **chiar** mit "gerade dabei sein, zu …" übersetzt: **Tocmai/Chiar citesc ziarul.** "Ich lese gerade die Zeitung."

3 ich wollte dich nicht während der Bürozeit stören.

4 – Das macht nichts, ich bin gerade fertig geworden mit dem Verfassen (geschrieben)

5 eines Artikels über den Winterschlussverkauf

6 anlässlich (mit Gelegenheit) der Weihnachts- und Neujahrsfeiertage.

7 Wie geht es dir, alter Freund (Alter)?

8 Wir haben uns seit einer Ewigkeit nicht gesehen (von ein Jahrhundert^{ø})!

9 – Kannst du sprechen?

10 Ich will sagen: Bist du allein im Büro?

11 – Ja, meine Kollegen sind zum Essen in die Stadt gegangen.

12 Aber was willst du mir sagen? Sag, was du zu sagen hast!

13 – Hör zu, [mein] Freund, wie sieht es bei dir finanziell aus (wie steht^{es} mit Ersparnis♀)?

14 Hast du noch etwas Geld auf der hohen Kante (noch hast^{du} etwas Geld gelegt beiseite),

15 einen relativ ansehnlichen Betrag♀?

16 Dann rechne mit einer größeren Ausgabe (Ausgabe schlimm),

17 die ein Loch♀ in deinem Budget hinterlassen wird!

18 – Ich verstehe nichts von dem, was du sagst, sei klarer!

19 Ich habe nicht geplant, etwas Spezielles zu kaufen!

20 – Nun ja, genau deshalb rufe ich dich an, um dich zu warnen!

21 Meine Frau, die jede Preissenkung♀ nutzt,

④ Mittlerweile hat sich auch im Rumänischen das aus dem Englischen stammende **sale** für "Schlussverkauf" durchgesetzt. Ein anderer rumänischer Ausdruck dafür ist **ofertă**.

⑤ Die Anredeform **bătrâne** wird nur in einem vertraulichen Rahmen unter guten Freunden benutzt. "Alt" ist hier keineswegs als Anspielung auf das Alter der Person zu verstehen.

⑥ Erinnern Sie sich an **Cum stai cu sănătatea?** "Wie geht's gesundheitlich?" aus Lektion 56?

⑦ Sie haben **economie**♀ in der Bedeutung "Wirtschaft" kennengelernt, es bedeutet aber auch "Ersparnis, Einsparung".

⑧ **serios** "schlimm, schwerwiegend, ernsthaft, bedenklich".

22 şi-a cumpăr**a**t un mant**o**u de bl**a**nă de v**u**lpe

23 şi s-a dus să-l ar**a**te soţ**i**ei t**a**le!

Exerciţiul 1: Înţelegeţi aceste propoziţii?

❶ Ce coincidenţă, tocmai mă gândeam la tine, când ai sunat la uşă! ❷ Chiar acum m-am întors acasă, după orele de birou. ❸ Ai veşti de la ea, de când a plecat în străinătate, bătrâne? ❹ Cu ocazia soldurilor, o să-mi cumpăr şi eu pantofi italieneşti. ❺ În tot ziarul ăsta nu-i niciun articol care merită să fie citit!

Exerciţiul 2: Completaţi locurile libere cu cuvintele care lipsesc!

❶ Mein Kollege hat mich gewarnt, dass es schwierig werden würde!

_______ meu m-a _______ că va fi _______!

❷ Ich habe nicht genügend Ersparnisse, um mir eine andere Wohnung zu kaufen.

N-am suficiente _______ ca să _______ un alt _______.

❸ Er behauptet, dass der rote Stern in diesem schwarzen Loch verschwindet.

El _______ că steaua roşie va _______ în această _______ neagră.

22 hat sich einen Mantel$^{\varnothing}$ aus Fuchsfell gekauft (Fell♀ von Fuchs♀)

23 und ist [gerade] fortgegangen, um ihn deiner Frau zu zeigen!

Soluţia exerciţiului 1: Aţi înţeles?

❶ Was für ein Zufall, ich habe gerade an dich gedacht, als du an der Tür geklingelt hast! ❷ Ich komme jetzt gerade nach Hause, nach den Stunden im Büro. ❸ Hast du Nachrichten von ihr, seit sie ins Ausland gegangen ist, alter Freund? ❹ Anlässlich des Schlussverkaufs werde auch ich mir italienische Schuhe kaufen. ❺ In dieser ganzen Zeitung ist nicht ein Artikel, der es verdient, gelesen zu werden!

❹ Ich nutze die Gelegenheit, allen zu danken, die dieses Treffen organisiert haben.

Profit de ______ ca să ________ tuturor celor care au ________ acestă ________.

❺ Der Text$^{\varnothing}$ erscheint mir relativ klar, ich verstehe, was er ausdrücken will (sagt^{es}).

______ mi se pare relativ ____, înţeleg ce ____ să _____.

Soluţia exerciţiului 2: Cuvintele care lipsesc.

❶ Colegul – prevenit – dificil ❷ economii – cumpăr – apartament ❸ susţine – dispărea – gaură ❹ ocazie – mulţumesc – organizat – întâlnire ❺ Textul – clar – vrea – spună.

Etapa a doua: Activaţi astăzi lecţia 20!

70 Lecţia a şaptezecea

Recapitulare

1. Imperativ (Befehlsform)

Der Imperativ kommt nur in zwei Formen vor: der 2. Person Singular und der 2. Person Plural.

Um den Imperativ in der 1. Person Plural auszudrücken, benutzt das Rumänische den Konjunktiv: **Să mergem!** "Gehen wir!" (dass gingen[wir]").

1.1 Imperativ in der affirmativen Form

• Imperativ Singular

Im Singular ist der Imperativ identisch mit der 3. Person Singular Indikativ, gesprochen mit einem auffordernden oder befehlenden Unterton:

Cântă! "Sing!"; **Răspunde!** "Antworte!"; **Citeşte!** "Lies!"; **Coboară!** "Steig aus!"

Diese Regel gilt für die meisten Verben, die auf -**a**, -**e**, -**i** (konjugiert mit dem Suffix -**esc**) und -**î** enden. Ausnahmen sind **Mergi!** "Geh!"; **Rămâi!** "Bleib!"; **Treci!** "Geh vorbei!"; **Zi!** "Sag!"

- Die Verben auf -**ea** (die grundsätzlich unregelmäßig sind) und die auf -**i** (die ohne das Suffix -**esc** konjugiert werden) machen es Ihnen noch leichter: Ihr Imperativ Singular hat dieselbe Form wie die 2. Person Singular Präsens Indikativ, wiederum gesprochen mit einem auffordernden oder befehlenden Unterton:

Ai răbdare! "Hab Geduld!"; **Taci!** "Schweig!"; **Fugi!** "Lauf!"; **Ieşi!** "Geh raus!". Auch hier gibt es ein paar Ausnahmen:

a veni "kommen" ▶ **Vino!** "Komm!"; **a vedea** "sehen" ▶ **Vezi!** "Sieh!"; **a dormi** "schlafen" ▶ **Dormi!** "Schlaf!"

Schließlich existieren noch einige Verben, die spezielle Imperativ*formen* haben, die Sie sich so merken müssen:

Fii! "Sei!"; **Fă!** "Mach!"; **Du!** "Trag!"; **Adu!** "Bring [es] her!"; **Condu!** "Fahr!"

• Imperativ Plural

Der Imperativ Plural ist am einfachsten: Er ist identisch mit der 2. Person Plural Indikativ:

Cântaţi! "Singt!/Singen Sie!"; **Răspundeţi!** "Antwortet!/Antworten Sie!"; **Citiţi!** "Lest!/Lesen Sie!"; **Coborâţi!** "Steigt aus!/Steigen Sie aus!"

1.2 Imperativ in der verneinten Form

• Verneinter Imperativ im Singular

Um den verneinten Imperativ zu bilden, stellt man dem Infinitiv des Verbs (ohne **a**) die Verneinungspartikel **nu** voran: Die verneinte Form des Imperativs **Cântă!** "Sing!" lautet also **Nu cânta!** "Sing nicht!" (Infinitiv **a cânta**).

Weitere Beispiele:
Nu mai plânge! "Weine nicht!"; **N-o asculta!** "Hör ihm nicht zu!"; **Nu-i da importanţă!** "Gib dem keine Bedeutung!"; **Nu mi le lua!** "Nimm sie mir nicht weg!"

• Verneinter Imperativ im Plural

Beim verneinten Imperativ im Plural wiederum benutzt man dieselben Verbformen wie oben unter "Imperativ Plural" genannt und stellt ihnen die Verneinungspartikel **nu** voran:
Nu cântaţi! "Singt nicht!/Singen Sie nicht!"; **Nu răspundeţi!** "Antwortet nicht!/Antworten Sie nicht!"; **Nu citiţi!** "Lest nicht!/Lesen Sie nicht!"; **Nu coborâţi!** "Steigt nicht aus!/Steigen Sie nicht aus!"

1.3 Imperativ und Pronomen

• Affirmative Form

Nach dem Imperativ benutzt das Rumänische ein unbetontes Personalpronomen:
Dă-mi! "Gib mir!"; **Citeşte-o!** "Lies es!"; **Aminteşte-ţi!** "Erinnere dich!"; **Gândeşte-te!** "Denk dir!"

Tritt der Imperativ mit zwei Pronomen auf, so steht das Dativpronomen vor dem Akkusativpronomen: **Dă-mi-l!** "Gib es mir!" (wörtl. Gib-mir-es!).

• Negative Form

Bei der verneinten Form wird die Verneinungspartikel **nu** durch einen Bindestrich mit dem Pronomen verbunden:

Nu-mi da!/Nu mi-l da! "Gib [es] mir nicht!"; **N-o citi!** "Lies es nicht!"; **Nu-ţi aminti!** "Erinnere dich nicht [daran]!".

2. Vokativ (Anredefall)

2.1 Vokativ Singular

Der Vokativ wird benutzt, wenn man eine Person direkt anspricht, ruft usw. Im Satz "Oh mein Gott! Pechvogel, was suchst du hier?" müssen die Wörter "Gott" und "Pechvogel" in den Vokativ gesetzt werden: **O Dumnezeule! Ghinionistule, ce cauţi aici?**

Im Maskulinum Singular ist das Unterscheidungsmerkmal des Vokativs die Endung -**e**:

Ştefane! Prietene! "Stefan! Mein Freund!"; **Copile!** "Kind!"

Dieses -**e** wird ab und zu auch an das mit Artikel versehene Nomen angehängt: **Radule!** (Vorname); **Domnule!** "Mein Herr!"; **Copilule!** "Mein Kind!"

Im Femininum Singular bleibt das Nomen in den meisten Fällen unverändert:

Ana! "Anna!"; **Doamnă!** "Gnädige Frau!"; **Soră!** "Schwester!"

Auf der umgangssprachlichen Ebene gibt es mitunter spezielle Formen auf -**e** oder -**ă**: **Marie!**, **Ană!** In einigen regionalen Dialekten gibt es auch eine Vokativform auf -**o**: **Ano!**, **Mario!**, **Soro!** "Schwester!"

Es ist selbstverständlich auch möglich, eine Person zu rufen oder anzusprechen, ohne die spezielle Form zu benutzen: **Ştefan! Radu! Ana! Maria!**

Oft werden mit dem Vokativ Beschimpfungen ausgedrückt; hierfür werden sehr häufig Bezeichnungen aus der Tierwelt benutzt: **Animalule!** (**animal** "Tier"); **Boule!** (**bou** "Ochse"); **Porcule!** (**porc** "Schwein"); **Măgarule!** (**măgar** "Esel"); ... aber auch **Hoţule!** (**hoţ** "Dieb"); **Prostule!** (**prost** "Dummkopf"); **Mincinosule!** (**mincinos** "Lügner").

Einige Schimpfwörter können auch eine weibliche Form annehmen: **Imbecilule!** "Blödmann, Trottel" ▶ Femininum: **Imbecilo!** (das sich schlecht ins Deutsche übersetzen lässt); **Hoaţo!** "Du Diebin!"

2.2 Vokativ Plural

Im Maskulinum und Femininum Plural können die Nomen in ihrer Grundform (mit Ausrufezeichen) benutzt werden, oder sie werden mithilfe des Vokativsuffixes **-lor** abgewandelt:

Doamnelor şi domnilor! "[Meine] Damen und Herren!"; **Fraţilor!** "Brüder!"; **Fetelor!** "Mädchen!" …

Für substantivierte Adjektive ist der Vokativ auf **-lor** obligatorisch: **Fericiţilor!** "Ihr Glücklichen!"; **Frumoaselor!** "Ihr Hübschen!"

3. Deklination

Mit dem Vokativ kennen Sie nun alle fünf grammatischen Fälle (Kasus) des Rumänischen. Hier eine kleine Zusammenfassung:

- **Nominativul** "Nominativ"

Der Nominativ (antwortet auf die Frage "wer?" oder "was?") ist die Grundform des Nomens, unter der Sie es z. B. auch in einem Wörterbuch finden.

- **Acuzativul** "Akkusativ"

Der Akkusativ (antwortet auf die Frage "wen?" oder "was?") ist im Rumänischen identisch mit dem Nominativ. Ist ein Akkusativobjekt ein Eigenname oder das Relativpronomen **care**, geht ihm die Präposition **pe** voran:

Îl văd pe Ion. "Ich sehe Johann."; **Nu ştiu pe care să o aleg.** "Ich weiß nicht, wen ich wählen soll."

- **Genitivul** "Genitiv"

Mit dem Genitiv (antwortet auf die Frage "wessen?") wird ein Besitz- oder Zugehörigkeitsverhältnis ausgedrückt. Die Genitivendungen sind:

	Maskulinum	Femininum
Singular	-lui	**-ei** oder **-ii**
Plural	-lor	-lor

Bei männlichen Eigennamen wird **lui** nicht am Ende des Namens angehängt, sondern diesem als eigenes Wort vorangestellt:

tatăl (**lui Ion**, **băiatului**, **băieţilor**) "der Vater (von Johann, des Jungen, der Jungen)"; **mama** (**Mariei**, **fetei**, **femeii**, **fetelor**) "die Mutter (von Marie, des Mädchens, der Frau, der Mädchen)".

• **Dativul** "Dativ"

Der Dativ antwortet auf die Frage "wem?" und ist formal identisch mit dem Genitiv: **lui Ion**, **băiatului**, **băieţilor** "dem Johann, dem Jungen, den Jungen"; **Mariei**, **fetei**, **femeii**, **fetelor** "der Marie, dem Mädchen, der Frau, den Mädchen".

• **Vocativul** "Vokativ"

Siehe Kapitel 2 oben.

4. Interjektionen (Ausrufe)

Interjektionen sind unveränderliche Ausrufe, die spontane emotionale Reaktionen ausdrücken. Gelegentlich imitieren sie lautmalerisch bestimmte Geräusche (man nennt dies dann "Onomatopoesie"). Hier eine Zusammenstellung der gängigsten Interjektionen und Lautimitationen:

Bravo! "Bravo!"; **A!** "Ah!"; **Hm!** "Hm!"; **Of!** "Oh!"; **Uf!** "Puh!"; **Vai!** "Wow!"; **Hait!** "Zum Teufel!"; "Nichts da!"; **Gâlgâl!** "Gluckgluck!"; **Aoleo!** "Oh je!"; **Hai!** "Los!"; **Iată!** "Sieh (mal)!, Sieh her!, Sieh da!"; **Sst!** "Pst!"; **Buf!** "Buff!"; **Aş!** "Ach was!, Ach woher!"; **Hei!** "Hey!"; **Zău!** "Wirklich? Wahrhaftig?"; **Ho!** "Halt/Stopp!"; **Tic-tac** "Tick-Tack".

In der Umgangssprache können Interjektionen wie **Mă!** oder **Măi!** "Oh!, He!, Hallo!, Heda!" Vokativfunktion haben, ihre Verwendung wird jedoch als unhöflich empfunden: **Mă(i) Ioane, vino aici!** "He, Johann, komm her!". **Măi vino încoa!** "He, komm mal her!". Die Interjektion **Ia!** "Los!" kann einen Imperativ verstärken: **Ia spune!** "Los, sag es!"

Und wie in anderen Sprachen können auch im Rumänischen die Tiere sprechen: **Cucurigu!** "Kikeriki!"; **Cucu!** "Kuckuck!"; **Miau!** "Miau!"; **Ham-ham!** "Wuff!".

5. Präposition pe

5.1 Verwendung

Beim Erlernen einer Fremdsprache stellt die richtige Verwendung der Präpositionen meist eine Schwierigkeit dar. So haben Sie bereits festgestellt, dass viele Präpositionen im Rumänischen anders benutzt werden als im Deutschen. Betrachten wir hier die Präposition **pe**, die auf verschiedene Arten ins Deutsche übersetzt werden kann:

Mă plimb pe stradă. "Ich gehe auf der Straße spazieren."
Intru pe uşă. "Ich gehe durch die Tür hinein."

Sie haben **pe** auch in Sätzen angetroffen, wo es ein Akkusativobjekt einleitet, das eine Person darstellt:

(L-)am întâlnit pe fratele meu/pe profesorul Popescu/pe Ion. "Ich habe meinen Bruder/Professor Popescu/Johannes getroffen."
L-am văzut pe Daniel. "Ich habe Daniel gesehen."
Am văzut-o pe Ana. "Ich habe Anna gesehen."

Wird das Nomen im Satz durch ein Pronomen ersetzt, geht diesem selbstverständlich auch **pe** voran.

Beachten Sie, dass dem Relativ- und Fragepronomen **care** immer **pe** vorangestellt wird, wenn es Akkusativobjekt ist, auch dann, wenn es stellvertretend für eine Sache (und nicht für eine Person) steht:

Cartea pe care am citit-o. "Das Buch, das ich gelesen habe."

5.2 Konstruktionen mit pe

Wie die meisten Präpositionen wird **pe** "auf, an" mit einem Akkusativ konstruiert, was im Falle von Nomen meist nicht sofort erkennbar ist, da der Akkusativ formgleich mit dem Nominativ ist.

Pe "auf, an" gehört zu den am häufigsten benutzten Präpositionen. Dazu zählen auch **către** "nach"; **cu** "mit"; **de** "von"; **fără** "ohne"; **în** "in, durch"; **la** "in, bei, am, nach, zu"; **lângă** "neben, bei, in der Nähe von"; **pentru** "für"; **peste** "über, oberhalb"; **până** "bis"; **spre** "nach, zu, in, an, auf"; **sub** "unter".

Wenn Sie sich in der aktiven Phase befinden, so werden Sie in der Kommunikation mit Rumänen bald merken, dass Ihr Wortschatz für die Verständigung in Alltagssituationen bereits ausreichend ist. Vergessen Sie jedoch nicht, sich bei den neuen Lektionen weiterhin vorerst ganz auf das Verstehen des Textes zu konzentrieren!

6. Verständnis-/Formulierungsübung

Exerciţiul: Înţelegeţi aceste propoziţii?

❶ Am impresia că lucrez de un secol ❷ în întreprinderea asta, m-am săturat! ❸ Şi ce vrei să faci? Ai totuşi noroc, ❹ nu te omori cu munca, ai un salariu relativ interesant … ❺ Da, dar nu mai pot să-l suport pe şeful meu! ❻ Nu ne consultă niciodată când trebuie să ia hotărâri importante! ❼ Nu te enerva, viaţa e complicată, ❽ gândeşte-te că în ziua de azi e greu să găseşti un loc convenabil… ❾ Te asigur că sunt disperat, ❿ am tăcut prea multă vreme, ⓫ nimeni nu-mi poate interzice să spun clar ce cred! ⓬ Fii rezonabil, asta înseamnă că rişti să te cerţi cu el, n-are rost… ⓭ Înţelege-mă, sunt disperat, ⓮ m-am obişnuit cu ideea că trebuie să plec cu orice preţ, fie ce-o fi! ⓯ Îmi dau seama ce simţi, ⓰ dar şeful tău e ca toţi şefii. ⓱ Dă ordine pentru că e plătit pentru asta, ce vrei să facă? ⓲ Ce mă deranjează cel mai mult e că nu-şi respectă colegii! ⓳ De exemplu, noi n-avem dreptul să fumăm în birou, ⓴ dar el fumează fără jenă în faţa noastră!

71 Lecţia a şaptezeci şi una

O alternativă sănătoasă la ţigară

1 – Vă sal**u**t, d**o**mnule d**o**ctor! Resp**e**ctele m**e**le! ①

2 Ce f**a**ceţi **a**ici? Aştept**a**ţi şi dumneavo**a**stră autob**u**zul?

3 – B**u**nă z**i**ua! Da, aşt**e**pt douăz**e**ci şi d**o**iul,

Soluţia exerciţiului: Aţi înţeles?

① Ich habe den Eindruck, ich arbeite seit einer Ewigkeit (von ein Jahrhundert) ② in diesem Unternehmen, ich habe genug! ③ Und was willst du machen? Du hast trotzdem Glück, ④ du arbeitest dich nicht tot (nicht dich tötest[du] mit Arbeit), du hast ein ganz gutes Gehalt (interessant) ... ⑤ Ja, aber ich kann meinen Chef nicht mehr ertragen! ⑥ Er konsultiert uns nie, wenn er wichtige Entscheidungen treffen muss! ⑦ Reg dich nicht auf, das Leben ist kompliziert, ⑧ denk daran, dass es heutzutage schwer ist, einen passenden Arbeitsplatz zu finden ... ⑨ Ich versichere dir, dass ich verzweifelt bin, ⑩ ich habe zu lange geschwiegen, ⑪ niemand kann mir verbieten, klar zu sagen, was ich denke! ⑫ Sei vernünftig, das bedeutet, dass du riskierst, dich mit ihm zu streiten, das hat keinen Sinn ... ⑬ Versteh mich, ich bin verzweifelt, ⑭ ich habe mich an den Gedanken gewöhnt, dass ich unbedingt gehen muss, komme was wolle! ⑮ Ich bin mir darüber bewusst, was du fühlst, ⑯ aber dein Chef ist wie alle Chefs. ⑰ Er gibt Befehle, weil er dafür bezahlt wird, was willst du machen? ⑱ Was mich am meisten stört, ist, dass er seine Kollegen nicht respektiert! ⑲ Zum Beispiel haben wir nicht die Erlaubnis, im Büro zu rauchen, ⑳ aber er raucht ohne Skrupel vor uns (in Angesicht-die unser)!

Etapa a doua: Activaţi astăzi lecţia 21!

71. Lektion

Eine gesunde Alternative zur Zigarette

1 – Ich grüße Sie, Herr Doktor! (Mein Respekt[øø]!)

2 Was machen Sie hier? Warten Sie auch auf den Bus?

3 – Guten Tag! Ja, ich warte auch auf den 22er,

ANMERKUNGEN

① **Respectele mele** ist eine sehr zeremonielle Begrüßungsformel, die man immer seltener hört. Das Wort **respect** kommt auch in einer anderen Höflichkeitsfloskel vor: **Vă salut cu respect.** "Ich grüße Sie mit Respekt."

4 mă întreb la ce **o**ră tr**e**buie să v**i**nă…

5 – În mod norm**a**l, la **u**nsprezece şi cev**a**, ②

6 **a**zi e dum**i**nică, zi de od**i**hnă, tr**e**ce m**ai** rar,

7 av**e**m timp să fum**ă**m o ţig**a**ră.

8 Dr**a**ce, mi-**a**m uit**a**t ac**a**să ţig**ă**rile şi chibr**i**turile! ③

9 – Av**e**ţi nor**o**c, **e**u nu m**ai** fum**e**z de d**o**i **a**ni,

10 dar am întotdea**u**na la m**i**ne ţig**ă**ri

11 p**e**ntru pri**e**tenii m**e**i fumăt**o**ri…

12 – Mers**i** frum**o**s, vă răm**â**n îndator**a**t! ④

13 Aş vr**ea** şi **e**u să mă las, d**a**că aş put**ea** … ⑤ ⑥

14 Fum**e**z mult, d**o**uă pach**e**te pe zi…

15 Sunt conşti**e**nt că nu e b**i**ne, nu e sănăt**o**s

16 şi pe de **a**ltă p**a**rte, tut**u**nul e tot m**ai** scump… ⑦

17 Cum să scap de ac**e**st v**i**ciu, ce mă sfătu**i**ţi?

PRONUNŢIE

[***8*** *… kibr**i**turile* ***17*** *… w**i**tschju …*]

② Es gibt zahlreiche Adverbien, die mit **în mod** + Adjektiv gebildet werden, darunter **în mod curios** "kurioserweise", **în mod evident** "offenbar, offensichtlich", **în mod profesional** "berufsmäßig", **în mod amabil** "freundlicherweise", …

③ In diesem Zusammenhang würde man eher **La Dracu...** sagen.

4 ich frage mich, um wie viel Uhr er [wohl] kommen muss …

5 – Normalerweise (in Weise[Ø] normal) um kurz nach elf (elf und etwas),

6 heute ist Sonntag, Ruhetag, da kommt er seltener (mehr selten),

7 wir haben Zeit, eine Zigarette[♀] zu rauchen.

8 [Zum] Teufel, ich habe meine Zigaretten und meine Streichhölzer[Ø] zu Hause vergessen!

9 – Sie haben Glück, ich rauche seit zwei Jahren nicht mehr,

10 aber ich habe immer (an mich) Zigaretten [dabei]

11 für die Raucher unter meinen Freunden (Freunde-die meine Raucher) …

12 – Dankeschön, ich stehe in Ihrer Schuld (Ihnen bleibe[ich] verschuldet)!

13 Ich würde auch gerne damit aufhören, wenn ich nur könnte …

14 Ich rauche viel, zwei Päckchen[Ø] pro Tag …

15 Ich bin mir bewusst, dass das nicht gut ist, dass das nicht gesund ist,

16 und auf der anderen Seite wird der Tabak[Ø] immer teurer …

17 Wie kann man von diesem Laster[Ø] loskommen, was raten Sie mir?

④ Für "Vielen Dank!" können Sie neben **Mersi frumos!** zum Beispiel auch **Mersi mult!** sagen.

⑤ **Aş vrea** ist der Konditional Präsens von **a vrea** "wollen, möchten". Auf **dacă** "wenn, falls" muss immer der Konditional folgen, hier **aş putea**.

⑥ Der Infinitiv dieses Ausdrucks ist **a se lăsa de…** "aufhören mit, etw. aufgeben"; ihm folgt ein Nomen: **M-am lăsat de fumat.** "Ich habe das Rauchen[Ø] aufgegeben"; **S-a lăsat de prostii.** "Er hat mit dem Quatsch/Unsinn[♀] aufgehört."

⑦ **parte** bedeutet neben "Seite" auch "Teil, Anteil" und ist z. B. Bestandteil der Wendung **a face parte** "dazugehören" (zu einer Gruppe, Gemeinschaft, …).

18 – În situa**ţ**ia dumneavo**a**stră, e o ch**e**stie de vo**i**nţă, de persever**e**nţă… ⑧

19 Tr**e**buie să şt**i**ţi că fum**a**tul e un tic nerv**o**s; ⑨

20 când simţ**i**ţi nev**o**ia să apr**i**ndeţi o ţig**a**ră, mânc**a**ţi un măr!

21 – Şt**i**ţi, sunt plin de bunăvo**i**nţă, am încerc**a**t şi **a**sta,

22 dar p**â**nă la **u**rmă am lăs**a**t-o b**a**ltă, nu m**e**rge… ⑩ ⑪

23 Sunt incap**a**bil să măn**â**nc patruz**e**ci de m**e**re pe zi!

PRONUNŢIE [*18 … käßtje … woinz^{a}…*]

Exerciţiul 1: Înţelegeţi aceste propoziţii?

❶ Sâmbăta, duminica şi în zilele de sărbătoare, autobuzul trece mai rar pe aici. ❷ La dracu, nu am chibrituri ca să aprind o ţigară! ❸ Nu mai fumez de cel puţin zece ani. ❹ Când eram tânăr, fumam cam două pachete pe zi. ❺ Îşi aminteşte întotdeauna cu mult respect de profesorul său de istorie din liceu.

18 – In Ihrer Situation ist es eine Frage♀ des Willens♀, der Standhaftigkeit♀ …

19 Sie müssen wissen, dass das Rauchen ein nervöser Tick ist;

20 wenn Sie das Bedürfnis verspüren, eine Zigarette anzuzünden, essen Sie einen ApfelØ!

21 – Wissen Sie, ich bin voll des guten Willens (Wohlwollen♀), ich habe das auch versucht,

22 aber schließlich (bis zu Ende♀) habe ich es aufgegeben (habe[ich] gelassen-es Sumpf♀), es funktioniert nicht …

23 Ich bin nicht in der Lage, 40 (von) Äpfel am Tag zu essen!

⑧ **chestie** "Sache, Angelegenheit; Frage". Für "Frage" im Sinne einer Bitte um eine Auskunft benutzt das Rumänische **întrebare**, das Sie seit L. 13 kennen. **Chestie** wird in anderen Zusammenhängen auch für "das Ding(sbums) da" verwendet.

⑨ Ob Sie Raucher oder Nichtraucher sind – folgendes Verbot sollten Sie kennen: **Fumatul interzis** "Rauchen verboten".

⑩ **la urmă** "am Ende"; **până la urmă** "schließlich, endlich, zum Schluss".

⑪ Der Infinitiv dieses Ausdrucks ist **a o lăsa baltă** "es sein lassen". Der Imperativ lautet **Las-o baltă!** "Lass es!/Vergiss es!"

Soluţia exerciţiului 1: Aţi înţeles?

❶ Samstags, sonntags und an Feiertagen fährt der Bus seltener hier vorbei. ❷ Zum Teufel, ich habe keine Streichhölzer, um eine Zigarette anzuzünden! ❸ Ich rauche seit mindestens zehn Jahren nicht mehr. ❹ Als ich jung war, habe ich ungefähr zwei Päckchen pro Tag geraucht. ❺ Er erinnert sich immer mit großem (viel) Respekt an seinen Geschichtslehrer auf dem Gymnasium.

Exerciţiul 2: Completaţi locurile libere cu cuvintele care lipsesc!

❶ Ich habe aus gesundheitlichen Gründen mit dem Rauchen aufgehört.

M-am ______ de ______ din motive de ________.

❷ Deine Situation ist sehr kompliziert, ich fürchte, es gibt keine Alternative.

________ ta e foarte ___________, mi-e _____ că nu există ___________.

❸ Du musst dir der Tatsache bewusst sein, dass es sich nur um einen nervösen Tick handelt.

Trebuie să fii __________ de _______ că nu e vorba decât de un tic _______.

❹ Ich versichere dir, dass es euch gelingen wird, euch zu einigen, mit ein bisschen gutem Willen.

Te _______ că veţi ______ să cădeţi de acord, cu puţină ___________.

72 Lecţia a şaptezeci şi doua

Aşa era scris!

1 – Şi **u**ite-aş**a** am divorţ**a**t p**e**ntru a tr**e**ia o**a**ră…

2 – Ce**a**su' r**ă**u! Aş**a** ţi-er**a** scris! ①

3 Aprop**o**, tu din ce z**o**die **e**şti? Când te-**a**i născ**u**t? ②

4 Nu te într**e**b **a**nul, nu se f**a**ce, nu e politic**o**s,

[*3 … sodjä …*]

ANMERKUNGEN

① Sie stellen fest, dass bei **ceasu' rău** das Nomen nicht komplett ist; es fehlt der bestimmte Artikel, das **-l** von **ceasul** "Uhr". In der gesprochenen Sprache passiert es häufig, dass die Endung **-ul** zu **-u** verkürzt wird. In der Regel verwendet hier der Rumäne die längere Wendung **într-un ceas rău**.

❺ Man sagt, dass das Rauchen ein Laster ist, und ich weiß, dass es nicht gut ist, aber ich bin nicht in der Lage, es aufzugeben/darauf zu verzichten!

Se spune că fumatul e un ___ şi eu ştiu că nu e ___, dar sunt ___ să ___!

Soluţia exerciţiului 2: Cuvintele care lipsesc.

❶ lăsat – fumat – sănătate ❷ Situaţia – complicată – teamă – alternativă ❸ conştient – faptul – nervos ❹ asigur – reuşi – bunăvoinţă ❺ viciu – bine – incapabil – renunţ.

Etapa a doua: Activaţi astăzi lecţia 22!

72. Lektion

Schicksal!

1 – Und (sieh) so wurde ich zum dritten Mal geschieden …
2 – Pech gehabt (Uhr schlecht)! Schicksal (so dir-war[es] geschrieben)!
3 Apropos, welches (du von was) Sternzeichen♀ bist du? Wann bist du geboren?
4 Ich frage dich nicht nach dem Jahr, das tut man nicht, das ist nicht höflich,

② **În ce zodie te-ai născut?** oder **Care este zodia ta?** sind etwas gängigere Arten, jemanden nach dem Sternzeichen zu fragen.

5 i**a**r zodi**a**cul chinez**e**sc nu mă interese**a**ză;

6 sp**u**ne-mi n**u**mai z**i**ua şi l**u**na.

7 – N-am nim**i**c de asc**u**ns, m-am născ**u**t în ş**a**pte apr**i**lie ③ ④

8 – Berb**e**c, aş fi jur**a**t! Şi f**o**stul t**ă**u soţ? ⑤ ⑥

9 – În 15 m**a**rtie, cred, dar aş prefer**a** să **u**it!

10 – În z**o**dia p**e**ştilor, nu se put**e**a m**a**i r**ă**u! ⑦

11 Er**a**ţi per**e**chea ce**a** m**a**i nepotriv**i**tă! ⑧ ⑨

12 N-**a**veaţi n**i**ci o ş**a**nsă să vă înţel**e**geţi!

13 Er**a**ţi un bun ex**e**mplu de incompatibilit**a**te de caract**e**r!

14 – **E**i l**a**să, cr**e**zi în ch**e**stiile **a**stea? Cit**e**şti în st**e**le?

15 – E mult m**a**i seri**o**s dec**â**t ţi se p**a**re!

16 Astrolog**i**a e o adevăr**a**tă şti**i**nţă!

PRONUNŢIE

[*5* … *kinäs**ä**ßk* … *intäräß**as**^{a}* *11* … *pär**e**kea* … *12* … *înzäl**ä**dĵäz^{i}* *16* *aßtrOlOdĵia* … *schti**i**nz^{a}*]

③ **de ascuns** ist das Supinum, eine grammatische Mischform zwischen Nomen und Verb, von **a ascunde** "verbergen, verstecken, verheimlichen". Sie haben bereits ein Supinum in Lektion 44 kennengelernt: **maşină de scris** "Schreibmaschine".

④ Um ein Datum auszudrücken, haben Sie die Wahl zwischen den Präpositionen **în**, **pe** und **la**: **în/pe/la şapte aprilie**.

5 die chinesischen Tierkreiszeichen wiederum interessieren mich nicht;

6 sag mir nur den Tag und den Monat.

7 – Ich habe nichts zu verbergen, ich bin am 7. April geboren.

8 – Widder♂, ich hätte es schwören können! Und dein Ex-Ehemann?

9 – Am 15. März, glaube ich, aber ich würde es vorziehen, es zu vergessen!

10 – [Er ist] im Sternzeichen Fische♂ [geboren], es könnte nicht schlimmer sein!

11 Ihr wart das Paar♀, das am wenigsten zusammenpasste (was mehr unvereinbar)!

12 Ihr habt keine Chance, euch zu verstehen!

13 Ihr wart ein gutes Beispiel für die Inkompatibilität♀ der Charaktere∅!

14 – He, hör auf, glaubst du an diese Sachen? Liest du in den Sternen♀?

15 – Das ist ernsthafter als es dir scheint!

16 Die Astrologie ist eine echte Wissenschaft♀!

⑤ **aş fi jurat** ist ebenfalls eine Konditionalform, allerdings im Perfekt (Vergangenheit), auf der Basis des Verbs **a jura** "schwören; geloben".

⑥ Das Adjektiv **fostul** kommt von **fost** "gewesen", Partizip Perfekt von **a fi** "sein".

⑦ Ein weiteres Sternzeichen ist z. B. **zodia leului** "Sternzeichen Löwe". Eine Liste aller Sternzeichen finden Sie in Lektion 77.

⑧ **Eraţi perechea cea mai nepotrivită.** Sie haben inzwischen verstanden, dass der Superlativ mit dem Nomen + bestimmtem Artikel + **cel/cea/cei/cele mai** + Adjektiv gebildet wird. Eine weitere Möglichkeit ist, das Nomen ohne Artikel zu verwenden und die Konstruktion **cel/cea/cei/cele mai** + Adjektiv voranzustellen: **Eraţi cea mai nepotrivită pereche.** Beide Konstruktionen sind gleichwertig.

⑨ Ein anderer Ausdruck für **nepotrivit** "unpassend, unvereinbar" ist **incompatibil**.

17 – **U**ită prosti**i**le **a**stea, m**a**i b**i**ne comand**ă**m o clăt**i**tă cu dulce**a**ţă, un ecl**e**r s**a**u o j**o**fră, ⑩

18 în cofetăr**i**a **a**sta prăjt**u**rile sunt excel**e**nte!

19 – B**u**nă id**e**e, şi c**e**rem şi d**o**uă caf**e**le turc**e**şti…

20 – **A**i drept**a**te, cafe**a**ua f**i**ltru nu se comp**a**ră la gust! ⑪

21 – A, n**u**-i p**e**ntru **a**sta… dar nu **a**re zaţ,

22 nu p**o**ţi ghic**i** viit**o**rul în e**a** …

PRONUNŢIE

[**17** … *dultschaz*[a] … *eklär* … *ĵofr*[a] **18** … *äkßtschäl**ä**ntä* **19** … *turtsch**ä**scht*[i] **21** … *satz* **22** … *gitsch**i*** …]

Exerciţiul 1: Înţelegeţi aceste propoziţii?

❶ El s-a născut în prima zi a lunii iulie, în plină noapte. ❷ Tatăl meu e născut în zodia leului, ca şi sora mea. ❸ Nu mai înţeleg nimic, ţie îţi spune că e încă măritată, mie îmi spune că a divorţat deja! ❹ Dacă nu mă înşel, pe fosta lui soţie o chema Margareta, nu-i aşa? ❺ Ceea ce îmi place la el, e că e un bărbat extrem de politicos.

17 – Vergiss diesen Unsinn, lass uns lieber einen Crêpe♀ mit Konfitüre♀, ein Eclairø oder eine Jofră♀ bestellen,

18 in dieser Konditorei♀ sind die Kuchen exzellent!

19 – Gute Idee, und lass uns auch um zwei türkische Kaffee bitten …

20 – Du hast Recht, der Filterkaffee (Kaffee Filterø) ist geschmacklich nicht damit zu vergleichen (in Geschmackø)!

21 – Ach, darum geht es nicht … (nicht ist[es] für dies) … aber es gibt keinen [Kaffee]satzø,

22 man kann darin nicht die Zukunft lesen (erraten Zukunftø-das in sie) …

⑩ **ecler** (vom franz. *éclair*), längliches, glasiertes, gefülltes Gebäck aus Brandmasse, wird bei uns auch als Liebesknochen, Hasenpfote oder Kaffeestange bezeichnet. **Jofră**, Schichtkuchen aus Schokoladenbuttermilch, gefüllt mit Creme aus Kuvertüre und Rahm wurde kurz nach dem 1. Weltkrieg im berühmten Bukarester Restaurant **Casa Capşa** kreiert.

⑪ Merken Sie sich zum Wortfeld **gust** auch **cu gust** "geschmackvoll", **fără gust** "geschmacklos", **după gustul meu** "für meinen Geschmack".

Soluţia exerciţiului 1: Aţi înţeles?

❶ Er ist am ersten Tag im Monat Juli geboren, mitten in der Nacht. ❷ Mein Vater ist im Sternzeichen Löwe geboren, wie meine Schwester. ❸ Ich verstehe nichts mehr, dir sagt sie, dass sie noch verheiratet ist, mir sagt sie, dass sie schon geschieden ist! ❹ Wenn ich mich nicht irre, hieß seine Ex-Frau Margarete, nicht wahr? ❺ Was mir an ihm gefällt, ist, dass er ein äußerst höflicher Mann ist.

Exerciţiul 2: Completaţi locurile libere cu cuvintele care lipsesc!

❶ Ich habe vergessen, wie alt er war (was Alter hatte[er]), als er geheiratet hat, aber er war viel zu jung.

Am ______ ce ______ avea când s-a ______, dar era mult prea ______.

❷ Sie hatte keine Erfahrung, sie hat alles geglaubt, was er ihr gesagt hat.

Nu ______ nicio ______, ______ tot ce-i ______ el.

❸ Ich schwöre dir, dass Geld mich überhaupt nicht interessiert; was zählt, ist die Liebe.

Îţi ______ că ______ nu mă ______ deloc; ceea ce contează e ______.

❹ Ich verberge nicht vor dir, dass ich keine mögliche Zukunft für sie sehe.

Nu-ţi ______ că nu ______ niciun ______ posibil ______ ei.

73 Lecţia a şaptezeci şi treia

Nu se poate renunţa la ziare!

1 – N-**a**i un zi**a**r de **a**zi?

2 **E**u nu sunt abon**a**t

3 şi în dimine**a**ţa **a**sta n-am av**u**t timp să mă opr**e**sc

4 să c**u**mpăr "Jurn**a**lul naţion**a**l" s**a**u "Evenim**e**ntul z**i**lei"... ①

5 – **E**u nu m**a**i c**u**mpăr dem**u**lt zi**a**re,

PRONUNŢIE [**4** ... *jurnalul* ...]

❺ Die Konfitüre aus dem Supermarkt ist nicht zu vergleichen mit der, die meine Großmutter macht (mit diese gemacht von Großmutter meine)!

_____ din supermarket nu se _____ cu cea _____ de _____ mea!

Soluţia exerciţiului 2: Cuvintele care lipsesc.

❶ uitat – vârstă – însurat – tânăr ❷ avea – experienţă – credea – spunea ❸ jur – banii – interesează – dragostea ❹ ascund – văd – viitor – între ❺ Dulceaţa – compară – făcută – bunica.

Etapa a doua: Activaţi astăzi lecţia 23!

73. Lektion

Man kann nicht auf die Zeitungen verzichten!

1 – Hast du nicht eine Zeitung von heute?

2 Ich bin kein Abonnent,

3 und heute Morgen habe ich nicht die Zeit gehabt anzuhalten,

4 um das "Jurnalul naţional" oder "Evenimentul zilei" zu kaufen.

5 – Ich kaufe schon lange keine Zeitungen mehr,

ANMERKUNGEN

① **Jurnalul naţional** und **Evenimentul zilei** sind zwei der größten Tageszeitungen. Beachten Sie die Verwendung von **jurnal** "Journal, Tagebuch" anstelle von **ziar** (Satz 1).

6 n**i**ci măc**a**r "Gaz**e**ta sp**o**rturilor"! ②

7 La ce bun? B**a**ni arunc**a**ţi pe fere**a**stră! ③

8 – Nu sunt de ac**o**rd cu t**i**ne,

9 m**i**e **î**mi pl**a**ce să mă ţin la cur**e**nt cu ce se înt**â**mplă în l**u**me!

10 – Şi pe m**i**ne mă interese**a**ză actualit**a**tea:

11 în fiec**a**re dimine**a**ţă când mă bărbier**e**sc, ④

12 asc**u**lt bulet**i**nul de şt**i**ri la r**a**dio

13 şi se**a**ra mă **u**it la telejurn**a**l!

14 Oric**u**m, găs**e**sc oric**e** vre**a**u pe Intern**e**t,

15 în d**o**i t**i**mpi şi tr**e**i mişc**ă**ri.

16 Pr**e**sa scr**i**să e condamn**a**tă să disp**a**ră

17 şi de**a**ltfel mă într**e**b cât o să m**a**i supravieţui**a**scă radi**o**ul! ⑤ ⑥

18 Civiliz**a**ţia no**a**stră a al**e**s definit**i**v im**a**ginile…

19 – A nu, d**u**pă m**i**ne, în ci**u**da progr**e**sului t**e**hnic, ⑦

PRONUNŢIE

[**7** … *arunk***az***^{j} … **11** … *b^{a}rbjär***ä***ßk* **14** *Orik***u***m* … *Oritsch***ä** … **17** … *de***a***ltfäl* … *ßuprawezuj***a***ßk^{a}* …]

② **Gazetă** ist ein weiteres Synonym von **ziar**, jedoch wird **ziar** am häufigsten benutzt.

③ **aruncaţi** kommt von **a arunca** "werfen, schmeißen, stoßen".

④ In diesem Kontext kann anstelle von **a se bărbieri** auch **a-şi rade barba** "sich den Bart rasieren" verwendet werden.

6 nicht einmal die "Gazeta sporturilor"!

7 Wozu soll das gut sein? Das ist zum Fenster♀ hinausgeworfenes Geld!

8 – Ich stimme nicht mit dir überein,

9 ich halte mich gerne auf dem Laufenden über das, was in der Welt passiert!

10 – Mich interessiert das Tagesgeschehen (Aktualität♀) auch:

11 Jeden Morgen, wenn ich mich rasiere,

12 höre ich die Nachrichten (Berichtø von Neuigkeit♀) im Radio,

13 und abends sehe ich mir die Tagesschauø an!

14 Sowieso finde ich alles, was ich will, im Internet,

15 im Handumdrehen (in zwei Zeit und drei Bewegung♀).

16 Die Printmedien (Presse♀ geschrieben) sind dazu verdammt zu verschwinden,

17 und übrigens frage ich mich, wie lange das Radio noch überleben wird!

18 Unsere Zivilisation hat definitiv die Bilder♀ gewählt …

19 – Ah nein, meiner Ansicht nach, trotz des technischen Fortschritts,

⑤ Es existiert auch die Schreibweise **de altfel**.

⑥ Das Verb **a supravieţui** "überleben" beinhaltet **a vieţui**, das ein Synonym von **a trăi** "leben" ist.

⑦ Die Präposition **în ciuda** "trotz" verlangt den Genitiv, hier **progresului**. Dasselbe gilt für einige andere Präpositionen oder präpositionsähnliche Wendungen, beispielsweise: **contra** (oder **împotriva**) **curentului** "gegen den Strom"; **în numele poporului** "im Namen des Volkes"; **din cauza vitezei** "aufgrund der Geschwindigkeit".

20 radi**o**ul şi televiz**o**rul n-o să înlocui**a**scă niciod**a**tă zi**a**rul!

21 – Ce te f**a**ce să cr**e**zi **a**sta? C**i**ne po**a**te şti ce se va întâmpl**a**? ⑧ ⑨

22 – Asc**u**ltă-mă pe m**i**ne, e o s**i**mplă chesti**u**ne de l**o**gică:

23 nici **u**nul din apar**a**tele **a**stea, oric**â**t de perfecţion**a**t ar fi,

24 nu po**a**te fi folos**i**t p**e**ntru a ambal**a** un pach**e**t!

PRONUNŢIE

[**20** … *înlokujaßk*[a] … **22** … *käßtjunä* … **23** … *Orikît* … **24** … *pakät*]

Exerciţiul 1: Înţelegeţi aceste propoziţii?

❶ Nu citesc niciodată articolele de economie din ziare, nu mă interesează şi nu înţeleg nimic din limbajul lor. ❷ El se ţine la curent cu actualitatea şi e abonat la mai multe reviste americane. ❸ Îţi dai imediat seama că nu el îi va arunca prima piatră! ❹ Insişti degeaba, astăzi nu am chef să mă bărbieresc! ❺ El făcea parte dintr-o mişcare literară foarte importantă la sfârşitul secolului trecut.

20 ersetzen das Radio und das Fernsehen niemals die Zeitung!

21 – Was führt dazu (dich macht^{es}), dass du das denkst? Wer kann wissen, was passieren wird?

22 – Hör mir zu, das ist eine einfache Frage der Logik:

23 keines dieser Geräte, so perfektioniert sie auch sein mögen,

24 kann dazu verwendet werden, ein Paket zu verpacken!

⑧ Auf die vielfältigen Einsatzmöglichkeiten des Fragepronomens **ce?** gehen wir in der Wiederholungslektion ein.

⑨ Im Unterschied zu **ce?** "was?", das auf eine Sache abzielt, bezieht sich **cine?** "wer?" auf eine Person. Dieses Fragepronomen kann dekliniert werden und kennt spezifische Formen für den Genitiv und den Dativ.

Soluţia exerciţiului 1: Aţi înţeles?

❶ Ich lese niemals die Wirtschaftsartikel in der Zeitung, das interessiert mich nicht, und ich verstehe ihre Sprache nicht (nicht verstehe^{ich} nichts von/aus Sprache-die ihre). ❷ Er hält sich über das Tagesgeschehen auf dem Laufenden und hat mehrere amerikanische Zeitschriften abonniert. ❸ Du wirst dir sofort darüber bewusst, dass es nicht er ist, der (ihm) den ersten Stein wirft! ❹ Du bestehst umsonst darauf, heute habe ich keine Lust mich zu rasieren! ❺ Er gehörte zu (macht^{er} Anteil aus) einer sehr wichtigen literarischen Bewegung am Ende des vergangenen Jahrhunderts.

Exerciţiul 2: Completaţi locurile libere cu cuvintele care lipsesc!

❶ Sie haben im Radio gesagt, dass er es geschafft hat, zwei Wochen zu überleben, ohne zu essen (nichts).

Au spus la ______ că el a reuşit să ________________ două ___________ fără să ________ nimic.

❷ Ich habe im Fernsehen (einige) herrliche Bilder über das Leben der Tiere gesehen.

Am ______ la __________ nişte ________ splendide din ______ ___________.

❸ Obwohl ich es wollte (trotz Willen mein), habe ich es nicht geschafft, die gesetzlich [vorgeschriebene] Geschwindigkeit einzuhalten.

În ciuda ________ mele, n-am reuşit să ________ _______ legală.

❹ Ich verstehe nicht, was er von mir will, was er sagt, hat keinerlei Logik.

Nu ________ ce vrea de la ____, ce ______ el n-are nicio _______.

74 Lecţia a şaptezeci şi patra

Cum poţi să fii român?

1 – Nimic nu merge cum trebuie în ţara asta! ①

2 E criză în toate domeniile! Asta-i viaţă?

3 M-am săturat, îmi vine să-mi iau lumea în cap! ② ③

ANMERKUNGEN

① Der Titel dieser Lektion greift eine Aussage des rumänischen Philosophen und Aphoristikers **Emil M. Cioran** (1911-1995) auf, der in Paris lebte und als einer der bedeutendsten Skeptiker und radikalster Kulturkritiker des 20. Jahrhunderts gilt.

❺ Sie haben sich überaus perfektionierte Küchengeräte gekauft, aber sie benutzen sie niemals.

Şi-au cumpărat ______ de ______ foarte ______, dar nu le ______ niciodată.

Soluţia exerciţiului 2: Cuvintele care lipsesc.

❶ radio – supravieţuiască – săptămâni – mănânce ❷ văzut – televizor – imagini – viaţa animalelor ❸ voinţei – respect viteza ❹ înţeleg – mine – spune – logică ❺ aparate – bucătărie – perfecţionate – folosesc.

Etapa a doua: Activaţi astăzi lecţia 24!

74. Lektion

Wie kann man Rumäne sein?

1 – Nichts läuft wie es sollte in diesem Land!

2 Die Krise ist überall (in alle Bereich/Gebiet[øø])! Ist das ein Leben?

3 Ich habe es satt, ich habe Lust, hinaus in die Welt zu fahren (mir kommt[es] dass-mich nehme[ich] Welt-die in Kopf)!

② Hier wird das Verb **a veni** "kommen" in der Wendung **îmi vine să...** im Sinne von "Lust haben auf/zu" benutzt. Hierfür kennen Sie auch bereits den Ausdruck **a avea chef**.

③ **a-şi lua lumea în cap** ist in der Regel die Konsequenz aus einer negativen Erfahrung.

4 – Calme**a**ză-te, t**o**tul se aranje**a**ză cu vr**e**mea; ④

5 vi**a**ţa e frumo**a**să, şi m**e**rită să f**i**e tră**i**tă din plin!

6 – C**i**ne m**a**i cr**e**de **î**ncă **î**ntr-o min**u**ne c**a**re să rez**o**lve t**o**tul? Nu fi na**i**v!

7 Recun**o**sc în t**i**ne caract**e**rul t**i**pic român**e**sc!

8 Stăm cu br**a**ţele încruciş**a**te şi aştept**ă**m nu se şt**i**e ce! ⑤ ⑥

9 – Răbd**a**rea po**a**te fi o virt**u**te!

10 Import**a**nt e să n**u**-ţi pi**e**rzi s**i**mţul um**o**rului,

11 să l**u**pţi, să rez**i**şti p**â**nă la c**a**păt … ⑦

12 – Desch**i**de b**i**ne **o**chii şi priv**e**şte în j**u**rul t**ă**u! ⑧ ⑨

13 **U**ite **u**nde ne-**a** dus g**u**stul n**o**stru

14 p**e**ntru um**o**r n**e**gru, parad**o**x şi abs**u**rd!

15 – Exager**e**zi, te l**a**şi cond**u**s de em**o**ţii negat**i**ve, ⑩

PRONUNŢIE

[***4*** *kalmeas*[a] … *arandĵas*[a]… ***8*** … *înkrutschisch**a**tä* …]

④ Die Wendung **totul se aranjează cu vremea** kennen Sie ähnlich aus Lektion 63: **totul se va aranja cu timpul**.

⑤ **a încrucişa** kann auch "(Beine) unterschlagen" bedeuten, und **cuvinte încrucişate** ist das "Kreuzworträtsel".

⑥ Merken Sie sich zu **a aştepta** "erwarten" auch das Adjektiv **neaşteptat** "unerwartet, unvermutet, unverhofft".

4 – Beruhige dich, alles wird sich (arrangieren) mit der Zeit geben;

5 das Leben ist schön, und es ist es wert, (von/aus) voll ausgelebt zu werden!

6 – Wer glaubt noch an Wunder♀, die alles lösen? Sei nicht naiv!

7 Ich erkenne in dir den typisch rumänischen Charakter!

8 Wir verschränken die Arme (bleiben[wir] mit ArmØØ gekreuzt) und warten auf ich weiß nicht was!

9 – Die Geduld kann eine Tugend sein!

10 Wichtig ist, dass man nicht den Sinn für Humor (SinnØ des-HumorsØ) verliert,

11 dass man kämpft, dass man durchhält bis zum EndeØ …

12 – Öffne (gut) deine Augen, und sieh dich um (in herum dein)!

13 Das ist es, wohin unser Geschmack uns geführt hat

14 zum (für) schwarzen, paradoxen und absurden Humor.

15 – Du übertreibst, du lässt dich (geleitet) von negativen Gefühlen♀ leiten,

⑦ **capăt** "Schluss, Ende" findet sich in einer Vielzahl von Wendungen: **de la un capăt la altul** "von einem Ende zum anderen"; **la capătul lumii** "am Ende der Welt"; **a fi la capătul răbdării** "mit der Geduld am Ende sein"; **a fi la capătul puterilor** "am Ende seiner Kraft sein". **capăt** ist synonym zu **sfârşit** zu verwenden.

⑧ Der Infinitiv von **priveşte** lautet **a privi** "(an)sehen, (an)schauen, (an)blicken".

⑨ In **în jurul tău** "um dich herum" ist **tău** der Genitiv von **tu**.

⑩ Dieser Satz beweist wieder einmal, dass das Rumänische in den meisten Fällen die Verwendung des Infinitivs vermeidet: Im Ausdruck **te laşi condus** "du lässt dich leiten" wird **conduce** im Partizip Perfekt benutzt.

16 nu ţ**i**i cont de f**a**ptul că rom**â**nul e invent**i**v,

17 se desc**u**rcă el întotdea**u**na cumv**a**! ⑪

18 – Da, dar n**u** m**a**i când **î**i aj**u**nge cuţ**i**tul la os…

19 O să z**i**ci că sunt pre**a** pesim**i**st

20 dar sunt conv**i**ns că am at**i**ns o l**i**mită!

21 Z**ă**u, m**a**i r**ă**u ca aş**a**, e impos**i**bil! ⑫ ⑬

22 – **E**u sunt optim**i**st: ba da, e pos**i**bil!

PRONUNŢIE

[*17* … *däßk**u**rk*[a] …]

Exerciţiul 1: Înţelegeţi aceste propoziţii?

❶ Nu e deloc uşor pentru ei, copiii lor sunt în plină criză de adolescenţă. ❷ Soţul ei e cunoscut ca unul dintre cei mai importanţi oameni de ştiinţă în domeniul său. ❸ Sunt destul de naiv ca să cred că totul se va aranja cu timpul. ❹ Optimistul vede paharul pe jumătate plin, pesimistul preferă să-l vadă pe jumătate gol. ❺ Deschide te rog fereastra, simt că am nevoie de aer.

16 du bedenkst nicht, dass der Rumäne erfinderisch ist,

17 er kommt immer irgendwie zurecht!

18 – Ja, aber nur, wenn er das Messer an der Kehle hat (wenn ihm kommt[es] Messer-das an Knochen) …

19 Du wirst sagen, dass ich zu pessimistisch bin,

20 aber ich bin überzeugt, dass ich eine Grenze erreicht habe!

21 Wirklich, noch schlimmer als das, es ist unmöglich!

22 – Ich bin optimistisch: Doch, es ist möglich!

⑪ Merken Sie sich zu **a se descurca** "zurechtkommen, klarkommen, sich zurechtfinden" auch **descurcăreţ** "klug, gescheit, geschickt, gewandt".

⑫ **Zău** ist eine Kurzform von **Dumnezeu** "Gott" im Ausdruck **Jur pe Dumnezeu** "Ich schwöre bei Gott". Es kann auch mit "wirklich, wahrhaftig" übersetzt werden.

⑬ Der Komparativ von **rău** lautet **mai rău**. Je nach Zusammenhang variiert die Bedeutung von **rău**: **câine rău** "bissiger Hund".

Soluţia exerciţiului 1: Aţi înţeles?

❶ Es ist überhaupt nicht einfach für sie, ihre Kinder sind voll in der Pubertätskrise. ❷ Ihr Ehemann ist bekannt als einer der wichtigsten Wissenschaftler auf seinem Gebiet. ❸ Ich bin naiv genug zu glauben, dass sich alles mit der Zeit arrangieren wird. ❹ Der Optimist sieht das Glas halb voll, der Pessimist sieht es lieber halb leer. ❺ Öffne bitte das Fenster, ich fühle, dass ich [frische] Luft brauche.

Exerciţiul 2: Completaţi locurile libere cu cuvintele care lipsesc!

❶ Ich möchte wissen, wie man gegen die Müdigkeit am Steuer kämpft.

Vreau să ştiu cum să ___ împotriva ___ la ___.

❷ Beruhige dich, und sieh mir in die Augen, wenn ich mit dir spreche!

___-te şi ___-mă în ___ când ___ vorbesc!

❸ Ich erinnere mich nicht, wer den Roman "Reise ans Ende der Nacht" geschrieben hat.

Nu-mi ___ cine a ___ romanul "___ la ___ nopţii".

❹ Wenn ich Zeit habe, ziehe ich es vor, Kreuzworträtsel zu lösen anstatt fernzusehen.

Când am ___, prefer să ___ cuvinte încrucişate decât să mă ___ la televizor.

❺ Ich versichere dir, dass sie sehr gut weiß, wie sie im Leben auch ohne deine Hilfe zurechtkommt.

Te ___ că ea ___ foarte bine să se ___ în viaţă şi fără ___ tău!

75 Lecţia a şaptezeci şi cincea

Cine joacă câştigă

1 – Ard de nerăbd**a**re să te într**e**b cev**a**,

2 dar nu şt**i**u cum să înc**e**p… e pen**i**bil…

3 – Mă mir că ez**i**ţi, ne cuno**a**ştem de at**â**ţia **a**ni!

4 Te pot ajut**a**? **A**i o c**e**rere de făc**u**t? ①

Soluţia exerciţiului 2: Cuvintele care lipsesc.

❶ lupt – oboselii – volan ❷ Calmează – priveşte – ochi – îţi ❸ amintesc – scris – Călătorie – capătul ❹ timp – fac – uit ❺ asigur – ştie – descurce – ajutorul.

Mentalitätsfragen

Im 19. Jahrhundert kamen die Romantiker auf der Suche nach dem Nationalgeist zu dem Schluss, die Rumänen seien ein pessimistisches und fatalistisches Volk. Das aufkeimende Nationalgefühl zeichnete sich durch einen gewissen "Hang zum Abgrund" aus. Man versuchte, die rumänische Seele von der Folklore ausgehend zu definieren, z. B. anhand der Resignation des zum Tode verdammten Schäferhirten in der Ballade **Mioriţa**, die als das rumänische Nationalepos gilt. Die vermeintlich angeborene rumänische Melancholie findet sich auch in anderen folkloristischen Werken. Obwohl der Dichter **George Bacovia** auch im 20. Jahrhundert von Rumänien als **ţară tristă** "traurigem Land", spricht, gibt es auch viele "rumänische Gegenbeweise", die für die Fröhlichkeit und Unbekümmertheit der Menschen in diesem Land sprechen.

Etapa a doua: Activaţi astăzi lecţia 25!

75. Lektion

Wer spielt, gewinnt

1 – Ich brenne vor Ungeduld, dich etwas zu fragen,
2 aber ich weiß nicht, wie ich beginnen soll … es ist [mir] peinlich …
3 – Es wundert mich, dass du zögerst, wir kennen uns so viele Jahre!
4 Kann ich dir helfen? Hast du eine Bitte (Antrag von gemacht)?

ANMERKUNGEN

① In derselben Wortfamilie wie **a cere** "bitten, verlangen, fordern" gibt es noch **cerere** "Antrag, Ersuchen" und beispielsweise auch den "Heiratsantrag": **cerere în căsătorie**. "Bitte" heißt **rugăminte**.

5 **A**i nev**o**ie de o p**i**lă la primăr**i**e? ②

6 – A nu, mulţum**e**sc frum**o**s, apreci**e**z prop**u**nerea,

7 dar e cev**a** ce te priv**e**şte person**a**l…

8 – P**o**ţi să mă într**e**bi ce vr**e**i, n-am secr**e**te p**e**ntru t**i**ne… ③

9 – Am afl**a**t pov**e**stea **a**sta de la Bogd**a**n, al**a**ltăieri, ④

10 dar tot or**a**şul vorb**e**şte… în f**i**ne, vre**a**u să zic, ⑤

11 t**o**ţi pri**e**tenii n**o**ştri com**u**ni, dar nu n**u**mai **e**i…

12 – D**e**spre c**e**-i v**o**rba? Cur**a**j, d**ă**-i dr**u**mul! ⑥

13 – Şt**i**i, se z**i**ce că **a**i căz**u**t în p**a**tima j**o**cului

14 şi că j**o**ci c**ă**rţi cu soţ**i**a ta!

15 Sunt s**i**gur că zv**o**nul a fost lans**a**t de un răuvoit**o**r! ⑦ ⑧

16 – **A**sta-i tot? **E**i b**i**ne, te an**u**nţ că e adevăr**a**t; ⑨

17 juc**ă**m împre**u**nă c**ă**rţi în fiec**a**re săptăm**â**nă!

18 – Nu pot să cred! Ce se înt**â**mplă cu v**o**i?

19 – St**a**i s**ă**-ţi expl**i**c, nu te grăb**i** să tr**a**gi concl**u**zii!

20 **E**u am av**u**t id**e**ea **a**sta, p**e**ntru c**a**re mă fel**i**cit

21 şi pe c**a**re o apl**i**c cu succ**e**s de d**o**uă l**u**ni!

PRONUNŢIE

[***9*** … *alalt*^{a}*järi* …]

② Konkret ist **o pilă** "eine Feile" aber im übertragenen Sinne meint man damit die "Beziehungen" bzw. das "Vitamin B", durch das man z. B. bei Behörden oder im Berufsleben in den Genuss bestimmter Vorteile kommen kann.

③ Im zweiten Satzteil würde man eher sagen **…n-am secrete faţă de tine**.

④ **a afla** "erfahren", aber **a se afla** "sich befinden".

5 Brauchst du ein bisschen "Vitamin B" (eine Feile♀) im Rathaus♀?
6 – Oh nein, dankeschön, ich schätze deinen Vorschlag♀,
7 aber es ist etwas, was dich (sieht^{es}-an) persönlich betrifft …
8 – Du kannst mich fragen, was du willst, ich habe keine Geheimnisse vor dir …
9 – Ich habe diese Geschichte (Märchen♀) von Bogdan erfahren, vorgestern,
10 aber die ganze Stadt spricht davon … schließlich will ich sagen,
11 alle unsere gemeinsamen Freunde, aber nicht nur sie …
12 – Worum geht es? [Nur] Mut$^{\varnothing}$, schieß los (gib-ist^{es} Weg-das)!
13 – Weißt du, man sagt, dass du der Spielsucht♀ verfallen bist
14 und dass du mit deiner Ehefrau Karten spielst!
15 Ich bin sicher, dass das Gerücht (dass Gerücht-das hat gewesen abgeschossen) von einer böswilligen [Person] lanciert wurde!
16 – Ist das alles? Na ja, ich sage (kündige^{ich}-an), dass das wahr ist;
17 wir spielen jede Woche zusammen Karten!
18 – Ich kann es nicht glauben! Was ist los mit euch?
19 – Warte ab, dass ich es dir erkläre, zieh nicht [so] schnell Rückschlüsse (nicht dich beeilst^{du} dass ziehst^{du} Schlussfolgerung)!
20 Ich bin es, der diese Idee hatte, für die ich mich beglückwünsche,
21 und die ich seit zwei Monaten mit Erfolg$^{\varnothing}$ anwende!

⑤ **în fine** ist ein Synonym für **în sfârşit**, das Sie bereits kennengelernt haben und das in der Umgangssprache häufiger benutzt wird.

⑥ **drum** ist Bestandteil zahlreicher Wendungen. **A da drumul** "beginnen, losfahren" kann auch im Sinne von "(ein Gerät, eine Maschine) einschalten, laufen lassen" benutzt werden. In Lektion 68 haben Sie **drum** bereits in der Wendung **Drum bun!** angetroffen.

⑦ Der Satz **zvonul a fost lansat de un răuvoitor** ist eine Passivkonstruktion.

⑧ Sie erkennen im substantivierten Adjektiv **răuvoitor** "böswillig, boshaft, gehässig" **rău** "schlecht, böse". Auf derselben Grundlage ist **răufăcător** "Bösewicht, Übeltäter, Schurke" gebildet.

⑨ **a anunţa** "mitteilen, bekanntmachen/-geben".

22 Ştii că la noi nevastă-mea ţine banii
23 şi nu vrea să cheltuiesc prea mult.
24 Ei bine, luna trecută de exemplu,
25 am reuşit să câştig înapoi jumătate din salariu… ⑩

⑩ Die Grundbedeutung des Adverbs **înapoi** ist "zurück, rückwärts". Es tritt in Verbindung mit unterschiedlichen Verben auf, u. a. **a rămâne înapoi** "zurückbleiben", **a da înapoi** "zurückrudern", **a da înapoi** "zurückgeben, wiedergeben", **a veni înapoi** "zurückkommen".

Exerciţiul 1: Înţelegeţi aceste propoziţii?

❶ Vineri seara noi jucăm cărţi în familie, cu fratele meu şi cu soţia lui. ❷ Unchiul meu lucrează la primărie şi te poate ajuta, dacă ai nevoie. ❸ Nu e în România decât de câteva zile, dar a început deja să vorbească româneşte. ❹ Îl cunosc foarte bine, ştiu că a ezitat mult timp între viciu şi virtute, înainte de a alege. ❺ Am făcut alaltăieri o cerere de viză şi sper să pot pleca cât mai repede posibil.

Exerciţiul 2: Completaţi locurile libere cu cuvintele care lipsesc!

❶ Ich frage mich, was das Geheimnis derjenigen ist, die Erfolg im Leben haben.

Mă ______ care este ______ celor care ______ în ______.

❷ Ich kann den Erfolg dieses Buches, das ich ganz und gar nicht mag, nicht erklären.

Nu ______ să explic ______ acestei ______ care numi ______ deloc.

❸ Das ist kein böswilliges Gerücht, das ist leider die volle Wahrheit∅ (wahr)!

Nu e un ______ răuvoitor, e din ______ adevărul ______!

❹ Mit der Nase vor dem Computerbildschirm spielt er oft Karten im Internet.

Cu ______ în ecranul ______, el ______ adesea ______ pe Internet.

22 Du weißt, dass bei uns meine Frau (hält[sie]) das Geld verwaltet,

23 und sie will nicht, dass ich zu viel ausgebe.

24 Nun ja, letzten Monat zum Beispiel,

25 habe ich es geschafft, (gewinne[ich] zurück) die Hälfte vom Gehalt wieder reinzuholen …

Soluţia exerciţiului 1: Aţi înţeles?

❶ Freitagabend spielen wir im Familien[kreis] Karten, mit meinem Bruder und mit seiner Frau. ❷ Mein Onkel arbeitet im Rathaus, und er kann dir helfen, wenn du es brauchst. ❸ Er ist erst seit einigen Tagen in Rumänien, aber er hat schon begonnen, Rumänisch zu sprechen. ❹ Ich kenne ihn sehr gut, ich weiß, dass er lange zwischen dem Laster und der Tugend gezögert hat, bevor er gewählt hat. ❺ Ich habe (gemacht) vorgestern einen Antrag auf ein Visum gestellt, und ich hoffe, dass ich so schnell wie möglich reisen kann.

❺ Du wirst zu dem Schluss kommen, dass du dieses Rezept anwenden musst, wenn du gewinnen willst.
Vei ...... la .... că trebuie să ...... această ......, dacă vrei să ....

Soluţia exerciţiului 2: Cuvintele care lipsesc.

❶ întreb – secretul – reuşesc – viaţă ❷ pot – succesul – cărţi – place ❸ zvon – păcate – adevărat ❹ nasul – calculatorului – joacă – cărţi ❺ ajunge – concluzia – aplici – reţetă – câştigi.

Etapa a doua: Activaţi astăzi lecţia 26!

76 Lecţia a şaptezeci şi şasea

Vino cu mine la meci!

1 – V**i**i cu m**i**ne dum**i**nică la m**e**ciul cu Ste**a**ua? ①

2 Am făc**u**t rost de d**o**uă l**o**curi la trib**u**na înt**â**i! ② ③

3 – Mulţum**e**sc de invit**a**ţie, dar **e**u şi f**o**tbalul…

4 – H**a**i, l**a**să-te şi tu conv**i**ns o d**a**tă!

5 D**a**că **a**i şti cât m-am chinu**i**t să obţ**i**n bil**e**tele, ④

6 am reuş**i**t n**u**mai cu interv**e**nţii:

7 v**ă**rul m**e**u îl cuno**a**şte pe antren**o**rul de la Din**a**mo.

8 – Nu te supăr**a** pe m**i**ne, n-am chef să i**e**s…

9 – H**a**i, te rog, n-aş vre**a** să merg f**ă**ră t**i**ne!

10 S**i**ngur, n-am pe n**i**meni cu c**i**ne să coment**e**z spect**a**colul!

11 **U**nde altundev**a** dec**â**t pe un ter**e**n de sport

12 p**o**ţi să v**e**zi cum fug şi transp**i**ră milion**a**ri în şort? ⑤

13 – Po**a**te că e interes**a**nt p**e**ntru t**i**ne,

14 dar **e**u nu cun**o**sc jucăt**o**rii, nu şt**i**u c**a**re c**i**ne-i!

15 – Nu se po**a**te, **î**ţi garant**e**z că i-**a**i văz**u**t la televiz**o**r,

ANMERKUNGEN

① **Steaua**, das Sie bereits in der Bedeutung "Stern" kennen, ist auch der Name eines berühmten Bukarester Fußballvereins.

② **rost** haben Sie bislang als "Sinn, Bedeutung" kennengelernt. In bestimmten Wendungen verändert es seine Bedeutung: **a face rost** "verschaffen, beschaffen"; **fără rost** "unnötig, sinnlos".

76. Lektion

Komm mit mir zum Spiel!

1 – Kommst du mit mir am Sonntag zum Spiel mit Steaua?

2 Ich habe zwei Plätze auf der ersten Tribüne besorgt.

3 – Danke für die Einladung, aber ich und der Fußball[Ø] …

4 – Komm, lass dich einmal überzeugen!

5 Wenn du wüsstest, welche Mühe ich mir gegeben habe (wie mich-habe[ich] gequält), um die Karten[Ø] zu bekommen,

6 ich habe es nur dank meiner Kontakte geschafft (mit Einmischung):

7 Mein Cousin kennt den Trainer von Dinamo.

8 – Sei nicht sauer (nicht dich ärgerst[du] auf mich), ich habe keine Lust, rauszugehen …

9 – Komm, bitte, ich würde nicht gerne ohne dich hingehen!

10 Alleine habe ich niemanden, mit dem ich das Spiel kommentieren kann!

11 Wo sonst als auf dem Sportplatz[Ø]

12 kann man sehen, wie die Millionäre in kurzen Hosen[Ø] rennen und schwitzen?

13 – Vielleicht ist es interessant für dich,

14 aber ich kenne die Spieler nicht, ich weiß nicht, wer (welcher) wer ist!

15 – Das ist nicht möglich, ich garantiere dir, dass du sie im Fernsehen gesehen hast,

③ **tribuna întâi** oder **tribuna întâia**? Lange hat die rumänische Grammatik die erste Variante, ohne **-a**, verteidigt, mit der Begründung, dass **întâi** ein Adverb und somit unveränderlich ist. Seit Kurzem ist auch **întâia** akzeptiert. Ebenso haben Sie die Wahl zwischen **clasa întâi** und **clasa întâia**. Und seit **lecţia întâia** wissen Sie, welche Form in diesem Kurs bevorzugt wird.

④ **a se chinui** "sich abmühen, sich abplagen".

⑤ Ein Synonym für **şort** ist **chiloţi de sport**. **Chiloţi** wird meist im Plural benutzt und bezeichnet sowohl die "Unterhose" als auch die "Sporthose".

16 dacă nu în meciuri, în reclame…

17 – Bine, ca să-ţi fac plăcere, te însoţesc ⑥

18 cu condiţia să răspunzi la o întrebare

19 din vastul domeniu al fotbalului! ⑦

20 – Fără să mă laud, sunt un adevărat specialist:

21 ştiu tot, cine a dat gol, în ce repriză… ⑧

22 – Rămâne de văzut… Vreau un răspuns precis:

23 câte ochiuri are plasa de la poartă? ⑨

Exerciţiul 1: Înţelegeţi aceste propoziţii?

❶ Jucătorii au reuşit să obţină un succes important în lupta pentru locul întâi. ❷ El a cerut intervenţia poliţiei pentru ca lucrurile să se calmeze. ❸ Nu vreau să comentez decizia ta, tu ştii mai bine decât mine ce trebuie să faci. ❹ Am trimis acum două săptămâni o cerere la primărie şi încă aştept un răspuns. ❺ Ştiu foarte bine că nu am voce, dar insist şi mă chinui să cânt corect; e un infern!

16 wenn nicht bei den Spielen, [dann] in der Werbung …

17 – Gut, um dir einen Gefallen zu tun, komme ich mit dir,

18 unter (mit) der Bedingung, dass du eine Frage beantwortest

19 aus dem umfassenden Themenbereich des Fußballs!

20 – Ich will ja nicht prahlen (ohne dass mich lobe[ich]), [aber] ich bin ein echter Spezialist:

21 Ich weiß alles: wer ein Tor geschossen (gegeben) hat, in welcher Halbzeit …

22 – Das werden wir (bleibt[es] von) sehen … Ich möchte eine präzise Antwort[Ø]:

23 Wie viele Maschen[Ø] hat das Netz♀ des Tors♀?

⑥ **a însoţi** "mitgehen, mitkommen, begleiten" stammt aus derselben Wortfamilie wie **soţ** "Ehemann".

⑦ Das Wörtchen **al** in **vastul domeniu al fotbalului** ist ein sog. Genitiv-Artikel, auf den wir in der Wiederholungslektion näher eingehen.

⑧ Neben **a da gol** "ein Tor schießen" gibt es auch die Ausdrücke **a marca un gol** oder **a înscrie un gol**. Der Artikel **un** betont allerdings, dass es sich um ein einziges Tor handelt, während **a da gol** sich auch auf mehrere Tore beziehen kann.

⑨ Sie kennen bereits das männliche Nomen **ochi** "Auge", dessen Plural ebenfalls **ochi** "Augen" lautet. **Ochi** kann jedoch auch die "Masche" eines Netzes bezeichnen; in diesem Fall ist es ein Neutrum, und der Plural lautet **ochiuri.** Dies taucht u. a. noch in einem ganz anderen Kontext auf: **ouă ochiuri** Spiegelei" (**ou** "Ei").

Soluţia exerciţiului 1: Aţi înţeles?

❶ Die Spieler haben es geschafft, einen wichtigen Erfolg im Kampf um (für) den ersten Platz zu erringen. ❷ Er hat darum gebeten, dass die Polizei eingreift (hat[er] gebeten Einmischung der-Polizei), damit die Dinge sich beruhigen. ❸ Ich möchte deine Entscheidung nicht kommentieren, du weißt besser als ich, was du machen musst. ❹ Ich habe vor zwei Wochen einen Antrag/eine Anfrage ans Rathaus geschickt, und ich warte noch auf eine Antwort. ❺ Ich weiß sehr gut, dass ich keine Stimme habe, aber ich bestehe darauf, und ich gebe mir Mühe, korrekt zu singen; es ist die Hölle!

Exerciţiul 2: Completaţi locurile libere cu cuvintele care lipsesc!

❶ Ich kann dir versichern, dass du niemals mehr eine Frau wie sie finden wirst.

Îţi pot _______ că nu ___ mai găsi niciodată o ______ ca ea.

❷ Geben Sie mir die Erlaubnis, Sie bis zum Flughafen zu begleiten.

Daţi-mi ____ să vă ________ până la ________.

❸ Vergiss nicht, dass du in einer Position bist, die es dir nicht erlaubt, Bedingungen zu stellen.

Nu ____ că eşti într-o _______ care nu-ţi permite să pui ________.

❹ Er hat nicht weniger als vier Tore geschossen im (während) Spiel gegen Frankreich.

El a ______ nu mai puţin de patru ______ în timpul ________ cu ______.

❺ Er ist mir nicht sympathisch, er prahlt zu viel, für meinen Geschmack.

Nu mi-e ________, se _____ prea mult, după ______ meu.

77 Lecţia a şaptezeci şi şaptea

Recapitulare

1. Konditional

1.1 Verwendung

Der Konditional ist eine Verbform für Handlungen, die unter bestimmten Bedingungen realisierbar oder möglich sind. Sie treten auf bei …

- … Hypothesen: **Ea ar putea sosi mâine.** "Sie könnte morgen ankommen."
- … höflicher Bitte: **Aş vrea un kilogram de mere.** "Ich hätte gerne ein Kilo Äpfel."

Soluţia exerciţiului 2: Cuvintele care lipsesc.

❶ garanta – vei – femeie ❷ voie – însoţesc – aeroport ❸ uita – poziţie – condiţii ❹ marcat – goluri – meciului – Franţa ❺ simpatic – laudă – gustul.

Erfolgreiche Sportarten

Die Sportart Nr. 1 in Rumänien ist – wie andernorts – der Fußball. Renommierte rumänische Fußballvereine sind **Steaua** und **Dinamo Bucureşti**. Aus dem Tennissport sind auch heute noch weltweit die Namen **Ilie Năstase** und **Ion Ţiriac** bekannt. Die berühmteste rumänische Sportlerin ist jedoch **Nadia Comăneci**, deren herausragende Leistungen in die Geschichte eingegangen sind: im Alter von nur 14 Jahren wurde die junge Kunstturnerin durch mehrfache Bestnoten zum Star der Olympischen Sommerspiele 1976 im kanadischen Montreal. Sie ist bis heute Vorbild für die Kunstturnerinnen der rumänischen Schule, die weiterhin Medaillen bei internationalen Wettkämpfen erzielen.

Etapa a doua: Activaţi astăzi lecţia 27!

77. Lektion

- … Ratschlägen: **Ar trebui să te laşi de fumat.** "Du solltest mit dem Rauchen aufhören."
- … Bedauern: **Mi-ar fi plăcut să o întâlnesc înaintea ta.** "Es hätte mir gefallen, sie vor dir zu treffen."
- nach **dacă** "falls, wenn": **Dacă aş fi bogat, nu aş mai avea nevoie să lucrez.** "Wenn ich reich wäre, wäre es nicht mehr nötig, dass ich arbeite."

Hier wird die Bedingung explizit genannt, was den Gebrauch des **condiţional** rechtfertigt.

- Wird die Bedingung nicht ausdrücklich genannt, wie z. B. in **Aş vrea să plec în vacanţă.** "Ich würde gerne in die Ferien fahren.", nennt man den Konditional, der einen Wunsch oder ein Verlangen ausdrückt, **optativ** "Wunschform". Man spricht auch oft vom **condiţional-optativ**.

1.2 Konditional Präsens (Gegenwart)

Der Konditional Präsens setzt sich zusammen aus einer speziellen Variante des Hilfsverbs **a avea** "haben" und dem verkürzten Infinitiv (= ohne **a**) des Vollverbs. Hier Beispiele für die Konjugation der vier Verbgruppen:

1. Verbgruppe	2. Verbgruppe	3. Verbgruppe	4. Verbgruppe
aş prefera	**aş vedea**	**aş merge**	**aş fugi**
ai prefera	**ai vedea**	**ai merge**	**ai fugi**
ar prefera	**ar vedea**	**ar merge**	**ar fugi**
am prefera	**am vedea**	**am merge**	**am fugi**
aţi prefera	**aţi vedea**	**aţi merge**	**aţi fugi**
ar prefera	**ar vedea**	**ar merge**	**ar fugi**

► … "ich würde vorziehen", "ich würde sehen", "ich würde gehen", "ich würde laufen" …

1.3 Konditional Perfekt (Vergangenheit)

Der Konditional Perfekt wird gebildet aus dem Konditional Präsens von **a fi** "sein" und dem Partizip Perfekt des Vollverbs:

1. Verbgruppe	2. Verbgruppe	3. Verbgruppe	4. Verbgruppe
aş fi preferat	**aş fi văzut**	**aş fi mers**	**aş fi fugit**
ai fi preferat	**ai fi văzut**	**ai fi mers**	**ai fi fugit**
ar fi preferat	**ar fi văzut**	**ar fi mers**	**ar fi fugit**
am fi preferat	**am fi văzut**	**am fi mers**	**am fi fugit**
aţi fi preferat	**aţi fi văzut**	**aţi fi mers**	**aţi fi fugit**
ar fi preferat	**ar fi văzut**	**ar fi mers**	**ar fi fugit**

► … "ich hätte vorgezogen", "ich hätte gesehen", "ich wäre gegangen", "ich wäre gelaufen "…

2. Genitivartikel

2.1 Allgemeine Verwendung

Das Rumänische verfügt, abgesehen vom bestimmten und unbestimmten Artikel, noch über einen Possessivartikel (auch Genitivartikel).

Sehen wir uns als Ausgangsbasis die folgenden Paare von Nomen an, bei denen das erste (das "Besitztum") über einen bestimmten Artikel verfügt und das zweite (der "Besitzer") im Genitiv steht:

câinele vecinului "der Hund des Nachbarn";
poarta casei "die Tür des Hauses";
papucii bunicului "die Pantoffeln des Großvaters";
informaţiile zilei "die Informationen des Tages".

Steht kein bestimmter Artikel bei dem ersten Nomen (sondern ein unbestimmter Artikel, ein Adjektiv oder Demonstrativpronomen) und folgt dann der Besitzer (im Genitiv), wird zwischen beiden der Possessivartikel eingeschoben. Er richtet sich in Genus und Numerus nach dem vorangehenden Substantiv, also dem Besitztum:

un câine al vecinului "ein Hund des Nachbarn";
noua poartă a casei "die neue Tür des Hauses";
aceşti papuci ai bunicului "diese Pantoffeln des Großvaters";
informaţii ale zilei "Informationen des Tages".

Ebenso:

Drepturile omului şi ale cetăţeanului "die Menschen- und Bürgerrechte";
Statele Unite ale Americii "die Vereinigten Staaten von Amerika".

2.2 Possessivartikel in Ordinalzahlen

Der Possessivartikel ist ebenfalls ein Bestandteil in der Struktur von Ordinalzahlen. Sie haben dies bereits bei den Lektionsnummern angetroffen: **lecţia a doua** "2. Lektion"; **lecţia a treia** "3. Lektion"; **lecţia a patra** "4. Lektion", ...

2.3 Possessivartikel und Possessivpronomen

Der Possessivartikel ist ebenfalls Teil der Possessivpronomen:

Mask. Sing.	Fem. Sing.	Mask. Pl.	Fem. Pl.
al meu "meiner"	**a mea** "meine"	**ai mei** "meine♂"	**ale mele** "meine♀"
al tău "deiner"	**a ta** "deine"	**ai tăi** "deine"	**ale tale** "deine"
al său "seiner"*	**a sa** "seine"*	**ai săi** "seine"	**ale sale** "seine"
al nostru "unser"	**a noastră** "unsere"	**ai noştri** "unsere"	**ale noastre** "unsere"
al vostru "eurer, Ihrer"	**a voastră** "eure, Ihre"	**ai voştri** "eure, Ihre"	**ale voastre** "eure, Ihre"
al lor "ihrer"	**a lor** "ihre"	**ai lor** "ihre"	**ale lor** "ihre"

* Im Falle der 3. Person Singular (**al său** "seiner") gibt es die Möglichkeit, das Genus des Besitzers zu präzisieren: **al lui** bzw. **al ei** weisen auf einen männlichen bzw. weiblichen Besitzer hin. Beachten Sie auch, dass – wie im Deutschen – **ai mei** für "die Meinen" im Sinne der Angehörigen bzw. Familienmitglieder benutzt werden kann.

Wie alle Pronomen wird auch das Possessivpronomen dekliniert; in diesem Fall trägt der Possessivartikel das Kennzeichen für den Kasus: **alui** ist der Genitiv und Dativ von **al**, **alei** der Genitiv und Dativ von **a**, und **alor** der Genitiv und Dativ von **ai** und von **ale**. Beispiel:

Le-am scris o scrisoare alor mei. "Ich habe (wörtl. ihnen-habe[ich]) einen Brief an die Meinen geschrieben."

Kleiner Tipp: Um den Dativ zu vermeiden, können Sie stattdessen die Präposition **la** (+ Akkusativ) verwenden. So könnte man alternativ zu **Le-am scris o scrisoare alor mei** durch **Le-am scris o scrisoare la ai mei** benutzen. Dies bevorzugen meist auch die Rumänen.

3. Die Fragepronomen cine? und ce?

Cine? "wer?" fragt nach einer Person/einem Lebewesen, **ce?** "was?" nach einer unbelebten Sache:

Cine ştie? "Wer weiß?"

Ce arde acolo? "Was brennt da?"

Hier stehen **cine?** und **ce?** im Nominativ; im Akkusativ muss **cine** die Präposition **pe** vorangestellt werden:

Pe cine căutaţi? "Wen suchen Sie?"

Der Genitiv und der Dativ von **cine?** lautet **cui?** "wessen?; wem?":

Fratele cui e doctor? "Wessen Bruder ist Arzt?"

Al cui e copilul ăsta? "Wem gehört dieses Kind?"

Haben Sie es bemerkt? Im letzten Beispiel steht der Possessivartikel, der sich vor dem Genitiv **cui** befindet, für ein Besitztum im Maskulinum Singular: **copilul**.

Zum Schluss noch eine gute Nachricht: Das Fragepronomen **ce?** hat keine spezielle Form für den Genitiv und den Dativ.

4. Passiv

Das Rumänische vermeidet in der Regel das Passiv, denn Passivkonstruktionen gelten als schwerfällig. Auch kennt die Sprache kein Pendant zu unserem "man". Dem Passiv werden in der Standard- und auch in der Umgangssprache reflexive Verben in der 3. Person Singular bzw. Plural vorgezogen; dies ist das sog. **pasiv reflexiv** "reflexives Passiv". Meist ist das Subjekt ein Gegenstand, selten eine Person. Das Agens, d. h. der Träger des durch das Verb ausgedrückten aktiven Verhaltens, wird nicht ergänzt, und das Verb geht meist dem Subjekt voraus: **Aici se vinde cafea.** "Hier wird Kaffee verkauft." Das reflexive Passiv im Infinitiv steht in allgemeinen Aussagesätzen oder Aufforderungen: **A se păstra linişte!** "Ruhe bitte!"

Die Bildung des Passivs stellt Sie jedoch nicht vor größere Probleme, denn es wird ähnlich wie im Deutschen gebildet: Das Akkusativobjekt wird zum Subjekt, und das Subjekt wird zum Akkusativobjekt, eingeleitet durch **de** (**către**) "von, durch".

So verwandelt sich **Tata citeşte ziarul şi mama scrie o scrisoare.** "Papa liest die Zeitung, und Mama schreibt einen Brief." in **Ziarul e citit de tata şi scrisoarea e scrisă de mama.** "Die Zeitung wird von Papa gelesen, und der Brief wird von Mama geschrieben."

Das moderne Rumänisch benutzt **de către** in allen Zusammenhängen (aber vor allem, um einen Personennamen einzuführen), selbst dort, wo ein simples **de** ausreichen würde.

Manche Verbkonstruktionen, meist reflexive Verben, sind von Natur aus bereits Passivkonstruktionen, z. B.:

Fructele se vând ieftin azi. "Das Obst wird heute preiswert verkauft."

Casa lor se vede de departe. "Ihr Haus ist von Weitem zu sehen."

Magazinul se deschide la ora opt. "Das Geschäft öffnet (wörtl. sich öffnet[es]) um acht Uhr."

5. Sternzeichen

In Lektion 72 sind Sie bereits einigen Sternzeichen begegnet. Hier die vollständige Liste:

berbec♂ "Widder"

taur♂ "Stier"

gemeni♂♂ "Zwillinge" (Sg. **geamăn**)

rac♂ "Krebs"

leu♂ "Löwe"

fecioară♀ "Jungfrau"

balanţă♀ "Waage"

scorpion♂ "Skorpion"

săgetător♂ "Schütze"

capricorn♂ "Steinbock"

vărsător♂ "Wassermann"

peşti♂♂ "Fische" (Sg. **peşte**)

Falls Sie sich in der aktiven Phase befinden und in der nächsten Zeit eine Reise nach Rumänien planen, so sind Sie sprachlich für leichte Unterhaltungen in Alltagssituationen schon gut gerüstet. Auch sonst werden Sie bei Ihrer Ankunft überall Bekanntes aufschnappen. Bestimmt können Sie auch Schilder, Hinweise und Plakate lesen und verstehen.

6. Verständnis-/Formulierungsübung

Exerciţiul: Înţelegeţi aceste propoziţii?

❶ De când e interzis să fumezi în restaurant, ❷ trebuie să ies în stradă ca să aprind o ţigară. ❸ E în acelaşi timp penibil şi absurd! ❹ Crede-mă că te înţeleg! ❺ Şi eu am fumat, când eram tânăr. ❻ Să spunem că vara nu e o problemă pentru tine, ❼ dar iarna eşti condamnat să suporţi frigul. ❽ Nu ştiam că eşti un fost fumător. ❾ Cum ai reuşit să te laşi de fumat? ❿ A, pentru mine a fost uşor. ⓫ Nu fumam decât două ţigări pe zi, ⓬ una dimineaţa şi alta la amiază, cu cafeaua. ⓭ Am renunţat când mi-am dat seama ⓮ că nu toate ţigările aveau gust bun, ⓯ dar nu mă deranjează ⓰ când cineva fumează lângă mine, ca tine acum. ⓱ Îţi mulţumesc, eşti un prieten adevărat! ⓲ Tutunul are o imagine negativă în presă… ⓳ Ştiu că opinia altora nu te interesează, ⓴ dar dacă ţii la sănătatea ta şi la a mea, ㉑ te-aş sfătui să stingi ţigara: ㉒ să respirăm puţin aer curat nu ne poate face rău…

78 Lecţia a şaptezeci şi opta

Arta contemporană în dezbatere

1 – Ce p**ă**r**e**re **ai** d**e**spre pict**u**ra l**u**i Luci**a**n? ①

2 **E**u o găs**e**sc remarc**a**bilă!

3 I-**ai** văz**u**t n**o**ua expozi**ţ**ie de la galer**i**a prim**ă**r**ie**i?

PRONUNŢIE

[*1* … *lutschjan* *3* … *äkßposizjä* …]

Soluţia exerciţiului: Aţi înţeles?

① Seit es in diesem Restaurant verboten ist zu rauchen, ② muss ich hinaus auf die Straße gehen, um eine Zigarette anzuzünden. ③ Das ist gleichzeitig peinlich und absurd! ④ Glaub mir, dass ich dich verstehe! ⑤ Ich habe auch geraucht, als ich jung war. ⑥ Sagen wir, dass es im Sommer kein wirkliches Problem für dich ist, ⑦ aber im Winter bist du dazu verdammt, die Kälte zu ertragen. ⑧ Ich wusste nicht, dass du ein ehemaliger Raucher bist. ⑨ Wie hast du es geschafft, mit dem Rauchen aufzuhören? ⑩ Ah, für mich war es leicht. ⑪ Ich habe nur zwei Zigaretten pro Tag geraucht, ⑫ eine morgens und eine am Mittag, zum Kaffee. ⑬ Ich habe es aufgegeben, als ich mir darüber bewusst wurde, ⑭ dass all die Zigaretten nicht gut schmecken, ⑮ aber es stört mich nicht, ⑯ wenn jemand neben mir raucht, wie du jetzt. ⑰ Ich danke dir, du bist ein wahrer Freund! ⑱ Der Tabak hat ein negatives Image (Bild) in der Presse … ⑲ Ich weiß, dass die Meinung der anderen dich nicht interessiert, ⑳ aber wenn (hältst[du]) dir deine Gesundheit und meine wichtig ist, ㉑ dann würde ich dir raten, die Zigarette auszumachen: ㉒ ein wenig saubere Luft zu atmen kann nicht schlecht für uns sein …

Etapa a doua: Activaţi astăzi lecţia 28!

78. Lektion

Zeitgenössische Kunst in der Debatte

1 – Was hältst du von (was Meinung hast[du] über) der Malerei♀ von Lucian?

2 Ich finde sie bemerkenswert!

3 Hast du [seine] neue Ausstellung♀ in der Rathausgalerie♀ gesehen?

ANMERKUNGEN

① **Ce părere ai?** (**părere** "Meinung, Ansicht") ist nur ein Beispiel dafür, dass das Rumänische oft ein Nomen benutzt, wo das Deutsche ein Verb verwendet.

4 – Îl cun**o**sc de m**u**ltă vr**e**me, sunt pri**e**ten cu el,

5 dar recun**o**sc că în **a**rtă am g**u**sturi cl**a**sice,

6 mă simt pierd**u**t în f**a**ţa **u**nor p**â**nze ②

7 f**ă**ră f**o**rmă şi f**ă**ră sens p**e**ntru m**i**ne,

8 s**i**mplu am**e**stec de l**i**nii şi de cul**o**ri…

9 Dar dest**u**l cu cr**i**tica, po**a**te greş**e**sc… ③

10 – Pur şi s**i**mplu, n**u**-ţi pl**a**ce **a**rta contempor**a**nă! ④

11 Eu văz**u**sem dej**a** tabl**o**uri de Luci**a**n **a**nul trec**u**t, ⑤

12 la sal**o**nul de to**a**mnă

13 şi apreci**a**sem în speci**a**l armon**i**a cul**o**rilor; ⑥

14 f**ă**ră n**i**ci o îndoi**a**lă, p**i**ctorul **ă**sta **a**re tal**e**nt! ⑦

15 Şt**i**e s**ă**-şi ale**a**gă subi**e**ctele şi **a**re o t**e**hnică perf**e**ctă…

16 Nat**u**rile mo**a**rte şi peis**a**jele sunt perf**e**ct reuş**i**te.

17 – Dege**a**ba îl **a**peri, nu v**e**i reuş**i** să mă conv**i**ngi!

18 Şi **î**ntre n**o**i f**i**e v**o**rba, ⑧

19 e inut**i**l de spus de ce pref**e**ră să pict**e**ze peis**a**je

PRONUNŢIE

[**5** ... *klaßitschä* **13** ... *aprätschjaßäm* ... **16** ... *päißaĵälä* ... **17** ... *kOnwindĵ*]

② **pânză** ist nicht nur die "Leinwand", sondern bezeichnet auch das "Leinen" als Stoffart, wie auch den "Stoff" und das "Tuch".

③ **critică** "Kritik", aber **critic** "Kritiker" und "kritisch".

④ Sie wissen, dass die Form eines Adjektivs im Maskulinum Singular identisch ist mit der Form des Adverbs. Je nach Kontext kann **pur şi simplu** "klar und einfach" oder "lediglich, einfach, schlicht" bedeuten.

4 – Ich kenne ihn seit langem, ich bin mit ihm befreundet (Freund mit er),

5 aber ich gebe zu, dass ich in der Kunst♀ einen klassischen Geschmack habe,

6 ich fühle mich verloren vor Leinwänden♀,

7 die ohne Form und ohne Sinn für mich sind,

8 die einfach ein Gemischø aus Linien♀ und Farben sind …

9 Aber genug der Kritik, ich irre mich vielleicht …

10 – Dir gefällt schlicht und einfach die zeitgenössische Kunst nicht!

11 Ich hatte vergangenes Jahr bereits Bilder von Lucian gesehen,

12 beim Herbstsalonø,

13 und ich habe speziell die Harmonie ihrer Farben geschätzt;

14 ohne Zweifel, dieser Maler hat Talent!

15 Er versteht es, seine Themenø zu wählen, und er hat eine perfekte Technik …

16 Seine Stillleben (Natur-die tot) und seine Landschaften sind perfekt gelungen.

17 – Du verteidigst ihn vergeblich, es wird dir nicht gelingen, mich zu überzeugen!

18 Und unter uns gesagt (zwischen wir sei[sie] Wort),

19 es ist unnötig zu sagen, warum er es vorzieht, Landschaftenø zu malen,

⑤ **văzusem** ist ein sog. Plusquamperfekt (Vorvergangenheit). In der Wiederholungslektion gehen wir näher darauf ein.

⑥ **în special** "besonders, hauptsächlich, insbesondere, vor allem".

⑦ **pictor** "Maler", **pictură** "Malerei" und **a picta** "malen" sind für den Bereich der Kunst reserviert. Im handwerklichen Bereich lauten die Pendants **zugrav** "Maler, Anstreicher", **zugrăveală** "Maler-/Anstreicherarbeiten" und **zugrăvi** "anstreichen".

⑧ Die Wortstellung ist relativ frei; so können Sie anstelle von **între noi fie vorba** auch **fie vorba între noi** sagen.

20 şi evită portr**e**tele:

21 un pom nu se po**a**te pl**â**nge că nu se**a**mănă… ⑨ ⑩

PRONUNŢIE [*21 … plânge …*]

Exerciţiul 1: Înţelegeţi aceste propoziţii?

❶ Părerea mea este că, în ciuda antipatiei tale, soţul ei e foarte simpatic. ❷ Nu uita că e pictor, ştie foarte bine că arta e lungă şi viaţa e scurtă. ❸ Trebuie să-mi zugrăvesc apartamentul şi mă tem că o să mă coste o grămadă de bani. ❹ Când e cald, prefer să port un pantalon uşor de pânză. ❺ Îţi dai seama că ce spui tu n-are niciun sens?

Exerciţiul 2: Completaţi locurile libere cu cuvintele care lipsesc!

❶ Sie haben eine Gemäldegalerie im Stadtzentrum eröffnet.
Au ___ o ___ de ___ în centrul ___.

❷ Trotz seines Alters und seiner Gesundheitsprobleme scheint er voll in Form zu sein.
În ciuda ___ şi a ___ de sănătate, ___ în plină ___.

❸ Ich frage mich, welche Farbe eine Mischung von Gelb und Blau ergeben wird.
Mă întreb ce ___ va da un ___ de ___ şi de ___.

❹ Ich habe den Eindruck, dass ich dieses Gemälde schon irgendwo gesehen habe.
Am ___ că am ___ deja undeva ___ ăsta.

❺ Sie leben in Harmonie mit der Natur, weit entfernt von der Zivilisation.
Ei ___ în ___ cu ___, departe de ___.

20 und [warum] er Portraits vermeidet:

21 Ein Baum kann sich nicht beschweren, wenn [das Bild] ihm nicht ähnelt …

⑨ Für "Baum" gibt es mehrere Ausdrücke: **pom**, **copac** und **arbore**. **Pom fructifer** "Obstbaum"; **pom de Crăciun** "Weihnachtsbaum".

⑩ **a se plânge** "sich beschweren, jammern, klagen".

Soluţia exerciţiului 1: Aţi înţeles?

❶ Meine Meinung ist, dass ihr Mann trotz deiner Abneigung [gegen ihn] sehr sympathisch ist. ❷ Vergiss nicht, dass er Maler ist, er weiß sehr gut, dass die Kunst viel Zeit erfordert (ist[sie] lang) und dass das Leben kurz ist. ❸ Ich muss meine Wohnung anstreichen, und ich befürchte, dass mich das einen Haufen Geld kosten wird. ❹ Wenn es warm ist, ziehe ich es vor, eine leichte Hose aus Leinen zu tragen. ❺ Bist du dir darüber bewusst, dass das, was du sagst, keinerlei Sinn macht?

Soluţia exerciţiului 2: Cuvintele care lipsesc.

❶ deschis – galerie – pictură – oraşului ❷ vârstei – problemelor – pare – formă ❸ culoare – amestec – galben – albastru ❹ impresia – văzut – tabloul ❺ trăiesc – armonie – natura – civilizaţie.

Etapa a doua: Activaţi astăzi lecţia 29!

79 Lecţia a şaptezeci şi noua

Vreau să vin cu tine!

1 – Sunt chemat de urgenţă la Ministerul Agriculturii,
2 o să încercăm încă o dată să împăcăm capra cu varza,
3 economia cu protecţia naturii…
4 – O ocazie nesperată! Vin şi eu cu tine la Bucureşti! ①
5 – N-are rost, ar fi inutil, nu rămân mult, ②
6 plec mâine în zori şi mă întorc la miezul nopţii. ③
7 – Îmi convine perfect, îmi ajunge o zi! ④
8 – Să ştii că trebuie să intru imediat în şedinţă
9 şi poate să dureze ore întregi!
10 – Din fericire, e un parc în faţa ministerului, ⑤ ⑥
11 voi citi o revistă aşteptându-te pe o bancă, la umbră; ⑦
12 când vei fi terminat, o să ne plimbăm un pic prin oraş ⑧ ⑨

[**2** ... *warsa* **8** ... *schädinz*[a]]

ANMERKUNGEN

① Bei **nesperat** erkennen Sie wieder das Verneinungspräfix **ne-**, mit dem der Sinn eines Adjektivs ins Negative verkehrt werden kann.

② Hier treffen Sie **rost** wieder mit der Bedeutung "Sinn" an (vgl. auch Lektion 64): **N-are rost să insişti.** "Es hat keinen Sinn, darauf zu bestehen."

③ **miezul nopţii**: **miez** hat die Bedeutungen "Herz, Kern, Mittelpunkt, Innerstes": **în miez de vară** "im Hochsommer"; **în miezul problemei** "Kern der Sache"; **miez de pâine** "Brotkrume".

④ Sie haben **a ajunge** schon in diversen Bedeutungen kennengelernt. Es heißt auch "(aus)reichen". **Ajunge!** "Das reicht!"

79. Lektion

Ich möchte mit dir kommen!

1 – Ich bin dringend ins Landwirtschaftsministerium[ø] gerufen worden,

2 wir werden noch einmal versuchen, die Ziege mit dem Kohl♀ zu versöhnen,

3 die Wirtschaft mit dem Umweltschutz (Schutz♀ Natur♀) …

4 – [Welch] unverhoffte Gelegenheit! Ich komme mit dir nach Bukarest!

5 – Das hat keinen Sinn, das ist unnötig, ich bleibe nicht lange,

6 ich fahre morgen bei Tagesanbruch, und ich komme um Mitternacht (Herz[ø] der-Nacht) zurück.

7 – Das passt mir perfekt, ein Tag reicht mir!

8 – Du musst wissen, dass ich direkt (sofort) zu einer Sitzung gehen muss,

9 und dass sie stundenlang dauern kann!

10 – Glücklicherweise gibt es einen Park vor dem Ministerium,

11 ich werde eine Zeitschrift lesen, während ich auf dich warte (erwartend-dich), auf einer Bank im Schatten♀;

12 wenn du fertig bist, werden wir ein bisschen (ein Prise[ø]) durch die Stadt spazieren gehen,

⑤ Das Adjektiv **fericit** "glücklich" kann nicht als Adverb benutzt werden. Seine adverbiale Form lautet **din fericire**.

⑥ Auf **în faţa** "vor" folgt ein Nomen im Genitiv: **în faţa gării** "vor dem Bahnhof".

⑦ **aşteptându-te** ist eine Verbform, die **gerunziu** "Gerundium" (Verlaufsform) genannt wird.

⑧ **vei fi terminat** ist das Futur II, eine sehr selten verwendete und meist nur in der Literatursprache vorkommende Futurform. Sie wird aus dem einfachen Futur des Hilfsverbs **a fi** "sein" + dem Partizip Perfekt des Vollverbs gebildet: **voi** (**vei**, **va**, **vom**, **veţi**, **vor**) **fi preferat** "ich werde (du wirst, er/sie wird, wir werden, ihr werdet, sie werden) bevorzugt haben".

⑨ **pic** "wenig, ein bisschen" bezeichnet eine sehr kleine Menge: **un pic de vin** "ein wenig Wein". Es stellt außerdem lautmalerisch das Geräusch einer tropfenden Flüssigkeit dar.

13 să ved**e**m ce e n**o**u în vitr**i**ne…

14 – De ce te încăpăţân**e**zi? Nu înţel**e**g de ce insi**ş**ti!

15 – **E**i b**i**ne, o să f**i**u s**i**nceră cu t**i**ne:

16 ţin să vin p**e**ntru că vre**a**u s**ă**-mi c**u**mpăr o r**o**chie!

17 – **Î**ncă **u**na? Şi de ce neapăr**a**t de la Bucur**e**şti?

18 Nu sunt dest**u**le magaz**i**ne de m**o**dă în or**a**şul n**o**stru?

19 **Ie**ri am trec**u**t pe l**â**ngă un magaz**i**n de h**a**ine în c**e**ntru,

20 prim**i**seră n**o**ua col**e**cţie de v**a**ră,

21 t**o**cmai descărc**a**u cami**o**nul cu m**a**rfă;

22 nu p**o**ţi s**ă**-ţi c**u**mperi r**o**chia de a**i**ci?

23 – Ah**a**, în sfârş**i**t! **A**sta voi**a**m să a**u**d!

PRONUNŢIE

[***14*** … *înk^{a}p^{a}zînăs^j* …]

Exerciţiul 1: Înţelegeţi aceste propoziţii?

❶ Agricultura joacă un rol important în economia României. ❷ Unchii mei sunt medici şi lucrează amândoi la Ministerul Sănătăţii. ❸ Cum să-i explic că nu mă pot împăca cu ea? ❹ Ajunge, ai reuşit să mă convingi, inutil să insişti! ❺ Când şeful lor e prezent, şedinţa durează cel puţin patru ore.

13 um zu gucken, was es Neues in den Schaufenstern♀ gibt …
14 – Warum bist du so starrköpfig? Ich verstehe nicht, warum du [so] darauf bestehst!
15 – Nun gut, ich werde ehrlich zu dir sein:
16 Ich will mitkommen (halte[ich] dass würde[ich]-kommen), weil ich mir ein Kleid kaufen möchte!
17 – Noch eins? Und warum unbedingt in Bukarest?
18 Gibt es nicht genug Modegeschäfte in unserer Stadt?
19 Gestern bin ich an einem Bekleidungsgeschäft im Zentrum vorbeigekommen,
20 sie hatten die neue Sommerkollektion bekommen,
21 sie waren gerade dabei, den LKWø mit der Ware zu entladen;
22 kannst du dir nicht das Kleid hier kaufen?
23 – Ah, endlich! Das wollte ich hören!

Soluţia exerciţiului 1: Aţi înţeles?

❶ Die Landwirtschaft spielt eine wichtige Rolle in der Wirtschaft Rumäniens. ❷ Meine Onkel sind Ärzte und arbeiten beide beim Gesundheitsministerium. ❸ Wie soll ich ihr erklären, dass ich mich nicht mit ihr versöhnen kann? ❹ Das reicht, du hast es geschafft, mich zu überzeugen, es hat keinen Sinn, darauf zu bestehen! ❺ Wenn ihr Chef anwesend ist, dauert die Sitzung mindestens vier Stunden.

Exerciţiul 2: Completaţi locurile libere cu cuvintele care lipsesc!

❶ Ich bin müde, suchen wir eine Bank, um uns auszuruhen.

Sunt ......, să căutăm o ...... ca să ne ....

❷ Ich bin bei Tagesanbruch aufgestanden, weil das Flugzeug sehr früh am Morgen losfliegt.

M-am ...... în ......, pentru că avionul ...... foarte ...... dimineaţa.

❸ Die Sonne brennt sehr stark, ich setze mich lieber in den Schatten.

...... arde prea ......, prefer să mă ...... la ....

80 Lecţia a optzecea

În bucătărie

1 – Ce b**i**ne miro**a**se! **Î**mi l**a**să g**u**ra **a**pă! ①

2 Ce f**a**ci de mânc**a**re, bătr**â**ne? ② ③

3 – Nu m**a**re l**u**cru, dar te inv**i**t să împărţ**i**m o oml**e**tă cu br**â**nză de o**a**ie, ④

4 cu ce**a**pă şi măsl**i**ne;

5 recun**o**sc că nu şt**i**u să găt**e**sc ca l**u**mea! ⑤

PRONUNŢIE

[***4*** ... *tsch**a**p*[a] ...]

ANMERKUNGEN

① Unterscheiden Sie das Adverb **bine** "gut" immer vom Adjektiv **bun** "gut": **El învaţă bine la şcoală.** "Er lernt gut in der Schule." **Vinul e bun.** "Der Wein ist gut." bzw. **Mâncarea este bună.** "Das Essen ist gut."

❹ Ich verstehe ihn nicht, er geht singend im Regen spazieren!

Nu-l ...., se plimbă cântând în ....!

❺ Sie ist immer elegant, gekleidet nach der Pariser Mode.

E .... elegantă, ... după .... de la Paris.

Soluţia exerciţiului 2: Cuvintele care lipsesc.

❶ obosit – bancă – odihnim ❷ sculat – zori – pleacă – devreme ❸ Soarele – tare – pun – umbră ❹ înţeleg – ploaie ❺ întotdeauna – îmbrăcată – moda.

Etapa a doua: Activaţi astăzi lecţia 30!

80. Lektion

In der Küche

1 – Wie gut das riecht! Da läuft mir das Wasser im Mund zusammen (mir lässt[es] Mund♀ Wasser)!

2 Was machst du zu essen (von Essen), alter Freund (Alter)?

3 – Es ist nichts besonderes (nicht groß Sache), aber ich lade dich ein, mit mir ein Omelett♀ mit Schafskäse♀ zu teilen.

4 mit Zwiebeln und Oliven♂;

5 ich gebe zu, dass ich nicht so kochen kann, wie es sein sollte (wie Welt-die)!

② **mâncare** (vom Verb **a mânca** "essen") bedeutet nicht nur "Essen, Nahrung", sondern auch "Gericht". Erinnern Sie sich noch an **poftă de mâncare** "Appetit"?

③ **bătrân** kann auch "Greis" bedeuten.

④ Der Singular von "Schaf" lautet **oaie**, der Plural **oi**.

⑤ **ca lumea** ist eine andere Ausdrucksweise für **cum trebuie** "richtig, wie es sein sollte".

6 Ca celibatar, pretenţiile mele culinare sunt modeste… ⑥

7 – Eu, de când am divorţat, am renunţat să mai gătesc,

8 prefer de o mie de ori să mănânc la restaurant… ⑦

9 – Mama mea, gospodină perfectă,

10 făcea o mâncare de să-ţi lingi degetele!

11 Dar totul s-a schimbat când m-am căsătorit:

12 fosta mea soţie n-a învăţat niciodată să facă de mâncare!

13 În plus, era extrem de mofturoasă:

14 pentru ea, zahărul şi mierea erau prea dulci, ⑧

15 sarea era prea sărată şi oţetul prea acru!

16 – E greşeala ta, ar fi trebuit să stabilişti de la început rolurile în bucătărie:

17 de exemplu, ea face de mâncare şi tu speli vasele.

18 – Aşa am făcut, chiar din prima zi,

19 dar pentru ea, era o sarcină imposibilă: ⑨

20 nu-ţi ascund că am surprins-o

21 când încerca să deschidă un ou cu cheia de conserve…

PRONUNŢIE

[***11*** *… ßkimbat …* ***21*** *… käija*]

6 Als Alleinstehender (ledig) sind meine kulinarischen Ansprüche♀ bescheiden …

7 – Seit ich geschieden bin, habe ich auf das Kochen verzichtet,

8 ich ziehe es tausendmal vor, im Restaurant zu essen …

9 – Meine Mutter, die perfekte Hausfrau,

10 bereitete ein Essen zu, nach denen du dir nur [so] die Finger lecken [konntest]!

11 Aber alles hat sich geändert, als ich geheiratet habe:

12 Meine Exfrau hat niemals gelernt, Essen zuzubereiten!

13 Außerdem war sie extrem wählerisch:

14 Für sie waren der Zucker∅ und der Honig♀ zu süß,

15 das Salz♀ war zu salzig, und der Essig∅ zu sauer!

16 – Das ist dein Fehler♀, ihr hättet von Anfang an die Rollen in der Küche festlegen sollen:

17 zum Beispiel, sie kocht und du spülst das Geschirr

18 – So haben wir es gemacht, genau vom ersten Tag an,

19 aber für sie war das eine unmögliche Aufgabe:

20 Ich verberge nicht vor dir, dass ich sie dabei überrascht habe,

21 wie sie versuchte, ein Ei mit einem Dosenöffner (Schlüssel von Konserve♀♀) zu öffnen …

⑥ **modest** "bescheiden, anspruchslos, genügsam".

⑦ **de o mie de ori** "tausendmal" ist eine adverbiale Wendung, die in der rumänischen Grammatik "Vervielfältigungszahl" genannt wird.

⑧ **dulce** "süß, lieblich" wird auch im übertragenen Sinne verwendet: **a face ochi dulci** "jmdm. schöne Augen machen".

⑨ Ursprünglich bezeichnete das aus dem Lateinischen stammende **sarcină** das Marschgepäck der Soldaten. Im Laufe der Zeit wandelte sich seine Bedeutung zu "Last, Belastung; Ladung" und weiter zu "Schwangerschaft" und "Aufgabe".

Exerciţiul 1: Înţelegeţi aceste propoziţii?

❶ Aş mânca un pic de ceapă, dacă nu te deranjează. ❷ Miroase a ars în toată casa, ai făcut pâine prăjită? ❸ Nu mi-e foarte foame, mă voi mulţumi cu o omletă cu şuncă. ❹ Are pretenţia că este un bun bucătar, dar în realitate nu ştie să gătească. ❺ Lucrează într-un magazin modest, cu haine de ocazie.

Exerciţiul 2: Completaţi locurile libere cu cuvintele care lipsesc!

❶ An deiner Stelle würde ich Olivenöl an den Salat geben.
În ______ tău, aş pune ulei de ______ în ______.

❷ Seine wahren Freunde lassen sich an den Fingern einer Hand abzählen.
______ săi ______ se numără pe ______ de la _ ___.

❸ Das ist ein wählerisches Kind, es mag nichts von dem, was man ihm zu essen gibt.
E un copil ______, nu-i place ______ din ce i se dă să ______.

Soluţia exerciţiului 1: Aţi înţeles?

❶ Ich würde ein bisschen [von der] Zwiebel essen, wenn es dich nicht stört. ❷ Es riecht im ganzen Haus angebrannt, hast du Brot getoastet (gemacht Brot gebraten)? ❸ Ich habe keinen großen Hunger, ich werde mich mit einem Omelett mit Schinken zufrieden geben. ❹ Er hat den Anspruch, ein guter Koch zu sein, aber in Wirklichkeit kann er nicht kochen. ❺ Sie arbeitet in einem unscheinbaren Laden, in dem es Gebrauchtkleidung gibt.

Sie merken bestimmt, dass Sie schon enorme Fortschritte gemacht haben! Machen Sie sich keine Sorgen, wenn noch nicht alles hundertprozentig klar ist. Beschäftigen Sie sich weiter täglich ein wenig mit Ihrer neuen Fremdsprache, und Ihnen wird auffallen, dass sich Ihre Kenntnisse durch die ständige Wiederholung stetig festigen werden.

❹ (Der) Honig ist viel süßer als (der) Zucker, aber er verändert den Geschmack des Kaffees.

..... este mult mai ..... decât ....., dar schimbă gustul ..... .

❺ (Der) Wein verdirbt an der Luft, er verwandelt sich schnell in Essig.

..... se ..... la aer, se ..... repede în ..... .

Soluţia exerciţiului 2: Cuvintele care lipsesc.

❶ locul – măsline – salată ❷ Prietenii – adevăraţi – degetele – o mână ❸ mofturos – nimic – mănânce ❹ Mierea – dulce – zahărul – cafelei ❺ Vinul – strică – transformă – oţet.

Etapa a doua: Activaţi astăzi lecţia 31!

81 Lecţia a optzeci şi una

Vacanţă în România

1 – Te-**a**i gândit la o destin**a**ţie de vac**a**nţă?
2 Ar trebu**i** să f**a**cem dej**a** rezerv**ă**rile neces**a**re!
3 N-aş vre**a** să m**e**rgem pre**a** dep**a**rte,
4 n-am chef să zbor z**e**ce **o**re cu avi**o**nul! ①
5 Să nu m**a**i f**a**cem greşe**a**la de **a**nul trec**u**t,
6 pierz**â**nd p**a**tru z**i**le dus şi înt**o**rs, până în Austr**a**lia!
7 – Ce-**a**i z**i**ce să răm**â**nem în Român**i**a?
8 Sunt l**u**cruri de descoper**i**t în to**a**te regi**u**nile! ②
9 Ar trebu**i** să ne f**i**e ruş**i**ne la amând**o**i, ③
10 nu ne cuno**a**ştem b**i**ne pr**o**pria no**a**stră ţ**a**ră!
11 – Ce z**i**ci de un sej**u**r pe litor**a**l?
12 De ac**o**lo, am pute**a** f**a**ce excu**r**sii p**e**ste tot în Dobr**o**gea!
13 – Nu îndrăzn**e**sc s**ă**-ţi prop**u**n o drumeţ**i**e în Carp**a**ţi, ④
14 dar am pute**a** f**a**ce un itiner**a**r cultur**a**l,

PRONUNŢIE

[**2** *... netschäßarä* **8** *... rädĵunilä* **12** *... dObrOdĵa* **13** *... îndr^{a}snäßk ...*]

ANMERKUNGEN

① Der Infinitiv des Verbs "fliegen" lautet **a zbura**. Bei den konjugierten Formen im Indikativ Präsens finden sich zahlreiche Vokalwechsel: **zbor**, **zbori**, **zboară**, **zburăm**, **zburaţi**, **zboară**.

81. Lektion

Ferien in Rumänien

1 – Hast du über ein Reiseziel♀ für die Ferien nachgedacht?

2 Wir sollten bereits die nötigen Reservierungen vornehmen!

3 Ich würde nicht zu weit fahren,

4 ich habe keine Lust, zehn Stunden mit dem Flugzeug zu fliegen!

5 Lass uns nicht noch einmal den Fehler vom letzten Jahr machen,

6 wo wir (verlierend) vier Tage [mit der] Hin- und Rückreise bis nach Australien verloren haben!

7 – Was würdest du sagen, wenn wir in Rumänien bleiben?

8 In allen Gegenden gibt es Dinge zu entdecken!

9 Wir sollten uns beide schämen,

10 wir kennen unser eigenes Land nicht gut!

11 – Was hältst du (sagst^{du}) von einem Aufenthalt∅ an der Küste∅?

12 Von dort aus könnten wir Ausflüge♀ überall in die Dobrudscha machen!

13 – Ich traue mich [gar] nicht, dir eine Wanderung in den Karpaten vorzuschlagen,

14 aber wir könnten eine Kulturreise (Route∅ kulturell) machen,

② **regiune** "Gegend, Gebiet, Landschaft, Region".

③ **amândoi** "beide" (Femininum **amândouă**) wird in der rumänischen Grammatik "Sammelzahl" genannt. Neben der bereits erwähnten "Vervielfältigungszahl" gibt es noch weitere Zahlenkategorien, auf die in der Wiederholungslektion eingegangen wird.

④ Sie erkennen in **drumeţie** "Wanderung" **drum** "Weg, Strecke".

15 un tur al mănăst**i**rilor din Mold**o**va, din Olt**e**nia, ⑤
16 s**a**u al bis**e**ricilor fortific**a**te din Transilv**a**nia,
17 deş**i** le-**a**m văz**u**t dej**a** de d**o**uă **o**ri… ⑥
18 – Am pute**a** al**e**ge Maramur**e**şul s**a**u D**e**lta D**u**nării …
19 – Nu m**a**i răm**â**ne dec**â**t să cumpăr**ă**m un ghid şi o h**a**rtă!
20 M**u**lte s**i**turi sunt pe l**i**sta patrim**o**niului mondi**a**l al omen**i**rii ⑦ ⑧
21 şi tur**i**ştii stră**i**ni vin câteod**a**tă de fo**a**rte dep**a**rte
22 ca să le v**a**dă de apro**a**pe…

PRONUNŢIE [*16* … *bißäritschilOr* … *19* … *gid* …]

Exerciţiul 1: Înţelegeţi aceste propoziţii?

❶ Dacă ai puţin timp liber, hai să facem împreună un itinerar de călătorie. ❷ O destinaţie posibilă ar fi Delta Dunării, cu condiţia să-ţi placă peştele. ❸ Sunt gata să fac tot ce e necesar ca să putem pleca la timp. ❹ Litoralul românesc al Mării Negre nu e prea lung, are cam 250 de kilometri. ❺ Am descoperit o regiune pe care n-o cunoşteam decât din cărţile de istorie.

15 eine Tour∅ zu den Klöstern♀ in der Moldau, in der Kleinen Walachei,

16 oder zu den Wehrkirchen (Kirche♀ befestigt) in Siebenbürgen,

17 obwohl wir sie schon zweimal besichtigt haben …

18 – Wir könnten Maramureş oder das Donaudelta (Delta♀ der-Donau♀) wählen …

19 – Wir müssen nur noch (wir noch bleibt[es] nur dass kaufen[wir]) einen Reiseführer und eine Karte kaufen!

20 Viele Stätten stehen auf der Liste des [UNESCO-] Welterbes (Liste des-Erbes Welt der Menschheit),

21 und die ausländischen Touristen kommen manchmal von weit her,

22 um sie aus der Nähe zu sehen …

⑤ **Oltenia**: Die "Kleine Walachei", die auf Deutsch auch "Oltenien" genannt wird, ist eine historische Landschaft und ein Teil der Großen Walachei.

⑥ **de două ori** "zweimal" gehört der Zahlenkategorie der sog. "Vervielfältigungszahlen" an.

⑦ **sit** "Stätte, Ort" wird vorwiegend im Tourismus oder in der Archäologie verwendet. Aus dem Englischen haben die Rumänen das Wort **site** [*ßait*] "Website, Internetpräsenz" übernommen. Der Begriff für "Sehenswürdigkeit" lautet **atracţii turistice** bzw. **site turistic**.

⑧ **omenire** bezeichnet die "Menschheit", während das Wort für "Menschlichkeit" **omenie**♀ lautet.

Soluţia exerciţiului 1: Aţi înţeles?

❶ Wenn du ein bisschen freie Zeit hast, lass uns zusammen eine Reiseroute ausarbeiten. ❷ Ein mögliches Reiseziel wäre das Donaudelta, unter der Bedingung, dass du Fisch magst. ❸ Ich bin bereit, alles zu tun, was notwendig ist, um rechtzeitig aufbrechen zu können. ❹ Die rumänische Küste des Schwarzen Meeres ist nicht sehr (zu) lang, sie misst (hat[es]) etwa 250 km. ❺ Ich habe eine Region entdeckt, die ich nur aus Geschichtsbüchern kannte.

Exerciţiul 2: Completaţi locurile libere cu cuvintele care lipsesc!

❶ Der Flug von Paris nach Bukarest dauert zwei Stunden und vierzig Minuten.

...... de la Paris la Bucureşti ...... două ore şi ...... de ....

❷ Jeder muss seine eigene Verantwortung in dieser Katastrophe anerkennen.

...... trebuie să-şi recunoască ...... responsabilitate în această ....

❸ Ich kenne sie seit zwei Jahren, aber ich traue mich nicht ihr zu sagen, dass ich sie liebe.

... cunosc de doi ani, ... nu ...... să-i spun că o ....

❹ Der unerfüllbare (unmögliche) Traum des Touristen ist es, die Kulturstätten alleine zu besichtigen.

...... imposibil al ...... este să viziteze ...... siturile ....

❺ Ich habe auf dem Klavier den Wanderführer vergessen, den ich gekauft hatte.

Am ...... pe pian ...... de ...... pe care îl cumpărasem.

82 Lecţia a optzeci şi doua

Unde se poate vedea un film bun?

1 – M-aş d**u**ce să văd un film bun, la cinematogr**a**f!

2 Nu m**a**i sup**o**rt televiz**o**rul, n**u**-i nimi**c** de văz**u**t!

3 Pe cuv**â**ntul m**e**u, ne i**a**u drept tâmp**i**ţi! ① ②

ANMERKUNGEN

① **drept** kann Substantiv, Adjektiv, Adverb oder Präposition sein. Im letzteren Fall bedeutet es "für": **Drept cine mă iei?** "Für wen hältst du mich?"

Soluţia exerciţiului 2: Cuvintele care lipsesc.

❶ Zborul – durează – patruzeci – minute ❷ Fiecare – propria – catastrofă ❸ O – dar – îndrăznesc – iubesc ❹ Visul – turistului – singur – culturale ❺ uitat – ghidul – drumeţie.

UNESCO-Welterbe

Die Liste des rumänischen UNESCO-Welterbes umfasst 31 einzigartige Stätten, die sowohl Kulturgüter als auch Weltnaturerbe sind, darunter u. a. das Donaudelta, sieben Kirchen mit Außenfresken im Norden der Moldau, das Kloster **Hurezu**, sieben Kirchenburgen in den sächsischen Dörfern Siebenbürgens, das mittelalterliche historische Zentrum **Sighişoaras**, die acht Holzkirchen von **Maramureş** und sechs dakische Festungen in den Bergen von **Orăştie**. Touristen können als lohnendes Ziel natürlich auch die Karpaten für Touren, Wanderungen und zum Skifahren auswählen oder eine Kur in einem der zahlreichen Kurorte machen bzw. sich an der Schwarzmeerküste entspannen.

Etapa a doua: Activaţi astăzi lecţia 32!

82. Lektion

Wo kann man einen guten Film sehen?

1 – Ich würde [gerne] einen guten Film ansehen gehen, im Kino!

2 Ich ertrage das Fernsehen nicht mehr, es gibt nichts, was man sich ansehen kann!

3 Ich sage dir, die halten (nehmen[sie]) uns für bescheuert!

② Sie kennen bereits ein Synonym von **tâmpit** "bescheuert, blöd, dämlich" und das ist **prost** "blöd, doof, dumm, dämlich; Dummkopf, Narr, Trottel" (L. 41). Weitere Synonyme sind **idiot**, **cretin** und **stupid**.

4 – Sunt de ac**o**rd, **a**i drept**a**te să te indign**e**zi,
5 av**e**m z**e**ci de can**a**le pe c**a**blu, dar la ce bun? ③
6 N-**a**i nim**i**c de al**e**s, dec**â**t tot f**e**lul de prost**i**i!
7 – Aş vr**e**a să văd un film ca l**u**mea,
8 cu person**a**je real**i**ste şi cu o **i**ntrigă cred**i**bilă,
9 dar din păc**a**te f**i**lmele nu m**a**i sunt ca altăd**a**tă!
10 F**i**lmul nu m**a**i e o **o**peră de **a**rtă,
11 e o m**a**rfă c**a**re se v**i**nde!
12 **U**ltima d**a**tă am văz**u**t o porcăr**i**e f**ă**ră cap şi f**ă**ră co**a**dă! ④
13 – **E**şti gr**e**u de mulţum**i**t, pre**a** ca**u**ţi nod în p**a**pură…
14 – Cr**e**de-mă, scen**a**riul er**a** deb**i**l, reg**i**a lăs**a** de dor**i**t,
15 act**o**rii ar m**a**i ave**a** de învăţ**a**t meser**i**e ⑤ ⑥
16 şi scenogr**a**ful ar fi put**u**t f**a**ce un ef**o**rt…
17 **A**ltfel, reţ**e**ta obişnu**i**tă, cu succ**e**s garant**a**t:
18 o tre**i**me de exot**i**sm, o tre**i**me de sex, o tre**i**me de viol**e**nţă; ⑦
19 la sfârş**i**t, regret**a**m că nu m**a**i am d**o**işpe **a**ni! ⑧
20 – Ce vr**e**i să sp**u**i cu **a**sta? De ce?
21 – D**a**că aş fi av**u**t nor**o**cul să am d**o**işpe **a**ni, nu m-ar fi lăs**a**t să **i**ntru în s**a**lă…

PRONUNŢIE

[***4*** … *indignäs'* ***16*** … *ßtschänogr**a**ful* … ***17*** … *ßuktsch**ä**ß* … ***19*** … *dOischpä* …]

③ Die Hauptbedeutung von **canal** ist "Kanal" im Sinne einer Wasserstraße, aber wie im Deutschen meint es auch den "Kanal" als Frequenzbereich eines Senders.

④ **o porcărie de film** ist ein wesentlich stärkerer Ausdruck als **film prost**, das einfach einen "Schundfilm", einen "schlechten Film" bezeichnet.

4 – Ich stimme dir zu, du hast Recht, wenn du dich empörst,

5 wir haben mehrere Dutzend (Zehner (Pl.)) Kanäle[Ø] über das Kabel[Ø], aber wozu ist das gut?

6 Du hast keine Wahl, nur allerlei Unsinn[♀]!

7 – Ich würde gerne einen ordentlichen Film ansehen,

8 mit realistischen Figuren[Ø] und mit einer glaubhaften Intrige,

9 aber leider sind die Filme nicht mehr wie früher (ehemals)!

10 Der Film ist kein Kunstwerk mehr,

11 er ist eine Ware, die man verkauft (sich verkauft[sie])!

12 Das letzte Mal habe ich einen Mist (Sauerei[♀]) gesehen, ohne Kopf und ohne Schwanz!

13 – Du bist schwer zufrieden zu stellen, du suchst zu sehr das Haar in der Suppe (Knoten[Ø] in Rohr[♀]) …

14 – Glaub mir, das Drehbuch war schwach, die Regie ließ zu wünschen übrig,

15 die Schauspieler hätten ihr Handwerk[♀] noch besser erlernen sollen,

16 und der Bühnenbildner hätte sich [mehr] Mühe[Ø] geben können …

17 Ansonsten [war es] das übliche Rezept[♀] mit Erfolgsgarantie[Ø]:

18 ein Drittel Exotik, ein Drittel Sex[Ø], ein Drittel Gewalt;

19 am Ende habe ich es bedauert (bedauerte[ich]), nicht mehr zwölf Jahre alt zu sein!

20 – Was willst du damit sagen? Warum?

21 – Wenn ich das Glück gehabt hätte, zwölf Jahre alt zu sein, hätten sie mich nicht in den Kinosaal[♀] gelassen!

⑤ Die weibliche Form von **actor** lautet **actriţă** "Schauspielerin".

⑥ **meserie** "Beruf, Beschäftigung, Handwerk, Gewerbe".

⑦ Hier lernen Sie eine weitere Zahlenkategorie kennen, die Bruchzahl: **o treime** "ein Drittel".

⑧ Erinnern Sie sich an die Erläuterungen zu den umgangssprachlichen Varianten der Zahlen aus Lektion 35? Dann wissen Sie, dass **doişpe** (Femininum **douăşpe**) die in der Alltagssprache sehr verbreitete Form von **doisprezece** (bzw. **douăsprezece**) "12" ist. Vergessen Sie nicht, dass das Rumänische hier einen Unterschied zwischen Maskulinum und Femininum macht!

Exerciţiul 1: Înţelegeţi aceste propoziţii?

❶ E uşor să te indignezi în faţa realităţii, e mai greu să propui soluţii realiste. ❷ Ascultă ce-ţi spun eu, ideile sale economice nu sunt credibile. ❸ Altădată credeam că am întotdeauna dreptate, acum nu mai sunt atât de sigur. ❹ A câştigat foarte mulţi bani cumpărând ieftin şi vânzând scump. ❺ N-am ştiut niciodată să fac un nod de cravată ca lumea.

Exerciţiul 2: Completaţi locurile libere cu cuvintele care lipsesc!

❶ Das Drehbuch wurde (ist^{es}) unterzeichnet von einem großen Namen des italienischen Films.
... este ... de un mare ... al ... italian.

❷ Ich denke, die Regie der Aufführung ist weit davon entfernt, gelungen zu sein.
... că ... spectacolului e departe de a fi ... .

❸ Glaub mir, ich kenne persönlich alle Schauspieler, die in diesem Stück mitspielen.
Crede-mă, îi cunosc personal ... toţi ... care ... în ... asta.

❹ Er hat den Beruf bei (mit) jemand älterem erlernt, der an seiner Seite geblieben ist.
A învăţat ... cu ... mai ... ... care a ... lângă el.

❺ Er hat fünf Tage pro Woche gearbeitet, um ohne Mühe Rumänisch zu lernen.
Ei ... cinci zile pe ... ca să ... româneşte fără ... .

Soluţia exerciţiului 1: Aţi înţeles?

❶ Es ist leicht, sich vor der Realität zu empören, es ist schwieriger, realistische Lösungen vorzuschlagen. ❷ Hör zu, was ich dir sage, seine wirtschaftlichen Ideen sind nicht glaubwürdig. ❸ Früher dachte ich, dass ich immer Recht habe, jetzt bin ich mir dessen nicht mehr so sicher. ❹ Er hat sehr viel Geld verdient, indem er preiswert gekauft und teuer verkauft hat. ❺ Ich habe nie gewusst, wie ich einen richtigen Krawattenknoten mache.

Soluţia exerciţiului 2: Cuvintele care lipsesc.

❶ Scenariul – semnat – nume – filmului ❷ Cred – regia – reuşită ❸ pe – actorii – joacă – piesa ❹ meseria – cineva – în vârstă – rămas ❺ muncesc – săptămână – înveţe – efort.

Etapa a doua: Activaţi astăzi lecţia 33!

83 Lecţia a optzeci şi treia

Aşteaptă să-ţi explic!

1 – La **o**ra **a**sta te înt**o**rci ac**a**să? **U**nde **a**i fost până ac**u**m?

2 **A**i fi put**u**t să telefon**e**zi, am fost fo**a**rte îngrijor**a**tă!

3 – Şt**i**i, dr**a**ga me**a**, pov**e**stea e l**u**ngă şi complic**a**tă... ①

4 D**u**pă **o**rele de bir**o**u, am av**u**t o reuni**u**ne cu un cli**e**nt

5 şi ap**o**i am fost oblig**a**t să merg la un bar de no**a**pte

6 cu t**o**ţi col**e**gii şi cu ş**e**ful cel m**a**re... ②

7 – Cui **î**i sp**u**i **a**sta? B**a**sme de adorm**i**t copi**i**i! ③

8 C**i**ne te m**a**i cr**e**de? M**i**nţi de înghe**a**ţă **a**pele!

9 – Când **î**ţi spun adev**ă**rul, nu mă **ie**i în seri**o**s!

10 – **Î**ţi b**a**ţi joc de m**i**ne? Cr**e**zi că nu înţel**e**g? ④

11 **I**ntri pe fur**i**ş în c**a**să, ⑤

12 în z**o**ri şi mir**o**şi de dep**a**rte a băut**u**ră şi a parf**u**m! ⑥ ⑦

13 Şi ce e cu f**i**rul **ă**sta de păr blond pe h**a**ina ta? ⑧ ⑨

PRONUNŢIE [*8* ... *îngeaz*[a] ...]

ANMERKUNGEN

① Das Verb zum Nomen **poveste** "Geschichte, Märchen" lautet **a povesti** "erzählen".

② **şeful cel mare** ist eine andere Variante für **marele şef** "großer Chef". **Cel** wird Adjektiv- bzw. Demonstrativartikel genannt.

③ Ebenso wie **poveste** kann **basm** ein "Märchen" sein, allerdings mit noch weniger Wahrheitsgehalt.

83. Lektion

Warte, dass ich es dir erkläre!

1 – Um diese Uhrzeit kommst du nach Hause? Wo bist du so lange gewesen (bis jetzt)?

2 Du hättest anrufen können, ich war sehr besorgt!

3 – Weißt du, mein Schatz, die Geschichte (Märchen♀) ist lang und kompliziert …

4 Nach den Bürostunden (Stunde♀♀ von Büro) hatte ich ein Meeting mit einem Kunden,

5 und danach war ich gezwungen, in einen Nachtclub (Bar⌀ von Nacht) zu gehen,

6 mit allen Kollegen und dem Chef (groß) …

7 – Wem erzählst du das? [Das ist ein] Märchen für Kinder zum Einschlafen!

8 Wer glaubt dir noch? Du lügst [so sehr], dass das Wasser gefriert!

9 – Wenn ich dir die Wahrheit sage, nimmst du mich nicht ernst!

10 – Willst du mich veralbern (dir schlägst[du] Spiel von mich)? Denkst du, dass ich nicht verstehe?

11 Du schleichst dich (auf) heimlich ins Haus,

12 in der Morgendämmerung, und du riechst von weitem nach Getränken♀ und nach Parfum!

13 Und was ist mit diesem blonden Haar auf deiner Kleidung?

④ Der Infinitiv dieses Ausdrucks lautet **a-şi bate joc** "jmdn. veralbern, auf den Arm nehmen".

⑤ In dieser adverbialen Wendung ist **furiş** ein Adjektiv mit der Bedeutung "heimlich, verstohlen".

⑥ Das Ihnen bekannte **zori** ist im Rumänischen ein Maskulinum Plural: **zorii zilei** "Morgendämmerung, Tagesanbruch, Sonnenaufgang".

⑦ Merken Sie sich zu **de departe** "von Weitem" auch **distanţă** "Entfernung, Abstand".

⑧ **fir de păr** (**fir** "Faden, Draht, Halm") kennen Sie bereits aus Lektion 59: "Haar".

⑨ **haină** "Kleidungsstück"; das Pluralnomen **haine** bedeutet "Kleidung". Ein Kleidungsstück ist z. B. **jachetă/sacou** "Jacke".

14 Şi de **u**nde v**i**ne r**u**jul de pe gât? ⑩

15 Să n**u**-mi sp**u**i că te-a muşc**a**t un ţânţ**a**r! ⑪

16 – Nu e del**o**c ce cr**e**zi, te înş**e**li!

17 A trebu**i**t să dans**e**z cu ş**e**fa de la res**u**rse um**a**ne şi…

18 – Ah nu, n**u**-ţi m**a**i pot suport**a** minci**u**nile!

19 Şti**u** **e**u pre**a** b**i**ne cu c**i**ne am de-**a** f**a**ce!

20 Am fost o**a**rbă şi s**u**rdă când m-am căsător**i**t cu t**i**ne!

21 – **Î**mi f**a**ce plăc**e**re să a**u**d **a**sta, iub**i**to,

22 am reuş**i**t d**e**ci să te v**i**ndec de d**o**uă b**o**li gr**a**ve… ⑫

PRONUNŢIE

[*15 … zînzar* *18 … mintsch**u**nilă*]

Exerciţiul 1: Înţelegeţi aceste propoziţii?

❶ Părinţii ei sunt foarte îngrijoraţi, nu mai au veşti de la ea de când a plecat. ❷ Îţi propun să ne întâlnim la miezul nopţii, la barul hotelului tău. ❸ Nu poţi să ai încredere în el, ştii prea bine că minte cum respiră. ❹ Iarna trecută a fost extrem de frig, îngheţase şi apa sărată a mării. ❺ El spune că dacă munca e sănătate, cei care ar trebui să muncească ar fi bolnavii.

14 Und woher kommt das Rouge an deinem Halsø?

15 Du sollst mir nicht sagen, dass dich eine Mücke♂ gestochen (gebissen) hat!

16 – Es ist überhaupt nicht, was du denkst, du irrst dich!

17 Ich musste mit der Chefin des Personalwesens (Chefin von in Ressource♀ menschlich) tanzen und …

18 – Ah nein, ich kann deine Lügen nicht mehr ertragen!

19 Ich weiß zu gut, mit wem ich es zu tun habe!

20 Ich war blind und taub, als ich dich geheiratet habe!

21 – Es freut mich, das zu hören, Liebling,

22 also ist es mir gelungen, dich von zwei schweren Krankheiten zu heilen …

⑩ Merken Sie sich zu **ruj** "Rouge" auch **ruj de buze** "Lippenstift".

⑪ Das Verb **a muşca** "beißen" kann auch im Sinne von "stechen" verwendet werden.

⑫ **boală** "Krankheit, Erkrankung, Leiden, Übel". **Boli** ist der Plural mit unbestimmtem Artikel.

Soluţia exerciţiului 1: Aţi înţeles?

❶ Ihre Eltern sind sehr besorgt, sie haben keine Nachricht mehr von ihr [erhalten], seit sie fortgegangen ist. ❷ Ich schlage dir vor, dass wir uns um Mitternacht treffen, an der Bar deines Hotels. ❸ Du kannst kein Vertrauen in ihn haben, du weißt zu gut, dass er lügt wie gedruckt (lügt[er] wie atmet[er]). ❹ Letzten Winter war es extrem kalt, es gefror sogar (und) das Salzwasser des Meeres. ❺ Er sagt, dass, wenn die Arbeit Gesundheit bedeutet, diejenigen, die arbeiten sollten, die Kranken wären.

Exerciţiul 2: Completaţi locurile libere cu cuvintele care lipsesc!

❶ Ohne noch mehr Zeit zu verlieren, lasst uns (treten^{wir}-ein) zum Kern der Sache kommen.

... să mai ... timp, să ... în ... problemei.

❷ Der Weg ist lang, wir müssen morgen früh bei Tagesanbruch aufbrechen.

... e ..., trebuie să plecăm ... dimineaţă ... .

❸ Sie hat mir geraten, weniger Parfum zu benutzen, weil es zu stark riecht.

Ea m-a ... să pun mai puţin ..., pentru că ... prea ... .

❹ Da er (nehmend) dieses Medikament nimmt, ist es ihm gelungen, von seiner Krankheit geheilt zu werden (sich heilt^{er} von Krankheit seine).

... acest ..., el a reuşit să ... ... de ... sa.

84 Lecţia a optzeci şi patra

Recapitulare

1. Adjektiv- oder Demonstrativartikel

Im Allgemeinen kann ein Adjektiv mit einem unbestimmten Artikel (**un mare şef** "ein großer Chef") oder einem bestimmten Artikel (**marele şef** "der große Chef") verwendet werden. Darüber hinaus verfügt das Rumänische noch über einen sog. Adjektiv- bzw. Demonstrativartikel: **şeful cel mare**, was eine andere Ausdrucksweise für "der große Chef" ist; im Deutschen haben wir hierfür keine Entsprechung. Bei dieser letzten Verwendungsweise hebt der Artikel die durch das Adjektiv ausgedrückte Eigenschaft hervor: **şeful cel mare** "der große Chef" im Vergleich mit anderen vergleichbaren Führungspersonen. Dies kann ebenso auf Eigennamen angewandt werden: **Petru cel Mare** "Peter der Große" im Unterschied zu anderen Personen mit dem Namen "Peter".

❺ Wenn ich mich nicht irre, glaube ich, dass sein Hund nicht beißt.

_____ nu mă _____, cred că _____ lui nu _____.

Soluţia exerciţiului 2: Cuvintele care lipsesc.

❶ Fără – pierdem – intrăm – miezul ❷ Drumul – lung – mâine – în zori ❸ sfătuit – parfum – miroase – tare ❹ Luând – medicament – se vindece – boala ❺ Dacă – înşel – câinele – muşcă.

> ***Lerntipp:*** *Sie können den Lernerfolg noch steigern, indem Sie mit der Sprache und den Texten spielen. Lesen Sie laut, als würden Sie die Texte auf der Bühne vortragen, bilden Sie eigene Sätze, und hören Sie immer wieder die Tonaufnahmen an. Wenn Ihnen etwas unklar ist, versuchen Sie, es anhand des grammatischen Anhangs zu klären.*

Etapa a doua: Activaţi astăzi lecţia 34!

84. Lektion

Wird das Adjektiv ohne das dazugehörige Substantiv verwendet (dieses ist dann impliziert), ist der Demonstrativartikel obligatorisch:

Am doi copii, cel mare e medic, cel mic merge încă la şcoală.
"Ich habe zwei Kinder, der ältere (groß) ist Arzt, der jüngere (klein) geht noch in die Schule."

1.1 Adjektiv- oder Demonstrativartikel – Formen

Formal könnte man sagen, dass der Adjektiv- bzw. Demonstrativartikel nichts anderes ist als der Radikal **ce-**, dem der bestimmte Artikel angehängt wird. Sie wissen, dass im Rumänischen kein eigenständiger bestimmter Artikel existiert; er wird immer an das Nomen angehängt.

Die Nominativformen in der folgenden Tabelle (die auch die Formen für den Genitiv und den Dativ enthält), werden Ihnen bekannt vorkommen, denn es sind die, die Sie bereits von der Bildung des Superlativs (vgl. Lektion 42) kennen:

	Maskulinum		Femininum	
	Nominativ	Genitiv/Dativ	Nominativ	Genitiv/Dativ
Singular	cel	celui	cea	celei
Plural	cei	celor	cele	celor

Zum besseren Verständnis hier ein Beispiel mit dem Genitiv:

Nimeni nu cunoaşte numărul celor plecaţi în străinătate. "Niemand kennt die Zahl derer, die ins Ausland gegangen sind."

... und eines mit dem Dativ:

El le face cadouri celor mici. "Er (ihnen) macht den Kleinen Geschenke."

Um den Dativ zu vermeiden, kann man **celor** durch **la cei** austauschen: **El le face cadouri la cei mici.**

1.2 Adjektiv- oder Demonstrativartikel – Funktionen

• Adjektivartikel mit demonstrativer Funktion

Es gibt keine großen Bedeutungsunterschiede zwischen einem Adjektivartikel und einem Demonstrativpronomen. Tatsächlich hat der Adjektivartikel in bestimmten Situationen die Funktion eines Demonstrativpronomens, wenn ihm z. B. das Relativpronomen **care** "der, die, das" folgt:

Cel care vine e şeful. "Derjenige, der da kommt, ist der Chef."

O să-l întâlneşti imediat pe cel pe care nu-l cunoşti. "Du wirst sofort denjenigen kennenlernen, den du nicht kennst."

• Adjektivartikel vor einem Zahlwort

Der Adjektivartikel wird ebenfalls vor einem Zahlwort verwendet:

cei trei muşchetari "die drei Musketiere";

cele patru anotimpuri "die vier Jahreszeiten".

2. Plusquamperfekt (Vorvergangenheit)

2.1 Verwendung

Die Zeitform Plusquamperfekt beschreibt eine Handlung, die in der Vergangenheit vor einer anderen, ebenfalls in der Vergangenheit abgelaufenen Handlung passiert ist. Insgesamt wird das Plusquamperfekt im Rumänischen eher selten benutzt.

2.2 Aufbau

Die Personalendungen des Plusquamperfekts, das keine zusammengesetzte Form (mit **a avea**) ist, lauten -**sem**, -**seşi**, -**se**, -**serăm**, -**serăţi**, -**seră**. Sie werden an die Infinitivform des entsprechenden Verbs angehängt.

• Für die Verben auf -a, -i und -î

a prefera* "vorziehen"	**a fugi** "rennen, laufen"	**a coborî** "aussteigen"
preferasem	**fugisem**	**coborâsem**
preferaseşi	**fugiseşi**	**coborâseşi**
preferase	**fugise**	**coborâse**
preferaserăm	**fugiserăm**	**coborâserăm**
preferaserăţi	**fugiserăţi**	**coborâserăţi**
preferaseră	**fugiseră**	**coborâseră**
*Die unterstrichenen Vokale kennzeichnen die Wortbetonung.		

... "ich hatte vorgezogen", "du hattest vorgezogen" usw.; "ich war gelaufen", "du warst gelaufen" usw.; "ich war ausgestiegen", "du warst ausgestiegen" usw.

• Verben auf -ea

Bei den Verben auf -**ea** werden die oben genannten Personalendungen an die Partizip-Perfekt-Form angehängt, von der man zuvor den Endkonsonanten wegstreicht:

a vedea "sehen" ▶ Partizip Perfekt **văzu-t** ▶ **văzusem** "ich hatte gesehen"; **văzuseşi** "du hattest gesehen" usw.

• Verben auf -e

Bei diesen Verben wird den genannten Personalendungen die Silbe **se**- vorangestellt: -**sesem**, -**seseşi**, -**sese**, -**seserăm**, -**seserăţi**, -**seseră**. Diese Endungen werden an die Partizip-Perfekt-Form (ohne Endkonsonant) des Verbs angehängt:

mersesem, **merseseşi**, **mersese** usw. "ich war gegangen", "du warst gegangen", "er/sie war gegangen" usw.

Beachten Sie: Die wenigen Verben auf -**e**, deren Partizip Perfekt auf -**ut** endet, werden wie die Verben auf -**ea** konjugiert. Hierzu gehören z. B. **a trece** "vergehen, vorbeigehen" (Partizip Perfekt **trecut** "vergangen, vorbeigegangen"):

trecusem, **trecuseşi**, **trecuse** usw. "ich war vorbeigegangen", "du warst vorbeigegangen", "er/sie war vorbeigegangen" usw.

• Verben a fi, a da, a sta und a şti

Die Verben **a fi** "sein", **a da** "geben", **a sta** "sitzen, liegen, stehen; wohnen" und **a şti** "wissen" sind im Plusquamperfekt unregelmäßig:

fusesem, **fuseseşi**, **fusese** usw. "ich war gewesen", "du warst gewesen", "er/sie war gewesen" usw.

dădusem, **dăduseşi**, **dăduse** usw. "ich hatte gegeben", "du hattest gegeben", "er/sie hatte gegeben" usw.

stătusem, **stătuseşi**, **stătuse** usw. "ich hatte gewohnt", "du hattest gewohnt", "er/sie hatte gewohnt" usw.

ştiusem, **ştiuseşi**, **ştiuse** usw. "ich hatte gewusst", "du hattest gewusst", "er/sie hatte gewusst" usw.

3. Zahlenkategorien

Neben Kardinal- und Ordinalzahlen kennt das Rumänische noch weitere Zahlenkategorien.

3.1 Sammelzahlen

Für Zweiergruppen existiert eine Sonderform, bei der ein Unterschied zwischen Maskulinum und Femininum gemacht wird:

Amândoi oder **ambii** "beide♂"; **amândouă** oder **ambele** "beide♀". Ab **trei** "3" heißt es dann **toţi**♂/**toate**♀ **trei** "alle drei"; **toţi**♂/**toate**♀ **patru** "alle vier" usw.

3.2 Bruchzahlen

Sie werden auf der Grundlage der Kardinalzahl + Suffix **-ime** gebildet und stellen ein weibliches Nomen dar: **o doime** (oder **o jumătate**) "ein halb" (oder "eine Hälfte"); **o treime** "ein Drittel"; **o pătrime** (in der Umgangssprache verdrängt durch **un sfert**) "ein Viertel"; **o cincime** "ein Fünftel"; **o zecime** "ein Zehntel"; **o sutime** "ein Hundertstel"; **o miime** "ein Tausendstel" …

3.3 Verteilungszahlen

Sie bestehen aus der Kardinalzahl, der **câte** "je" vorangeht; die Kardinalzahl kann wiederholt werden: (**doi**) **câte doi** "je zwei"; (**trei**) **câte trei** "je drei" …

3.4 Vervielfältigungszahlen

Bis **douăzeci** "20" handelt es sich bei diesen Zahlen in der Realität um adverbiale Bestimmungen. Ihr Aufbau ist **de** + Kardinalzahl + **ori**: **de două ori** "zweimal"; **de trei ori** "dreimal" …

Ori ist der Plural von **oară** "Mal": **prima oară** "das erste Mal". In diesem Kontext taucht das Wort allerdings niemals im Singular auf: "einmal" heißt also **o dată**.

Ab **douăzeci** "20" wird nach der Kardinalzahl **de** hinzugefügt: **de douăzeci de ori** "zwanzigmal"; **de o mie de ori** "tausendmal"; **de un milion de ori** "eine Million mal".

In einigen Grammatiken werden Adjektive, die aus dem Präfix **în**- + Kardinalzahl + Suffix -**it** bestehen, ebenfalls als Vervielfältigungszahlen angesehen: **îndoit** "doppelt"; **întreit** "dreifach"; **înzecit** "zehnfach"... Die ersten beiden Begriffe werden in der Umgangssprache meist durch **dublu** bzw. **triplu** ersetzt.

4. Gerundium (gerunziu)

4.1 Bildung

Das **gerunziu** ist eine nicht konjugierbare, zeit- und personenneutrale Form, die im Nebensatz steht. Normalerweise haben der Nebensatz mit **gerunziu** und der Hauptsatz dasselbe Subjekt. Das **gerunziu** verkürzt Nebensätze, vor allem Adverbialsätze, die im Deutschen mit Konjunktionen eingeleitet werden. Es hat eine adverbiale Funktion und dient zur Bildung von verbalen Umschreibungen. Es wird auf der Basis des verkürzten Infinitivs (= ohne Vorsilbe **a**) gebildet, von dem man den Endvokal (oder bei den Verben der 2. Gruppe die Endvokale **ea**) wegstreicht. Dann folgen diese Endungen:

Bei den Verben auf -**i**, -**ia**, -**chea**, -**ghea**: ► -**ind**:

fugind "laufend"; **copiind** "kopierend, nachahmend"; **îngenunchind** "kniend"; **veghind** "wachend".

Für alle anderen Verben lautet das Suffix für das Gerundium -**ând**: **preferând** "vorziehend, bevorzugend"; **văzând** "sehend"; **mergând** "gehend".

Besonderheiten:

- Bei den Verben, bei denen der Stamm auf -**d** endet, ergeben sich beim Anfügen der Gerundiumsendung bestimmte phonetische Veränderungen. -**d** verwandelt sich in -**z**: **a crede** "glauben" ► **crezând** "glaubend"; **a râde** "lachen" ► **râzând** "lachend"; **a vedea** "sehen" ► **văzând** "sehend".
- Einige Verben sind unregelmäßig: **a fi** "sein" ► **fiind** "seiend"; **a şti** "wissen" ► **ştiind** "wissend"; **a scrie** "schreiben" ► **scriind** "schreibend".

4.2 Gerundium – Negative Form

Bei der Verneinung wird die Partikel **ne**- der Gerundiumsform vorangestellt:

Ne fiind prost, a înţeles imediat. "Da er nicht dumm ist (nicht seiend dumm), hat er sofort verstanden."

Gelegentlich wird **mai** "mehr" zwischen **ne**- und der Gerundiumsform eingefügt:

Ne mai putând să rămân, plec! "Da ich nicht mehr bleiben kann (nicht mehr könnend dass bleibe[ich]), gehe ich!"

Diese Konstruktionen sollten allerdings möglichst vermieden werden, da sie etwas schwerfällig wirken und man denselben Sachverhalt auch viel einfacher ausdrücken kann:

Pentru că nu mai pot să rămân, plec! "Weil ich nicht mehr bleiben kann, gehe ich!"

Wie Sie sehen, wird der Satzteil, der das **gerunziu** beinhaltet, im Deutschen meist mit den Konjunktionen "weil, da, wenn, als" eingeleitet.

4.3 Gerundium und Pronomen

Unbetonte Pronomen, Akkusativobjekte und Dativobjekte werden hinter das Gerundium gestellt und durch einen Bindestrich mit diesem verbunden:

Întâlnind-o, am salutat-o. "Als ich sie traf (treffend-sie), habe ich sie begrüßt."

Im Interesse einer leichteren Aussprache kann der Bindevokal -**u**- ergänzt werden: **întâlnindu-l** "als ich ihn traf" ("treffend-ihn"); **văzându-i** "als ich sie sah" ("sehend-sie"); **dându-le** "als ich [es] ihnen gab" ("gebend-ihnen").

Kommen im Satz sowohl ein Akkusativ- als auch ein Dativobjekt vor, so steht das Dativobjekt vor dem Akkusativobjekt:

Aducându-mi-l la timp, îmi faceţi un mare serviciu. "Wenn Sie es mir (bringend-mir-es) rechtzeitig bringen, tun Sie mir einen großen Gefallen."

Zunächst mag Ihnen das Gerundium ein wenig kompliziert erscheinen, aber seien Sie beruhigt: **Folosindu-l, o să învăţaţi să-l apreciaţi!** "Durch seine Verwendung werden Sie lernen, es zu schätzen." Oder, wie man auch sagt: **Pofta vine mâncând.** "Der Appetit kommt beim Essen."

Vergessen ist menschlich. So können Sie ohne Weiteres ein Wort oder eine Konstruktion bis zu sechsmal vergessen; das gehört zum normalen Lernprozess dazu. Dies sollte Sie jedoch nicht dazu verleiten, die Grammatik auswendig zu lernen. Blättern Sie einfach ab und zu zurück, und lesen Sie die Erklärungen zur Vertiefung mehrmals durch. Alles andere kommt ganz von alleine.

5. Verständnis-/Formulierungsübung

Exerciţiul: Înţelegeţi aceste propoziţii?

❶ Ascultă, am o idee pentru vara asta! ❷ Hai să facem un tur la mănăstirile din centrul Moldovei. ❸ Le-am văzut când eram elevă, ❹ într-o excursie cu şcoala, ❺ dar ai dreptate, ar fi interesant, ❻ am avut timp să uit tot... ❼ Nu e nevoie de rezervări la hotel, ❽ o să ne descurcăm pe loc; ❾ dacă nu mă înşel, multe mănăstiri închiriază camere ❿ şi în orice caz putem dormi peste tot ⓫ la particulari, sunt obişnuiţi să primească turişti. ⓬ N-am nimic împotrivă, ⓭ e o adevărată fericire ⓮ să te odihneşti în plină natură! ⓯ Să fie clar, ţin să te previn ⓰ că aş vrea să facem un pic de drumeţie, ⓱ să mergem pe jos de la o mănăstire la alta! ⓲ Nu cere prea mare efort, ⓳ o să fie mai degrabă o plimbare ⓴ şi îţi promit peisaje remarcabile! ㉑ Nu trebuie să insişti ca să mă convingi ㉒ şi pentru mine, drumeţia e o adevărată fericire!

Soluţia exerciţiului: Aţi înţeles?

❶ Hör zu, ich habe eine Idee für diesen Sommer! ❷ Lass uns eine Tour zu den Klöstern in der Zentral-Moldau machen. ❸ Ich habe sie besichtigt, als ich Schüler war, ❹ bei einem Ausflug mit der Schule, ❺ aber du hast Recht, das wäre interessant, ❻ ich habe die Zeit gehabt, das alles zu vergessen ... ❼ Es ist nicht nötig, im Hotel zu reservieren, ❽ wir werden vor Ort zurechtkommen; ❾ wenn ich mich nicht irre, dann vermieten viele Klöster Zimmer, ❿ und wir können sowieso überall schlafen, ⓫ in Privatunterkünften sind sie es gewohnt, Touristen aufzunehmen. ⓬ Ich habe nichts dagegen, ⓭ das ist ein wahres Glück, ⓮ dich mitten in der Natur auszuruhen! ⓯ Damit das klar ist, ich warne dich, ⓰ dass ich ein paar (ein bisschen) Wanderungen machen möchte, ⓱ und zu Fuß von einem Kloster zum anderen laufen! ⓲ Das macht keine große Mühe, ⓳ das wird vielmehr ein Spaziergang sein, ⓴ und ich verspreche dir bemerkenswerte Landschaften! ㉑ Du brauchst nicht darauf zu bestehen, um mich zu überzeugen, ㉒ auch für mich ist Wandern ein wahres Vergnügen (Glück)!

Etapa a doua: Activaţi astăzi lecţia 35!

85 Lecţia a optzeci şi cincea

Un tânăr politicos

1 – Scuzaţi-mă, doamnă, nu vreţi să vă aşezaţi? ①
2 Eu cobor la următoarea, vă cedez locul meu. ② ③
3 – Accept cu plăcere, mai ales că e în sensul mersului. ④
4 Sunteţi foarte drăguţ, vă sunt recunoscătoare. ⑤
5 Politeţea a devenit ceva rar în zilele noastre,
6 bunele maniere nu mai sunt decât amintiri!
7 E probabil o chestiune de educaţie, de generaţie, ⑥
8 azi nu întâlneşti prea des tineri prevenitori.
9 – Sunteţi prea bună, nu mai sunt aşa de tânăr… ⑦
10 Nu mai am demult douăzeci de primăveri!
11 – Nu cred că aveţi cu mult mai mult!
12 Să zicem douăzeci şi cinci, douăzeci şi şase…

PRONUNŢIE

[**7** … *djänärazje*]

ANMERKUNGEN

① **a se aşeza** "sich setzen, sich niederlassen"; **a şedea, a sta jos** "sitzen". Ein Möbelstück, auf das man sich setzen kann, ist z. B. der **scaun** "Stuhl". **A şedea pe scaun**; **a sta pe scaun**. **A aşeza un copil pe scaun** "ein Kind auf einen Stuhl setzen".

② **a coborî** "aussteigen" (auch "sinken, hinunterlassen") hat das umgangssprachliche Pendant **a se da jos**, das Sie bereits in Lektion 45 kennengelernt haben.

③ Noch korrekter wäre es zu sagen **Eu cobor la următoarea staţie…**

85. Lektion

Ein höflicher junger Mann

1 – Entschuldigen Sie (mich), [gnädige] Frau, möchten Sie sich nicht setzen?

2 Ich steige an der nächsten [Station] aus, ich überlasse Ihnen meinen Platz.

3 – Das nehme ich mit Vergnügen an, vor allem, da es in Fahrtrichtung ist.

4 Sie sind sehr freundlich, ich bin Ihnen dankbar.

5 Höflichkeit ist heutzutage zu etwas seltenem geworden (in Tage unsere),

6 gute Manieren sind nur noch Erinnerungen!

7 Das ist wahrscheinlich eine Frage der Erziehung♀, der Generation♀,

8 heute trifft man keine sehr (allzu) zuvorkommenden Jugendlichen.

9 – Sie sind zu freundlich (gut), ich bin nicht mehr so jung …

10 Ich bin schon lange keine zwanzig mehr (nicht mehr habe[ich] längst zwanzig von Frühling)!

11 – Ich glaube nicht, dass Sie sehr viel älter sind (mit viel noch viel)!

12 Sagen wir fünfundzwanzig, sechsundzwanzig …

④ Normalerweise findet man im Rumänischen wenig Doppelkonsonanten. Sie können in Wörtern auftreten, die mit Präfixen gebildet werden, wenn der Endkonsonant des Präfixes mit dem Anlaut des nachfolgenden Wortes identisch ist, wie z. B. bei **înnăscut** "angeboren, immanent".

⑤ **recunoscătoare** (im Maskulinum **recunoscător**) stammt vom Verb **a recunoaşte** "anerkennen, erkennen, eingestehen" ab. Das Suffix **-tor** tritt bei Nomen auf, die den "Handelnden" beschreiben, so wie z. B. bei **muncitor** "Arbeiter" von **a munci** "arbeiten".

⑥ Die Endung **-ţie** finden Sie bei einer Vielzahl von Nomen, so auch in **atenţie!** "Achtung"; **pronunţie** "Aussprache"; **conversaţie** "Unterhaltung".

⑦ Die Verbformen **sunteţi** und **sunt** spiegeln die aktuellen grafischen Normen wider. Früher wurden sie **sînteţi** und **sînt** geschrieben, mit einem **î** anstelle eines **u**.

13 – Stimată doamnă, am împlinit treizeci de ani! ⑧
14 – Imposibil! De necrezut! ⑨
15 Ştiţi că păreţi mult mai tânăr?
16 Arătaţi foarte bine, faceţi probabil sport?
17 Şi eu sunt înscrisă într-un club,
18 frecventez regulat o sală de gimnastică
19 şi înot kilometri întregi în piscină,
20 ca să mă menţin în formă…
21 Sper că rezultatele sunt vizibile!
22 Să vedem, ce vârstă îmi daţi?
23 – Ca să fiu sincer cu dumneavoastră, n-am idee,
24 dar vă asigur că păreţi mult mai tânără!

PRONUNŢIE [*14 … näkräsut 18 fräkwäntäs …*]

Exerciţiul 1: Înţelegeţi aceste propoziţii?

① Am împlinit deja patruzeci de ani, în iulie o să am patruzeci şi unu. ② E mult prea tânără pentru tine, cred că e încă elevă sau studentă. ③ Nu pot să accept o soluţie care nu-mi convine numai ca să-ţi fac plăcere! ④ E un tânăr foarte politicos, se vede că a primit o bună educaţie în familie. ⑤ Cartea sa de amintiri din copilărie a cunoscut un succes neaşteptat.

13 – Liebe (geschätzte) Frau, ich habe die 30 erreicht!
14 – Das ist unmöglich! Unglaublich!
15 Wissen Sie, dass Sie viel jünger wirken?
16 Sie sehen sehr gut aus, Sie treiben wahrscheinlich Sport$^{\varnothing}$?
17 Ich bin ebenfalls in einem [Fitness-]Club$^{\varnothing}$ angemeldet,
18 ich suche regelmäßig eine Turnhalle auf,
19 und ich schwimme meilenweit (Kilometer ganz) im Schwimmbad,
20 um mich in Form zu halten …
21 Ich hoffe, dass die Ergebnisse sichtbar sind!
22 Sehen wir mal, wie alt schätzen Sie mich (was Alter mir geben^{Sie})?
23 – Um ehrlich zu (mit) Ihnen zu sein, ich habe keine Ahnung (Idee),
24 aber ich versichere Ihnen, dass Sie viel jünger aussehen!

⑧ Das Verb **a împlini** "erfüllen, etw. schaffen, erreichen, erledigen, verwirklichen" wird auch bei Altersangaben benutzt: **El a împlinit astăzi 30 de ani.** "Er ist heute 30 Jahre alt geworden." Ein anderes Verb jedoch wird verwendet, wenn es um das Erledigen/Ausführen einer Aufgabe geht: **a îndeplini**: **El a îndeplinit o sarcină importantă**. "Er hat eine wichtige Aufgabe erledigt". **A împlini cuiva o dorinţă** "jmdm. einen Wunsch erfüllen".

⑨ Der Ausdruck **De necrezut!** hat ein Synonym, das eher auf der literarischen Ebene benutzt wird: **Incredibil!** "Unglaublich!"

Soluţia exerciţiului 1: Aţi înţeles?

❶ Ich habe die 40 schon erreicht, im Juli werde ich 41. ❷ Sie ist viel zu jung für dich, ich glaube, dass sie noch Schülerin oder Studentin ist. ❸ Ich kann keine Lösung akzeptieren, die mir nicht passt, nur, um dir einen Gefallen zu tun! ❹ Er ist ein sehr höflicher junger Mann, man sieht, dass er in der Familie eine gute Erziehung erhalten hat. ❺ Sein Buch mit Kindheitserinnerungen hat (gekannt) einen unerwarteten Erfolg gehabt.

Exerciţiul 2: Completaţi locurile libere cu cuvintele care lipsesc!

❶ Ich möchte mich lieber auf den Stuhl setzen, mir tun die Füße weh.

___ să ___ ___ pe scaun, mă dor ___.

❷ Ihre Generation hat das Internet und das Mobiltelefon nicht gekannt.

___ lor n-a ___ Internetul şi telefonul ___.

❸ Denkst du, dass es nötig ist, aller Welt zu sagen, dass ich älter bin als du?

___ că e necesar să spui la toată ___ că sunt mai ___ ca ___?

❹ Sie ist erst drei Jahre alt, aber sie hat keine Angst vor dem Wasser, und sie schwimmt wie ein Fisch.

Nu are ___ trei ani, dar nu ___-___ de apă şi înoată ca un ___.

86 Lecţia a optzeci şi şasea

Un alt om

1 – Er**a** să nu te recun**o**sc, din c**a**uza ochel**a**rilor de so**a**re! ①

2 Şi de când ţi-**ai** lăs**a**t b**a**rbă şi must**a**ţă?

3 – **Nu**-ţi pl**a**ce? E fo**a**rte com**o**d p**e**ntru m**i**ne, ②

4 nu m**ai** tr**e**buie să mă bărbier**e**sc dimine**a**ţa! ③

PRONUNŢIE [*4 … bᵊrbjer**ä**ßk …*]

ANMERKUNGEN

① Der komplette Ausdruck für "beinahe, fast" lautet **era** (**cât pe ce**) **să** "es war beinahe (wie-viel auf was), dass": **Era să cad.** "Fast wäre ich gefallen.", was sich alternativ auch so ausdrücken lässt: **Eram pe punctul de a cădea** (**punct** "Punkt, Grad, Spitze").

⑤ All seine Anstrengungen waren nutzlos, sie haben kein Ergebnis hervorgebracht (gegeben).

Toate ………… sale au fost …………,
n-au dat niciun ………… .

Soluţia exerciţiului 2: Cuvintele care lipsesc.

① Prefer – mă aşez – picioarele ② Generaţia – cunoscut – mobil ③ Crezi – lumea – bătrână – tine ④ decât – i-e frică – peşte ⑤ eforturile – inutile – rezultat.

Etapa a doua: Activaţi astăzi lecţia 36!

86. Lektion

Ein anderer Mensch

1 – Beinahe (war^{es} zu nicht) hätte ich dich nicht erkannt, wegen deiner Sonnenbrille!

2 Und seit wann hast du dir einen Bart und einen Schnurrbart wachsen lassen?

3 – Gefällt es dir nicht? Das ist sehr praktisch für mich,

4 ich muss mich morgens nicht mehr rasieren!

② **comod** "praktisch, bequem, gemütlich".

③ Benutzt ein Rumäne **M-am bărbierit**, so kann dies bedeuten, dass er sich selbst rasiert hat oder dass er sich hat rasieren lassen.

5 – B**i**ne **a**i făc**u**t, **a**i scăp**a**t de o corvo**a**dă! ④

6 Şi p**e**ntru m**i**ne bărbier**i**tul e o probl**e**mă,

7 o ris**i**pă de timp şi de **a**pă c**a**ldă

8 şi în plus mă t**a**i sistem**a**tic! ⑤

9 În schimb, nu mă m**a**i tund la frizer**i**e, ⑥ ⑦

10 nev**a**stă-me**a** **î**mi t**a**ie p**ă**rul!

11 – Cu cli**e**nţi ca n**o**i, friz**e**rii r**i**scă să de**a** faliment... ⑧ ⑨

12 – Mi-**a**i dat o id**e**e:

13 d**a**că m-aş r**a**de pe cap

14 n-ar m**a**i trebu**i** să mă pi**e**ptăn ... ⑩

15 Aş scăp**a** de o dil**e**mă:

16 nu şt**i**u niciod**a**tă d**a**că e m**a**i b**i**ne s**ă**-mi fac căr**a**rea pe st**â**nga,

17 pe dre**a**pta s**a**u pe m**i**jloc,

18 şi d**a**că e prefer**a**bil să mă tund m**a**i scurt pe ce**a**fă şi pe t**â**mple...

19 – Înce**a**rcă să v**e**zi,

20 **e**u mă simt un alt om de când mi-**a**m lăs**a**t să cre**a**scă b**a**rba:

PRONUNŢIE

[**17** ... *mijlOk*]

④ **corvoadă** "Schinderei, Schufterei, Plackerei".

⑤ Anstelle von **sistematic** könnte man auch **în mod regulat** "regelmäßig" oder **mereu** "immer, stets, jedesmal" benutzen.

⑥ **schimb** "Wechsel, Wandel, Veränderung".

5 – Das hast du gut gemacht, da hast du dir viel Arbeit gespart (hast[du] entkommen von eine Plackerei)!

6 Auch für mich ist das Rasieren ein Problem,

7 die Verschwendung von Zeit und warmem Wasser,

8 und außerdem schneide ich mich jedes Mal (systematisch)!

9 Dagegen (in Wechsel) lasse ich meine Haare nicht mehr vom Friseur schneiden,

10 meine Frau schneidet mir die Haare!

11 – Mit Kunden wie uns laufen die Friseure Gefahr, pleite zu gehen (dass würden[sie]-geben pleite[Ø]) …

12 – Du hast mich auf eine Idee gebracht:

13 Wenn ich mir den Kopf rasiere,

14 dann müsste ich mich nicht mehr kämmen …

15 Ich würde mir ein Dilemma ersparen:

16 Ich weiß nie, ob es besser ist, den Scheitel (Pfad♀) nach links zu legen,

17 nach rechts oder in die Mitte[Ø],

18 und ob es günstiger (wünschenswert) ist, mir [die Haare] im Nacken♀ und an den Schläfen♀ kürzer zu schneiden …

19 – Probier es aus (dass sehen),

20 ich fühle mich wie ein anderer Mensch, seit ich mir einen Bart habe wachsen lassen:

⑦ **a tunde** bedeutet nicht nur "schneiden" in Bezug auf Haare, Bart usw., sondern es kann auch z. B. für "Rasen/Gras mähen" (**a tunde iarba**) oder für "Schafe scheren" benutzt werden (**a tunde oile**).

⑧ **frizer** "Friseur", **frizeriţă** oder **coafeză** "Friseurin", **frizerie** bzw. **coafor** "Friseursalon".

⑨ **a da faliment** "pleite gehen", "Bankrott gehen".

⑩ Der Infinifiv dieses Verbs lautet **a se pieptăna** "sich [die Haare] kämmen", "Kamm" bedeutet **pieptene**.

21 sunt în sfârşit **e**u însumi! ⑪

22 – Ai**u**rea! ⑫

23 Nu văd ce schimb**a**re esenţi**a**lă a interven**i**t în vi**a**ţa ta,

24 de când **e**şti bărb**o**s!

25 – Nu te repez**i**, aşte**a**ptă s**ă**-ţi expl**i**c! ⑬

26 Şt**i**i că am un fr**a**te ge**a**măn; ⑭

27 **e**i b**i**ne, de când port b**a**rbă,

28 n**i**meni nu ne m**a**i conf**u**ndă!

PRONUNŢIE [**22** *aijurea* **26** … *dĵam[a]n*]

Exerciţiul 1: Înţelegeţi aceste propoziţii?

❶ Dacă comandaţi ochelarii de vedere, vă oferim în plus o pereche de ochelari de soare. ❷ Nu ştiu ce să cred, mi se spune că o barbă de trei zile e din nou la modă. ❸ Privind-o în ochi, nu reuşesc să-mi dau seama dacă e sinceră sau nu. ❹ Caut un apartament comod şi liniştit, în centrul oraşului, nu departe de parc. ❺ Nu ştiu ce se întâmplă, de când am întâlnit-o nu mai sunt eu însumi.

21 Endlich bin ich ich selbst!

22 – Quatsch!

23 Ich sehe nicht, welche wesentliche Veränderung sich in deinem Leben vollzogen hat,

24 seit du bärtig bist!

25 – Lauf nicht gleich davon (nicht dich hetze), warte, bis ich es dir erkläre!

26 Du weißt, dass ich einen Zwillingsbruder habe;

27 nun gut, seit ich einen Bart trage,

28 verwechselt uns niemand mehr!

⑪ **eu însumi** "ich selbst" ist ein Personalpronomen der Verstärkung, bei dem die jeweilige Person ausdrücklich betont wird. In der nächsten Wiederholungslektion lernen Sie auch die restlichen Personalformen kennen, die alle mit dem Zusatz "selbst" übersetzt werden.

⑫ Hier ist **aiurea** ein Ausruf; es kann aber auch ein Adverb sein und heißt dann "woanders".

⑬ **A se repezi** "schnell laufen, losstürzen, losgehen" ist nicht komplett gleichbedeutend mit **a se grăbi** "beeilen".

⑭ **geamăn** bezeichnet den "Zwilling" bei Zwillingsgeschwistern und auch das Sternbild (**zodia Gemenilor** "Sternbild Zwilling").

Soluţia exerciţiului 1: Aţi înţeles?

❶ Wenn Sie eine Brille (von sehen) bestellen, schenken wir Ihnen dazu eine Sonnenbrille (eine Paar von Brille von Sonne). ❷ Ich weiß nicht, was ich glauben soll, man sagt mir, dass der Dreitagebart wieder (von neu) in Mode ist. ❸ Wenn ich ihr in die Augen schaue, gelingt es mir nicht zu erkennen, ob sie ehrlich ist oder nicht. ❹ Ich suche eine gemütliche und ruhige Wohnung im Stadtzentrum, nicht weit vom Park. ❺ Ich weiß nicht, was passiert, seit ich ihn/sie getroffen habe, bin ich nicht mehr ich selbst.

Exerciţiul 2: Completaţi locurile libere cu cuvintele care lipsesc!

❶ Es bleibt noch zu sehen, ob für ihn die Arbeit ein Vergnügen oder eine Plackerei ist.

Mai .... încă de văzut dacă pentru el .... este o .... sau o ....

❷ Gestern Morgen, als ich mich rasiert habe, habe ich mich so geschnitten, dass es geblutet hat (mich-habe[ich] geschnitten bis Blut).

.... dimineaţă, când mă ...., m-am tăiat până la sânge.

❸ Um kein Wasser zu verschwenden, lass nicht das Wasser laufen (nicht lass Wasserhahn-das geöffnet), wenn du dir (wäschst[du]) die Zähne putzt.

Ca să nu risipeşti apa, nu .... robinetul .... când te speli pe ....

87 Lecţia a optzeci şi şaptea

Pasiunea fotbalului

1 – O v**e**ste b**u**nă, m**e**rgem s**â**mbătă la conc**e**rt!

2 În progr**a**m e, pr**i**ntre **a**ltele, o simfon**i**e de M**o**zart. ①

3 – Am reuş**i**t să obţ**i**n d**o**uă fot**o**lii de orch**e**stră!

4 – C**a**de r**ă**u, tricol**o**rii **a**u un m**e**ci internaţion**a**l, ②

5 decis**i**v p**e**ntru calific**a**rea la c**u**pa mondi**a**lă de f**o**tbal… ③

PRONUNŢIE [*paßj**u**nea…* **5** *dätschiß**i**w …*]

ANMERKUNGEN

① Bei Eigennamen aus anderen Sprachen behält das Rumänische gerne die Originalaussprache bei, so auch bei **Mozart**: [*mozart*].

❹ Wegen des Regens ist das Gras zu hoch, ich muss es heute noch mähen.

Din ____ ploii ____ e prea ____, trebuie să o ____ chiar astăzi.

❺ Er zögert angesichts (vor) dieses Dilemmas und weiß nicht, welches die beste Lösung wäre.

El ____ în faţa acestei ____ şi nu ştie ____ ar fi cea mai bună ____.

Soluţia exerciţiului 2: Cuvintele care lipsesc.

❶ rămâne – munca – plăcere – corvoadă ❷ Ieri – bărbieream ❸ lăsa – deschis – dinţi ❹ cauza – iarba – înaltă – tund ❺ ezită – dileme – care – soluţie.

Etapa a doua: Activaţi astăzi lecţia 37!

87. Lektion

Die Fußballleidenschaft

1 – Eine gute Nachricht, wir gehen am Samstag zum Konzert!

2 Auf dem Programm steht unter anderem eine Symphonie von Mozart.

3 – Ich habe es geschafft, [Karten für] zwei Orchestersitze (Sessel von Orchester) zu bekommen!

4 – Das passt (fällt[es]) schlecht, die "Dreifarbigen" haben ein internationales Match,

5 entscheidend für die Qualifikation bei der Fußballweltmeisterschaft …

② Der Name der rumänischen Nationalmannschaft, **Tricolorii**, leitet sich von den drei Farben der Nationalflagge, Blau, Gelb und Rot, ab.

③ **decisiv** "entscheidend" stammt selbstverständlich vom Verb **a decide** "beschließen, entscheiden, bestimmen" ab. Zu seinem Synonym, **a hotărî**, existiert das Adjektiv **hotărâtor** "entscheidend, ausschlaggebend".

6 – Nu e pr**i**ma d**a**tă că ref**u**zi să **ie**şi cu m**i**ne,
7 dar, de d**a**ta **a**sta, ar fi păc**a**t să rat**ă**m oc**a**zia, ④
8 **au** invit**a**t un dirij**o**r cel**e**bru! ⑤
9 – Oric**â**nd altăd**a**tă, dar nu s**â**mbăta **a**sta! ⑥ ⑦
10 Şt**i**i fo**a**rte b**i**ne că sp**o**rtul e pasi**u**nea me**a**!
11 – **U**ite **u**nde se ascunde**a** m**a**rele sport**i**v!
12 Înt**i**ns pe canape**a**, în f**a**ţa televiz**o**rului, ⑧
13 cu o st**i**clă de b**e**re în m**â**nă! ⑨
14 – Înţel**e**ge-mă, e un m**e**ci extr**e**m de import**a**nt…
15 – L**a**să-mă în p**a**ce cu f**o**tbalul t**ă**u!
16 Nu ne m**a**i înţel**e**gem amând**oi**:
17 când **u**nul din n**oi** vre**a** cev**a**,
18 cel**ă**lalt vre**a** **a**ltceva! ⑩
19 Nu vorb**e**şti dec**â**t d**e**spre sc**o**ruri şi clasam**e**nte!
20 Pe m**i**ne m-**ai** uit**a**t, mă neglij**e**zi compl**e**t,
21 s-ar z**i**ce că te-**ai** însur**a**t cu ech**i**pa naţion**a**lă!
22 Sunt sig**u**ră că n**u**-ţi m**a**i amint**e**şti d**a**ta căsător**ie**i no**a**stre! ⑪

④ **A rata** ist ein Synonym zu dem bereits bekannten **a pierde** "verpassen".

⑤ Das Nomen **dirijor** "Dirigent" gehört zur selben Familie wie **a dirija** "leiten, anführen".

⑥ Das Adverb **oricând** setzt sich zusammen aus **ori** und **când**, ein Modell, das Sie bereits bei **oricare** "jeder, jedweder, jeglicher", **oricât** "wie viel auch immer", **oricine** "wer auch immer, jedweder, irgendjemand" und **orice** "jedes, was auch immer, irgendetwas" kennengelernt haben.

6 – Das ist nicht das erste Mal, dass du dich weigerst, mit mir auszugehen,

7 aber dieses Mal wäre es schade, [eine solche] Gelegenheit zu verpassen,

8 sie haben einen berühmten Dirigenten eingeladen!

9 – Gerne (jederzeit) ein anderes Mal, aber nicht diesen Samstag!

10 Du weißt sehr gut, dass Sport meine Leidenschaft ist!

11 – Sieh [mal] an, wo sich der große Sportler versteckte!

12 Ausgestreckt auf dem Sofa vor dem Fernseher∅,

13 mit einer Flasche Bier in der Hand!

14 – [Aber] versteh mich [doch], das ist ein extrem wichtiges Match …

15 – Lass mich in Ruhe mit deinem Fußball!

16 Wir beide verstehen uns nicht mehr:

17 Wenn einer von uns beiden etwas will,

18 will der andere etwas anderes!

19 Du sprichst nur von Spielergebnissen∅ und Ranglisten (Gruppierung∅∅)!

20 Mich hast du vergessen, du vernachlässigst mich vollkommen,

21 man könnte meinen (sagen), du bist mit der Nationalmannschaft verheiratet!

22 Ich bin sicher, du erinnerst dich nicht mehr an unser Hochzeitsdatum!

⑦ Sie kennen **altădată** bisher in der Bedeutung "früher, damals, vorher"; hier wird es jedoch im Sinne von "ein anderes Mal" verwendet.

⑧ Der Wendung **în faţa** "vor" folgt der Genitiv, was die Form **televizorului** erklärt.

⑨ Neben "Flasche" hat **sticlă** auch die Bedeutung "Glas" (als Material). Das "Glas", aus dem man trinkt, heißt **pahar**∅.

⑩ **celălalt** "der andere" gehört in die Kategorie der Demonstrativpronomen, die die Nähe bzw. Entfernung anzeigen.

⑪ Merken Sie sich auch **zi a nunţii** bzw. **aniversare a nunţii** "Hochzeitstag", wohingegen **aniversare** alleine "Jahrestag" bedeutet.

23 – Cum p**o**ţi să cr**e**zi **a**sta, dr**a**ga me**a**?

24 Cum aş pute**a** uit**a** z**i**ua ac**e**ea ferici**t**ă de 7 m**ai**,

25 c**â**nd Ste**a**ua a câştig**a**t fin**a**la C**u**pei Campi**o**nilor Europ**e**ni, ⑫

26 băt**â**nd FC Barcel**o**na cu d**o**i la z**e**ro? ⑬

PRONUNŢIE

[**25** … *k**u**păi kampj**o**nilOr öropăn*ʲ]

Exerciţiul 1: Înţelegeţi aceste propoziţii?

❶ În programul concertelor din luna asta e şi o simfonie pe care vreau neapărat s-o ascult. ❷ Şi-a cumpărat un fotoliu club foarte scump, ca să se poată uita liniştit la televizor. ❸ Au pierdut meciul pentru că au ratat ocazia de a înscrie un gol decisiv în repriza a doua. ❹ El este probabil cel mai celebru om de ştiinţă contemporan, dar am uitat cum îl cheamă şi ce a inventat. ❺ Asta se poate întâmpla oricui, oricând; nimeni nu ştie ce ne rezervă viitorul.

23 – Wie kannst du das glauben, mein Schatz?

24 Wie könnte ich diesen glücklichen Tag des 7. Mai vergessen,

25 an dem (wenn) Steaua das Endspiel beim Europäischen Championscup gewonnen hat,

26 indem sie den FC Barcelona (mit) zwei zu null geschlagen haben?

⑫ Laut eines Urteils des Obersten Gerichtshofs vom Dezember 2014 darf der Verein nicht mehr sein Logo verwenden und die Vereinsfarben Blau und Rot tragen, da das Verteidigungsministerium die Verwendung der militärischen Symbole durch den nicht mehr der Armee unterstehenden Verein verboten sehen wollte.

⑬ So endete die Finalpartie im Estadio Ramón Sánchez Pizjuán zu Sevilla gegen den favorisierten spanischen Champion FC Barcelona.

Allmählich nähern Sie sich dem Endspurt. In den Lektionen tauchen vermehrt Redewendungen auf. Lernen Sie diese immer als Ganzes. Sie können sie auch mit einem Textmarker farbig anstreichen.

Soluţia exerciţiului 1: Aţi înţeles?

❶ Im Konzertprogramm von diesem Monat gibt es auch eine Symphonie, die ich mir unbedingt anhören möchte. ❷ Er hat sich einen sehr teuren Clubsessel gekauft, damit er in Ruhe fernsehen kann. ❸ Sie haben das Match verloren, weil sie die Gelegenheit verpasst haben, in der zweiten Halbzeit ein entscheidendes Tor zu schießen. ❹ Er ist wahrscheinlich der berühmteste zeitgenössische Wissenschaftler, aber ich habe vergessen, wie er heißt und was er erfunden hat. ❺ Das kann jedem passieren, jederzeit; niemand weiß, was die Zukunft bringt (reserviert[sie]).

Exerciţiul 2: Completaţi locurile libere cu cuvintele care lipsesc!

1. Sie gesteht, dass sie im Leben nur eine Leidenschaft hat: Schokolade.

   Ea …… că nu are …… o singură …… în ……: ciocolata.

2. Dieses Auto interessiert mich nicht, ich bevorzuge das andere, teurere.

   …… asta nu mă interesează, o …… pe cealaltă, mai …….

3. Welchen Platz belegt Rumänien in der Weltrangliste der Fußballnationalmannschaften?

   …… loc …… România în …… mondial al …… naţionale de fotbal?

4. Man sollte beim Erfolg eines Buches nicht die Bedeutung der Literaturkritik vernachlässigen.

   Nu …… să neglijăm importanţa …… literare în …… unei …….

5. Glückwünsche, ich habe dich gestern im Fernsehen gesehen, in "Fragen an (für) einen Champion".

   ……, te-am …… ieri la ……, în "Întrebări pentru un ……".

88 Lecţia a optzeci şi opta

Un sfat bun

1 – Te consider cea mai bună prietenă a mea,
2 ştiu că pot conta pe sfaturile tale dezinteresate;
3 ce zici, ar fi timpul să mă mărit?
4 – Nu sunt consiliera conjugală cea mai potrivită,
5 dar îţi mulţumesc pentru încrederea ta.
6 Depinde de ce aştepţi de la viaţă!
7 – Mărturisesc că e o problemă intimă,

Soluţia exerciţiului 2: Cuvintele care lipsesc.

❶ recunoaşte – decât – pasiune – viaţă ❷ Maşina – prefer – scumpă ❸ Ce – ocupă – clasamentul – echipelor ❹ trebuie – criticii – succesul – cărţi ❺ Felicitări – văzut – televizor – campion.

Symbolik der rumänischen Nationalflagge

Die Nationalflagge besteht aus drei vertikal angeordneten Streifen in Blau, Gelb und Rot (wobei die Rumänen die Farben meist in der anderen Reihenfolge nennen: **roşu**, **galben** und **albastru**). Die Gründe für die Wahl dieser Farben stützen sich auf Legende, Tradition und Wappensymbolik. Anfang des 19. Jahrhunderts stand die Farbe Rot offiziell für Brüderlichkeit, Gelb für Gerechtigkeit und Blau für Freiheit. Diese Farben wurden mit Blut, dem Reichtum der Weizenfelder und dem Blau des Himmels in Verbindung gebracht. Apropos Symbolik: Die rumänische Nationalhymne trägt übrigens den Titel **Deşteaptă-te Române** "Erwache, Rumäne" und vermittelt damit eine nationale und soziale Botschaft als Erbe aus der Revolution 1848.

Etapa a doua: Activaţi astăzi lecţia 38!

88. Lektion

Ein guter Rat

1 – Ich betrachte dich als meine beste Freundin,

2 ich weiß, dass ich auf deine uneigennützigen Ratschläge zählen kann;

3 was sagst du: Wäre es Zeit, dass ich heirate?

4 – Ich bin nicht die geeignetste Eheberaterin,

5 aber ich danke dir für dein Vertrauen.

6 Das hängt davon ab, was du vom Leben erwarterst!

7 – Ich gebe zu, das es ein intimes Problem ist,

8 şi mi-**e** puţ**i**n j**e**nă să o spun desch**i**s: ①

9 aş vr**e**a să întemei**e**z o fam**i**lie,

10 dar mi-**e** fr**i**că să mă lans**e**z orb**e**şte **î**ntr-o rel**a**ţie ②

11 c**a**re să nu **a**ibă to**a**te ş**a**nsele de reuş**i**tă…

12 – Mă uim**e**şti! Nim**i**c m**a**i convenţion**a**l! ③

13 Dar **a**i aştept**a**t dest**u**l ca Făt-Frum**o**s să v**i**nă ④

14 să treze**a**scă Frumo**a**sa din păd**u**rea adorm**i**tă! ⑤

15 De fapt, c**a**re e ide**a**lul t**ă**u mascul**i**n? ⑥

16 Sunt s**i**gură că nu **a**i o id**e**e prec**i**să,

17 **e**şti pre**a** nehotăr**â**tă din f**i**re … ⑦

18 – N**i**meni nu se cuno**a**şte b**i**ne pe s**i**ne, ⑧

19 dar nu cred că am pret**e**nţii exager**a**te,

20 m-aş mulţum**i** cu un bărb**a**t norm**a**l,

21 c**a**re să coresp**u**ndă t**o**tuşi **u**nor cer**i**nţe m**i**nime:

22 să f**i**e t**â**năr, frum**o**s, intelig**e**nt, h**a**rnic şi bog**a**t…

PRONUNŢIE

[**22** … *harnitsch* …]

ANMERKUNGEN

① **mi-e jenă** wird auf dieselbe Art konstruiert wie z. B. **mi-e foame** "ich habe Hunger" oder **mi-e greu** "es fällt mir schwer".

② **orbeşte** kommt von **orb** "blind", an das das Adverbialsuffix **-eşte** angehängt wird. Auf dieselbe Weise entstehen Adverbien wie **româneşte** "rumänisch", **prosteşte** "dumm" und **bărbăteşte** "wie ein Mann".

③ Das Adjektiv zum Verb **a uimi** "erstaunen" lautet **uimit** "erstaunt".

8 und es ist mir ein wenig peinlich, es offen zu sagen:

9 Ich möchte eine Familie gründen,

10 aber ich habe Angst, mich blindlings in eine Beziehung zu stürzen,

11 die nicht alle Chancen [auf] Erfolg hat ...

12 – Du erstaunst mich! Das ist doch ganz normal (nichts mehr konventionell)!

13 Aber du hast [lange] genug darauf gewartet, dass der Märchenprinz kommt (dass würde^{er}-kommen),

14 um Dornröschen aufzuwecken (dass würde^{er}-wecken Schöne-die aus Wald-die schlafend)!

15 Welches ist eigentlich deine Idealvorstellung von einem Mann?

16 Ich bin sicher, dass du keine genaue Vorstellung hast,

17 du bist von Natur aus zu unentschlossen ...

18 – Niemand kennt sich selbst gut,

19 aber ich glaube nicht, dass ich übertriebene Ansprüche habe,

20 ich würde mich mit einem normalen Mann zufrieden geben,

21 der dennoch geringen Anforderungen genügt:

22 er soll jung, schön, intelligent, fleißig und reich sein ...

④ Der "Märchenprinz" heißt in Rumänien **Făt-Frumos**, in dem sich das poetische Wort **făt** für "Sohn, Knabe, Kind" verewigt hat. Vergleichen Sie dies mit **fată** "Mädchen". In der Medizin hingegen ist **făt** der "Fötus".

⑤ **a trezi** heißt "(auf)wecken" (transitiv mit Akkusativobjekt): **Îl trezesc pe copilul (meu).** "Ich wecke mein Kind." **a se trezi** heißt "aufwachen" (intransitiv ohne Objekt): **Mă trezesc devreme.** "Ich wache früh auf."

⑥ **...care e idealul tău masculin** ist eine sehr umgangssprachliche Ausdrucksweise. Korrekter wäre **Care este idealul tău de bărbat?**

⑦ **fire** ist das poetische Wort für die "Natur", das man noch in gängigen Ausdrücken wie **fire veselă** "fröhlicher Charakter", **om în toată firea** "Mann reiferen Alters", **a-şi veni în fire** "zur Besinnung kommen", **a-şi ieşi din fire** "in Erregung geraten", **a scoate pe cineva din fire** "jndn. zum Explodieren bringen" findet.

⑧ Über das reflexive Personalpronomen **sine** "sich selbst" sprechen wir in der nächsten Wiederholungslektion.

23 – În cazul ăsta, dacă vrei să-ţi îndeplineşti visurile, ⑨

24 va trebui să te căsătoreşti de cinci ori…

Exerciţiul 1: Înţelegeţi aceste propoziţii?

❶ El consideră că viaţa e un fel de meci pe care poţi să-l câştigi sau să-l pierzi. ❷ Am citit undeva că orice dragoste adevărată ar trebui să fie dezinteresată. ❸ Ea a descoperit că el minte cum respiră, fără nicio jenă. ❹ Soluţia cea mai potrivită ar fi ca el să renunţe la cererile sale. ❺ Mărturisesc că nu mai înţeleg nimic; nu-mi dau seama ce vrea de la mine.

Exerciţiul 2: Completaţi locurile libere cu cuvintele care lipsesc!

❶ Ich habe Vertrauen zu meiner besten Freundin: Sie ist über all meine Geheimnisse auf dem Laufenden.

Am ___ în prietena mea ___ ___ ___: ea e la curent cu toate ___ mele.

❷ Man sollte niemals blindlings auf Personen hören, die uns Ratschläge geben.

N-ar trebui ___ să ascultăm ___ persoanele care ne dau ___.

❸ Man sagt, dass ihre Liebe mit einer Beziehung von Freundschaft und Vertrauen begonnen hat.

Se ___ că dragostea lor a ___ cu o relaţie de ___ şi de ___.

❹ Ich bin erstaunt zu sehen, dass die zwei Kinder überhaupt nicht ihren Eltern ähneln.

Sunt ___ să văd că cei doi ___ nu ___ deloc cu ___ lor.

❺ Ich habe schlecht geschlafen, ich bin um Mitternacht aufgewacht und es ist mir nicht mehr gelungen, wieder einzuschlafen.

Am dormit rău, m-am ___ la miezul ___ şi n-am mai ___ să ___ din nou.

23 – In diesem Fall: Wenn du deinen Traum verwirklichen willst,
24 wirst du fünfmal heiraten müssen …

⑨ **vis** "Traum" kennt zwei mögliche Pluralformen: **visuri** und **vise**. Das Verb lautet **a visa** "träumen".

Soluţia exerciţiului 1: Aţi înţeles?

❶ Er denkt, dass das Leben eine Art Match ist, das man gewinnen oder verlieren kann. ❷ Ich habe irgendwo gelesen, dass jede wahre Liebe uneigennützig sein sollte. ❸ Sie hat entdeckt, dass er lügt wie er atmet, ohne dass es ihm peinlich ist. ❹ Die geeignetste Lösung wäre, dass er auf seine Forderungen verzichtet. ❺ Ich gebe zu, dass ich nichts mehr verstehe; ich begreife nicht, was sie von mir will.

Soluţia exerciţiului 2: Cuvintele care lipsesc.

❶ încredere – cea mai bună – secretele ❷ niciodată – orbeşte – sfaturi ❸ spune – început – prietenie – încredere ❹ uimit – copii – seamănă – părinţii ❺ trezit – nopţii – reuşit – adorm.

Etapa a doua: Activaţi astăzi lecţia 39!

89 Lecţia a optzeci şi noua

Căldură mare

1 – Plec**ă**m săptăm**â**na viito**a**re p**e**ntru o l**u**nă; ①
2 d**a**că vr**e**ţi, put**e**ţi să ven**i**ţi să st**a**ţi la n**o**i.
3 Se p**a**re că o să f**i**e deoseb**i**t de cald:
4 profit**a**ţi de grăd**i**nă şi de pisc**i**nă!
5 – Sunt**e**ţi fo**a**rte drăg**u**ţi, dar n-am vre**a** să vă deranj**ă**m!
6 – N**i**cio probl**e**mă, dimpotr**i**vă, ② ③
7 ne f**a**ce plăc**e**re să vă găzdu**i**m: ④
8 o să ved**e**ţi, o să vă simţ**i**ţi ca ac**a**să!
9 O să gol**i**m un dul**a**p şi c**â**teva sert**a**re de la com**o**dă,
10 ca să vă put**e**ţi p**u**ne l**u**crurile.
11 Vă lăs**ă**m pe pat cearş**a**furi, f**e**ţe de p**e**rnă şi p**ă**turi ⑤ ⑥
12 şi în b**a**ie prosoape, c**â**te d**o**uă de fiec**a**re;

PRONUNŢIE

[***4*** *... pischtschin*[a] ***11*** *... tscharschafuri ...*]

ANMERKUNGEN

① Für "nächste Woche" bietet das Rumänische die Auswahl zwischen **săptămâna viitoare** ("zukünftig, kommend") und **săptămâna următoare** ("folgende, nächste").

② **Nicio** wird nach veralteter Rechtschreibung gelegentlich auch **nici o** geschrieben. Die Wiederholungslektion geht näher auf bestimmte orthografische Reformen des Rumänischen ein.

Große Hitze

1 – Wir fahren nächste Woche für einen Monat weg;

2 wenn Sie möchten, können Sie kommen und bei uns wohnen.

3 Anscheinend wird es besonders warm:

4 Nutzen Sie den Garten und das Schwimmbad!

5 – Sie sind sehr liebenswürdig, aber ich möchte Sie [lieber] nicht stören (nicht-habe^{ich} wollen dass Sie würde^{ich}-stören)!

6 – Kein Problem, im Gegenteil,

7 es ist uns ein Vergnügen, Sie zu beherbergen:

8 Sie werden sehen, Sie werden sich wie zu Hause fühlen!

9 Wir werden einen Schrank$^{\varnothing}$ und einige Schubladen$^{\varnothing}$ der Kommode leeren,

10 damit Sie Ihre Sachen unterbringen (legen) können.

11 Wir lassen auf dem Bett Bettlaken$^{\varnothing}$, Kopfkissenbezüge und Bettdecken♀ [liegen],

12 und im Badezimmer Handtücher$^{\varnothing}$, (je) zwei für jeden;

③ Anstelle von **dimpotrivă** "im Gegenteil" können Sie auch **din contra** verwenden.

④ Im Verb **a găzdui** "beherbergen, als Gast aufnehmen" finden Sie das Nomen **gazdă** "Gastgeber, Hausherr". **A sta în gazdă** "bei jmdm. wohnen".

⑤ Nach **faţă de masă** "Tischdecke" aus Lektion 41 lernen Sie hier **faţă de pernă** "Kopfkissenbezug" kennen, und wir erweitern dieses Wortfeld noch um **faţă de plapumă** "Bettdeckenbezug".

⑥ Als Synonym für **pătură** "Decke" können Sie sich auch **cuvertură** merken.

13 găsiţi săpun şi şampon în dulăpiorul de toaletă. ⑦

14 – Ne-ar face desigur plăcere să locuim la voi!

15 Previziunile meteo anunţă o adevărată caniculă

16 şi în apartamentul nostru o să ne vină rău de căldură! ⑧

17 Se pare că anul ăsta, ca anul trecut,

18 iulie îşi merită numele popular, luna lui cuptor!

19 – Perfect! Stând la noi, ne faceţi un serviciu: ⑨

20 vă rugăm să udaţi florile o dată pe săptămână

21 şi să daţi de mâncare la animale de două ori pe zi.

22 Atenţie la pisică!

23 Îi e întotdeauna foame

24 şi e în stare să scoată cu laba peştişorul roşu din acvariu ⑩

25 şi canarul din colivie.

PRONUNŢIE [*24* ... *akwariu*]

13 Sie finden Seife[Ø] und Shampoo[Ø] im Toilettenschränkchen.

14 – Das würde uns natürlich gefallen, bei Ihnen zu wohnen!

15 Der Wetterbericht (Voraussicht[♀] Meteorologie) sagt eine wahre Hitze[welle] voraus,

16 und in unserer Wohnung wird uns schlecht vor Hitze!

17 Es scheint, dass dieses Jahr, ebenso wie im letzten Jahr,

18 der Juli (ihm) seinen volkstümlichen Namen verdient, der Monat des Ofens[Ø]!

19 – Perfekt! Wenn Sie bei uns wohnen, erweisen Sie uns einen Dienst[Ø]:

20 Wie bitten Sie, einmal in der Woche die Blumen zu gießen

21 und den Tieren zweimal am Tag zu essen zu geben.

22 Vorsicht bei der Katze!

23 Sie hat immer Hunger,

24 sie ist in der Lage, mit ihrer Pfote den kleinen Goldfisch (Fischchen-der rot) aus dem Aquarium herauszuholen,

25 und den Kanarienvogel aus dem Käfig[♀].

⑦ **dulăpior** ist das Diminutiv von **dulap** "Schrank".

⑧ **a-i veni rău** "schlecht gehen, leiden": **Simt că îmi vine rău.** "Ich fühle, dass mir schlecht/übel wird".

⑨ Beachten Sie, dass **serviciu** nicht nur der "Dienst" im Sinne eines "Gefallens" ist, sondern es kann auch für "Arbeit, Arbeitsplatz" verwendet werden.

⑩ Im Ausdruck **a fi în stare** "in der Lage, fähig sein" ist **stare** ein Substantiv, ebenso wie z. B. in **stare bună** "guter Zustand" und **stare de fapt** "Tatbestand".

Exerciţiul 1: Înţelegeţi aceste propoziţii?

① Anul viitor, dacă totul merge bine, o să luăm trei săptămâni de vacanţă. ② Bunăvoinţa lui nu mă convinge; din contra, cred că el îmi ascunde ceva. ③ O să-ţi explic mâine cum să faci ca să goleşti memoria computerului. ④ Într-unul din sertarele comodei am găsit o cheie, dar am uitat ce uşă deschide. ⑤ Nu mai ştiu unde am pus unele lucruri, am pierdut mult timp căutându-le.

Exerciţiul 2: Completaţi locurile libere cu cuvintele care lipsesc!

① Nachts ist es kalt, ich muss mich mit zwei Decken zudecken.
_ _ _ _ _ _ _ e _ _ _ _, trebuie să mă acopăr cu două _ _ _ _ _ _.

② Wenn es diese Woche nicht regnet, bin ich verpflichtet, die Blumen im Garten zu gießen.
_ _ _ _ nu _ _ _ _ _ săptămâna asta, o să fiu _ _ _ _ _ _ _ să ud florile din _ _ _ _ _ _ _.

③ Ich verdiene nicht genug, um mir eine Wohnung zu kaufen; vorläufig wohne ich bei meiner Tante.
Nu _ _ _ _ _ _ destul ca să-mi cumpăr un apartament; deocamdată _ _ _ _ _ _ _ _ _ _ _ la _ _ _ _ _ _ mea.

90 Lecţia a nouăzecea

Alcoolul la volan ①

1 – Am plecat la opt şi e deja zece,

2 ar trebui să ne oprim la prima staţie de benzină!

PRONUNŢIE

[2 … *bänsin*[a]]

Soluţia exerciţiului 1: Aţi înţeles?

① Nächstes Jahr werden wir, wenn alles gut geht, drei Wochen Urlaub nehmen. ② Sein guter Wille überzeugt mich nicht; im Gegenteil, ich glaube, er verbirgt etwas vor mir. ③ Ich werde dir morgen erklären, was (wie) man macht, um den Speicher des Computers zu leeren. ④ In einer der Schubladen der Kommode habe ich einen Schlüssel gefunden, aber ich habe vergessen, welche Tür man damit öffnen kann (welche Tür öffnet[sie]). ⑤ Ich weiß nicht mehr, wo ich manche Sachen hingetan habe, ich habe viel Zeit damit verloren, sie zu suchen.

④ Die Banken kündigen eine optimistische Wirtschaftsprognose für das kommende Jahr an.

_______ anunţă _______ economice _______ pentru anul _______.

⑤ Verkaufe preiswerte Markenuhr in gutem Zustand, Familienerbe.

_______ ieftin ceas de _______ în _______ bună, _______ de familie.

Soluţia exerciţiului 2: Cuvintele care lipsesc.

① Noaptea – frig – pături ② Dacă – plouă – obligat – grădină ③ câştig – stau în gazdă – mătuşa ④ Băncile – previziuni – optimiste – viitor ⑤ Vând – marcă – stare – moştenire.

Etapa a doua: Activaţi astăzi lecţia 40!

90. Lektion

Alkohol[Ø] am Steuer

1 – Wir sind um acht Uhr aufgebrochen, und es ist schon zehn,
2 wir sollten an der ersten Tankstelle anhalten!

ANMERKUNGEN

① Im Rumänischen muss hier der bestimmte Artikel verwendet werden, auch wenn "Alkohol" allgemein gemeint ist. Im Deutschen gebrauchen wir den Artikel in diesem Zusammenhang nicht.

3 **A**i dreptate, obos**e**sc r**e**pede conduc**â**nd
4 şi tr**e**buie să răm**â**n concentr**a**t la vol**a**n,
5 ca să nu risc surpr**i**ze neplăc**u**te.
6 S-ar z**i**ce că t**o**ţi şof**e**rii de dum**i**nică **a**u ieş**i**t pe autostr**a**dă; ②
7 **e**i nu resp**e**ctă n**i**cio r**e**gulă de circul**a**ţie! ③
8 Cum **a**u obţin**u**t perm**i**sul de cond**u**cere?
9 Sunt ac**e**iaşi c**a**re în or**a**ş parche**a**ză pe trotu**a**r, ④ ⑤
10 nu se opr**e**sc la tr**e**cerea de piet**o**ni,
11 nu semnalize**a**ză când sch**i**mbă dir**e**cţia,
12 accelere**a**ză şi frâne**a**ză pre**a** brusc, ⑥
13 ca să nu m**a**i vorb**i**m de inconştien**ţ**ii c**a**re cond**u**c în st**a**re de ebriet**a**te…
14 – Se p**a**re că 30 la s**u**tă din accid**e**ntele de circul**a**ţie se datore**a**ză cons**u**mului de alco**o**l! ⑦
15 – D**e**ci 70 la s**u**tă se datore**a**ză **u**nor perso**a**ne c**a**re nu be**a**u dec**â**t **a**pă,
16 suc, ce**a**i, cafe**a** şi **a**lte băut**u**ri de g**e**nul **ă**sta. ⑧

PRONUNŢIE

[**3** … *ObOßäßk* … **7** … *tschirkulazjä* **13** … *inkOnschtiänzi* …]

② Der **şofer** "Fahrer" bezeichnet ausschließlich den *Auto*fahrer, den man auch **conducător auto** nennt. Den Führerschein erwirbt man in einer **şcoală de şoferi** "Fahrschule".

③ Die "Straßenverkehrsordnung" heißt **Regulament de circulaţie**.

④ **aceiaşi** "dieselben" nennt die rumänische Grammatik "Demonstrativpronomen der Gleichheit". Meistens ist **aceiaşi** ein "Demonstrativbegleiter", d. h. es wird einem Bezugswort vorangestellt: **aceiaşi tineri** "dieselben Jugendlichen". Näheres hierzu in der Wiederholungslektion.

3 Du hast Recht, ich werde beim Fahren (fahrend) schnell müde,

4 und ich muss am Steuer konzentriert bleiben,

5 um keine bösen (unangenehmen) Überraschungen zu riskieren.

6 Man könnte meinen (sagen), dass sämtliche Sonntagsfahrer auf die Autobahn gefahren sind;

7 sie halten sich an keine einzige Verkehrsregel (Regel von Verkehr♀)!

8 Wie haben die ihren Führerschein (Erlaubnisø von Führung) bekommen?

9 Das sind dieselben, die in der Stadt auf dem Gehwegø parken,

10 nicht am Fußgängerüberweg anhalten (Übergang♀ von Fußgänger),

11 nicht blinken, wenn sie die Fahrtrichtung ändern,

12 zu plötzlich beschleunigen und bremsen,

13 ganz zu schweigen von den Leichtsinnigen (wie dass nicht mehr sprechen[wir] von Unbewussten), die in trunkenem Zustand fahren (in Zustand von Trunkenheit)…

14 – Es scheint, dass 30 Prozent (auf hundert) der Verkehrsunfälleø auf Alkoholkonsumø zurückgehen!

15 – Also sind die 70 Prozent den Menschen zu verdanken, die nur Wasser trinken,

16 Saftø, Teeø, Kaffee♀ und andere derartige Getränke (von Art diese).

⑤ Bei **trotuar** erkennen Sie wahrscheinlich unschwer die Verwandtschaft zum französischen *trottoir* "Gehweg, Bürgersteig".

⑥ Das Nomen zum Verb **a accelera** "beschleunigen" lautet **accelerator** "Gaspedal", das Nomen zum Verb **a frâna** "bremsen" ist **frâna** "Bremse".

⑦ Zu **a se datora** "etw. geschuldet sein, auf etw. zurückzuführen sein, auf etw. beruhen" gibt es auch eine aktivische Form: **şi datorez bani.** "Ich schulde ihm Geld."; **Nu datorez nimănui nimic.** "Ich schulde niemandem etwas (nichts)." Vergleichen Sie mit **datorie** "Schuld" aus Lektion 51.

⑧ Sie kennen bereits **fel** "Art". Ein Synonym dazu ist **gen**.

17 În concluzie, trebuie să fim atenţi la cei care nu beau alcool!

18 Ei provoacă de trei ori mai multe accidente! ⑨

Exerciţiul 1: Înţelegeţi aceste propoziţii?

❶ Am obosit explicându-i că situaţia nu e deloc aşa cum şi-o închipuie el, e mult mai gravă. ❷ Nu e întotdeauna uşor să te organizezi, să rămâi concentrat pe munca pe care o faci. ❸ Poliţia anunţă că şoferul nu avea permis de conducere şi că actele maşinii erau false. ❹ România va trebui să aştepte anul 2020 ca să aibă cam o mie de kilometri de autostrăzi. ❺ Sunt obligat să parchez acolo unde găsesc un loc liber, câteodată chiar pe trecerea de pietoni.

Exerciţiul 2: Completaţi locurile libere cu cuvintele care lipsesc!

❶ Er ist nicht in der Lage, zwei verschiedene Dinge gleichzeitig zu tun (in dieselbe Zeit).

Nu e ……… să facă două lucruri ……… în ……… timp.

❷ In seinem Alter sucht er [immer] noch die ideale Frau, die ihn zum Träumen bringt (welche dass-ihn macht^{sie} dass würde^{er}-träumen).

La ……… lui, el ……… încă femeia ………, care să-l facă să viseze.

❸ Die Verkehrssituation (Verkehr-die) auf der Nationalstraße 1 wird (ist^{sie}) aufgrund eines Unfalls immer schwieriger.

……… e tot mai ……… pe drumul naţional 1 din ……… unui ……… .

❹ Wenn der Fahrer [dann] beschleunigt, wenn er es nicht sollte, verbraucht sein Auto viel mehr Benzin.

Dacă şoferul ……… când nu ………, maşina sa ……… mai multă ……… .

❺ Am Ende hat er darauf bestanden, allen im Saal anwesenden Personen zu danken.

La ………, el a ……… să ……… tuturor ……… prezente în sală.

17 Fazit: Wir müssen auf diejenigen aufpassen, die keinen Alkohol trinken!

18 Sie verursachen dreimal so viele Unfälle [wie die anderen]!

⑨ Der Infinitiv des Verbs ist **a provoca** "hervorrufen, provozieren, verursachen"; die Verwandlung des zweiten **o** im Stamm des Wortes in **oa** (**provoacă**) nennt man Vokalwechsel.

Soluţia exerciţiului 1: Aţi înţeles?

❶ Ich bin es leid (müde) ihm zu erklären, dass die Situation überhaupt nicht so ist, wie er sie sich vorstellt, sie ist viel schlimmer. ❷ Es ist nicht immer einfach [für dich], dich zu organisieren [und] und bei der Arbeit, die du machst, konzentriert zu bleiben. ❸ Die Polizei gibt bekannt, dass der Fahrer keinen Führerschein hatte und dass die Fahrzeugpapiere gefälscht (falsch) waren. ❹ Rumänien wird auf das Jahr 2020 warten müssen, um (hätte[sie]) ungefähr tausend Kilometer Autobahn zu haben. ❺ Ich bin verpflichtet, dort zu parken, wo ich einen freien Platz finde, machmal genau auf dem Fußgängerüberweg.

Soluţia exerciţiului 2: Cuvintele care lipsesc.

❶ capabil – diferite – acelaşi ❷ vârsta – caută – ideală ❸ Circulaţia – dificilă – cauza – accident ❹ accelerează – trebuie – consumă – benzină ❺ sfârşit – ţinut – mulţumească – persoanelor.

Etapa a doua: Activaţi astăzi lecţia 41!

91 Lecţia a optzeci şi patra

Recapitulare

1. Neue Rechtschreibregeln

Bis 1862 schrieb man Rumänisch in kyrillischer Schrift, die Siebenbürgische Schule, eine kulturelle Bewegung in der zweiten Hälfte des 18. Jahrhunderts und im 19. Jahrhundert, entwickelte das bis in die heutige Zeit benutzte lateinische Alphabet mit Sonderzeichen. Die Rechtschreibung wurde allerdings zwei großen Reformen unterzogen, 1953 und 1993.

Es würde zu weit gehen, auf alle Details dieser Reform einzugehen, daher hier nur ein kleiner Überblick über die wichtigsten Neuerungen:

- Der Laut [*î*] wurde in allen Wörtern **î** geschrieben, mit Ausnahme von **român** und seinen Ableitungen, in denen das **â** für **a** steht: der Hinweis auf die römische Abstammung der Rumänen (die Schreibweise **Roma** für "Rom" ist sowohl rumänisch als auch italienisch).

Nach den neuen Regeln wird der Laut [*î*] nun nur noch am Wortanfang und am Wortende mit **î** wiedergegeben: **început** "Beginn"; **a coborî** "aussteigen, sinken, hinunterlassen", oder in Fällen, in denen ein Wort mit **î** beginnt und ihm ein Präfix vorangeht: **a reîncepe** "neu beginnen". In allen anderen Fällen wird [*î*] durch **â** wiedergegeben.

- Eine weitere Änderung betrifft die Konjugation des Verbs **a fi** "sein" im Präsens Indikativ, in dem die veralteten Formen **sînt** "ich bin"; **sîntem** "wir sind"; **sînteţi** "ihr seid"; **sînt** "sie sind" den neuen Formen **sunt**, **suntem**, **sunteţi**, **sunt** gewichen sind.
- Schließlich hat die Reform die alten Schreibweisen **nici un**, **nici o** in zwei Wörtern in **niciun** und **nicio** "kein, keine" geändert.

2. Personalpronomen der Verstärkung

Im Rumänischen kann das Personalpronomen ebenso wie im Deutschen durch den Zusatz **însumi** "selbst" verstärkt werden. Hierbei unterscheidet das Rumänische zwischen männlichen und weiblichen Formen:

Personalform	Maskulinum	Femininum
1. Pers. Sg.	**eu însumi** "ich selbst"	**eu însămi** "ich selbst"
2. Pers. Sg.	**tu însuţi** "du selbst"	**tu însăţi** "du selbst"
3. Pers. Sg.	**el însuşi** "er selbst"	**ea însăşi** "sie selbst"
1. Pers. Pl.	**noi înşine** "wir selbst"	**noi însene** "wir selbst"
2. Pers. Pl.	**voi înşivă** "ihr selbst"	**voi însevă** "ihr selbst"
3. Pers. Pl.	**ei înşişi** "sie selbst"	**ele înseşi** "sie selbst"

Der Zusatz kann auch ein Adjektiv sein und steht dann vor oder hinter dem Wort, das es bestimmt:

Însuşi şeful (oder **Şeful însuşi**) **mi-a spus-o!** "Der Chef selbst hat es mir gesagt!"

Glücklicherweise hat die moderne Umgangssprache Möglichkeiten gefunden, die Dinge zu vereinfachen: So kann die Idee ebenso gut mit dem Adverb **chiar** "selbst, eben, gerade, genau" ausgedrückt werden: **chiar eu** "ich selbst"; **chiar tu** "du selbst" usw. Auch Wendungen wie **eu singur** "ich selbst" oder **eu în persoană** "ich persönlich" sind möglich.

Für den Satz "Glaub mir, ich habe es selbst gesehen, mit meinen eigenen Augen!" gibt es also vier Ausdrucksmöglichkeiten:

Crede-mă, am văzut-o eu însumi, cu ochii mei!
Crede-mă, am văzut-o chiar eu, cu ochii mei!
Crede-mă, am văzut-o eu singur, cu ochii mei!
Crede-mă, am văzut-o eu în persoană, cu ochii mei!

3. Reflexives Personalpronomen

3.1 Betonte Formen des reflexiven Personalpronomens

Das reflexive Personalpronomen existiert nur in der 3. Person: **sine** "sich selbst" (Akkusativ) und **sieşi** "sich selbst" (Dativ).

Sine und **sieşi** werden jedoch gerne durch die verstärkenden Personalpronomen (siehe Punkt 2. oben) ersetzt. So hört man anstelle von **Se vede pe sine în oglindă.** "Er sieht sich (selbst) im Spiegel." meist **Se vede pe el însuşi în oglindă** und anstelle von **Îşi spunea sieşi...** "Er sagte zu sich selbst..." wird meist **Îşi spunea lui însuşi...** benutzt.

Sine taucht als Nomen in der Wendung **în sinea mea** "in meinem tiefsten Inneren" auf, und es ist auch Bestandteil von Wendungen wie **se înţelege de la sine** "sich von selbst verstehen".

3.2 Unbetonte Formen der reflexiven Personalpronomen

Die unbetonten Formen des reflexiven Personalpronomens sind Ihnen schon vor langer Zeit begegnet: **se** und **s-** (von **sine**), **-şi**, **îşi** und **şi-** (Kurzformen von **sieşi**). Sie sind im Rahmen der Konjugation der reflexiven Verben aufgetaucht:

el se spală "er wäscht sich"; **el s-a spălat** "er hat sich gewaschen"; **a-şi aminti** "sich erinnern"; **el îşi aminteşte** "er erinnert sich"; **el şi-a amintit** "er hat sich erinnert".

Bei Verben des Typs **a-şi aminti** "sich erinnern" weist **-şi** darauf hin, dass das betreffende Verb in Kombination mit einem Dativobjekt auftritt – eine gute Gelegenheit, dieses Thema noch einmal in Lektion 56 nachzulesen...

4. Demonstrativpronomen

4.1 Demonstrativpronomen der Gleichheit

In der rumänischen Grammatik gibt es auch das sog. **pronume demostrativ de identitate**, das Demonstrativpronomen der Gleichheit, mit den folgenden Formen:

acelaşi "derselbe"; **aceeaşi** "dieselbe"; **aceiaşi** "dieselben" (Maskulinum); **aceleaşi** "dieselben" (Femininum).

Sie erkennen darin das Ihnen bereits bekannte Demonstrativpronomen **acela**, nicht wahr? Sie brauchen nur **-şi** anzuhängen, um das verstärkende "selbst" auszudrücken.

Das Demonstrativpronomen der Gleichheit kann als Adjektiv verwendet werden, und das Element **acel**(**a**) wird dekliniert:

Nu cobori de două ori în apa aceluiaşi râu. "Man steigt nicht zweimal in das Wasser desselben Flusses hinab."

4.2 Demonstrativpronomen der Nähe/Entfernung

Ein weiteres Demonstrativpronomen ist das der Nähe bzw. Entfernung: **celălalt** "der andere". Es setzt sich zusammen aus dem Stamm **cel** und dem unbestimmten Pronominaladjektiv **alt**(**ă**): **celălalt** "der andere"; **cealaltă** "die andere"; **ceilalţi** "die anderen" (Maskulinum); **celelalte** "die anderen" (Femininum). Auch dieses Demonstrativpronomen kann als Adjektiv fungieren; dabei wird **cel** dekliniert: **Dă şi celorlalţi!** "Gib auch den anderen [davon]!"

5. Vokalwechsel

Bei einem Vokalwechsel verändert sich der letzte Vokal im Stamm eines Substantivs, Adjektivs oder Verbs als Folge des Auftretens der Vokale **a**, **e** oder **i** in der Endung oder aufgrund einer Akzentverschiebung im Wortinneren. Zu Vokalwechseln kommt es durch die Flexion, d. h. der Deklination bei Nomen bzw. der Konjugation bei Verben.

5.1 Vokalwechsel als Folge des Auftretens von a, e oder i in der Wortendung

In den meisten Fällen verwandelt sich ein einzelner Vokal in einen Diphthong (z. B. wird **o** zu **oa**; "Diphthongierung") oder ein Diphthong wird zu einem einzelnen Vokal ("Monophthongierung"):

Vokalwechsel	Beispiele
a ▶ ă	**carte** "Buch" – **cărţi** "Bücher"
a ▶ e	**masă** "Tisch" – **mese** "Tische"
ă ▶ e	**văr** "Cousin» – **veri** "Cousins»; **eu văd** "ich sehe" – **tu vezi** "du siehst"
â ▶ i	**tânăr** "Jugendlicher" – **tineri** "Jugendliche (Pl.)"; **eu vând** "ich verkaufe" – **tu vinzi** "du verkaufst"
e ▶ ea	**întreg** "ganzer, gesamter" – **întreagă** "ganze, gesamte"; **el merge** "er geht" – **el să meargă** "er würde gehen"
ea ▶ e	**geamăn** "Zwilling" – **gemeni** "Zwillinge"; **eu beau** "ich trinke" – **tu bei** "du trinkst"
ie ▶ ia	**eu iert** "ich entschuldige" – **el iartă** "er entschuldigt"
o ▶ oa	**avion** "Flugzeug" – **avioane** "Flugzeuge"; **frumos** – "schön" (♂) – **frumoasă** "schön" (♀); **eu rog** "ich bitte" – **el roagă** "er bittet"
oa ▶ o	**floare** "Blume" – **flori** "Blumen"; **noapte** "Nacht" – **nopţi** "Nächte"

5.2 Vokalwechsel durch Akzentverschiebung im Wortinneren

Zu diesen Vokalwechseln kommt es bei der Konjugation von Verben; in den meisten Fällen wird das betonte **a** zu **ă**, wenn dieses bei der konjugierten Form die Betonung verliert.
Beispiel: **a cădea** "fallen": **cad**, **cazi**, **cade**, **cădem**, **cădeţi**, **cad**.

Bei manchen Verben kann es auch zu mehreren Vokalwechseln kommen, so z. B. bei **a putea** "können", wo die Vokale **o**, **oa** und **u** auftreten: **pot**, **poţi**, **poate**, **putem**, **puteţi**, **pot**.

6. Monatsnamen

Neben den bekannten lateinischen Monatsnamen kennt das Rumänische alternative Bezeichnungen für die Monate des Jahres. Man trifft sie meist nur noch in einem poetischen Kontext an. Sie spielen auf die Naturphänomene sowie auf die im jeweiligen Monat ausgeführten Aktivitäten der bäuerlichen Bevölkerung an. Beispiele:

Lateinischer Name	Alternative Bezeichnung
ianuarie "Januar"	**gerar** von **ger** "Frost"
februarie "Februar"	**făurar** von **faur** "Schmied" (er fertigt die Werkzeuge an, mit denen der Acker vorbereitet wird)
martie "März"	**germănar** "Keim"
mai "Mai"	**florar** von **floare** "Blume"
iunie "Juni"	**cireşar** von **cireaşă** "Kirsche"
iulie "Juli"	**cuptor** von **cuptor** "Ofen"
noiembrie "November"	**brumar** von **brumă** "Raureif"

Diese Namen werden mitunter wie Eigennamen angesehen; in diesem Fall werden sie großgeschrieben.

7. Verständnis-/Formulierungsübung

Exerciţiul: Înţelegeţi aceste propoziţii?

1 Aţi găsit uşor un loc în parkingul blocului? 2 Nu, parkingul era plin, am parcat pe stradă. 3 Am avut noroc, o maşină a plecat când am ajuns în faţa porţii. 4 Cred că era vecinul nostru de la etajul trei, 5 numai el pleacă la serviciu la ora asta. 6 E medic de urgenţă şi lucrează de noapte. 7 Totul e bine când se termină cu bine! 8 Mă gândeam cu groază că o să întârziem, 9 că o să pierdem mult timp învârtindu-ne prin cartier! 10 În plus, maşina mea e prea lungă şi prea lată, 11 e greu să găseşti un loc pentru ea. 12 Aţi venit pe autostradă sau pe naţională? 13 Pe hartă, itinerarul cel mai scurt e pe naţională, 14 dar în realitate pe autostradă e mult mai rapid: 15 nu există semafoare şi pietoni care traversează strada... 16 Da, şi ştii că mie îmi place viteza, 17 accelerez şi depăşesc repede 150 de kilometri pe oră; 18 În schimb, consum mai multă benzină. 19 Recunosc că încă nu am găsit soluţia cea mai potrivită; 20 pentru mine, e o adevărată dilemă... 21 Ei da, te înţeleg, sunt de acord cu tine: 22 Pe autostradă câştigi timp dar pierzi bani... 23 Cel mai inteligent ar fi să alegi calea de mijloc: 24 să vii pe autostradă, dar cu 90 de kilometri pe oră...

So langsam nähern Sie sich dem Ende des Kurses. Noch neun Lektionen, und Sie haben die letzte Lektion erreicht, aber das ist noch nicht das Ende Ihres Rumänischstudiums mit Assimil! Wenn Sie sich noch in der passiven Phase befinden, müssen Sie ja die aktive Phase noch bis zum Ende des Kurses fortsetzen! Sie können sich also noch auf viele Stunden in Gesellschaft Ihres Kurses freuen!

Soluţia exerciţiului: Aţi înţeles?

① Haben Sie problemlos (einfach) einen Platz im Parkhaus des Wohnblocks gefunden? ② Nein, das Parkhaus war voll, wir haben auf der Straße geparkt. ③ Wir haben Glück gehabt, ein Auto ist weggefahren, als wir vor der Tür ankamen. ④ Ich glaube, es war unser Nachbar aus der 3. Etage, ⑤ nur er fährt um diese Uhrzeit zur Arbeit. ⑥ Er ist Notarzt und arbeitet nachts. ⑦ Ende gut, alles gut (alles ist[es] gut wenn sich beendet[es] mit gut)! ⑧ Ich habe mit Grauen daran gedacht, dass wir uns verspäten würden, ⑨ [und] dass wir viel Zeit damit verlieren würden, im Viertel umherzufahren! ⑩ Außerdem ist mein Auto zu lang und zu breit, ⑪ es ist schwierig, einen Platz dafür zu finden. ⑫ Sind Sie über die Autobahn oder über die Nationalstraße gekommen? ⑬ Laut (auf) der Karte führt der kürzere Weg über (ist[es] auf) die Nationalstraße, ⑭ aber in Wirklichkeit geht es über die (auf) Autobahn viel schneller: ⑮ Es gibt keine Ampeln und keine Fußgänger, die die Straße überqueren... ⑯ Ja, und du weißt, dass ich die Geschwindigkeit mag, ⑰ ich beschleunige, und ich überschreite schnell die 150 km/h. ⑱ Dafür verbrauche ich viel mehr Benzin. ⑲ Ich gebe zu, dass ich noch nicht die passendste Lösung gefunden habe; ⑳ für mich ist das ein wahres Dilemma... ㉑ Tja, ich verstehe dich, ich stimme mit dir überein: ㉒ Auf der Autobahn gewinnst du Zeit, aber du verlierst Geld... ㉓ Das Intelligenteste wäre, den Mittelweg zu wählen: ㉔ die Autobahn nehmen (kommen auf Autobahn), aber mit 90 km/h fahren...

Etapa a doua: Activaţi astăzi lecţia 42!

92 Lecţia a nouăzeci şi doua

O carte de călătorii

1 – Al**o**, **e**u sunt, te sun din vag**o**nul restaur**a**nt,
2 ave**a**m chef să măn**â**nc un bift**e**c în s**â**nge. ①
3 – **A**i plec**a**t din Bucur**e**şti f**ă**ră n**i**cio întârzi**e**re?
4 – Da, de d**a**ta **a**sta, tr**e**nul a respect**a**t or**a**rul…
5 – Un adevăr**a**t mir**a**col! D**e**ci o să aj**u**ngi la timp… ②
6 **U**nde **e**şti ac**u**m? **A**i trec**u**t de Braş**o**v? ③
7 – Nu, s**u**ntem **î**ncă pe v**a**lea Pr**a**hovei, ④
8 în z**a**re se văd m**u**nţi acoper**i**ţi de zăp**a**dă ⑤
9 şi în g**ă**ri schi**o**ri echip**a**ţi din cap p**â**nă în picio**a**re,
10 cu schi**u**rile în sp**a**te şi cu b**e**ţele în m**â**nă. ⑥ ⑦
11 – Te aşt**e**pt cum am stabil**i**t, pe per**o**n.
12 – Mers**i** mult, geamant**a**nul m**e**u cântăr**e**şte o t**o**nă,
13 s-ar z**i**ce că cinev**a** l-a umpl**u**t cu cărăm**i**zi…
14 Probl**e**ma e că m**a**i am c**i**nci **o**re de drum şi mă plictis**e**sc de mo**a**rte…
15 – N-**a**i nimic de cit**i**t? N-**a**i lu**a**t n**i**cio c**a**rte?

PRONUNŢIE [***9** … ßkiOri ekipaz^{j} …*]

ANMERKUNGEN

① Die Präposition **în** "in, auf, an" ist eine der meistbenutzten Präpositionen. Aus diesem Grund widmen wir ihr ein Kapitel in der Wiederholungslektion.

② **miracol** kommt unter anderem auch in **Curtea Miracolelor** vor, der "Hof der Wunder", der in der Zeit vor Ludwig XIV. das Zentrum der Pariser Unterwelt war. Für "Wunder" kennen Sie auch schon **minune** (L. 74).

92. Lektion

Ein Reisebuch

1 – Hallo, ich bin's, ich rufe dich aus dem Zugrestaurant (Wagon⌀ Restaurant) an,

2 ich hatte Lust, ein englisch gebratenes Rindersteak zu essen (Beefsteak in Blut).

3 – Bist du in Bukarest ohne (keine) Verspätung abgefahren?

4 – Ja, dieses Mal hat der Zug sich an den (hat^{er} respektiert) Fahrplan gehalten …

5 – Ein wahres Wunder! Also wirst du rechtzeitig ankommen …

6 Wo bist du jetzt? Hast du Braşov passiert?

7 – Nein, wir sind noch im Tal von Prahova,

8 in der Ferne♀ sieht man die schneebedeckten Berge (Berg♂♂ bedeckt von Schnee♀),

9 und auf den Bahnhöfen die Skifahrer, ausgerüstet von Kopf bis Fuß,

10 die Ski♂♂ auf dem Rücken und die Stöcke⌀⌀ in der Hand.

11 – Ich erwarte dich wie vereinbart (festgelegt) auf dem Bahnsteig⌀.

12 – Vielen Dank, mein Koffer⌀ wiegt eine Tonne,

13 man könnte meinen, jemand hat ihn mit Ziegelsteinen♀♀ gefüllt…

14 Das Problem ist, dass ich noch fünf Stunden Fahrt (von Weg) [vor mir] habe, und ich langweile mich zu Tode♀ …

15 – Hast du nichts zu lesen? Hast du kein Buch mitgenommen?

③ **Unde** "wo", ein Frageadverb oder Interrogativpronomen, über das wir in der Wiederholungslektion ausführlicher sprechen.

④ Der Kreis **Prahova** liegt in der Region Walachei und ist nach dem gleichnamigen Fluss Prahova benannt. Die Kreishauptstadt heißt **Ploieşti**.

⑤ Anstelle von **în zare** "in der Ferne" können Sie ein anderes Wort benutzen, das Sie sich bestimmt gut merken können: **la orizont** "am Horizont".

⑥ Das Verb zu **schi** "Ski" ist **a schia** "skifahren".

⑦ **băţul** (Nom. Sg., best. Artikel), **beţele** (Nom. Pl., best. Artikel), **băţ** (Nom. Sg., unbest. Artikel), **beţe** (Nom. Pl., unbest. Artikel).

16 Ar fi trebuit să te gândeşti dinainte! ⑧

17 Ideal ar fi fost ceva fără prentenţii intelectuale,

18 un roman poliţist sau de aventuri ...

19 De fapt, cea mai potrivită ar fi fost o carte de călătorii... ⑨

20 – O, am la mine o carte de genul ăsta, imposibil de citit, ⑩

21 n-are nici personaje şi nici acţiune,

22 e Mersul trenurilor ... ⑪

Exerciţiul 1: Înţelegeţi aceste propoziţii?

❶ Trenul are deja o întârziere de cinci minute, dar o poate recupera fără probleme până la Cluj. ❷ Insist, vreau ca biftecul să fie bine prăjit, nu suport gustul de sânge. ❸ Cu ajutorul tehnicilor moderne, medicii reuşesc să facă azi adevărate miracole. ❹ Pe valea Oltului, care traversează Carpaţii, se pot vizita mai multe mănăstiri vechi de sute de ani. ❺ În 1954, iarna, străzile Bucureştiului au fost acoperite de cinci metri de zăpadă şi viteza vântului a atins 126 de km pe oră.

16 Du hättest vorher daran denken sollen!

17 Ideal wäre etwas ohne intellektuellen Anspruch gewesen,

18 ein Krimi (Roman$^{\varnothing}$ Polizist) oder ein Abenteuer[roman] …

19 Eigentlich wäre das passendste ein Reisebuch gewesen …

20 – Oh, ich habe ein solches Buch (von Art-das dieses) dabei, aber das kann man unmöglich lesen,

21 es gibt keine Figuren und keine Handlung♀,

22 es ist der Zugfahrplan (Lauf$^{\varnothing}$ der-Züge)! ...

⑧ Sie erkennen, dass **dinainte** "vorher, im Voraus" aus **de** "von" + **înainte** "(da)vor" besteht.

⑨ Ein Begriff, der Ihnen in diesem Zusammenhang auch nützlich sein kann, ist **ghid turistic** "Reiseführer".

⑩ Auch die Präposition **de** "von", die hier zur Bildung eines Supinums dient (s.a. Lektion 44), sehen wir uns in der Wiederholungslektion noch einmal genauer an.

⑪ Das Substantiv **mers** "Lauf, Gehen" gehört selbstverständlich in dieselbe Familie wie **a merge** "gehen"; es kann auch in anderen Zusammenhängen im Sinne von "Gangart, Verlauf" benutzt werden.

Sie haben jetzt eine ganze Menge über eine Ihnen anfangs vielleicht ganz fremde Sprache gelernt. Bedenken Sie, dass die Beherrschung einer Fremdsprache eine gewisse Regelmäßigkeit und Zielstrebigkeit erfordert. Versuchen Sie also, auch nach Abschluss des Kurses weiterhin Ihr erlerntes Wissen regelmäßig anzuwenden. Die Tatsache, dass Sie uns bis hierher begleitet haben, hat bereits Ihre Stärke und Willenskraft bewiesen. Gratulation! Bleiben Sie am Ball!

Soluţia exerciţiului 1: Aţi înţeles?

❶ Der Zug hat bereits fünf Minuten Verspätung, aber er kann sie bis Cluj problemlos wieder reinholen. ❷ Ich bestehe darauf, ich möchte das Rindersteak gut [durch]gebraten, ich ertrage den Geschmack von Blut nicht. ❸ Mithilfe der modernen Technik gelingt es den Ärzten heute, wahre Wunder zu vollbringen. ❹ Im Olt-Tal, das die Karpaten durchschneidet (durchquert^{sie}), kann man mehrere Klöster besuchen, die Hunderte von Jahren alt sind. ❺ Im Jahr 1954 waren die Straßen von Bukarest im Winter fünf Meter [hoch] mit Schnee bedeckt, und die Windgeschwindigkeit erreichte 126 km/h.

Exerciţiul 2: Completaţi locurile libere cu cuvintele care lipsesc!

❶ Diese Ski sind zu teuer, ich frage mich, wie viel ein Paar gebrauchte Ski (von Gelegenheit) kosten.

_____ astea sunt prea _____, mă întreb cât costă o _____ de schiuri de _____.

❷ Er hat im Radio erklärt, dass die beiden Länder offene und ehrliche Beziehungen (festlegen) auf dem Weg zum Frieden eingehen müssen.

El a _____ la radio că cele două _____ trebuie să stabilească relaţii _____ şi _____ pe calea păcii.

❸ Sie hat Angst zuzunehmen: Sie isst nur Gemüse, und sie wiegt sich zweimal am Tag.

I-e _____ că se _____: nu mănâncă decât _____ şi se _____ de două ori pe zi.

❹ Im Hinblick auf den (in Name) Umweltschutz möchten sie in ein Haus aus Backsteinen und Holz umziehen.

În _____ protecţiei naturii, ei vor să se mute într-o casă de _____ şi de _____.

❺ Ein Abenteuerroman ist ein Roman ohne großen Anspruch, der den Schwerpunkt auf die Handlung legt.

Un _____ de _____ e un roman fără mari pretenţii, care _____ accentul pe _____.

93 Lecţia a nouăzeci şi treia

Un om distrat

1 – Cum p**o**ţi să f**i**i at**â**t de distr**a**t?

2 **A**zi ţi-**a**i pierd**u**t umbr**e**la,

3 d**u**pă ce ţi-**a**i pierd**u**t portof**e**lul, săptăm**â**na trec**u**tă…

4 – De fapt, nu ş**ti**u d**a**că l-am pierd**u**t s**a**u d**a**că mi s-a fur**a**t!

Soluţia exerciţiului 2: Cuvintele care lipsesc.

❶ Schiurile – scumpe – pereche – ocazie ❷ declarat – ţări – deschise – sincere ❸ teamă – îngraşă – legume – cântăreşte ❹ numele – cărămidă – lemn ❺ roman – aventuri – pune – acţiune.

Klimatische Besonderheiten

Bedingt durch die Topografie Rumäniens mit je einem Drittel Gebirge, Hochland und Ebene und dem Gebirgszug der Karpaten als natürliche Barriere herrschen zwischen den verschiedenen Landesteilen zum Teil erhebliche klimatische Unterschiede. Es gibt teils brütendheiße Sommer und ziemlich raue Winter, in denen die Temperatur mitunter sogar bis auf minus 25 Grad Celsius herabsinkt. Dank der dicken Schneedecke von November bis März/April können in der Gebirgszone verschiedene Wintersportarten ausgeübt werden. Die meistbesuchten Wintersportorte befinden sich im **Prahova**-Tal. **Poiana Braşov** verfügt über das größte rumänische Skigebiet, und der Luftkurort **Predeal**, der mit einer Höhe von 1040-1100 m die höchstgelegene Stadt Rumäniens ist, bietet die meisten **pârtii** "Skipisten".

Etapa a doua: Activaţi astăzi lecţia 43!

93. Lektion

Ein zerstreuter Mensch

1 – Wie kannst du [nur] so zerstreut sein?

2 Heute hast du deinen Regenschirm verloren,

3 nachdem du dein Portemonnaie verloren hast, vergangene Woche …

4 – Eigentlich weiß ich nicht, ob ich es verloren habe oder ob es mir gestohlen wurde!

5 **U**ltima d**a**tă când l-am av**u**t în m**â**nă
6 a fost la ghiş**e**ul de la metr**o**u, ① ② ③
7 când mi-**a**m reînno**i**t abonam**e**ntul. ④ ⑤
8 A dispăr**u**t ap**o**i f**ă**ră **u**rmă!
9 Cinev**a** tr**e**buie să mi-l fi scos din buzun**a**r, ⑥
10 profit**â**nd de înghesui**a**lă;
11 er**a** m**u**ltă l**u**me la **o**ra de vârf… ⑦
12 – **A**i declar**a**t f**u**rtul la pol**i**ţie?
13 – La ce bun? N**u**-i n**i**cio sper**a**nţă!
14 Şi nu sunt s**i**gur că am fost v**i**ctima **u**nui del**i**ct…
15 – Gr**e**u de închipu**i**t cinev**a** m**a**i neat**e**nt dec**â**t t**i**ne! ⑧
16 **A**i fost la bir**o**ul de obi**e**cte pierd**u**te?
17 Se p**a**re că **a**u adun**a**t, cu vr**e**mea, o adevăr**a**tă col**e**cţie de curiozit**ă**ţi! ⑨

PRONUNŢIE

[**6** … *gischäul* … **10** … *îngäßujal*[a] **11** … *wîrf* **15** … *înkipuit* … **17** … *kuriosit*[a]*z*[j]]

ANMERKUNGEN

① Dieser Satz enthält mit **ghişeu** und **metro** (von franz. *guichet* und *métro*) wieder zwei Beispiele dafür, mit welcher Leichtigkeit das Rumänische Fremdwörter in die eigene Sprache integriert.

② Hier sehen Sie zweimal die Präposition **la**; das zweite **la** steht hier, um einen Genitiv zu vermeiden. Mehr dazu in der Wiederholungslektion.

③ Erinnern Sie sich, welche weiteren öffentlichen Verkehrsmittel Sie in Lektion 24 angetroffen haben?

④ Das Präfix **re-** weist auf die Wiederholung der durch das Verb ausgedrückten Handlung hin: **a afirma** – **a reafirma** "behaupten, beteuern, bestätigen" – "erneut beteuern". Es kann auch bei Nomen und Adjektiven angewandt werden: **acţiune** – **reacţiune** "Aktion - Reaktion"; **încălzit** – **reîncălzit** "erwärmt – wiederaufgewärmt".

5 Das letzte Mal, als ich es in Händen hielt,

6 das war am [Fahrkarten]schalter der U-Bahn[ø],

7 als ich mein Abonnement erneuert habe.

8 Danach ist es spurlos verschwunden!

9 Jemand muss es aus meiner Tasche herausgenommen haben,

10 indem er das Gedränge ausnutzte;

11 da waren viele Leute zur Stoßzeit …

12 – Hast du den Diebstahl bei der Polizei gemeldet?

13 – Wozu soll das gut sein? Es gibt keine Hoffnung!

14 Und ich bin mir nicht einmal sicher, dass ich das Opfer eines Verbrechens war …

15 – [Es ist] schwierig sich jemanden vorzustellen, der unvorsichtiger ist als du!

16 Bist du beim Fundbüro gewesen (Büro-das von Gegenstand[ø] verloren)?

17 Es scheint, dass sie mit der Zeit eine richtige (echte) Kollektion von Kuriositäten angesammelt haben!

⑤ Merken Sie sich neben **a reînnoi** "erneuern" auch **a prelungi** "verlängern".

⑥ **scos** ist das Partizip Perfekt des bereits bekannten Verbs **a scoate** "herausnehmen". Erinnern Sie sich an **a scoate bani** "Geld abheben" aus Lektion 37?

⑦ **vârf** "Spitze" und "Gipfel": **Cu cei 2544 metri ai săi, vârful Moldoveanu din Carpaţi e cel mai înalt vârf din România.** "Mit seinen 2.544 Metern ist der Gipfel des Moldoveanu in den Karpaten der höchste Gipfel in Rumänien."

⑧ Durch Voranstellen der verneinenden Vorsilbe **ne-** "Un-/un-", "Nicht-" vor ein Adjektiv, Nomen oder Partizip Perfekt kehrt sich der Sinn des Wortes ins Gegenteil um. In Lektion 42 können Sie dies noch einmal ausführlicher nachlesen.

⑨ Der Singular von **curiozităţi** ist **curiozitate**, das sowohl "Neugierde" als auch "Kuriosität" bedeutet. Auf den Konsonantenwechsel von **t** im Singular in **ţ** im Plural gehen wir in der Wiederholungslektion ein.

18 Se **u**ită l**u**cruri neaştept**a**te în transp**o**rturile în com**u**n… ⑩
19 Cred că disp**u**i de c**â**teva l**u**ni ca să p**o**ţi recuper**a** un obi**e**ct,
20 t**o**tul dep**i**nde de valo**a**rea l**u**i…
21 Dar d**a**că n**i**meni nu-l recl**a**mă **î**ntr-un interv**a**l de timp,
22 obi**e**ctul e vând**u**t la licit**a**ţie.
23 P**e**ntru că ven**i** v**o**rba, ⑪
24 când ţi-**a**i dat se**a**ma că ţi-**a**i pierd**u**t umbr**e**la?
25 – Când am vrut s-o înch**i**d! ⑫

[**22** … *litschit**a**zjä*]

Exerciţiul 1: Înţelegeţi aceste propoziţii?

❶ N-aveam bani în portofelul care mi s-a furat în tramvai, hoţul s-a înşelat! ❷ Prefer să cumpăr abonamentul la teatru pe Internet, e o coadă prea lungă la ghişeu. ❸ Nu reuşesc să recunosc animalul care a lăsat urme de paşi în zăpadă. ❹ Nu vreau să-ţi dau speranţe false, dar sunt sigur că te vei descurca fără ajutorul nimănui. ❺ N-am văzut niciodată un om mai distrat ca el, întotdeauna cu capul în nori, fără nicio legătură cu realitatea!

18 Man vergisst unerwartete Dinge in den öffentlichen Verkehrsmitteln …

19 Ich glaube, du hast (verfügst[du] von) mehrere Monate, um einen Gegenstand zurückerhalten zu können,

20 es hängt alles von seinem Wert ab …

21 Aber wenn niemand es innerhalb eines bestimmten Zeitraums zurückfordert (Intervall[∅] von Zeit),

22 wird der Gegenstand auf einer Versteigerung verkauft.

23 [Ach ja,] wo wir gerade davon reden (während dass kam[es] Wort-die),

24 wann hast du gemerkt, dass du deinen Schirm verloren hattest?

25 – Als ich ihn zumachen wollte!

⑩ Ein anderer gängiger Ausdruck für "Verkehrsmittel, Fahrzeug, Transportmittel" ist **mijloc de transport**.

⑪ Im Ausdruck **Pentru că veni vorba** steht das Verb in der einfachen Vergangenheit, die im Rumänischen sehr selten ist und meist nur in literarischen Texten oder im regionalen Gebrauch vorkommt.

⑫ **Când** "als" ist eine Konjunktion, kann aber auch ein Interrogativadverb der Zeit sein: "wann".

Soluţia exerciţiului 1: Aţi înţeles?

❶ Ich hatte kein Geld in dem Portemonnaie, das man mir in der Straßenbahn gestohlen hat: Der Dieb hat sich geirrt. ❷ Ich ziehe es vor, mein Theaterabonnement im Internet zu kaufen, es gibt eine zu lange Schlange am Schalter. ❸ Es gelingt mir nicht, das Tier wiederzuerkennen, das Pfotenabdrücke (Spur von Schritte) im Schnee hinterlassen hat. ❹ Ich möchte dir (geben) keine falschen Hoffnungen machen, aber ich bin sicher, dass du ohne die Hilfe einer anderen Person (niemandes) zurechtkommen wirst. ❺ Ich habe noch nie einen Menschen gesehen, der zerstreuter ist als er, immer den Kopf in den Wolken, ohne irgendeine (keine) Beziehung zur Realität!

Exerciţiul 2: Completaţi locurile libere cu cuvintele care lipsesc!

❶ Heute sind viele Kinder Opfer der Mode, wie ihre Eltern.
Azi mulţi ..... sunt .... ale ....., ca părinţii ... .

❷ Er hat in mehreren Jahren eine Kollektion von Kunstgegenständen von großem Wert angesammelt.
A ...... în câţiva ani o .... de obiecte de .... de mare ....

❸ Er behauptet in einem Buch, dass die größte Tugend des Menschen die Neugierde ist.
El afirmă într-o ..... că cea mai mare .... a omului e ....

❹ Er verfügt über viel Geld, er hat viele Bilder auf Versteigerungen gekauft.
El dispune de mulţi ...., a .... multe tablouri la ....

94 Lecţia a nouăzeci şi patra

Planuri de viitor

1 – Nu m**a**i sup**o**rt să mi se sp**u**nă ce tr**e**buie să fac,

2 n**i**ci să prim**e**sc **o**rdine de la ş**e**fi idi**o**ţi!

3 Am hotăr**â**t să i**a**u t**a**urul de co**a**rne:

4 **î**mi d**a**u demis**i**a din sl**u**jbă ①

PRONUNŢIE

[**2** … *schäfi idioz*^{j}]

❺ Wählen Sie die Sprache aus, die Sie lernen möchten, und beginnen Sie anschließend mit der ersten Lektion des Lehrwerks.

Alegeţi limba pe care vreţi s-o ________ şi începeţi ____ cu prima ______ din ______.

Soluţia exerciţiului 2: Cuvintele care lipsesc.

❶ copii – victime – modei – lor ❷ adunat – colecţie – artă – valoare ❸ carte – virtute – curiozitatea ❹ bani – cumpărat – licitaţie ❺ învăţaţi – apoi – lecţie – manual.

Etapa a doua: Activaţi astăzi lecţia 44!

94. Lektion

Zukunftspläne

1 – Ich ertrage es nicht mehr, dass man mir sagt, was ich zu tun habe,

2 [und] auch nicht, Befehle (Anordnung^øø) von idiotischen Chefs zu bekommen!

3 Ich habe beschlossen, (dass nehme^ich) den Stier bei den Hörnern^øø zu packen:

4 Ich kündige (mir gebe^ich Ausscheiden♀ in Job♀),

LEKTION 94

ANMERKUNGEN

① **slujbă** ist eher der etwas saloppe Ausdruck für "Job, Stelle, Posten", das umgangssprachliche Synonym lautet **post** oder **serviciu**.

5 şi mă pun pe c**o**ntul m**e**u, ②

6 mă lans**e**z în af**a**ceri ca întreprinzăt**o**r individu**a**l! ③

7 – Nu şt**i**u ce să zic, e un m**a**re risc, m**a**i al**e**s ac**u**m, ④

8 în conjunct**u**ra **a**sta econ**o**mică defavor**a**bilă…

9 Nu er**a**i mulţum**i**t cu p**o**stul t**ă**u de la Cons**i**liul judeţe**a**n?

10 Sper că **e**şti conşti**e**nt că n-o să f**i**e uş**o**r p**e**ntru t**i**ne… ⑤

11 **A**i o id**e**e prec**i**să, şt**i**i ce vr**e**i să f**a**ci?

12 – To**a**te posibilit**ă**ţile sunt desch**i**se, am m**a**i m**u**lte pl**a**nuri de viit**o**r, ⑥

13 dar oric**e** e prefer**a**bil situ**a**ţiei actu**a**le!

14 – Va trebu**i** să i**e**i dec**i**zii import**a**nte!

15 – O şt**i**u fo**a**rte b**i**ne… ⑦

16 De fapt, ez**i**t **î**ntre m**a**i m**u**lte proi**e**cte,

17 nu şt**i**u **î**ncă pe c**a**re să-l privilegi**e**z…

18 – Tr**e**buie să f**a**ci st**u**dii de fezabilit**a**te, ⑧

19 să găs**e**şti finanţ**ă**ri, eventu**a**l sp**o**nsori… ⑨

PRONUNŢIE

[**6** … *înträprins^{a}**tOr*** … **9** … *ĵudäz**ean*** **17** … *priwiledĵi**äs***]

② Merken Sie sich auch **pe cont propriu** "selbstständig, auf eigene Faust".

③ **întreprinzător** ist auch ein Adjektiv: "unternehmungslustig, tatendurstig".

④ **mai ales** "ausgerechnet, zumal, insbesondere, besonders".

5 und ich mache mich selbstständig (mich stelle[ich] auf Konto-das mein),

6 ich betreibe Geschäfte (mich führe[ich]-ein in Unternehmen[♀♀]) als Einzelunternehmer!

7 – Ich weiß nicht, was ich sagen soll, es ist ein großes Risiko, ausgerechnet jetzt,

8 bei dieser ungünstigen wirtschaftlichen Konjunktur …

9 Warst du nicht zufrieden mit deiner Stelle[ø] beim Kreisrat (Rat[ø] Landkreis[ø])?

10 Ich hoffe, dass du dir darüber bewusst bist, dass es nicht einfach sein wird für dich …

11 Hast du eine präzise Vorstellung (Idee), weißt du, was du machen willst?

12 – Alle Möglichkeiten sind offen, ich habe verschiedene Zukunftspläne,

13 aber alles ist besser als die aktuelle Situation (wünschenswert der-Situation aktuell)!

14 – Du wirst wichtige Entscheidungen treffen müssen!

15 – Das weiß ich sehr gut …

16 Eigentlich schwanke ich (zögere[ich]) zwischen mehreren Projekten,

17 ich weiß noch nicht, welchem ich den Vorrang gebe …

18 – Du musst Machbarkeitsstudien[ø] durchführen,

19 Fördermittel finden, eventuell Sponsoren …

⑤ **că** "dass" ist eine sog. unterordnende Konjunktion. Unterordnende Konjunktionen leiten einen Nebensatz ein und binden ihn so in den übergeordneten Satz ein. In der Wiederholungslektion gehen wir näher darauf ein.

⑥ **plan** hat auch noch eine andere Bedeutung: "Ebene, Fläche".

⑦ Das neutrale "das" wird mit dem weiblichen **o** wiedergegeben. Alternativ könnte man auch einfach nur **ştiu foarte bine** sagen.

⑧ Neben **studiu de fezabilitate** "Machbarkeitsstudie" gibt es auch noch die **studiu de piaţă** "Marktstudie".

⑨ Seit neustem ersetzt das aus dem Englischen stammende **sponsor** immer häufiger das französischstämmige **mecena** "Mäzen".

20 Secr**e**tul succ**e**sului e s**i**mplu:

21 chi**a**r de la încep**u**t, tr**e**buie să i**e**i dec**i**zii cor**e**cte!

22 – Şi cum p**o**ţi să şt**i**i că o dec**i**zie e cor**e**ctă s**a**u nu?

23 – A, experi**e**nţa te înv**a**ţă **a**sta, cu t**i**mpul! ⑩

24 – Şi cum p**o**ţi să acumul**e**zi experi**e**nţa neces**a**ră?

25 – Ce întreb**a**re!

26 Lu**â**nd des**i**gur dec**i**zii greş**i**te!

Exerciţiul 1: Înţelegeţi aceste propoziţii?

❶ Ca toţi cei care sunt născuţi în zodia Taurului, e o persoană calmă şi plină de bun simţ, apropiată de natură. ❷ S-a săturat să lucreze pentru alţii şi s-a decis să-şi dea demisia. ❸ A scris deja o scrisoare în acest sens. ❹ Primăria a promis că va lua toate măsurile necesare pentru a preveni riscurile iernii. ❺ Echipa lui se află într-o situaţie defavorabilă în clasament şi trebuie să lupte pentru a supravieţui. ❻ Se pare că un tânăr din trei visează să aibă o slujbă sigură, cu un salariu fix.

20 Das Geheimnis des Erfolgs ist simpel:

21 Man muss gleich (genau) von Beginn an die richtigen Entscheidungen treffen!

22 – Und wie kann man wissen, ob eine Entscheidung richtig ist oder nicht?

23 – Ach, die Erfahrung lehrt dich das, mit der Zeit!

24 – Und wie kann man (häufe[ich]-an) die nötige Erfahrung sammeln?

25 – Was für eine Frage!

26 Selbstverständlich indem du die falschen Entscheidungen triffst!

⑩ Im vorliegenden Kontext hat **asta** "diese" neutralen Charakter: "das".

Lerntipp: *Sie können den Lernerfolg noch steigern, indem Sie mit der Sprache und den Texten spielen. Lesen Sie laut, als würden Sie die Texte auf der Bühne vortragen, bilden Sie eigene Sätze, und hören Sie immer wieder die Tonaufnahmen an. Wenn Ihnen etwas unklar ist, können Sie sich anhand des grammatikalischen Indexes Informationen zu dem jeweiligen Thema aus den Wiederholungslektionen heraussuchen.*

Soluţia exerciţiului 1: Aţi înţeles?

❶ Wie alle, die im Sternzeichen Stier geboren sind, ist er eine ruhige Person mit viel (und voll von) gesundem Menschenverstand und naturverbunden (nah von Natur). ❷ Er hat es satt, für andere zu arbeiten, und er hat sich entschieden, zu kündigen. ❸ Sie hat bereits einen Brief in diesem Sinne geschrieben. ❹ Die Stadtverwaltung (Rathaus-die) hat versprochen, alle nötigen Maßnahmen zu ergreifen, um den Gefahren des Winters vorzubeugen. ❺ Seine Mannschaft befindet sich in der Rangliste in einer ungünstigen Lage (Situation) und muss kämpfen, um zu überleben. ❻ Es scheint, dass ein Jugendlicher von drei davon träumt, einen sicheren Job zu haben, mit einem festen Gehalt.

Exerciţiul 2: Completaţi locurile libere cu cuvintele care lipsesc!

❶ Wenn er will, hat er die Möglichkeit, sich an mehreren Universitäten gleichzeitig einzuschreiben.

Dacă ____, are posibilitatea să se ________ la mai _____ universităţi în ________ timp.

❷ Ich glaube, dass es Situationen gibt, in denen es besser ist, in der Öffentlichkeit nicht die Wahrheit zu sagen.

Cred că ______ situaţii în care e ___________ să nu ____ adevărul în ______.

❸ Nachdem er mehrere Marktstudien durchgeführt hat, ist es ihm gelungen, ein Unternehmensprojekt zu etablieren (legt^{er}-fest), und nun sucht er Fördermittel.

După ce a făcut mai multe ______ de piaţă, a reuşit să stabilească un ________ de întreprindere şi _____ acum _________.

❹ Er hat vor den Teilnehmern der Sitzung erklärt, dass sein Land dem Frieden in den internationalen Beziehungen den Vorrang gibt.

El a declarat în faţa participanţilor la _________ că ţara sa _____________ pacea în __________ internaţionale.

95 Lecţia a nouăzeci şi cincea

În autobuz

1 – E de necrez**u**t, sunt **u**nii cetă**ţ**eni c**a**re n-**a**u n**i**ciun resp**e**ct p**e**ntru **a**lţii ①

PRONUNŢIE

[*1 … tschet^{a}**zä**ni …*]

❺ Sie laufen Gefahr, sich zu irren und falsche Entscheidungen zu treffen, die sie später bereuen werden.

Ei ______ să se ______ şi să ia decizii ______, pe care le vor ______ mai târziu.

Soluţia exerciţiului 2: Cuvintele care lipsesc.

❶ vrea – înscrie – multe – acelaşi ❷ există – preferabil – spui – public ❸ studii – proiect – caută – finanţări ❹ reuniune – privilegiază – relaţiile ❺ riscă – înşele – greşite – regreta.

Verwaltungsstruktur in Rumänien

Auf der Verwaltungsebene ist Rumänien in Gemeinden, Städte und Landkreise unterteilt. Die Gemeinde (**comună**) wird vom Gemeinderat (**Consiliu local**) und einem Bürgermeister (**primar**) verwaltet und kann aus einem oder mehreren Dörfern (**sat**ᴓ) oder Weilern (**cătun**ᴓ) bestehen. Die Stadt (**oraş**) wird vom jeweiligen Stadtrat und dem gewählten Bürgermeister regiert. Bestimmte wichtige und bevölkerungsreiche Städte tragen den Ehrentitel **municipiu**ᴓ. **Bucureşti** "Bukarest", ein **municipiu** mit dem Status eines Landkreises, ist in sechs Stadtbezirke (**sector**ᴓ) unterteilt. Der Landkreis (**judeţ**) wird vom **Consiliu judeţean** "Kreisrat" und einem von der Regierung eingesetzten **prefect** "Landrat, Präfekt" regiert. Rumänien verfügt über 41 Landkreise mit durchschnittlich je 500.000 Einwohnern.

Etapa a doua: Activaţi astăzi lecţia 45!

95. Lektion

Im Bus

1 – Es ist unglaublich, es gibt Leute (die-einen Bürger), die keinen Respektᴓ vor anderen haben

ANMERKUNGEN

① Auf das Synonym von **de necrezut**, **incredibil**, haben wir bereits in Lektion 85 hingewiesen. Bei **de necrezut** handelt es sich um eine andere Verwendungsweise des Supinums, einer grammatikalischen Mischform zwischen Nomen und Verb. Vgl. ebenso **de nesuportat** "unerträglich" (L. 61).

2 şi **u**rcă în autob**u**z cu c**â**ini!

3 E un adevăr**a**t scand**a**l!

4 – C**i**ne **e**şti dumneat**a** ca să j**u**deci şi să cond**a**mni? ②

5 D**a**că n**u**-ţi plac anim**a**lele, n**u**-ţi plac n**i**ci o**a**menii!

6 – N-**a**re rost să discut**ă**m,

7 e o chesti**u**ne de princ**i**piu! ③

8 Un c**â**ine, chi**a**r ţin**u**t în l**e**să,

9 n-**a**re ce căut**a** în transp**o**rtul în com**u**n!

10 L**o**cul l**u**i e în grăd**i**nă, do**a**mnă,

11 să păze**a**scă c**a**sa de h**o**ţi!

12 – C**a**re grăd**i**nă? C**a**re c**a**să?

13 Nu locui**e**sc **î**ntr-o v**i**lă!

14 Am o garsoni**e**ră la part**e**r, **î**ntr-un bloc…

15 Şi ce-av**e**ţi cu el?

16 Nu f**a**ce r**ă**u la n**i**meni! ④

17 Vă miro**a**se p**e**ntru că e curi**o**s!

18 – **A**sta-i pre**a** de tot! Marş de-**a**ici! ⑤

19 C**â**inele e un anim**a**l pericul**o**s!

PRONUNŢIE [**4** …*judăz*^{i} …]

② **dumneata** ist ein höfliches Pronomen der 2. Person Singular. Es wird anstelle des Namens der Person verwendet und drückt den Respekt gegenüber dieser Person aus. Dieses Pronomen hat Formen für die 2. und 3. Person Singular und Plural: **dumneata** (Nominativ/Akkusativ); **dumitale** (Dativ/Genitiv).

2 [und] mit Hunden in den Bus einsteigen!

3 Das ist ein echter Skandal[ø]!

4 – Wer sind Sie, dass Sie so [über andere] richten und sie verurteilen?

5 Wenn Sie Tiere nicht mögen, dann mögen Sie auch keine Menschen!

6 – Es hat keinen Sinn zu diskutieren,

7 es ist eine Frage des Prinzips!

8 Ein Hund, selbst wenn er an der Leine gehalten wird,

9 hat in öffentlichen Verkehrsmitteln nichts zu suchen.

10 Sein Platz ist im Garten, gnädige Frau,

11 um das Haus gegen Diebe zu bewachen!

12 – Welcher Garten? Welches Haus?

13 Ich wohne nicht in einer Villa!

14 Ich habe eine Einzimmerwohnung im Erdgeschoss, in einem Wohnblock …

15 Und was haben Sie [für ein Problem] mit ihm?

16 Er tut niemandem (schlecht) etwas Böses!

17 Er riecht an Ihnen, weil er neugierig ist!

18 – Das ist zu viel! Geh da weg (von-hier)!

19 Der Hund ist ein gefährliches Tier!

③ Sie kennen **chestie** bereits in der Bedeutung "Sache, Angelegenheit; Frage", **chestiune** ist eine Variante desselben Wortes. Dasselbe finden wir bei **atenţie** "Achtung, Aufmerksamkeit, Vorsicht" und der Form **atenţiune** "Aufmerksamkeit, Sorge".

④ **rău** "böse, schlecht" finden Sie auch in **răufăcător** "Bösewicht, Übeltäter, Schurke".

⑤ Der Ausruf **Marş!** "Geh weg!" oder die Variante **Înainte, marş!** "Vorwärts, lauf!" kommt natürlich aus dem Bereich des Militärs.

20 Transm**i**te tot f**e**lul de b**o**li, de la r**â**ie la turb**a**re;
21 m**u**şcă, f**a**ce p**i**pi p**e**ste tot, e murd**a**r!
22 – C**â**inele m**e**u, murd**a**r? Ce obrăznic**i**e! ⑥
23 **Î**ţi garant**e**z că e m**a**i cur**a**t ca dumneat**a**!
24 Îl spăl în fiec**a**re zi cu un şamp**o**n speci**a**l!
25 – Nu se v**e**de!
26 Şi simt dej**a** că **î**mi **u**rcă un p**u**rice pe pici**o**r! ⑦ ⑧
27 – Azor**e**l, h**a**i r**e**pede de ac**o**lo!
28 D**o**mnul **a**re p**u**rici!

Exerciţiul 1: Înţelegeţi aceste propoziţii?

❶ Anul viitor trebuie să-mi reînnoiesc paşaportul de cetăţean român stabilit în străinătate. ❷ Articolul lui a provocat un adevărat scandal în lumea literară, puţin obişnuită cu această lipsă de maniere. ❸ Cei doi răufăcători au fost judecaţi de mai multe ori pentru furt, dar n-au fost niciodată condamnaţi. ❹ În principiu, sunt de acord cu tine, dar de data asta sunt sigur că exagerezi. ❺ Femeia cu cele mai lungi picioare din lume (132 cm) e o rusoaică de aproape doi metri.

20 Er überträgt alle Arten von Krankheiten, von der Krätze bis zur Tollwut;

21 er beißt, er pinkelt überall [hin], er ist schmutzig!

22 – Mein Hund, schmutzig? Welch eine Frechheit!

23 Ich garantiere Ihnen, dass er sauberer ist als Sie!

24 Ich wasche ihn jeden Tag mit einem Spezialshampoo!

25 – Das sieht man nicht!

26 Und ich spüre schon, wie ein Floh (geht[er]-hinauf) an meinem Bein hochkrabbelt!

27 – Azorel, komm schnell hierher!

28 Der Herr hat Flöhe!

⑥ **obrăznicie** "Frechheit, Unverschämtheit" existiert auch in der Form **insolenţă**. "Frech, dreist" heißt folglich **obraznic**, und das Verb lautet **a se obrăznici** "frech werden".

⑦ **purice** ist sowohl der Ausdruck für "Floh" als auch für "Laus".

⑧ Wie Sie wissen, kann **picior** sowohl "Fuß" als auch "Bein" bedeuten.

Soluţia exerciţiului 1: Aţi înţeles?

❶ Nächstes Jahr muss ich meinen Pass für den rumänischen Staatsbürger, der sich im Ausland niedergelassen hat, erneuern lassen. ❷ Sein Artikel hat einen echten Skandal in der Literaturwelt ausgelöst, die wenig an diesen Mangel an Manieren gewöhnt ist. ❸ Diese beiden Bösewichte wurden mehrmals wegen Diebstahls vor Gericht gestellt, aber sie wurden niemals verurteilt. ❹ Im Prinzip stimme ich mit dir überein, aber dieses Mal bin ich sicher, dass du übertreibst. ❺ Die Frau mit den längsten Beinen der Welt (132 cm) ist eine Russin mit einer Körpergröße von fast zwei Metern.

Exerciţiul 2: Completaţi locurile libere cu cuvintele care lipsesc!

❶ Ich habe den Hund gekauft, damit er das Haus bewacht, aber ich sehe, dass er zu freundlich zu Fremden ist.

Am cumpărat ___ ca să păzească casa, dar ___ că e prea ___ cu ___.

❷ Die Geschichte sagt, dass sich alle Diebe abends im Hof der Wunder trafen.

___ spune că toţi ___ se ___ seara în Curtea Miracolelor.

❸ Er ist aus seiner Wohnung in eine Villa mit Swimmingpool (Schwimmbecken) umgezogen, nicht weit von der Stadt.

S-a ___ din ___ lui într-o ___ cu piscină, nu ___ de oraş.

❹ Ich wäre neugierig zu wissen, wer sagen kann, dass er versteht, was sich derzeit auf wirtschaftlicher Ebene abspielt.

Aş fi ___ să ştiu ___ poate să spună că înţelege ce se ___ acum pe ___ economic.

96 Lecţia a nouăzeci şi şasea

Aşteptând poştaşul

1 – A trec**u**t dej**a** poşt**a**şul? ①

2 Nu cred să fi ad**u**s cev**a** … ②

3 Am ieş**i**t adine**a**uri,

4 dar nu er**a** nim**i**c în cut**i**a de scris**o**ri…

5 – Cred că nu v**i**ne dec**â**t la **o**ra pr**â**nzului,

ANMERKUNGEN

① Die offizielle Bezeichnung für "Briefträger" lautet **factor poştal**, man hört auch den Ausdruck **factor**.

❺ Diese beiden Ärzte behaupten in ihrem Buch, dass Tausende von Medikamenten nutzlos oder sogar gefährlich sind.

Cei doi medici ______ în cartea lor că mii de ____________ sunt _______ sau chiar ____________.

Soluţia exerciţiului 2: Cuvintele care lipsesc.

❶ câinele – văd – amabil – străinii ❷ Istoria – hoţii – întâlneau ❸ mutat – apartamentul – vilă – departe ❹ curios – cine – întâmplă – plan ❺ susţin – medicamente – inutile – periculoase.

Etapa a doua: Activaţi astăzi lecţia 46!

96. Lektion

In Erwartung des Briefträgers

1 – Ist der Briefträger schon vorbeigekommen?

2 Ich glaube nicht, dass er etwas gebracht hat (dass wäre[er] gebracht) …

3 Ich bin eben hinausgegangen,

4 aber es war nichts im Briefkasten (Kasten♀ von Brief♀♀) …

5 – Ich glaube, er kommt nur zur Mittagessenszeit,

② Die Form **să fi adus** ist ein Konjunktiv Perfekt; diese Form ist für alle Personen gleich und setzt sich zusammen aus **să fi** + Partizip Perfekt. In der Umgangssprache würde man allerdings viel häufiger **Nu cred că a adus ceva** hören.

6 în aj**u**n de sărbăto**a**re naţion**a**lă… ③
7 – Mi se p**a**re că altăd**a**tă trece**a** de d**o**uă **o**ri pe zi…
8 – Pe ce l**u**me trăi**e**şti?
9 S-ar z**i**ce că **ai** căz**u**t din l**u**nă! ④
10 Nu m**ai** v**i**ne dimine**a**ţa şi se**a**ra de **a**ni de z**i**le…
11 Aşt**e**pţi o scriso**a**re recomand**a**tă? Un col**e**t? ⑤
12 Nu pot să cred că **ai** comand**a**t cev**a** pe Intern**e**t!
13 – În n**i**ciun caz!
14 N-am încr**e**dere în pl**a**ta onl**i**ne, ⑥
15 ev**i**t să d**au** la oric**i**ne n**u**mărul c**a**rdului,
16 sist**e**mul nu prez**i**ntă garanţ**ii** sufici**e**nte…
17 Pref**e**r să plăt**e**sc cu mand**a**t poşt**a**l,
18 chi**a**r d**a**că tr**e**buie să mă deplas**e**z p**â**nă în c**e**ntrul or**a**şului. ⑦
19 – F**i**indcă ven**i** v**o**rba de p**o**ştă, ⑧
20 obs**e**rv că de cev**a** vr**e**me
21 pr**i**mim n**u**mai extr**a**se de cont de la b**a**ncă,
22 fact**u**ri de electricit**a**te şi de gaz,
23 ca să nu m**ai** vorb**i**m de av**i**zele de pl**a**tă p**e**ntru tot f**e**lul de t**a**xe şi imp**o**zite…
24 – N-**a**uzi soner**i**a?
25 E cinev**a** la po**a**rtă,

PRONUNŢIE [***16*** … *ßufitschi**ä**ntă*]

③ Der Nationalfeiertag, **ziua naţională**, oder "Tag der Einheit" (**Ziua Marii Uniri**) wird am 1. Dezember gefeiert. An diesem Tag war 1918 die Vereinigung der Bukowina und Bessarabiens mit dem rumänischen Altreich beschlossen worden, also den Regionen, die vor dem 1. Weltkrieg zu Rumänien gehörten (Moldau, Walachei und Dobrudscha).

④ Das Rumänische verwendet das Wort **lună** sowohl für "Mond" als auch für "Monat".

6 am Vorabend∅ des Nationalfeiertags♀ …

7 – Es scheint mir so, als sei er früher zweimal pro Tag vorbeigekommen …

8 – In was für einer Welt lebst du?

9 Man könnte meinen, du bist vom Mond gefallen!

10 Er kommt schon seit Jahr und Tag nicht mehr morgens und abends (von Jahr von Tage) …

11 Erwartest du einen Einschreibebrief? Ein Paket?

12 Ich kann nicht glauben, dass du etwas im Internet bestellt hast!

13 – Auf keinen Fall∅!

14 Ich habe kein Vertrauen in Online-Zahlungen,

15 ich vermeide es, irgendjemandem [meine] [Kredit]kartennummer zu geben,

16 das System bietet keine ausreichenden Garantien …

17 Ich ziehe es vor, per Postanweisung (Auftrag∅ Post-) zu bezahlen,

18 selbst, wenn ich mich [dafür] (mich bewege[ich]-fort) bis zum Stadtzentrum begeben muss.

19 – Da wir gerade von Post sprechen,

20 ich beobachte, dass [wir] seit einiger Zeit

21 nur noch Kontoauszüge (Auszug∅∅ von Konto) von der Bank erhalten,

22 Strom- und Gasrechnungen (Rechnung von Elektrizität♀ und von Gas∅),

23 ganz zu schweigen (als dass nicht mehr sprechen[wir]) von Zahlungsaufforderungen (Ankündigung∅∅ von Bezahlung) für alle [möglichen] Arten von Gebühren und Steuern …

24 – Hörst du nicht die [Tür]klingel?

25 Es ist jemand an der Tür,

⑤ **colet** (**poştal**) "Paket" hat ein Synonym: **pachet**.

⑥ Mit **online** lernen Sie einen weiteren Anglizismus kennen, der aus der Welt der Informatik kommt. Es wäre ebenso möglich, **în linie** zu benutzen.

⑦ **a deplasa** "verlagern"; **a se deplasa** "sich verschieben; sich fortbewegen".

⑧ Für **fiindcă** "weil, denn, da" gibt es das umgangssprachliche Pendant **pentru că**.

26 c**â**inele l**a**tră ca turb**a**t!
27 – Şt**i**i că n**u**-i plac unif**o**rmele …
28 E cu sigur**a**nţă poşt**a**şul
29 n**u**mai el s**u**nă întotdea**u**na de d**o**uă **o**ri…

Exerciţiul 1: Înţelegeţi aceste propoziţii?

❶ Mai este încă o lună până la sărbătorile de iarnă, dar poştaşul sună deja la uşă, cu calendarele de anul viitor. ❷ Ei locuiesc într-o cameră care nu e mai mare decât o cutie de chibrituri, dar sunt fericiţi împreună. ❸ El crede că pe faţa ascunsă a lunii trăiesc micii oameni verzi care ne vor răul. ❹ Dacă vrei să închiriezi o maşină, îţi recomand să fii extrem de prudent când conduci noaptea. ❺ Ea primea sistematic colete din străinătate, cu lucruri care nu se găseau în magazinele noastre.

Exerciţiul 2: Completaţi locurile libere cu cuvintele care lipsesc!

❶ Die gesetzliche Garantie von zwei Jahren gilt (sich wendet[sie]-an) für alle Geräte, selbst [die, die] online gekauft wurden.
.... legală de doi ani se .... la orice ......, chiar cumpărat ....

❷ Ich habe die Straße überquert, um ihn zu meiden, ich hatte keine Lust, ihn zu begrüßen und mit ihm zu sprechen.
Am .... strada ca să-l evit, nu aveam .... să-l ...... şi să .... cu el.

❸ Sie sind einverstanden damit zu sagen, dass sich das neue Gesundheitssystem auf die Bedürfnisse der Bürger stützen soll.
Ei sunt de ..... să spună că noul ...... de .... va fi bazat pe nevoile cetăţenilor.

❹ Ich begebe mich nicht zu dir, wenn du mir nicht einen sehr ernsthaften Grund gibst, das zu tun.
N-o să mă .... până la .... dacă nu-mi dai un ...... foarte ...... ca să o fac.

26 der Hund bellt wie verrückt (tollwütig)!

27 – Du weißt, dass er keine Uniformen mag …

28 Es ist mit Sicherheit der Postbote,

29 nur er klingelt immer zweimal …

Soluţia exerciţiului 1: Aţi înţeles?

❶ Es ist noch ein Monat bis zu den Weihnachtsfeiertagen (Feiertage von Winter), aber der Briefträger klingelt schon an der Tür, mit den Kalendern für das nächste Jahr. ❷ Sie wohnen in einem Zimmer, das nicht größer ist als eine Streichholzschachtel, aber sie sind glücklich miteinander. ❸ Er denkt, dass auf der abgewandten Seite (Gesicht) des Mondes kleine grüne Männchen leben, die uns Böses wollen. ❹ Wenn du ein Auto mieten willst, dann empfehle ich dir, überaus vorsichtig zu sein, wenn du nachts fährst. ❺ Sie erhielt regelmäßig (systematisch) Pakete aus dem Ausland, mit Sachen darin, die man in unseren Geschäften nicht findet.

❺ Am Wochenende organisiert er Ausflüge, um die Tiere des Waldes von Nahem zu beobachten.

În weekend el ________ excursii pentru a ________ de ________ animalele din ________.

Soluţia exerciţiului 2: Cuvintele care lipsesc.

❶ Garanţia – aplică – aparat – online ❷ traversat – chef – salut – vorbesc ❸ acord – sistem – sănătate ❹ deplasez – tine – motiv – serios ❺ organizează – observa – aproape – pădure.

Etapa a doua: Activaţi astăzi lecţia 47!

97 Lecţia a nouăzeci şi şaptea

La cabinetul medical

1 – Ce vă aduce la mine? Ce nu merge? ①

2 – Domnule doctor, de obicei sunt sănătos tun, ②

3 dar de câteva zile sufăr ca un câine.

4 – Şi veniţi numai acum la consultaţie?

5 – Ştiţi, de obicei sunt curajos ca un leu,

6 dar când merg la doctor devin fricos ca un iepure … ③

7 – Bine, bine, înţeleg… Nu sunteţi singurul…

8 Să vedem… Ce vă doare precis?

9 Aveţi febră? Frisoane? ④

10 Tuşiţi? Vă doare capul?

11 – Nu… Mă simt rău în general, e destul de vag.

12 – Ar putea fi o simplă răceală sau o gripă, ⑤

13 o boală de sezon, din cauza frigului… ⑥

14 – Da, cred că un concediu medical ar fi binevenit…

ANMERKUNGEN

① **a merge** "gehen" kann auch in Wendungen wie **Cum îţi merge?** "Wie geht es?"; **Cum merge treaba?** "Wie gehen/laufen die Geschäfte?" benutzt werden.

② **tun** "Kanone" verleiht dem Adjektiv, das es begleitet, den Charakter eines Superlativs. Folgt es auf ein Verb, verstärkt **tun** dessen Bedeutung: **Dunărea a îngheţat tun.** "Die Donau ist komplett gefroren."

97. Lektion

In der Arztpraxis

1 – Was führt Sie zu mir? Wo ist das Problem (was nicht geht[es])?

2 – Herr Doktor, für gewöhnlich bin ich kerngesund (gesund Kanone[ø]),

3 aber seit einigen Tagen leide ich wie ein Hund.

4 – Und da kommen Sie erst jetzt in die Sprechstunde?

5 – Wissen Sie, normalerweise bin ich mutig wie ein Löwe,

6 aber wenn ich zum Arzt gehe, werde ich ängstlich wie ein Hase …

7 – Gut, gut, ich verstehe … Da sind Sie nicht der Einzige …

8 Schauen wir mal … Was genau tut Ihnen weh?

9 Haben Sie Fieber[♀]? Schüttelfrost[øø]?

10 Husten Sie? Haben Sie Kopfschmerzen?

11 – Nein … Ich fühle mich allgemein schlecht, es ist ziemlich vage.

12 – Es könnte eine einfache Erkältung oder eine Grippe sein,

13 eine Saisonkrankheit, wegen der Kälte[ø] …

14 – Ja, ich denke, [einige Tage] Krankenurlaub wären willkommen …

③ Ohne weitere Präzisierung kann man **iepure** sowohl als "Kaninchen" als auch als "Hase" verstehen. Möchte man explizit von einem "Kaninchen" sprechen, benutzt man **iepure de casă**. Bei dieser Gelegenheit können wir Ihnen auch gleich den "Osterhasen" vorstellen: **iepure de Paşte**.

④ In der Umgangssprache ersetzt meist das Wort **temperatură** den Ausdruck **febră**.

⑤ **răceală** "Erkältung" basiert auf dem Verb **a răci** "(ab)kühlen; sich erkälten". In denselben Kontext gehört auch **guturai** "Schnupfen".

⑥ Die Präposition **din cauza** ist eine der Präpositionen, die den Genitiv verlangen (hier **frigului**). In der Wiederholungslektion wenden wir uns diesem Thema noch einmal zu.

15 – **A**sta răm**â**ne de văz**u**t…

16 Dorm**i**ţi b**i**ne no**a**ptea s**a**u av**e**ţi insomn**i**i? ⑦

17 – Din feric**i**re, ad**o**rm când pun c**a**pul pe p**e**rnă

18 şi dorm ca un urs, ⑧

19 p**â**nă târz**i**u dimine**a**ţa.

20 – Somn norm**a**l, d**e**ci…

21 Av**e**ţi p**o**ftă de mânc**a**re?

22 – Şi **î**ncă cum! Măn**â**nc ca un lup!

23 – Apet**i**t norm**a**l, perf**e**ct! ⑨

24 Obos**i**ţi uş**o**r la ef**o**rt?

25 – Da de **u**nde! Al**e**rg to**a**tă z**i**ua ca un cal, ⑩ ⑪

26 sunt h**a**rnic ca o alb**i**nă,

27 munc**e**sc ca o v**i**tă de pov**a**ră,

28 dar se**a**ra sunt **î**ncă plin de energ**i**e ca un berb**e**c!

29 – În c**a**zul **ă**sta, nu şt**i**u ce căut**a**ţi în cabin**e**tul m**e**u! ⑫

30 Dumneavo**a**stră av**e**ţi m**a**i degr**a**bă nev**o**ie de un veterin**a**r!

⑦ Das klassische Hausmittel bei Schlafstörungen ist **lapte**$^{\varnothing}$ **cald cu miere** "heiße Milch mit Honig".

15 – Das müssen wir erst mal sehen …

16 Schlafen Sie nachts gut, oder haben Sie Schlafstörungen?

17 – Glücklicherweise schlafe ich ein, sobald ich meinen Kopf auf das Kissen♀ lege,

18 und ich schlafe wie ein Bär,

19 bis spät am Vormittag (Morgen).

20 – Normaler SchlafØ also …

21 Haben Sie Appetit?

22 – Und (noch) wie! Ich esse wie ein Wolf!

23 – Normaler Appetit, perfekt!

24 Ermüden Sie schnell (leicht) bei AnstrengungØ?

25 – Aber überhaupt nicht! Ich renne den ganzen Tag wie ein Pferd♂,

26 ich bin fleißig wie eine Biene,

27 ich arbeite wie ein Ochse (Vieh♀ von Last♀),

28 aber abends bin ich noch voller Energie wie ein Widder!

29 – In diesem Fall weiß ich nicht, was Sie in meiner Praxis suchen!

30 Sie benötigen vielmehr (noch eher) einen Tierarzt!

⑧ Alternativ zu **a dormi ca un urs** können Sie auch **a dormi buştean** verwenden: "wie ein Baumstamm schlafen" (ohne **ca un**).

⑨ Das Rumänische kennt auch das aus dem Französischen stammende **apetit** "Appetit", das jedoch eher in einem medizinischen Kontext benutzt wird.

⑩ **Da de unde!** ist eine feststehende Wendung: "Unmöglich!, Ausgeschlossen!"

⑪ Der Plural von **cal** "Pferd" ist **cai** "Pferde". Beachten Sie dabei den Konsonantenwechsel von **-l** zu **-i**.

⑫ **cabinet** bedeutet nicht nur "[Arzt]praxis", sondern auch "Kabinett".

Exerciţiul 1: Înţelegeţi aceste propoziţii?

❶ Adu-o acasă pe noua ta prietenă, ardem de nerăbdare să o cunoaştem, am auzit multe despre ea. ❷ Nu ştiu cum să fac să-i spun adevărul, o iubesc şi nu vreau să sufere din cauza mea. ❸ Experienţa ne arată că e uşor să fii curajos dacă te ţii la distanţă de pericol. ❹ Medicul mi-a spus că gripa durează o săptămână dacă iau medicamentele astea şi şapte zile dacă nu le iau. ❺ Dacă tuşeşti noaptea şi nu poţi să dormi, îţi recomand să bei lapte cald cu miere.

Exerciţiul 2: Completaţi locurile libere cu cuvintele care lipsesc!

❶ Sie laufen jeden Morgen mit nackten Füßen durchs Gras, das ist gut für die Gesundheit.

Ei aleargă în fiecare ……… cu ……… goale în ………, e bine pentru ……… .

❷ Ich weiß sehr gut, dass es Krankheiten gibt, die Schüttelfrost begleitet von Fieber auslösen.

……… foarte bine că există ……… care provoacă frisoane însoţite de ……… .

❸ Auf dem Gebiet der modernen Sprachen wird der Fehler von heute zur Regel von morgen.

În ……… limbilor moderne, ……… de azi ……… des ……… de mâine.

98 Lecţia a nouăzeci şi opta

Recapitulare

1. Präpositionen

Sie wissen inzwischen, dass das Rumänische sehr von seinen Präpositionen geprägt ist. Und Sie haben auch gemerkt, dass ihre Verwendung nicht in allen Fällen so einfach ist. Zu diesem Zweck wollen wir uns die Präpositionen in dieser Wiederholungslektion noch einmal genauer ansehen.

Soluţia exerciţiului 1: Aţi înţeles?

❶ Bring sie mit nach Hause, deine neue Freundin, wir brennen vor Ungeduld, sie kennenzulernen, wir haben viel über sie gehört. ❷ Ich weiß nicht, wie man es machen soll, um ihr die Wahrheit zu sagen, ich liebe sie, und ich möchte nicht, dass sie meinetwegen leidet. ❸ Die Erfahrung zeigt uns, dass es einfach ist, mutig zu sein, wenn du weit von der Gefahr entfernt bist (dich hältst[du] auf Entfernung von Gefahr). ❹ Der Arzt hat mir gesagt, dass die Grippe eine Woche dauern würde, wenn ich diese Medikamente nehme, und sieben Tage, wenn ich sie nicht nehme. ❺ Wenn du nachts hustest und nicht schlafen kannst, empfehle ich dir, heiße Milch mit Honig zu trinken.

❹ Anlässlich (mit Gelegenheit) des Osterfests hat er [als] Geschenk einen Hasen aus Milchschokolade bekommen.

Cu ocazia Paştelor, a primit _____ un ______ de _________ cu _____.

❺ Er ist pessimistisch genug um ernsthaft zu glauben, dass der Mensch dem Menschen ein Wolf ist.

E ______ de ________ ca să creadă sincer că ____ este un ___ pentru om.

Soluţia exerciţiului 2: Cuvintele care lipsesc.

❶ dimineaţă – picioarele – iarbă – sănătate ❷ Ştiu – boli – febră ❸ domeniul – greşeala – devine – regula ❹ cadou – iepure – ciocolată – lapte ❺ destul – pesimist – omul – lup.

Etapa a doua: Activaţi astăzi lecţia 48!

98. Lektion

1.1 Häufigste Präpositionen

Die meisten Präpositionen werden mit dem Akkusativ benutzt (der mit dem Nominativ identisch ist). Die häufigsten sind:

către "nach"
cu "mit"
de "von"
fără "ohne"
în "in, durch"
la "in, bei, am, nach, zu"
lângă "neben, bei, in der Nähe von"
pe "auf"

pentru "für"
peste "über, oberhalb"
până "bis"
spre "nach, zu, in, an, auf"
sub "unter"

Diese Präpositionen können zu weiteren Präpositionen kombiniert werden, z. B. zu **din** "von, aus, ab, her" aus **de** und **în**. Mitunter bleiben die beiden Bestandteile aber auch getrennt: **până la** "bis zu".

1.2 Präpositionen, die den Dativ verlangen

Hier sind zu nennen: **datorită**, **graţie**, **mulţumită**, drei Varianten für "dank" (auch "aufgrund, eingedenk"). Beispiel:

El a învăţat româneşte datorită/graţie/mulţumită metodei Assimil. "Er hat Rumänisch dank der Assimil-Methode gelernt."

1.3 Präpositionen und präpositionale Ausdrücke, die den Genitiv verlangen

Zu diesen gehören:

contra, **împotriva** "gegen"
de-a lungul "entlang, längs"
din partea "seitens, vonseiten"
înaintea "vor"
în faţa "vor, angesichts"

Beachten Sie, dass das zweite Element bei den präpositionalen Ausdrücken (**faţa**, **partea**, **lungul**) ein Substantiv mit Artikel ist. Beispiele:

Domnul era înaintea mea. "Der Herr war vor mir."
din partea unui prieten "vonseiten eines Freundes".

1.4 Präpositionen mit Besonderheiten

Einige Präpositionen verdienen besondere Aufmerksamkeit:

- **a** ist - das war bis jetzt wahrscheinlich nicht so klar - ebenfalls eine Präposition; sie markiert den Infinitiv: **a citi** "lesen".
- Die Präposition **de** "von", die sehr häufig verwendet wird und auch Bestandteil zahlreicher zusammengesetzter Präpositionen ist, wird oft mit dem Supinum benutzt: **maşină de cusut** "Nähmaschine".
- Die Präposition **la** "in, nach, zu, auf" verlangt, wenn ihr ein Substantiv folgt, das ein Lebewesen darstellt, den Dativ. Man kann also **Am telefonat la prietenul meu** "Ich habe meinen Freund angerufen" anstelle von **Am telefonat prietenului meu** sagen.

Das moderne Rumänisch bietet so die Möglichkeit, eine Art "Umweg" zu nehmen, um auf diese Weise den Dativ bzw. den Genitiv zu vermeiden, Konstruktionen, die mitunter von den Sprechern als etwas schwer empfunden werden.

So verwendet man in **buzunarele de la pantalon** "die Taschen der Hose" **de** und **la**, um nicht den Genitiv (**buzunarele pantalonului**) benutzen zu müssen.

Darüber hinaus kann die Präposition **la** in einem Ausrufesatz "viel, ein große Menge von" bedeuten: **Câştigă la bani!** "Er verdient viel Geld!"

1.5 Kombinationen von Präpositionen + Artikel

Die Präpositionen **în** "in, durch", **din** "von, aus, ab, her" und **prin** "durch, über, mittels", gefolgt von **un** "ein" oder **o** "eine" werden zu **într-un** "in einem"; **într-o** "in einer" und **dintr-un** "aus/von einem"; **dintr-o** "aus/von einer"; **printr-un** "durch einen"; **printr-o** "durch eine".

1.6 Präposition + Substantiv

In der Regel folgt der Präposition ein Substantiv ohne Artikel: **Merg la poştă.** "Ich gehe zur Post." Es gelten jedoch einige Ausnahmen:

- Das Substantiv hat einen Begleiter, der es näher bestimmt: **Merg la poşta din colţ.** "Ich gehe zum Postamt an der Ecke."
- Der Begleiter ist impliziert, was man häufig bei Familienmitgliedern findet: **Merg la mama** (**mea**). "Ich gehe zu Mama."
- Die betreffende Präposition ist **cu** "mit"; in diesem Fall kann danach ein bestimmter Artikel stehen: **Călătoresc cu trenul.** "Ich reise mit dem Zug."; **Mă întâlnesc cu prietenii.** "Ich treffe mich mit [meinen] Freunden."

2. Konjunktionen (Bindewörter)

2.1 Nebenordnende Konjunktionen

Nebenordnende Konjunktionen verbinden Satzelemente, die auf derselben syntaktischen Ebene liegen (Syntax = Satzbau): zwei Sätze, zwei Satzteile oder zwei Wörter. Die häufigsten sind **şi** "und", **nici** "weder", **dar** "aber", **iar** "und, aber", **sau/ori** "oder"; **deci** "also"; **în consecinţă** "folglich, somit".

2.2 Unterordnende Konjunktionen

Unterordnende Konjunktionen verbinden Satzelemente, von denen eines dem anderen untergeordnet ist. Das wird an einigen Beispielen deutlicher:

că "dass"
chiar dacă "selbst wenn, wenngleich"
dacă "wenn; ob, sofern, falls"
deoarece "weil, denn"
deşi "obwohl, obgleich"

fiindcă "weil, denn"
în caz că "sofern, falls"
îndată ce "sobald"
în loc să "anstatt (dass)"
în timp ce "während"
ori de câte ori "immer wenn, jedes Mal"
pentru că "weil"

Einige Konjunktionen können im Satz auch doppelt auftreten:

când... când... "mal/bald ..., mal/bald ..."
fie... fie... "entweder ..., oder ..."
nici... nici... "weder ..., noch ..."
ori... ori... /sau... sau... "entweder ..., oder ..."

Die Konjunktionen können auch unterschiedlich sein:
nu numai... ci şi... "nicht nur ..., sondern auch ..."

2.3 Unterschiedliche Übersetzungen von "dass"

Die Konjunktion "dass" wird auf Rumänisch mit **că** wiedergegeben, wenn danach ein Indikativ folgt:
Ştiu că nu înţelegi nimic! "Ich weiß, dass du nichts verstehst!"

Hingegen benutzt man (**ca**) **să**, wenn ein Konjunktiv folgt:
Vreau (**ca**) **să înţelegi tot!** "Ich will, dass du alles verstehst!"

2.4 Konjunktionen ca "als" und cât "wie" bei Vergleichen

Bei Vergleichen, die die Ungleichheit zweier Elemente ausdrücken, wird die Konjunktion **ca** verwendet:
Ea e mai inteligentă ca el. "Sie ist intelligenter als er."

Sie wird auch benutzt, um die Gleichheit von zwei Elementen auszudrücken; hier übersetzen wir im Deutschen mit "wie":
Nimeni nu cântă ca tine! "Niemand (nicht) singt wie du!"

Im letzteren Fall kann, besonders wenn auf eine bestimmte Quantität abgestellt wird, **ca** auch durch **cât** ersetzt werden:
Copacul e înalt cât un imobil cu zece etaje. "Der Baum ist so hoch wie ein Gebäude von sechs Etagen."

3. Adverbien (Umstandswörter)

3.1 Adjektive und Adverbien der Art und Weise

Das Adjektiv im Maskulinum Singular kann im Rumänischen als Adverb benutzt werden. Beispiel:
un om sincer "ein ehrlicher Mensch" ► **cred sincer...** "ich glaube ehrlich, ..."

Dennoch sind einige Ausnahmen zu beachten:

Dem Adjektiv **bun** "gut" entspricht das Adverb **bine**, und dem Adjektiv **rapid** "schnell" das Adverb **repede**. Die Adjektive, die auf -**esc** enden, bilden das Adverb auf -**eşte**: **românesc** "rumänisch" ► **româneşte**. Alle Sprachenbezeichnungen sind Adverbien:

Vorbesc româneşte (**englezeşte**, **franţuzeşte**, **ruseşte**). "Ich spreche Rumänisch (Englisch, Französisch, Russisch)."

Die moderne Umgangssprache zieht diesen Ausdrücken jedoch einfachere Formen vor:

Vorbesc româna., sinngemäß "Ich spreche das Rumänisch." oder **Vorbesc limba română.** "Ich spreche die rumänische Sprache."

Das Adverbialsuffix -**eşte** finden wir z. B. bei Ausdrücken wie **orbeşte** "blindlings", **prosteşte** "dummerweise", **bărbăteşte** "männlich".

Ebenso gibt es Adverbien auf -**mente**, die aus der Literatursprache stammen: **actualmente** "derzeit, momentan".

Sie haben im Laufe des Kurses schon eine ganze Reihe von Adverbien und adverbialen Ausdrücken kennengelernt:

aşa "so, daher"
bine "gut"
cu siguranţă "mit Sicherheit".
cum "wie"
da "ja"
degeaba "umsonst"
deloc "überhaupt nicht"
împreună "zusammen"
încă "noch"
nici "kein"
nu "nicht"
rău "schlecht"

Nicht zu vergessen die unbestimmten Adverbien, gebildet mit den Suffixen -**va** (L. 47) und -**ori** (L. 65) und dem Präfix **ori**- (L. 63 und 87). Erinnern Sie sich daran?

3.2 Orts- und Zeitadverbien

Ortsadverbien	Zeitadverbien
acolo "da"	**acum** "jetzt, nun"
afară "aus, hinaus, draußen"	**adesea** "oft"
aici "hier"	**azi** "heute"
aproape "nah, in der Nähe"	**când** "wenn"
departe "weit, entfernt"	**cu timpul** "mit der Zeit"
din loc în loc "stellenweise, mancherorts"	**devreme** "früh"
ici şi colo "vereinzelt"	**după aceea** "danach, nachher"
înainte "vor, davor, voran"	**ieri** "gestern"
înapoi "rückwärts"	**înainte** "vorher"
înăuntru "in, innen, darin, hinein"	**mâine** "morgen"
jos "unten, niedrig, herab"	**niciodată** "niemals"
nicăieri "nirgends, nirgendwo"	**pe loc** "sofort"
peste tot "überall"	**rareori** "selten"
sus "oben, hoch, herauf"	**târziu** "spät"
unde "wo"	

Das Substantiv **zi** "Tag", die Tageszeiten, die Wochentage und die Jahreszeiten können in ihrer jeweiligen Form mit Artikel als Adverbien verwendet werden.

Noaptea, toate pisicile sunt gri. "Nachts sind alle Katzen grau."

3.3 Adverbien der Intensität

Auf Adverbien, die einen Grad der Intensität ausdrücken, folgt häufig die Präposition **de**: **destul de bine** "ziemlich gut", und man trifft auch Adverbien mit Diminutivendung: **binişor** (**bine** + -**işor**) "ziemlich gut".

4. Literarisches Imperfekt

4.1 Verwendung

Das Imperfekt wird für punktuelle Handlungen oder Ereignisse in der Vergangenheit benutzt; in der Sprache der Literatur ist es die Erzählzeit, oder es verweist auf die Person, die spricht (**zise el** "sagte er"). In der aktuellen Umgangssprache wird diese Verbform nur in einigen Regionen Rumäniens verwendet, jedoch nur in einem familiären Rahmen. Sie wird inzwischen immer häufiger vom Perfekt, der zusammengesetzten Vergangenheit, verdrängt.

4.2 Bildung

Das literarische Imperfekt wird auf der Grundlage des Stamms gebildet, aus dem auch das Plusquamperfekt entsteht – eine gute Gelegenheit, noch mal in Lektion 84 nachzulesen. An den Stamm werden die folgenden Endungen angehängt:

	Verben auf -**a**, -**i**, -**î**, -**ea** und Verben auf -**e**, deren Partizip Perfekt auf -**ut** endet	Verben auf -**e**, deren Partizip Perfekt auf -**s** oder -**pt** endet
1. P. Sg.	**-i**	**-sei**
2. P. Sg.	**-şi**	**-seşi**
3. P. Sg.	(keine Endung)	**-se**
1. P. Pl.	**-răm**	**-serăm**
2. P. Pl.	**-răţi**	**-serăţi**
3. P. Pl.	**-ră**	**-seră**

Beispielkonjugationen:

preferai, **preferaşi**, **preferă**, **preferarăm**, **preferarăţi**, **preferară** "ich zog vor, du zogst vor, er/sie zog vor, ...";

fugii, **fugişi**, **fugi**, **fugirăm**, **fugirăţi**, **fugiră** "ich rannte, du ranntest, er/sie rannte, ...";

coborâi, **coborâşi**, **coborî**, **coborârăm**, **coborârăţi**, **coborâră** "ich stieg aus, du stiegst aus, er/sie stieg aus, ...";

văzui, **văzuşi**, **văzu**, **văzurăm**, **văzurăţi**, **văzură** "ich sah, du sahst, er/sie sah, ...";

făcui, **făcuşi**, **făcu**, **făcurăm**, **făcurăţi**, **făcură** "ich machte, du machtest, er/sie machte, ...";

mersei, **merseşi**, **merse**, **merserăm**, **merserăţi**, **merseră** "ich ging, du gingst, er/sie ging, ..."

Alles, was in Lektion 84 über das Plusquamperfekt und über die Verben auf -**e**, deren Partizip Perfekt auf -**ut** endet, gesagt wird, gilt auch für das Imperfekt. Wie jedoch oben erwähnt, werden Sie das Imperfekt in der Alltagssprache kaum antreffen. Es ist trotzdem von Vorteil, es zu erkennen, wenn es Ihnen einmal irgendwo unterkommt.

5. Konsonantenwechsel

In Lektion 91 haben Sie bereits Bekanntschaft mit dem Thema Vokalwechsel gemacht. Ähnlich wie hierbei verändert sich beim Konsonantenwechsel der letzte Konsonant im Stamm eines Substantivs, Adjektivs oder Verbs als Folge des Auftretens der Vokale **e** oder **i** in der Wortendung oder infolge der Flexion (Konjugation oder Deklination) des Wortes. Ein solcher Vokalwechsel findet u. a. auch bei einigen Nomen statt, wenn aus der Singularform die Pluralform gebildet wird. Hier die häufigsten Konsonantenwechsel:

Wechsel von ... zu ...	Beispiele
c [*k*] ► **ci** [*tschi*]	**porc** "Schwein" ► **porci** "Schweine"; **mic** "klein" ► **mici** "kleine" (Pl.); **fac** "ich mache" ► **faci** "du machst"
d ► **z**	**verde** "grün" ► **verzi** "grüne" (Pl.); **aud** "ich höre" ► **auzi** "du hörst";
g [*g*] ► **gi** [*dji*] oder **ge** [*djä*]	**coleg** "Kollege" ► **colegi** "Kollegen", **colegă** "Kollegin" ► **colege** "Kolleginnen"; **lung** "lang" ► **lungi** "lange" (Pl.); **aleg** "ich wähle" ► **alegi**, **alege**, **alegem**, **alegeţi** "du wählst, er/sie wählt, wir wählen, ihr wählt"
l ► **i**	**cal** "Pferd" ► **cai** "Pferde"; **gol** "leer, nackt" ► **goi** "leere, nackte" (Pl.)
n ► **i**	**vin** "ich komme" ► **vii** "du kommst"
t [*t*] ► **ţ** [*z*]	**tată** "Vater" ► **taţi** "Väter"; **tot** "alles, ganz" ► **toţi** "alle"; **cânt** "ich singe" ► **cânţi** "du singst"
s [*ß*] ► **ş** [*sch*]	**urs** "Bär" ► **urşi** "Bären"; **gras** "fett" ► **graşi** "fett" (Pl.); **ies** "ich gehe hinaus" ► **ieşi** "du gehst hinaus"

Wechsel von ... zu ...	Beispiele
z [*s*] ▶ j [*j*]	**viteaz** "tapfer" ▶ **viteji** "tapfere" (Pl.)
sc [*ßk*] ▶ şt [*scht*]	**românească** "rumänisch" ▶ **româneşti** "rumänische" (Pl.); **cunosc** "ich kenne" ▶ **cunoşti** "du kennst"
şc [*schk*] ▶ şt [*scht*]	**muşc** "ich beiße" ▶ **muşti** "du beißt"
st [*ßt*] ▶ şt [*scht*]	**poveste** "Märchen" ▶ **poveşti** "Märchen" (Pl.); **trist** "traurig" ▶ **trişti** "traurige" (Pl.)
str [*ßtr*] ▶ ştr [*schtr*]	**albastru** "blau" ▶ **albaştri** "blaue" (Pl.)

6. Verständnis-/Formulierungsübung

Exerciţiul: Înţelegeţi aceste propoziţii?

(1) Au spus la televizor că ninge la munte! (2) Era timpul, mai bine mai târziu decât niciodată! (3) Se pare că o să avem o iarnă ca în poveşti, cu multă zăpadă! (4) Şi de ce te bucuri aşa? Asta înseamnă că o să fie frig. (5) Temperatura riscă să coboare repede. (6) Nu mi-e teamă de frig, dimpotrivă, (7) aşteptam cu nerăbdare iarna ca să merg la schi! (8) Vreau să profit de prima zăpadă din an. (9) Nu te grăbi, la munte e zăpadă până în martie! (10) Nu-ţi ascund că eu prefer de departe vara. (11) Iarna sufăr de frig, tuşesc şi am febră… (12) Şi după experienţa negativă de anul trecut, (13) să merg la schi ar fi o adevărată aventură. (14) Pentru mine e un sport periculos! (15) În plus, e foarte scump, trebuie să fii echipat cum trebuie, să închiriezi schiuri şi beţe… (16) N-am pierdut încă speranţa să te conving să vii cu mine. (17) Gândeşte-te la ce pierzi, zăpada e foarte frumoasă. (18) Chiar dacă nu schiezi, te poţi plimba în peisaje de carte poştală… (19) Ştii că îmi place zăpada, dar prefer să o văd de departe, (20) de exemplu, în fotografiile pe care le-am făcut anul trecut, (21) înainte de a fi internată în spital cu un picior rupt!

Soluţia exerciţiului: Aţi înţeles?

❶ Sie haben im Fernsehen gesagt, dass es in den Bergen schneit! ❷ Das wurde (war[es]) Zeit, besser jetzt als nie (mehr gut mehr spät als niemals)! ❸ Scheinbar werden wir einen Winter wie im Märchen bekommen, mit viel Schnee! ❹ Und warum erfreut dich das so? Das bedeutet, dass es kalt werden wird. ❺ Es besteht die Gefahr, dass die Temperaturen (Temperatur-die riskiert[sie]) schnell fallen. ❻ Ich habe keine Angst vor der Kälte, im Gegenteil, ❼ ich habe den Winter mit Ungeduld erwartet, um Skifahren zu gehen! ❽ Ich möchte den ersten Schnee des Jahres ausnutzen. ❾ Du brauchst dich nicht zu beeilen, in den Bergen gibt es Schnee bis März! ❿ Ich verhehle (verstecke[ich]) nicht vor dir, dass ich den Sommer bei Weitem bevorzuge. ⓫ Im Winter leide ich unter der Kälte, ich huste, und ich habe Fieber … ⓬ Und nach den negativen Erfahrungen des letzten Jahres ⓭ wäre Skifahren gehen ein wahres Abenteuer. ⓮ Für mich ist es ein gefährlicher Sport! ⓯ Außerdem ist es sehr teuer, man muss richtig ausgerüstet sein (wie muss[ich]), Ski und Stöcke ausleihen … ⓰ Ich habe die Hoffnung noch nicht aufgegeben dich zu überzeugen, mit mir zu kommen. ⓱ Denk an das, was du verpasst (verlierst[du]), der Schnee ist sehr schön. ⓲ Selbst wenn du nicht Ski fährst, kannst du in Postkartenlandschaften spazieren gehen … ⓳ Du weißt, dass ich den Schnee mag, aber ich ziehe es vor, ihn von Weitem anzusehen, ⓴ zum Beispiel auf den Fotos, die ich letztes Jahr gemacht habe, ㉑ bevor ich mit einem gebrochenen Bein ins Krankenhaus eingeliefert wurde!

Etapa a doua: Activaţi astăzi lecţia 49!

99 Lecţia a nouăzeci şi noua

O familie de poligloţi

1 – Avem o mare rugăminte la dumneavoastră, ①
2 am vrea să luăm ore de română. ②
3 – Ştiţi, eu am ieşit la pensie acum trei luni ③
4 şi am încetat orice activitate profesională.
5 – Vă rugăm să faceţi asta pentru noi!
6 Sunteţi ultima noastră speranţă,
7 trebuie să învăţăm să vorbim româneşte
8 cât mai repede şi cât mai bine posibil.
9 – De acord, accept în mod excepţional. ④
10 Acestea fiind spuse,
11 totul depinde de cât timp aveţi la dispoziţie:
12 e foarte important să aveţi o pronunţare corectă
13 şi să asimilaţi regulile de gramatică.
14 – Sperăm că n-o să fie prea dificil pentru noi:
15 avem poligloţi în familiile noastre –
16 strămoşii noştri sunt veniţi din Italia şi din Polonia. ⑤

PRONUNŢIE

[**9** … *äktschäpzjonal*]

ANMERKUNGEN

① **rugăminte** "Bitte, Anfrage, Anliegen, Ersuchen" ist eine höfliche Variante von **cerere** "Frage, Anfrage, Nachfrage", bei dem Sie die Verwandtschaft zu **a ruga** "bitten" erkennen. Hiervon abgeleitet ist auch **rugăciune**♀ "Gebet".

Eine Familie von Mehrsprachigen

1 – Wir haben eine große Bitte an Sie:

2 Wir würden gerne Rumänischunterricht nehmen (Stunde[♀♀] von rumänisch).

3 – Sie wissen, ich bin jetzt seit drei Monaten in Rente (habe[ich] gegangen auf Rente[♀] jetzt drei Monat[♀♀]),

4 und ich habe (aufgehört) jegliche berufliche Aktivität eingestellt.

5 – Wir bitten Sie, das für uns zu tun!

6 Sie sind unsere letzte Hoffnung,

7 wir müssen lernen, Rumänisch zu sprechen,

8 so schnell und so gut wie möglich.

9 – Einverstanden, ich nehme ausnahmsweise an (in Weise[Ø] außergewöhnlich).

10 Das bedeutet (diese-hier seiend gesagt),

11 alles hängt davon ab, wie viel Zeit Sie zur Verfügung haben:

12 Es ist sehr wichtig, eine korrekte Aussprache zu haben

13 und die Grammatikregeln zu assimilieren.

14 – Wir hoffen, dass das für uns nicht allzu schwierig sein wird:

15 Wir haben Mehrsprachige in unserer Familie –

16 unsere Vorfahren kamen aus Italien und aus Polen.

② **oră** "Stunde" wird auch verwendet, wenn es um die "Unterrichtsstunde" geht: **Ea ia ore de franceză** "Sie nimmt Unterricht in Französisch."

③ Für "Rente" und "Pension" gibt es nur ein Wort: **pensie**.

④ Sie haben bereits eine Wendung kennengelernt, die ähnlich gebildet wird wie **în mod excepţional**: **În mod normal** "normalerweise" (L. 71).

⑤ Das Präfix **stră-** verdeutlicht, dass etwas sehr alt ist: **strămoş** "Vorfahr, Ahn"; **străvechi** "uralt".

17 – **A**sta va facilit**a** mult l**u**crurile! ⑥

18 Ave**ţ**i un avant**a**j import**a**nt,

19 o b**a**ză lingv**i**stică sol**i**dă.

20 – Am cumpăr**a**t dej**a** un dicţion**a**r bil**i**ngv

21 recomand**a**t cu căld**u**ră de un pri**e**ten c**a**re a învăţ**a**t român**e**şte f**ă**ră ef**o**rt, ⑦

22 cu met**o**da Assim**i**l…

23 D**a**că sunt**e**ţi dispon**i**bil, am prefer**a** să vă ved**e**m cât m**a**i des!

24 Sunt**e**m, **î**ntr-o oarec**a**re măs**u**ră, pres**a**ţi de timp:

25 am adopt**a**t **a**nul trec**u**t în Român**i**a un n**o**u-născ**u**t; ⑧

26 cop**i**lul n**o**stru va înc**e**pe să vorbe**a**scă în cur**â**nd

27 şi am vre**a** să înţel**e**gem ce sp**u**ne…

PRONUNŢIE

[*18* … *awant**a**ĵ* … *19* … *lingw**i**ßtik*^{a} … *20* … *dikzjon**a**r bil**i**ngw*]

17 – Das wird viele Dinge erleichtern!

18 Sie haben einen entscheidenden Vorteil[Ø],

19 eine solide linguistische Grundlage.

20 – Wir haben bereits ein zweisprachiges Wörterbuch gekauft,

21 wärmstens (mit Wärme) empfohlen von einem Freund, der Rumänisch ohne Mühe[Ø] gelernt hat,

22 mit der Assimil-Methode ...

23 Wenn Sie verfügbar sind, würden wir es vorziehen, Sie häufig zu treffen (sehen)!

24 Wir stehen gewissermaßen [etwas] unter Zeitdruck (sind[wir], in-eine einige Ausmaß♀ gepresst von Zeit):

25 Wir haben letztes Jahr in Rumänien ein Neugeborenes♂ adoptiert;

26 unser Kind wird bald anfangen zu sprechen,

27 und wir würden gerne verstehen, was es sagt ...

⑥ Das Verb **a facilita** "erleichtern" ist ein Synonym für **a uşura**, in dem Sie bestimmt **uşor** "leicht, einfach" erkennen.

⑦ **cu căldură**: Der Aufbau dieser Wendung mit der Präposition **cu** + Substantiv ist Ihnen auch nicht mehr fremd. Erinnern Sie sich an **cu siguranţă** "mit Sicherheit"?

⑧ Der Plural von **nou-născut** "Neugeborenes" ist **nou-născuţi**.

Mit der nächsten Lektion haben Sie eine wichtige ***etapă*** *"Etappe" erreicht: die 100. und letzte Lektion von "Rumänisch ohne Mühe". Das bedeutet jedoch nicht, dass dies ein Abschied ist, denn Sie müssen ja – wenn Sie sich noch in der passiven Phase befinden – die aktive Phase bis zum Ende des Kurses fortsetzen! Die Wiederholung ist besonders wichtig, denn wenn das Gelernte nicht gefestigt wird, ist bald alles vergessen, und die Arbeit war umsonst.*

Aber auch wenn Sie sich am Ende der aktiven Phase befinden, können Sie Ihr Rumänischstudium fortsetzen: Literatur, Rundfunk, Fernsehen und Internet bieten Ihnen die Gelegenheit dazu, und auf Reisen nach Rumänien werden Sie bestimmt viel Lob und Anerkennung für die erworbenen Rumänischkenntnisse ernten!

Exerciţiul 1: Înţelegeţi aceste propoziţii?

❶ O să ies la pensie numai anul viitor, la întâi aprilie, dar trebuie să trimit toate actele necesare cu patru luni mai devreme. ❷ Rugămintea mea este să-mi spuneţi adevărul, chiar dacă n-o să-mi convină ce-o să aud. ❸ În zadar a cheltuit o groază de bani luând ore de chineză, n-o să aibă niciodată o pronunţie corectă. ❹ Ei consideră că sufletele strămoşilor intervin în viaţa de toate zilele pentru a ajuta familia. ❺ Această decizie a fost luată pe baza unui studiu de piaţă foarte serios, făcut de specialiştii unui cabinet internaţional.

Exerciţiul 2: Completaţi locurile libere cu cuvintele care lipsesc!

❶ Wenn du keinen Regenschirm hast, kannst du bei uns bleiben, bis der Regen aufhört.
..... nu ai ...., poţi să ...... la noi până încetează ploaia.

❷ Ich habe niemals die Hoffnung aufgegeben (verloren), sie zufällig auf der Straße zu treffen.
N-am .... niciodată .... s-o întâlnesc .... pe ....

❸ Dein Buch hat den Vorteil, dass die Küchenrezepte (sind[sie] begleitet von) mit Farbfotos versehen sind.
Cartea ta are .... că .... de .... sunt însoţite de .... în culori.

100 Lecţia a o suta

Începutul unei noi aventuri

1 Ce r**e**pede tr**e**ce t**i**mpul! ①

Soluţia exerciţiului 1: Aţi înţeles?

❶ Ich werde erst nächstes Jahr in Rente gehen, am 1. April, aber ich muss alle erforderlichen Papiere vier Monate im Voraus (mehr früh) abschicken. ❷ Ich bitte Sie (Bitte-die meine ist[sie]), mir die Wahrheit zu sagen, selbst wenn mich nicht überzeugen wird, was ich hören werde. ❸ Er hat vergeblich einen Haufen Geld für Chinesischunterricht ausgegeben, er wird niemals eine korrekte Aussprache haben. ❹ Sie denken, dass die Seelen der Vorfahren im alltäglichen Leben gegenwärtig sind (treten[sie]-ein), um der Familie zu helfen. ❺ Diese Entscheidung wurde (genommen) auf der Grundlage einer sehr seriösen Marktstudie getroffen, durchgeführt von den Spezialisten eines internationalen Kabinetts.

❹ Du musst immer die Hoffnung behalten, auch wenn es nicht jeden Tag einfach ist.

Trebuie să-ţi păstrezi întotdeauna ……, chiar dacă nu e …… în fiecare …….

❺ Er behauptet, dass er die beste Methode gefunden hat, um ohne Mühe jede beliebige Fremdsprache zu erlernen.

El …… că a …… cea mai bună …… de a …… fără efort orice …… străină.

Soluţia exerciţiului 2: Cuvintele care lipsesc.

❶ Dacă – umbrelă – rămâi ❷ pierdut – speranţa – întâmplător – stradă ❸ avantajul – reţetele – bucătărie – fotografii ❹ speranţa – uşor – zi ❺ susţine – găsit – metodă – învăţa – limbă.

Etapa a doua: Activaţi astăzi lecţia 50!

100. Lektion

Der Beginn eines neuen Abenteuers

1 Wie schnell die Zeit vergeht!

ANMERKUNGEN

① In einem Ausrufesatz kann auf **ce** umittelbar ein Adjektiv oder ein Adverb folgen: **Ce frumoasă e** "Wie schön das ist!"; **Ce bine cântă!** "Wie gut sie singt!"

2 Iată-ne ajunşi la ultima lecţie a metodei
3 care v-a permis să învăţaţi limba română fără efort.
4 Aţi putut să vă daţi seama că învăţarea unei limbi străine ②
5 e o călătorie care poate fi amuzantă şi interesantă
6 şi care vă dă o nouă viziune a realităţii:
7 o altă limbă este un alt mod de a gândi şi de a înţelege lumea.
8 Dar, cum se spune, orice sfârşit e şi un început! ③
9 Vă încurajăm să continuaţi pe această cale,
10 păstrând la îndemână "Romậna fără efort", ④
11 ca s-o puteţi consulta când vreţi.
12 Încercaţi să nu pierdeţi contactul cu limba română!
13 Dacă nu aveţi posibilitatea de a trăi în mijlocul celor ⑤
14 care au ca limbă maternă româna,
15 ideal ar fi să mergeţi în vacanţă în România,
16 să vorbiţi româneşte la faţa locului.

② Das Substantiv **învăţarea** "Erlernen, Studium" bezeichnet die Handlung an sich und auch das Ergebnis. Grammatikalisch gesehen ist es ein substantiviertes Verb. Das Verb **a învăţa** "lernen" kann auch transitiv (mit einem Akkusativobjekt) benutzt werden: **a învăţa pe cineva** "jmdm. etw. beibringen, jndn. unterrichten".

2 Wir haben nun (sieh-da-wir erreicht) die letzte Lektion des Kurses (Methode) erreicht,

3 der es uns erlaubt hat, die rumänische Sprache ohne Mühe zu erlernen.

4 Sie konnten erkennen, dass das Erlernen♀ einer Fremdsprache

5 eine Reise ist, die amüsant und interessant sein kann

6 und die ihnen (gibt[sie]) eine neue Vision der Realität vermittelt:

7 Eine andere Sprache ist eine andere Art zu denken und die Welt zu verstehen.

8 Aber, wie man [so schön] sagt: Jedes Ende ist auch ein Anfang!

9 Wir ermutigen Sie, diesen Weg fortzusetzen,

10 indem Sie "Rumänisch ohne Mühe" in Reichweite halten,

11 damit sie es zu Rate ziehen können, wann [immer] sie möchten.

12 Versuchen Sie, den Kontakt[∅] zur rumänischen Sprache nicht zu verlieren!

13 Wenn Sie nicht die Möglichkeit haben, sich inmitten derer aufzuhalten (leben in Mitte[∅] -das derer),

14 die die rumänische Sprache als Muttersprache haben,

15 wäre es ideal, nach Rumänien in den Urlaub zu fahren,

16 um an Ort und Stelle Rumänisch zu sprechen (in Gesicht des-Ortes).

③ Meist wird **şi** für "und" benutzt, es hat jedoch auch folgende Bedeutungen: "auch" (**Vin şi eu.** "Ich komme auch."); "schon" (**A şi plecat.** "Er ist schon gegangen.") oder "noch" (**Şi mai repede!** "Noch schneller!")

④ **a avea la îndemână** "etwas greifbar/verfügbar/bei der Hand haben".

⑤ Der Präposition **în mijlocul** "inmitten" folgt ein Bezugswort im Genitiv, hier das Demonstrativpronomen **celor** "derer".

17 Deocamd**a**tă, reved**e**ţi din când în când l**e**cţiile şi explic**a**ţiile gramatic**a**le,

18 f**a**ceţi-vă pr**i**eteni rom**â**ni şi vorb**i**ţi cu **e**i cât m**a**i des pos**i**bil.

19 Nu uit**a**ţi să m**e**rgeţi să ved**e**ţi f**i**lme român**e**şti în versi**u**ne origin**a**lă

20 (m**u**lte d**i**ntre **e**le **a**u obţin**u**t pr**e**mii la festiv**a**luri internaţion**a**le ⑥

21 şi **u**nii reg**i**zori, ca Luci**a**n Pintil**i**e şi Cristi**a**n Mung**iu**, sunt excel**e**nţi), ⑦

22 să cit**i**ţi zi**a**re şi c**ă**rţi, încep**â**nd cu c**e**le **a**le mar**i**lor scriit**o**ri

23 Mih**a**i Emin**e**scu, I**o**n Cre**a**ngă şi I**o**n L**u**ca Caragi**a**le, ⑧

24 să căut**a**ţi inform**a**ţii pe Intern**e**t,

25 ascult**â**nd o simfon**i**e de Ge**o**rge En**e**scu, de ex**e**mplu… ⑨

26 Pe scurt, spor la l**u**cru, nor**o**c bun, şi… ⑩

27 pe f**oa**rte cur**â**nd în Român**i**a!

⑥ Verwechseln Sie **premiu** "Preis" (als Auszeichnung) nicht mit **preţ** "Preis" im Sinne von "Kaufpreis". **El a obţinut premiul întâi.** "Er hat den ersten Preis erhalten."

⑦ **Lucian Pintilie** (*1933), Regisseur, Schauspieler und Drehbuchautor. **Cristian Mungiu** (*1968), Filmregisseur, Drehbuchautor und Filmproduzent. Sein Spielfilm *4 Monate, 3 Wochen und 2 Tage* (2007) wurde unter anderem in Cannes mit der Goldenen Palme und mit dem Europäischen Filmpreis ausgezeichnet.

17 In der Zwischenzeit (vorläufig) sehen Sie sich von Zeit zu Zeit die Lektionen und die grammatischen Erklärungen erneut an,

18 finden Sie (machen[Sie]) rumänische Freunde, und unterhalten Sie sich so oft wie möglich mit ihnen.

19 Vergessen Sie nicht, (dass gehen[Sie] dass sehen[Sie]) rumänische Filme in der Originalfassung anzusehen

20 (viele unter ihnen haben Preise[Ø] bei internationalen [Film]festspielen erhalten,

21 und einige (die-einen) Regisseure wie Lucian Pintilie und Cristian Mungiu, sind hervorragend),

22 Zeitungen und Bücher zu lesen, angefangen mit den großen Schriftstellern

23 Mihai Eminescu, Ion Creangă und Ion Luca Caragiale,

24 nach Informationen im Internet zu suchen,

25 während Sie z. B. eine Symphonie von Georges Enescu hören…

26 Kurz: Viel Erfolg bei der Arbeit (Fortschritt/Effizienz/Wachstum auf Arbeit), viel Glück (Glück gut) und …

27 bis ganz (sehr) bald in Rumänien!

⑧ **Mihai Eminescu** (1850-1889) gilt als bedeutendster Dichter des 19. Jh. **Ion Creangă** (1839-1889): moldawischer Schriftsteller und Diakon. **Ion Luca Caragiale** (1852-1912): bedeutendster Dramatiker Rumäniens.

⑨ **George Enescu** (1881-1955) war Komponist, Violinist und Dirigent.

⑩ **Spor la lucru!** ist die traditionelle Wendung, um jemanden zu ermutigen, eine Aufgabe in Angriff zu nehmen oder erfolgreich zu Ende zu führen. Das Verb **a spori** bedeutet "steigern, aufwerten". Auch die negative Variante, **fără spor** "ohne Erfolg, ohne Nutzen, ineffektiv", wird benutzt.

Exerciţiul 1: Înţelegeţi aceste propoziţii?

❶ Dacă faci exact ce îci spun, te asigur că vei reuşi să asimilezi repede toate cuvintele noi, fără efort. ❷ Ca să vă uşurăm sarcina, veţi găsi aici răspunsuri la întrebările pe care şi le pun clienţii în această etapă. ❸ E un adevărat poliglot, are posibilitatea de a vorbi mai multe limbi fără greşeli şi fără accent. ❹ E o femeie inteligentă, a ales o meserie care îi permite să trăiască foarte bine, deşi e ocupată de dimineaţa până seara. ❺ În învăţarea unei limbi străine, nimic nu înlocuieşte contactul cu oamenii care o vorbesc ca limbă maternă.

Exerciţiul 2: Completaţi locurile libere cu cuvintele care lipsesc!

❶ Seine Erklärungen haben mich überhaupt nicht überzeugt, ich glaube, er ist nicht ehrlich mit mir.

____ lui nu m-au ____ deloc, cred că nu e ____ cu ____.

❷ Wir verstehen uns sehr gut, aber wir sehen die Dinge nicht auf dieselbe Art und Weise.

Ne ____ foarte bine, dar nu ____ lucrurile în ____ fel.

❸ Ich denke, das ist das amüsanteste Buch, das ich bis jetzt gelesen habe.

Cred că e ____ cea mai ____ pe care am citit-o ____ acum.

❹ Wenn du ein Wort nicht verstehst, kannst du jederzeit das Wörterbuch zu Rate ziehen, das ich dir gekauft habe.

Dacă nu înţelegi un ____, poţi ____ oricând ____ pe care ţi l-am ____.

❺ Nachdem er mehrere internationale Preise erhalten hat, setzt er den Erfolgsweg mit seinem neuen Film fort.

____ ce a ____ mai multe ____ internaţionale, el ____ pe ____ succesului cu noul său film.

Soluţia exerciţiului 1: Aţi înţeles?

❶ Wenn du genau das machst, was ich dir sage, dann versichere ich dir, dass es dir gelingen wird, schnell alle neuen Wörter zu assimilieren, ohne Mühe. ❷ Um Ihnen die Aufgabe zu erleichtern, werden Sie hier die Antworten auf die Fragen finden, die sich auch unsere Kunden in dieser Etappe stellen. ❸ Er ist ein richtig polyglotter [Mensch], er hat die Fähigkeit (Möglichkeit), mehrere Sprachen ohne Fehler und ohne Akzent zu sprechen. ❹ Sie ist eine intelligente Frau, sie hat einen Beruf gewählt, der es ihr erlaubt, sehr gut zu leben, obwohl sie von morgens bis abends beschäftigt ist. ❺ Beim Erlernen einer Fremdsprache ersetzt nichts den Kontakt zu den Menschen, die sie als Muttersprache sprechen.

Soluţia exerciţiului 2: Cuvintele care lipsesc.

❶ Explicaţiile – convins – sincer – mine ❷ înţelegem – vedem – acelaşi ❸ cartea – amuzantă – până ❹ cuvânt – consulta – dicţionarul – cumpărat ❺ După – obţinut – premii – continuă – calea.

Etapa a doua: Activaţi astăzi lecţia 51!

ANHANG A. GRAMMATIKALISCHER INDEX

Dieser grammatikalische Index enthält alle in den Wiederholungslektionen dieses Buches und in Anhang D. "Die Aussprache des Rumänischen/Tabelle der Laute" behandelten Grammatikthemen. Mit seiner Hilfe können Sie sich auf die Schnelle Informationen über ein bestimmtes Thema heraussuchen.

ANHANG B. WÖRTERVERZEICHNIS RUMÄNISCH-DEUTSCH

Dieses Wörterverzeichnis umfasst alle Wörter, die Sie in den Lektionen von **Rumänisch ohne Mühe** angetroffen haben, zusammen mit der Übersetzung sowie der Nummer der Lektion, in der das entsprechende Wort zum ersten Mal in der hier angegebenen oder einer gebeugten Form auftaucht. Darüber hinaus wurden einige weitere wichtige Wörter ergänzt, die nicht im Kurs vorkommen und daher nicht mit einer Lektionsnummer versehen sind.

Zahlreiche Wörter können neben der angegebenen Bedeutung noch weitere Bedeutungen haben, die hier nicht aufgeführt sind. Wir empfehlen Ihnen, parallel zu **Rumänisch ohne Mühe** ein zweisprachiges Wörterbuch zu benutzen (s. hierzu auch **Anhang C. Literaturhinweise**)

Beachten Sie außerdem:

- Bei den Adjektiven ist jeweils die männliche und die weibliche Form angegeben.
- Alle Nomen sind mit dem entsprechenden Genusmarkerzeichen versehen.

Verwendete Symbole und Abkürzungen

Symbol/ Abkürzung	Bedeutung	Symbol/ Abkürzung	Bedeutung
♂	Maskulines Nomen	*Gen.*	Genitiv
♀	Feminines Nomen	*Pers.pron.*	Personalpronomen
ø	Neutrales Nomen	*Pl.*	Plural
Adj.	Adjektiv	*Poss.pron.*	Possessivpronomen
Adv.	Adverb	*Refl.pron.*	Reflexivpronomen
Akk.	Akkusativ	*Rel.pron.*	Relativpronomen
Dat.	Dativ	*Sg.*	Singular
fig.	figurativ	*ugs.*	umgangssprachlich
Fragepron.	Fragepronomen	*unpers.*	unpersönlich

a

abătut, **-ă** traurig, bedrückt, betrübt, niedergeschlagen |62
abonamentø Abonnement |93
abonat, **-ă** abonniert |73
absurd absurd |74
acasă zu Hause, daheim; Zuhause |11
accelera (a ~) beschleunigen |90
Acceleratø Zuggattung, vergleichbar mit Eil- oder D-Zug |45
acceleratorø Gaspedal |90
accentø Akzent |10
accepta (a ~) annehmen, akzeptieren |85
accidentø Verkehrsunfall |90

acelaşi der-, die-, dasselbe |45|51
acesta dieser hier |42
acolo dort, da |12|23
acoperi (a ~) zu-/bedecken |66|92
acru, **-ă** sauer |80
act∅ Urkunde, Schein, Akte, Papier; Akt, Handlung |17
activitate♀ Aktivität, Beschäftigung, Tätigkeit |99
actor♂ Schauspieler, Darsteller |82
actriţă♀ Schauspielerin |82
actual, **-ă** aktuell |44|94
actualitate♀ Aktualität, Tagesgeschehen |73
actualmente momentan |98
acţiune♀ Handlung; Handeln, Betätigung |92
acum jetzt, nun; vor (*zeitlich*) |3|5
acumula (a ~) anhäufen, ansammeln |94
acvariu∅ Aquarium |89
adânc, **-ă** tief |39|58
adesea oft |22
adevăr∅ Wahrheit |59
adevărat, **-ă** wahr, echt, richtig |22|36
adineauri gerade eben |96
Adio! Tschüss!, Ade! |44
adolescenţă♀ Pubertät, Jugend |13|35
adopta (a ~) adoptieren |99
adormi (a ~) einschlafen |43
adormit, **-ă** schlafend, eingeschlafen |83|88
adresă♀ Adresse |31
aduce (a ~) bringen, führen |51|57
aduce aminte (a-şi ~) sich erinnern |51|56
aduna (a ~) ansammeln |93
aer∅ Luft |47
aerian, **-ă** Luft- |68
aeroport∅ Flughafen |15
afacere♀ Angelegenheit (*kommerziell*), Geschäft, Unternehmen |53|65
afară draußen, hinaus, aus |62|64
afla (a ~) erfahren |33|75
agenţie♀ **de turism**∅ Reisebüro |50
agenţie♀ **de voiaj**∅ Reisebüro |68
aglomerat, **-ă** überfüllt |45
agricultură♀ Landwirtschaft |79
Ah! Ah! |70
aici hier |3
aiurea woanders |86
Aiurea! Quatsch!, Ach nein!; woanders (*Adv.*) |86
ajun∅ Vorabend |96
ajunge (a ~) ankommen, eintreffen; etw. schaffen, erreichen, gelingen |15|79
Ajunge! Das reicht! |79
ajuta (a ~) helfen |39
ajutor∅ Hilfe |52
ajutor∅ **(mână de ~)** helfende Hand |52
Ajutor! (Zu) Hilfe! |52
alaltăieri vorgestern |75
alb, **-ă** weiß |46
albastru, **-ă** blau |27
albină♀ Biene |97
alcool∅ Alkohol |20
alee♀ Allee |31
alege (a ~) auswählen, aussuchen; anziehen |46|49
alerga (a ~) rennen |97
alo Hallo |38
altădată früher, damals, vorher; ein anderes Mal |82|87
altceva etwas anderes |63|87
altcineva jemand anderes |63
alteori ein anderes Mal; manchmal |65
alternativă♀ Alternative |71
altfel übrigens, ansonsten |82
altul der/die/das andere |57|58
altundeva sonst; woanders |76
amabil (în mod ~) freundlicherweise |71
amabil, **-ă** freundlich, liebenswürdig |15
amândoi♂ beide |27
amândouă♀ beide |27
ambala (a ~) verpacken |73
ambele♀ beide |84
ambii♂ beide |84
ambiţie♀ Ehrgeiz |33
amendă♀ Bußgeld |16
America♀ Amerika |32
american, **americancă** Amerikaner, -in |44

american, **-ă** amerikanisch |49
amestec∅ Allerlei, Gemisch, Mischung |78
amesteca (a se ~) sich (ein-) mischen |62
ameţi (a ~) schwindelig werden |57
amiază♀ Mittag |29
amic♂ Freund |52
aminti (a-şi ~) (sich) erinnern |56
amintire♀ Erinnerung |85
amuzant, **-ă** amüsant |100
an♂ Jahr |10|13
animal∅ Tier |22
animat, **-ă** bewegt, rege |44
aniversare♀ Geburtstag; Jahrestag |34|87
aniversare♀ **a nunţii** Hochzeitstag |87
anotimp∅ Jahreszeit |30
antipatie♀ Abneigung |60
antrenor♂ Trainer |76
antreu∅ Vorspeise |26
anunţa (a ~) ankündigen, voraussagen, mitteilen, bekanntmachen/-geben |75|89
Aoleo! Ach!, Oh je! |60|64
aparat∅ Gerät, Apparat |73
apartament∅ Wohnung |31|35
apă♀ Wasser |26
apăra (a ~) verteidigen, beschützen, abwehren |78
apel∅ Anruf |58
apela (a ~) sich an jmdn. wenden |58
aperitiv∅ Aperitif; Vorspeise |26
apetit∅ Appetit |97
aplica (a ~) anwenden |75
apoi danach, anschließend |47|48
aprecia (a ~) schätzen |58|60
aprilie♂ April |30|72
aprinde (a se ~) einschalten |67
aproape nah, in der Nähe; nahezu, fast |24|37
apropia (a se ~) (sich) nähern, näherrücken |57
apropiat, **-ă** nah |94
apropo apropos, übrigens |33
aragaz∅ Herd |51
aranja (a ~) hinlegen |39
aranja (a se ~) sich geben, arrangieren |63|74
arăta (a ~) zeigen |17
arăta bine (a ~) gut aussehen |30
arbore♂ Baum |78
arde (a ~) (durch)brennen |67
ardei♂ Paprika |47
ardelenesc, **ardelenească** siebenbürgisch, transsilvanisch |10
argint∅ Silber |39
arie♀ Arie |60
armonie♀ Harmonie, Einklang |78
artă♀ Kunst |78
articol∅ Zeitungsartikel |65
arunca (a ~) werfen, schmeißen, stoßen |73
aruncat, **-ă** geworfen |73
ascensor∅ Aufzug |31
asculta (a ~) zuhören |34
ascunde (a ~) verbergen, verstecken, verheimliche |66
ascuns (pe ~) heimlich, geheim |66
aseară gestern Abend |61
asigura (a ~) versichern, zusichern |68
asimila (a ~) assimilieren |99
asorta (a se ~) (zusammen) passen, (überein)stimmen |46
asortat, **-ă** passend |46
aspirator∅ Staubsauger |61
asta diese (*ugs.*) |37
astăzi heute |4
astrologie♀ Astrologie |72
aş Ach was!, Ach woher! |70
aşa so |10
aşeza (a se ~) sich setzen, sich niederlassen |85
aştepta (a ~) warten |29
atât (genau)so (...wie) |36
atât(a) so viel, so sehr |9
atâta so viel, so sehr, solch, dermaßen |9
atelier (de reparaţii) Autowerkstatt |40
atelier∅ (Handwerks-)Atelier |42
atent, **-ă** vorsichtig, aufmerksam, achtsam |90
atenţie♀ Aufmerksamkeit, Achtung |9

Atenţie! Achtung! |85
atenţiune♀ Aufmerksamkeit, Sorge |95
atinge (a ~) erreichen |74
august♂ August |30
autobuz∅ Bus; Linienbus |24
autocar∅ Reisebus |24
autostradă♀ Autobahn |90
auzi (a ~) hören |40
avansare♀ Beförderung |39
avantaj∅ Vorteil |99
avea (a ~) haben |3|11
aventură♀ Abenteuer |92
avion∅ Flugzeug |16
aviz∅ Ankündigung |96
aviz∅ **de plată** Zahlungsaufforderung |96
azi heute |4
ăştia diese (*ugs.*) |38

b

ba da doch |8
bac∅ / **bacalaureat**∅ Abitur |12
bacşiş∅ Trinkgeld |64
bagaj∅ Gepäck |45
baie♀ Badezimmer |41
balcon∅ Balkon |68
balet∅ Ballett |43
baltă♀ Teich, Pfütze |71
ban♂ Geldstück, Hartgeld, Münze |40|73
banc∅ Witz |19
bancă♀ (Sitz-)bank |79
bancă♀ Bank (*Geldinstitut*) |37
bancomat∅ Geldautomat |37
bani (*Pl.*) Geld |32
bar∅ Bar |83
bar∅ **de noapte** Nachtclub, Nachtbar |83
barbă♀ Bart |19
basm∅ Märchen |83
bate (a ~) klopfen, schlagen, prügeln |41
bate joc (a-şi ~) jmdn. veralbern, auf den Arm nehmen |83
baza (a se ~ pe cineva) sich auf etw. stützen, auf etw. beruhen, sich auf etw. gründen |58
baza (a se ~) zählen auf |58
bază♀ Grundlage, Basis |99
băga (a ~) stellen, stecken, hineintun |58
băiat♂ Junge |27
băieţel♂ kleiner Junge, Jungchen |56
bărbat♂ Mann, Ehemann |19|66
bărbăteşte mannhaft, männlich, wie ein Mann |88
bărbie♀ Kinn |59
bărbieri (a se ~) sich rasieren |73
bărbierit∅ das Rasieren, die Rasur |86
bărbos, **bărboasă** bärtig |86
bătrân alt |69
bătrâne♂ Alter, alter Freund (*Anrede*) |69
băţ∅ Stock |92
băutură♀ Getränk |20
bea (a ~) trinken |5
bec∅ Glühbirne |67
bec∅**economic** Energiesparleuchte |67
bej beige |46
benzină♀ Benzin |40
benzinărie♀ Tankstelle |40
berbec♂ Widder |72
bere♀ Bier |6
beznă♀ Dunkelheit |43
bibliotecă♀ Bibliothek |58
biftec∅ Rindersteak |92
bilet∅ Eintrittskarte; Fahrkarte |43|45
bilingv, **-ă** zweisprachig |99
bine gut |1
Bine ai/aţi venit! Willkommen! |17|33
Bine te-am/v-am găsit! Wir freuen uns, dich/Sie zu sehen! |33
binevenit, **-ă** willkommen |97
binişor ziemlich gut, recht gut |56
birou∅ Büro |50|58
birou∅ **de voiaj** Reisebüro |68
biserică♀ Kirche |48
bizar, **-ă** eigenartig, komisch, merkwürdig |34
blană♀ Fell |69

blestemat, **-ă** verdammt, verflucht |66
bloc^ø Wohnblock |31
blond, **-ă** blond |27
bluză♀ Bluse |46
boală♀ Krankheit, Erkrankung, Leiden, Übel |83
bogat, **-ă** reich |36
bolnav, **-ă** krank |30
botez^ø Taufe |57
bou♂ Ochse |70
braţ^ø Arm |59
Bravo! Bravo! |70
brânză♀ Käse |47
brânză de capră♀ Ziegenkäse |47
brânză de oaie♀ Schafskäse |47
brânză de vacă ♀ Käse aus Kuhmilch |47
bronzat, **-ă** gebräunt |30
brumar♂ November (*Alternativbez.*) |89
brumă♀ Raureif |91
brunet, **-ă** brünett |59
brusc plötzlich |90
brutar♂ Bäcker |59
brutărie♀ Bäckerei |59
bucată ♀ Stück, Brocken |66
bucate ♀ (*Pl.*) Speise, Gericht |66
bucate (**carte**♀ **de** ~) Kochbuch |66
bucătar♂ Koch |66
bucătăreasă♀ Köchin |66
bucătărie♀ Küche; Landesküche |4|49
bucura (**a se** ~) sich erfreuen |33
Bucureşti^ø Bukarest |3
bucuros, **bucuroasă** froh, glücklich |33
Buf! Buff! |70
buget^ø Budget |69
buletin^ø Ausweis |17
buletin ^ø **de ştiri**♀ (*Pl.*) Nachrichten (*TV / Rundfunk*) |44
bulevard^ø Boulevard |31
bun, **-ă** gut |2
Bună dimineaţa Guten Morgen |8
Bună seara Guten Abend |25
Bună ziua Guten Tag |2
bunăvoinţă♀ Wohlwollen |71
bunicel, **bunicea** ziemlich gut |56
bunici (*Pl.*) Großeltern |9
bunişo, **bunişoară** ziemlich gut |56
buştean♂ Baumstamm |97
butic^ø Boutique
buză♀ Lippe |59
buzunar^ø Tasche |51

c

ca wie |8
cabinet^ø Arztpraxis, Kabinett |97
cablu^ø Kabel |82
cadă♀ Badewanne |58
cadou^ø Geschenk |46
cafea♀ Kaffee |5
cal♂ Pferd |34
calculator^ø Computer |44
cald warm |6
cale♀ Weg, Pfad, Straße, Allee |45|100
calendar^ø Kalender |57
calificare♀ Qualifikation |87
calma (**a se** ~) sich beruhigen |74
calorifer^ø Heizkörper |67
caltaboş♂ Würstchen aus Schweineinnereien
cam ein bisschen, ein wenig, etwas; ungefähr, circa |50|52
cameră♀ Zimmer |25
cameră de zi♀ Wohnzimmer, Aufenthaltsraum |58
camion^ø LKW |58
campion, **campioană** Champion, Sieger, -in |87
canal^ø Kanal (*Wasserstraße und Frequenzbereich*) |82
canapea♀ Sofa |87
canar♂ Kanarienvogel |89
caniculă♀ Hitzewelle |89
cap^ø Kopf |18
capabil, **-ă** in der Lage, imstande |65
capăt^ø Schluss, Ende |74
capră♀ Ziege |47
caracter^ø Charakter |72
card^ø Karte |25

care der, die, das; welcher, welche, welches (*Rel.pron.*) |20
Care e preţul? Was ist der Preis? |25
careva irgendjemand |47
carne♀ Fleisch |8
carte♀ Karte; Buch |44|59
carte♀ **poştală** Postkarte |44
cartea♀ **de identitate** Personalausweis |25
cartier∅ Viertel |31
cartof♂ Kartoffel |8
cartof prăjit♂ Pommes frites; Bratkartoffel |18
casă♀ Haus |12
Casă de piatră! Alles Gute zur Hochzeit! |53
catalog∅ Katalog |50
catastrofă♀ Katastrophe |67
catolic, **-ă** katholisch |42|57
cauza (**din** ~) aufgrund |67
cauză♀ Grund, Ursache
caz (**în** ~ **că**) sofern, falls |98
caz∅ Fall |38
cazare♀ (~ **la particulari**) Privatunterkunft |25
că dass; denn |1|10|57
cădea (**a** ~) fallen |27|91
călător♂ Reisender, Tourist |45
călători (**a** ~) reisen |45
călătorie♀ Reise |15
călca (**a** ~) bügeln, nerven |38|62
cămaşă♀ Hemd |46
căpătâi∅ Kopfende |66
cărare♀ Scheitel |86
cărămidă♀ Backstein, Ziegelstein |92
căsători (**a se** ~) heiraten, die Ehe eingehen |32
căsătorie♀ Heirat |53
căsătorit, **-ă** verheiratet |32
căsnicie♀ Ehe |62
căsuţă♀ Häuschen |56
către nach |70
cătun∅ Weiler |94
căţel♂ junger Hund, Welpe |56
căţeluş♂ Schoßhündchen |56
căuta (**a** ~ **nod în papură**) das Haar in der Suppe suchen |82
căuta (**a** ~) suchen |4|15
câine♂ Hund |8
când wenn |22|31
când (**ca şi** ~) als ob, als wenn |62
când (**de** ~) seit, seitdem |44|62
când (**din** ~ **în** ~) gelegentlich, hin und wieder |62
când (**pe** ~) während |62
cândva irgendwann, einst |47
cânta (**a** ~) singen |55|60
cântări (**a** ~) wiegen |92
cântec∅ Lied |60
cârnat♂ Wurst |52
câştiga (**a** ~) gewinnen |34
cât wie viel |25|29
Cât costă? Wie viel kostet es? |25
câteodată manchmal |62
câteva einige, manche, mehrere, ein paar |57
câtva etwas, einige |63
ce was, wie, welch |2|5|25
ce (**din** ~ **în** ~) immer mehr |62
Ce oră e? Wie viel Uhr ist es? |29
Ce păcat! Wie schade! |32|33
Ce vorbeşti! Was redest du da? |54
ceafă♀ Nacken |86
ceai∅ Tee |47|90
ceapă♀ Zwiebel |80
cearşaf∅ Bettlaken |89
ceas∅ Stunde, Uhr |29|56
ceas∅ **de mână**♀ Armbanduhr |29
ceda (**a** ~) überlassen |85
ceferist♂ Bahnbeamter |45
cel puţin wenigstens, mindestens |52
celălalt, **cealaltă** der andere, die andere |87|91
celebru, **celebră** berühmt |87
celibatar, **-ă** Alleinstehender, Alleinstehende, Single |80
celular∅ Handy |38
Ce-mi pasă? Was kümmert mich das? |64
centru∅ Zentrum |29
cer∅ Himmel |32
cere (**a** ~ **în căsătorie**) einen Heiratsantrag machen |32
cere (**a** ~) bitten, verlangen, fordern |32|35

cerere♀ Bitte, Forderung, Antrag, Ersuchen |75
cerinţă♀ Anforderung |88
certa (**a se** ~) sich streiten |45
cetăţean♂ Bürger |77
ceva etwas |17|47
chef (**a avea** ~) Lust haben |54
chef (**a face** ~) zechen, schlemmen, prassen, einen draufmachen |54
chef∅ Lust |54
cheie♀ Schlüssel |68
cheie de conserve♀ Dosenöffner |80
chelner♂ Kellner |26
cheltui (**a** ~) ausgeben (*Geld*) |51
cheltuială♀ (Geld-)Ausgabe |69
cheltuit, **-ă** ausgegeben (*Geld*) |43
chema (**a se** ~) sich nennen, heißen; rufen |22|60
chestie♀ Sache, Angelegenheit; Frage; Ding(sbums) |71
chestiune♀ Frage |73|85
chiar genau |6
chiar dacă auch wenn |24
chibrit∅ Streichholz |71
chil∅ Kilo (*ugs.*) |8
chilot♂ Unterhose; Sporthose |76
chinez, **-ă** chinesisch |49
chinez, **chinezoaică** Chinese, Chinesin |49
chinezesc, **chinezească** chinesisch |72
chinui (**a se** ~) sich abmühen, sich abplagen |76
chioşc∅ Kiosk |24
chirie♀ Miete |58
chiulul (**a trage** ~) sich vor der Arbeit drücken, blaumachen, schwänzen |61
cifră♀ Zahl |34
cină♀ Abendessen |23
cinci fünf |5|28
cincime♀ Fünftel |84
cine wer |3|7
cinematograf∅ Kino |24
cineva jemand |38
cinste♀ Ehre; Ehrlichkeit |64
cinste♀ (**a face** ~) jmdm. Ehre machen, jmdm. zur Ehre gereichen; eine Runde ausgeben |64
cinstit, **-ă** ehrlich |67
ciocolată♀ Schokolade |26
ciondăni (**a se** ~) sich streiten, sich zanken |62
ciorbă♀ Borschtsch (*Suppe mit gegorenem Weizenkleiesaft*) |26
cip∅ Floh; Computerchip |95
circulaţie♀ Verkehr |90
cireaşă♀ Kirsche |91
cireşar♂ Juni (*Alternativbez.*) |91
citi (**a** ~) lesen |44
ciudat, **-ă** eigenartig, merkwürdig, komisch |34
ciudă (**în** ~) trotz |73
civilizaţie♀ Zivilisation |73
clar, **-ă** klar |69
clasament∅ Rangliste |87
clasă♀ Klasse |45
clasic, **-ă** klassisch |43
clădire♀ Gebäude, Bauwerk |58
clătită♀ Crêpe |72
client♂ Kunde |36
clipă (**într-o** ~) in einem Augenblick, im Nu, gleich |68
clipă♀ Augenblick |68
clipi (**a** ~) blinken, blinzeln |68
club∅ (Fitness-)Club |85
coadă♀ (Warte-)Schlange |43
coafeză♀ Friseurin |86
coafor∅ Friseur, Friseursalon |59
coborî (**a** ~) aussteigen, fallen, sinken |45
cod∅ (Pin-)Code |37
cofetărie♀ Konditorei |72
coincidenţă♀ Zufall |34
colecţie♀ Kollektion |79
coleg♂ Kollege |69
colet∅ Päckchen |96
colindă♀ Weihnachts-/Neujahrslied
colivie♀ Käfig |89
colţ∅ Ecke |24
comanda (**a** ~) bestellen |18
comandă♀ Bestellung, Auftrag, Gebot; Kommando |36
comedie♀ Komödie |43

comenta (**a** ~) kommentieren |76
comod, **-ă** praktisch, bequem, gemütlich |86
comodă ♀ Kommode |89
companie♀ Gesellschaft, Unternehmen, Kompanie |68
compara (**a se** ~) vergleichen |72
comparaţie♀ Vergleich |59
compartiment∅ Abteil |45
complet vollkommen |87
complicat, **-ă** kompliziert |65
compromis∅ Kompromiss |62
computer∅ Computer |44
comun, **-ă** gemeinsam |29|62
comună♀ Gemeinde |94
concediu de maternitate Mutterschaftsurlaub |59
concediu∅ Urlaub |50
concentrat, **-ă** konzentriert |90
concert∅ Konzert |43
concluzie♀ Schlussfolgerung, Fazit, Folgerung |64
condamna (**a** ~) verurteilen |95
condamnat, **-ă** verdammt |73
condiţie♀ Bedingung |76
conducător♂ (**auto**) Fahrer |90
conduce (**a** ~) (ein Fahrzeug) fahren |48
conducere♀ Führung |90
confunda (**a** ~) verwechseln |37
coniac∅ Cognac |59
conjugal, **-ă** Ehe- |88
conjunctură♀ Konjunktur |94
consecinţă (**în** ~) folglich, somit |98
conservă♀ Konserve |37
considera (**a** ~) betrachten als, ansehen als |88
consilieră♀ Beraterin |88
consiliu∅ Rat(sversammlung) |94
consulta (**a** ~) konsultieren, zu Rate ziehen |66|100
consultaţie♀ Sprechstunde, Untersuchung, Beratung |52
consum∅ Konsum |90
consuma (**a** ~) verbrauchen |40
conştient, **-ă** bewusst |71
cont∅ Konto |94
conta pe cineva (**a** ~) auf jmdn. zählen |58
contact∅ Kontakt |100
contemporan, **-ă** zeitgenössisch |78
continua (**a** ~) fortsetzen |100
contra gegen |41|73
contră (**din** ~) im Gegenteil |89
control∅ Kontrolle |17
controlor♂ Kontrolleur |45
convenabil, **-ă** angemessen, passend, befriedigend |50
conveni (**a** ~) passen |47
convenţional, **-ă** konventionell, üblich |88
conversaţie♀ Unterhaltung |19
convinge (**a** ~) überzeugen |76
convins, **-ă** überzeugt |41
copac♂ Baum |78
copil♂ Kind |12
copilărie♀ Kindheit |52
cor∅ Chor |55
corect korrekt |55
corect, **-ă** richtig |94
corn∅ Horn |94
corvoadă♀ Schinderei, Schufterei, Plackerei |86
costa (**a** ~) kosten |25
costum∅ Anzug; Kostüm |36
cozonac♂ Christstollen
cravată♀ Krawatte |46
Crăciun∅ Weihnachten |69
crede (**a** ~) glauben |10
credibil, **-ă** glaubhaft |82
creşte (**a** ~) groß werden |59
cretin, **-ă** blöd, dumm, dämlich; Dummkopf, Trottel |82
cristal∅ Kristall |39
critic♂ Kritiker; kritisch |78
critică♀ Kritik |78
criză♀ Krise |74
croi (**a** ~) schneidern, zuschneiden |36
croitor♂ Schneider |36
croitorie♀ Schneiderhandwerk, Schneiderei |36
cu mit |3
Cu plăcere! Gerne!, Mit Vergnügen! |6
culinar, **-ă** kulinarisch |80
culoar∅ Gang |45

culoare♀ Farbe |46
cultural, **-ă** kulturell |81
cum wie |8|27
cumnat♂ Schwager |62
cumnată♀ Schwägerin |62
cumpăra (**a** ~) kaufen |8
cumpărătură♀ Einkauf |37
cumsecade anständig |19
cumva irgendwie |47
cunoaşte (**a** ~) kennen |22
cunoştinţă♀ Bekanntschaft |22
cupă♀ Pokal, Kelch
cupă♀ **mondială de fotbal**Ø Fußballweltmeisterschaft |87
cuptorØ Ofen |51
curajØ Mut |55
curajos, **curajoasă** mutig |97
curat, **-ă** sauber |47
curăţenie♀ Reinigung, Saubermachen, Putzen |61
curăţenie în casă Hausputz |61
curând (**pe** ~) bis bald |2
curentØ Strom, Strömung, Zug, Durchzug |73
curios (**în mod** ~) kurioserweise |71
curios, **curioasă** neugierig |95
curiozitate♀ Neugierde; Kuriosität |93
curte♀ Hof |58
cutare so einer, ein solcher |63
cutie♀ Kasten, Schachtel, Behälter |96
cutie♀ **de scrisori** Briefkasten |96
cuţitØ Messer |39
cuvântØ Wort |11
cuvertură♀ Decke |89

d

da ja |6
da (**a** ~ **afară pe uşă**) vor die Tür setzen |62
da (**a** ~) geben |22
da (**a se** ~ **jos**) aussteigen |45
Da de unde? Aber woher?, Unmöglich!, Ausgeschlossen! |54|97
da drumul (**a** ~) anfangen, losschießen |75
da gol (**a** ~) ein Tor schießen |76
da înapoi (**a** ~) zurückgeben, wiedergeben; zurückrudern |51|75
da seama (**a-şi** ~) etw. verstehen/erkennen, sich über etw. bewusst werden |56|66
dacă wenn |6|17
dansa (**a** ~) tanzen |83
dar aber |1|7|8
dată♀ Mal |31
datora (**a** ~) schulden |90
datora (**a se** ~) etw. geschuldet sein, auf etw. zurückzuführen sein, auf etw. beruhen |90
datorie♀ Schulden |51
datorită dank, aufgrund |98
de von |4|5
de acord einverstanden |37|57
de bună seamă sicher, bestimmt |65
de ce warum |5
de necrezut unglaublich |85|95
de o seamă gleichaltrig |65
de preferinţă vorzugsweise |68
deabia kaum |45
debarasa (**a se** ~) trennen |40
debil, **-ă** schwach, kraftlos |82
decât als (*bei Vergleichen*); nur, erst |26|28
decembrie♂ Dezember |30
deci also |34|58
decide (**a** ~) entscheiden |50
decisiv, **-ă** entscheidend |87
decizie♀ Entscheidung |50
declara (**a** ~) erklären, äußern, mitteilen, sagen; verzollen |17
dedica (**a** ~) widmen |65
defavorabil, **-ă** ungünstig |94
definitiv, **-ă** endgültig, abschließend, definitiv |46
degeaba umsonst |56
degetØ Finger |80
deja schon, bereits |11
dejunØ Mittagessen |32
delictØ Verbrechen |93
deloc überhaupt nicht |3
deltă♀ Delta |81
demisie♀ Kündigung, Rücktritt, Ausscheiden |94
demult schon lange/längst |64

dentist♂ Zahnarzt |36
deoarece weil, denn |98
deocamdată vorläufig, vorerst |40
deoparte beiseite |69
deosebit besonders |89
departe weit, entfernt |24|28
depăşi (a ~) überschreiten, übersteigen, überholen |16
depinde (a ~) abhängen von |55|59
deplasa (a se ~) sich fortbewegen; verlagern |96
deranjØ Störung |38
deranja (a ~) stören, belästigen; lästig werden; behindern, Mühe machen |38
des oft |85
descărca (a ~) entladen |79
deschide (a ~) öffnen |66
deschis, **-ă** geöffnet |26
descoperi (a ~) entdecken |81
descurca (a se ~) zurechtkommen, klarkommen, sich zurechtfinden |74
descurcăreţ, **-ă** klug, gescheit, geschickt, gewandt |74
desenØ Zeichnung |12
desena (a ~) zeichnen |12
deseori oft, häufig |65
desertØ Nachtisch |26
desigur selbstverständlich |25
despre von, über |49|52
Despre ce e vorba? Worum geht es? |52
destinØ Schicksal |41
destinaţie♀ Reiseziel |50
Destul! Genug! Das reicht! |53
destul, **-ă** genug, genügend, ausreichend |45|53
deşi obwohl |58
deştepta (a se ~) erwachen, aufwachen |87
deşteptător♂ Wecker |29
deveni (a ~) werden |59|97
devreme früh |22
dezbatere ♀ Debatte |78
dezinteresat, **-ă** selbstlos, uneigennützig |88
diavol♂ Teufel |51
dicta (a ~) diktieren |64
dicţionarØ Wörterbuch |99
diferenţă♀ Differenz, Unterschied |45
diferit, **-ă** unterschiedlich |57
dificil, **-ă** schwierig |13
digera (a ~) verdauen |52
dilemă♀ Dilemma |86
dimineaţă♀ Morgen |8
dimpotrivă im Gegenteil |89
din von, aus, ab |10
dinainte vorher, im Voraus |92
dineuØ vornehmes Dinner |32
dinte♂ Zahn |55
dintre unter |44
direcţie♀ Richtung |48
dirija (a ~) leiten, anführen |87
dirijor♂ Dirigent |87
discuta (a ~) reden, diskutieren |19
diseară heute Abend |50
dispărea (a ~) verschwinden |51
disperat, **-ă** verzweifelt |66
disponibil, **-ă** verfügbar, vorhanden, erhältlich, vorrätig |67
dispoziţie♀ Verfügung |99
dispune (a ~) verfügen |93
dispus (bine ~) gut gelaunt |60
dispus, **-ă** gelaunt, aufgelegt |60
distanţă♀ Entfernung, Abstand |83
distracţie♀ Unterhaltung; Abwechslung |43
distrat, **-ă** zerstreut |93
divorţa (a ~) sich scheiden lassen |72
doamnă♀ Frau |2
doctor♂ Doktor |8
doi zwei |18
doime♀ halb, Hälfte |84
domeniu Ø Themenbereich, Gebiet |74
Domn♂ Gott |43
domn♂ Herr |2
domnie♀ Herrschaft |16
domnişoară♀ Fräulein (*veraltet*) |24
domnişoară♀ **de onoare**♀ Brautjungfer |53
domnişor♂ Herr (*Anrede, veraltet*) |24
dorØ Sehnsucht, Verlangen |47
dorØ **de casă**♀ Heimweh |18

dori (a ~) wünschen |32
dormi (a ~) schlafen |20
dormitorØ Schlafzimmer |4
drac♂ Teufel |51
Drace! Zum Teufel! |51
drag, **-ă** lieb |27|53
dragoste♀ Liebe |53
dragoste♀ (**~ la prima vedere**) Liebe auf den ersten Blick |53
drăguţ, **-ă** nett, freundlich, liebenswürdig; reizend, hübsch |24
drept gerade, für |15|82
drept înainte geradeaus |15
drept, **dreaptă** rechts |15
dreptate♀ Recht |10
Drum bun! Gute Reise! |68
drumØ Weg, Strecke |68
drumeţie♀ Wanderung |81
dublu Doppel-, doppelt |25
duce (a ~) tragen, zuführen, (jndn.) fahren |50
duce (a se ~) gehen, sich begeben |50
dulapØ Schrank |89
dulăpiorØ Schränkchen |89
dulce süß, lieblich |80
dulceaţă♀ Konfitüre |72
duminică♀ Sonntag |23
dumitale Ihr |28
dumneata Sie |16
dumneavoastră Sie |16
Dumnezeule! Mein Gott! Meine Güte! |43
după nach, zufolge, jnds. Ansicht nach |10|18
după aceea danach, nachher |98
după-amiază♀ Nachmittag |23
după-masă♀ Nachmittag |23
dura (a ~) dauern |79
durea (a ~) schmerzen, weh tun |18
durere♀ Schmerz, Leiden, Kummer |47
duşØ Dusche |55

e

ea sie |10|14
ebrietate♀ Trunkenheit |90
echipat, **-ă** ausgestattet |92
echipă♀ Mannschaft |87
eclerØ Éclair (*längliches, gefülltes Gebäck*) |72
economic, **-ă** wirtschaftlich |94
economie♀ Ersparnis; Wirtschaft |38|65
ecranØ Bildschirm |44
educaţie♀ Erziehung |85
efortØ Mühe |49|82
ei sie♂ (*Pl.*) |10
el er |10
ele sie♀ (*Pl.*) |13
electric, **-ă** elektrisch |67
electrician♂ Elektriker |67
electricitate♀ Elektrizität |96
elegant, **-ă** elegant |36
emancipat, **-ă** emanzipiert |41
emoţie♀ Gefühl |74
energie♀ Energie |97
enerva (a se ~) sich aufregen |60
esenţă♀ Wesen, Essenz, Wesentliches
esenţial, **-ă** wesentlich, grundlegend |86
este (+ *Nomen*) es gibt, es ist |1
etajØ Etage |25
etajØ **(la ~)** im Obergeschoss |31
eu ich |5|12
eu însumi ich selbst |86
european, **europeană** europäisch |87
evenimentØ Ereignis |57
eventual eventuell |94
evident (în mod ~) offenbar, offensichtlich |71
evita (a ~) vermeiden |78|96
exact, **-ă** genau |29
exagera (a ~) übertreiben |19
examenØ Prüfung |33
examina (a ~) betrachten, untersuchen |9
excelent ausgezeichnet, hervorragend |27
excepţional, **-ă** außergewöhnlich, außerordentlich |99
excursie♀ Ausflug |81
exemplu (de ~) zum Beispiel |20

exempluØ Beispiel |20
există (+ *Nomen*) existieren |18
exotismØ Exotik |82
experienţă♀ Erfahrung |53
explica (**a** ~) erklären |57
explicaţie♀ Erklärung |100
expoziţie♀ Ausstellung |78
extraordinar, **-ă** außergewöhnlich, besonders |42
extrasØ Auszug, Ausschnitt |96
extrem, **-ă** überaus, äußerst |42
ezita (**a** ~) zögern |75|94

f

face (**a** ~) machen, tun |2
face cinste (**a** ~) an der Reihe sein |64
face faţă (**a** ~) zurechtkommen |55
facil, **-ă** einfach
facilita (**a** ~) erleichtern |99
factor♂ (~ **poştal**) Briefträger |96
factură♀ Rechnung |96
faliment (**a da** ~) pleite gehen, Bankrott gehen |86
falimentØ Bankrott, Konkurs |86
fals falsch |55
familie♀ Familie |9
fapt (**de** ~) eigentlich |26
faptØ Tatsache |26
farfurie♀ Teller |39
farfurioară♀ Untertasse, Tellerchen |56
farmacie♀ Apotheke |59
farmacist♂ Apotheker |59
fată♀ Tochter, Mädchen |27
faţă♀ Gesicht |41
faţă♀ **de masă** ♀ Tischdecke |41
faţă♀ **de pernă** ♀ Kopfkissenbezug |89
faţă♀ **de plapumă**♀ Bettdeckenbezug |89
faţă în faţă von Angesicht zu Angesicht |41
faur♂ Schmied |91
fără ohne |29|47
făt♂ Sohn, Knabe, Kind (*veraltet*) |88
Făt-Frumos♂ Märchenprinz |88
făurar♂ Februar (*Alternativbez.*) |91
febră♀ Fieber |97
februarie♂ Februar |30|91
fel (**la** ~ **de**) ähnlich, wie |42
fel Art, Sorte |19|26
felØ **de mâncare** ♀ Gericht, Gang, Speise |26
felicita (**a** ~) beglückwünschen |75
felicitare♀ Gratulation, Glückwunsch
Felicitări! Glückwunsch!, Gratulation! |33
femeie♀ Frau |19
ferat, **-ă** aus Eisen |45
fereastră♀ Fenster |25
feri (**a** ~) bewahren |43
fericire (**din** ~)♀ glücklicherweise |41
fericire♀ Glück |58
fericit, **-ă** glücklich |12
festivalØ Festspiel |100
fezabilitate♀ Machbarkeit |94
fi (**a** ~) sein |1|7
fi la fel (**a** ~) gleich/dasselbe sein wie |61
ficat♂ Leber |52
fiecare jeder, jede, jedes |30
fierØ Eisen |65
fiert, **fiartă** gekocht, gedämpft, gesotten |54
fiică♀ Tochter |33
fiindcă weil, denn, da |96
filmØ Film |43
finală♀ End-, Finale |87
finanţare♀ Finanzierungsmöglichkeit, Fördermittel |94
fine (**în** ~) schließlich |75
firØ Faden |59|67
firØ **de iarbă**Ø Grashalm |67
firØ **de nisip**Ø Sandkorn |67
fire♀ Natur, Wesen, Charakter |88
fiu♂ Sohn |33
fix, **-ă** fest |38
fixa (**a** ~) festlegen |53
floare♀ Blume |12
florar♂ Mai (*Alternativbez.*) |91
foame♀ Hunger |26
foarte sehr |5

folosi (**a** ~) benutzen; nützen |44|53
formă♀ Form |78
formidabil, **-ă** außergewöhnlich, beachtlich |42
fortificat, **-ă** befestigt |81
fost, **-ă** Ex-, ehemalig |72
fotbal∅ Fußball |43
fotografie♀ Foto |9
fotoliu∅ Sessel |87
francez, **-ă** Französisch (*Sprache*) |39
francez, **franţuzoaică** Franzose, Französin |49
franţuzesc, **franţuzească** französisch |48
frate♂ Bruder |27
frâna (**a** ~) bremsen |90
frână♀ Bremse |90
frânge (**a** ~) durchbrechen |61
frânt, **-ă** geschafft; zerbrochen, zerstört |61
frecventa (**a** ~) aufsuchen |85
frică♀ Angst |44
fricos, **fricoasă** ängstlich |97
frig kalt |4
frigider∅ Kühlschrank |4
friptură♀ Braten |26
frison∅ Schüttelfrost |97
frizer♂ Friseur |86
frizerie♀ Friseursalon |86
frizeriţă♀ Friseurin |86
frontieră♀ Grenze |17
fruct∅ Frucht |8
frumos, **frumoasă** schön |6
frunte♀ Stirn |59
fugi (**a** ~) laufen, flüchten |59|63
Fugi de-aici! Verschwinde!, Geh weg!, Mach keine Witze!, Ach komm! |59
fuma (**a** ~) rauchen |64
fumat∅ Rauchen |71
fumător, **fumătoare** Raucher, -in |71
fura (**a** ~) stehlen |93
furcă♀ Heu-/Mistgabel |39
furculiţă♀ Gabel |39
furiş (**pe** ~) heimlich, verstohlen |83
furt∅ Diebstahl |93
fustă♀ Rock |46

g

galben, **-ă** gelb |48
galerie♀ Galerie |78
garaj∅ Garage |40
garanta (**a** ~) garantieren |76
garantat, **-ă** garantiert |82
garanţie♀ Garantie |96
gară♀ Bahnhof |24
garnitură♀ Dichtung (*technisch*); Beilage (*zu einem Gericht*) |67
garsonieră♀ Einzimmerwohnung |95
gata fertig, bereit |46
Gata! Fertig! Das reicht! Schluss! |46
gaură♀ Loch |69
gaz∅ Gas |67
gazdă♀ Gastgeber, Hausherr |89
gazetă♀ Zeitung |73
gălăgie♀ Lärm |60
găleata (**a ploua cu** ~) aus Kübeln regnen |64
găleată♀ Kübel, Eimer |64
găsi (**a** ~) finden |19
găti (**a** ~) kochen |51
găzdui (**a** ~) beherbergen, als Gast aufnehmen |89
gâlgâl Gluckgluck |70
gând∅ Gedanke |56
gândi (**a se** ~) denken |53
gât∅ Hals |83
geamantan∅ Koffer |92
geamăn, **-ă** Zwillingsbruder, -schwester |86
geantă♀ **de voiaj**∅ Reisetasche |46
gen∅ Art |43
general (**în** ~) allgemein |29|97
generaţie♀ Generation |85
ger∅ Frost |91
gerar♂ Januar (*Alternativbez.*) |91
german, **-ă** deutsch |48
Germania♀ Deutschland |48
germănar♂ Keim; März (*Alternativbez.*) |91
gheaţă♀ Eis |37
ghici (**a** ~) raten |60
ghid∅ **turistic** Reiseführer |81

ghinion∅ Pech |41
ghiozdan∅ Schultasche |46
ghişeu∅ (Fahrkarten)schalter |93
gimnastică♀ Gymnastik |54
glumi (**a** ~) scherzen, Witze machen |44
gol∅ Tor |76
gol, **goală** nackt, leer, hohl, nüchtern |37
goli (**a** ~) leeren |89
gospodină♀ Hausfrau |80
gramatical, **-ă** grammatikalisch |100
gramatică♀ Grammatik |99
gras, **-ă** fett(haltig) |52
gratis umsonst |40
graţie dank, aufgrund |98
grav, **-ă** schlimm |37
grăbi (**a se** ~) sich beeilen |29
grăbit, **-ă** eilig |2|5
grădină♀ Garten |12
grădină de vară Sommergarten, Biergarten |30
grădiniţă♀ Kindergarten |12
grămadă♀ Haufen |50
grămadă♀ **de bani**♀ ein Haufen Geld |50
grăsime♀ Fett |18
grătar∅ Grill |18
greşeală♀ Fehler, Schuld |11|30
greşi (**a** ~) sich irren |38
greşit, **-ă** falsch |38|94
greu, **grea** schwer; schwierig |24|45
gri grau |46
gripă♀ Grippe |97
groază (**o** ~ **de**) eine große Menge, viel |61
groază♀ Grauen, Entsetzen, Horror, Schrecken |54
grup∅ Gruppe |55
gură♀ Mund |56
gust (**fără** ~) geschmacklos |72
gust (**cu** ~) geschmackvoll |72
gust∅ Geschmack |57
guturai∅ Schnupfen |97

h

habar (**a nu avea** ~ **de ceva**) keine Ahnung/nicht die leiseste Idee von etw. haben |48
Habar n-am! Keine Ahnung! |48
Hai!/Haide! Komm! Los! |18
haină♀ Kleidung(sstück) |83
Hait! Zum Teufel!; Nichts da! |70
halbă♀ Krug, Humpen |64
han∅ Gasthof, Herberge |25
harnic, **-ă** fleißig |33
hartă♀ Karte |81
Hei! Hey! |70
Hm! Hm! |70
Ho! Halt! Stopp! |70
hotărâtor, **hotărâtoare** entscheidend, ausschlaggebend |87
hotărî (**a se** ~) entscheiden |46
hotel∅ Hotel |25
hoţ♂ Dieb |70

i

ianuarie♂ Januar |30|91
iar und, aber |98
iarbă♀ Gras |47
iarnă♀ Winter |30
Iartă-mă!/Iertaţi-mă! Verzeihen Sie! |24
iată hier |17
iaurt∅ Joghurt |54
ici şi colo vereinzelt |98
ideal∅ Ideal(vorstellung) |88
identitate♀ Identität |17
idiot, **idioată** blöd, doof, dumm, dämlich, bescheuert |82
ieftin, **-ă** billig, preiswert, kostengünstig |25
iepure♂ Hase; Kaninchen |14|97
iepure♂ **de casă** Kaninchen |97
iepure♂ **de Paşte**∅ Osterhase |97
ierta (**a** ~) verzeihen, vergeben |24
ieşi (**a** ~) herausgehen |31
ilustrat, **-ă** illustriert |66
iluzie♀ Täuschung, Illusion |62
imagina (**a-şi** ~) sich vorstellen |56
imagine♀ Bild |73
imbecil♂ Blödmann, Trottel |70

imbecil, -**ă** blödsinnig |82
imediat sofort |32
imobil∅ Immobilie, Liegenschaft, Besitz |58
implica (**a** ~) erfordern |62
important, -**ă** wichtig |34
importanţă♀ Bedeutung |25
imposibil, -**ă** unmöglich |42
impozit∅ Steuer |96
impresie♀ Eindruck |34
impresiona (**a** ~) beeindrucken |39
incapabil, -**ă** nicht in der Lage, unfähig |71
incompatibil unpassend, ungeeignet; unvereinbar |72
incompatibilitate♀ Inkompatibilität |72
inconfortabil, -**ă** unbequem |61
inconştient leichtsinnig |90
incredibil, -**ă** unglaublich |68|85
independenţă♀ Unabhängigkeit |31
indigna (**a se** ~) sich empören |82
individual, -**ă** Allein- ; Einzel- |94
infern∅ Hölle |43
infernal, -**ă** höllisch |61
informatică♀ Informatik |44
informaţie♀ Information |77|100
inima (**a-şi lua** ~ **în dinţi**) seinen Mut zusammen nehmen |55
inimă♀ Herz |24
insista (**a** ~) bestehen auf |20
insolenţă♀ Frechheit, Unverschämtheit |95
insomnia♀ Schlafstörung |97
inspiraţie♀ Inspiration |57
instalator♂ Installateur |67
instalator♂ **de calorifere**∅ *Pl.* Heizungsinstallateur |67
instalator♂ **de lumină**♀ Elektriker |67
intelectual, -**ă** intellektuell |92
inteligent, -**ă** intelligent |19
interesa (**a** ~) interessieren |58|72
interesant, -**ă** interessant |34
interna (**a** ~) aufnehmen, ins Krankenhaus eingeliefert werden |52
internaţional, -**ă** international |87
Internet∅ Internet |50
interval∅ Intervall, Zeitraum |93
interveni (**a** ~) eingreifen, einschreiten |59|62
intervenţie♀ Intervention, Einmischung |76
interzice (**a** ~) verbieten |66
interzis, -**ă** verboten |66|71
intim, -**ă** intim |88
intra (**a** ~) hereinkommen |33
intrigă♀ Intrige |82
inutil, -**ă** unnötig |78|79
inventa (**a** ~) erfinden |54
inventiv, -**ă** erfinderisch |74
invers umgekehrt, anders herum |51
inversa (**a** ~) vertauschen |67
invidia (**a** ~) beneiden |55
invita (**a** ~) einladen |32|50
invitat♂ Gast |23
invitaţie♀ Einladung |23
istorie♀ Geschichte |57
italian, -**că** Italiener, -in |1|49
italienesc, **italienească** italienisch |49
itinerar∅ Route |81
iubi (**a** ~) lieben |18|53
iubită♀ Liebling, Schatz |60
iulie♂ Juli |30|34
iunie♂ Juni |30|91

î

îmi mir |16
împăca (**a** ~) versöhnen |79
împărţi (**a** ~) teilen |80
împlini (**a** ~) erfüllen, etw. schaffen, erreichen, erledigen, verwirklichen |85
împotriva gegen |73
împotrivă (*Adv.*) dagegen |47
împreună zusammen, gemeinsam |29
împrumut∅ Anleihe, Darlehen |51
împrumuta (**a** ~) etw. an jmdn. ausleihen; (ver)leihen |51
în in |3|4|5
în definitiv schließlich, letztendlich |46

în loc de anstelle von |34
în mod excepţional ausnahmsweise |99
în regulă in Ordnung |32
înainte bevor, vor, davor |15|98
înaintea vor (*örtlich*) |41
înalt, **-ă** hoch, groß |27
înapoi zurück, rückwärts |51
înăuntru innen |33
încă noch |10
încălzi (**a** ~) aufwärmen |60
încălzit, **-ă** erwärmt |93
încăpăţâna (**a se** ~) starrköpfig sein |79
Încântat de cunoştinţă! Freut mich, Ihre Bekanntschaft zu machen! |22
încântat, **-ă** erfreut |22
începând de beginnend mit |68
începe (**a** ~) beginnen, anfangen |54|60
început∅ Anfang |65
încerca (**a** ~) versuchen |65
încercare♀ Versuch |61
încet langsam, leise |48
înceta (**a** ~) aufhören |99
încetişor langsam, ruhig, sachte |56
închipui (**a-şi** ~) sich vorstellen, sich einbilden |56
închiria (**a** ~) (ver-)mieten |58| 84
închis, **-ă** geschlossen |37
încredere♀ Vertrauen |44
încrucişa (**a** ~) (Beine) unterschlagen |74
încrucişat, **-ă** verschränkt, gekreuzt |74
încuraja (**a** ~) ermutigen |100
îndată ce sobald |98
îndatorat, **-ă** verschuldet |71
îndatorat, **-ă** (**a rămâne** ~) in jnds. Schuld stehen |71
îndemână (**la** ~) etw. greifbar/verfügbar/bei der Hand haben |100
îndeplini (**a** ~) erledigen |85
îndoială♀ Zweifel |53
îndoit doppelt |84
îndrăgosti (**a se** ~) sich verlieben |53
îndrăzni (**a** ~) sich trauen |81
înger♂ Engel |55
înghesuială♀ Gedränge |93
îngheţa (**a** ~) gefrieren |83
îngrăşa (**a** ~) dick machen, zunehmen; mästen (*Tiere*); düngen (*Pflanzen*) |18
îngrijorat, **-ă** besorgt |83
înlocui (**a** ~) auswechseln, austauschen, ersetzen |51
înmatriculare♀ Anmeldung |48
înnăscut, **-ă** angeboren, immanent |85
înota (**a** ~) schwimmen |85
înscrie (**a** ~) eintragen, einschreiben |94
înscrie (**a** ~) **un gol** ein Tor schießen |76
însemna (**a** ~) bedeuten, markieren, auszeichnen |65
însoţi (**a** ~) mitgehen, mitkommen, begleiten |76
însura (**a se** ~) heiraten (*für einen Mann*) |32
înşela (**a se** ~) sich irren |37
întâiul, **întâia** der/die erste |35
întâlni (**a se** ~) sich treffen |29
întâlnire♀ Treffen, Verabredung |29
întâmpla (**a se** ~) vorkommen, passieren, geschehen |48|62
întâmplător zufällig |60
întârzia (**a** ~) sich verspäten, sich verzögern |29
întârziere♀ Verspätung |33|92
întemeia (**a** ~) gründen |88
întins, **-ă** flach |39
întoarce (**a se** ~) zurückkommen |23
întoarcere♀ Heimweg |47
întotdeauna immer |36
într-adevăr tatsächlich, in der Tat, es ist wahr, es stimmt |68
întreba (**a** ~) fragen |19|27
întreba (**a se** ~) sich fragen |19
întrebare ♀ Frage, Anfrage |13
întreg, **întreagă** ganz, gesamt |61
întreit dreifach |84
întreprindere♀ Unternehmen |61
întreprinzător unternehmungslustig, tatendurstig |94

într-o in einem |23
întuneric dunkel |43
întuneric[Ø] Dunkelheit |43
înţelege (**a** ~) verstehen |16|21
înţelege (**a se** ~) sich verstehen |62
învăţa (**a** ~) lernen, lehren |11|14
învăţa (**a** ~) **pe cineva** jmdm. etw. beibringen, jndn. unterrichten |100
învăţare♀ Erlernen, Studium |100
învârti (**a se** ~) umherfahren |48
înzecit zehnfach |84

j

jachetă♀ Jacke |83
jaz[Ø] Jazz |63
jenă♀ Skrupel, Verlegenheit, Befangenheit |62
joc[Ø] Spiel |75
jofră♀ gefüllter Schichtkuchen |72
joi♀ Donnerstag |23
jos unten, herab, herunter; niedrig, tief |24
jos (**pe** ~) zu Fuß |24
juca (**a** ~) spielen |34
jucător♂ Spieler |76
judeca (**a** ~) richten über |95
judeţ[Ø] Landkreis |94
judeţean, **-ă** Kreis- |94
jumătate♀ Hälfte |16
jura (**a** ~) schwören |72
jurnal[Ø] Journal, Tagebuch |73

k

kilogram[Ø] Kilogramm |8

l

la auf, an, zu |2
La ce bun? Wozu? Wozu soll das gut sein? |62|66
La revedere! Auf Wiedersehen! |2|21
labă♀ Pfote |89
lansa (**a** ~) fallen lassen, lancieren, werfen, starten, stürzen |75|88
lanternă♀ Taschenlampe |66
lapte[Ø] Milch |97
Las-o baltă! Lass es! Vergiss es! |71
Las-o în pace! Lass sie in Ruhe! |66
lat, **-ă** breit |48
lăsa (**a** ~) lassen |38
lăsa baltă (**a** ~) aufgeben |71
lăsa de (**a se** ~) aufhören, etw. aufgeben |71
lătra (**a** ~) bellen |96
lăuda (**a se** ~) prahlen |76
lână♀ Wolle |36
lângă neben, in der Nähe von |6|9
lectură♀ Lesen |66
lecţie♀ Lektion; Unterricht |1|27
legal, **-ă** gesetzlich |16
legătură♀ Verbindung, Beziehung |52
legumă♀ Gemüse |8
leit, **-ă** präzise, exakt, genau |59
lemn[Ø] Holz |41
lene♀ Faulheit |49
lesă♀ Leine |95
leu♂ Löwe |32
liber, **-ă** frei |16
librărie♀ Buchhandlung |59
liceu[Ø] Gymnasium |27
licitaţie♀ Versteigerung |93
lift[Ø] Aufzug |31
limbaj[Ø] Sprache (*Ausdrucksweise*) |65
limbă♀ Sprache, Zunge |1
limită♀ Grenze |62|74
linge (**a** ~) lecken |80
linge degetele (**a-şi** ~) sich die Finger nach etw. lecken |80
lingură♀ Löffel |39
linguriţă♀ kleiner Löffel, Kaffee-/Teelöffel |39
lingvistic, **-ă** linguistisch |99
linie♀ Linie |78
liniştit, **-ă** ruhig, in Ruhe |43
lipsă (**a duce** ~) mangeln |60
lipsă♀ Mangel |60
lipsi (**a** ~) fehlen |55
lipsi (**a se** ~ **de**) etw. entbehren |55

lipsi (**a-i ~ cuiva**) jmdn. vermissen |55
listă♀ Liste |53
literar, **-ă** Literatur-, literarisch |65
litoral∅ Küste |81
litru♂ Liter |40
living∅ Wohnzimmer, Aufenthaltsraum |58
loc (**din ~ în loc**) stellenweise, mancherorts |98
loc (**în ~ să**) anstatt (dass) |98
loc (**la faţa ~ului**) an Ort und Stelle |100
loc (**pe ~**) vor Ort |84|98
loc∅ Platz, Ort, Stelle |33
local, **-ă** Gemeinde-, Orts- |94
locui (**a ~**) wohnen |31
logică♀ Logik |73
lor ihr, -e (*Poss.pron. 3. Pers. Pl.*) |28
low-cost billig, kostengünstig |68
lua (**a ~**) nehmen |15
lua rămas bun (**a-şi ~**) sich verabschieden |56
lucra (**a ~**) arbeiten |20
lucru∅ Sache; Arbeit |45| 61
lui sein (*Poss.pron. 3. Pers. Sg.* ♂) |27
lume♀ Welt; Leute |31
lumea♀ (**ca ~**)richtig, wie es sein sollte |80
lumea în cap (**a-şi lua ~**) hinaus in die Welt fahren |74
lumină♀ Licht |67
lună♀ Monat; Mond |30| 34
lung, **-ă** lang |15|20
lungul (**de-a ~**) entlang, längs |98
luni♀ Montag |23
lup♂ Wolf |97
lupta (**a ~**) kämpfen |74

m

magazin∅ Geschäft |37|42
mai noch; mehr; Mai |2|5
mai♂ Mai |50
mai ales ausgerechnet, zumal, insbesondere, besonders |94
mai cu seamă besonders |65
mai degrabă vielmehr |48
mai întâi zuerst, zunächst |37
mail∅ E-mail |44
mamă♀ Mutter |9|12
mandat∅ Auftrag |96
manieră♀ Manier |85
mantou∅ Mantel |69
manual∅ Lehrwerk, Buch |57
marca (**a ~**) **un gol** ein Tor schießen |76
marcă♀ Marke |48
mare groß |9
mare♀ Meer |25
marfă♀ Ware |79
maro braun |22
Marş! Geh weg! |95
martie♂ März |30|72
martor♂ Trauzeuge |53
marţi♀ Dienstag |23
masă♀ Tisch; Mahlzeit |4|23
masă♀ **de dimineată** Frühstück |23
masă♀ **de prânz** Mittagessen |23
masă♀ **de seară** Abendessen |23
masculin, **-ă** männlich |88
maşina♀ **de gătit** Herd |51
maşină♀ Auto |40
maşină♀ **de scris** Schreibmaschine |51
matern, **-ă** mütterlich |65
maternitate (**concediu** ∅ **de ~**) Mutterschaftsurlaub |59
maternitate♀ Mutterschaft; Mütterlichkeit; Entbindungsstation |59
mă mich; mir |15|18
măgar♂ Esel |70
mămică♀ Mama |56
mănăstire♀ Kloster |81
mărita (**a se ~**) heiraten (*für eine Frau*) |32
mărturisi (**a ~**) zugeben |88
măslină♀ Olive |80
măsură♀ Maß; Ausmaß; Abmessung; Maßnahme |36
mătuşă♀ Tante |32
mâine morgen |22
mână♀ Hand |33
mânca (**a ~**) essen |8
mânca (**a-i ~ nervii**) auf die Nerven gehen |62

mâncare (**a face de** ~) kochen, Essen zubereiten |61|80
mâncare♀ Essen; Nahrung; Gericht |20|52
mda naja |57
mecanică♀ Mechanik |40
mecena♂ Mäzen; Sponsor |94
meci⌀ Spiel, Wettkampf |43
medic♂ Arzt |52
medical, **-ă** Arzt-, Kranken-; medizinisch, ärztlich |97
medicament⌀ Medikament |20
memorie♀ Gedächtnis, Erinnerungsvermögen, [Computer-]speicher |37|48
meniu⌀ Speisekarte, Menü |26
menţine (**a se** ~) sich halten |85
merge (**a** ~) gehen; fahren, spazieren gehen; funktionieren |2|15|29
merge ca pe roate (**a** ~) wie am Schnürchen laufen |40
merita (**a** ~) sich lohnen, verdienen; wert sein |36|43
mers⌀ Lauf, Gehen |92
mersi danke |20
mersi frumos dankeschön |71
mersi mult dankeschön |71
meserie♀ Beruf; Beschäftigung; Handwerk; Gewerbe |82
meteo♀ Wetterbericht |89
metodă♀ Methode |98|99
metru♂ Meter |15
meu mein (*Poss.pron. 1. Pers. Sg.*) |8
mic♂ kleine Hackfleischrolle |64
mic dejun⌀ Frühstück |23
mic, **-ă** klein |12
microb♂ Krankheitskeim |20
microundă♀ Mikrowelle |51
mie mir (*betontes Pers.pron.*) |47
mie♀ tausend |38|47
miercuri♀ Mittwoch |23
miere♀ Honig |80
miez⌀ Herz, Kern, Mittelpunkt, Innerstes |79
miime♀ Tausendstel |84
mijloc de transport Verkehrs-/Transportmittel, Fahrzeug |93
mijloc⌀ Mitte |86
mijlocul (**în** ~) inmitten |100
milion⌀ Million |35
milionar♂ Millionär |76
mincinos♂ Lügner |70
mineral, **-ă** Mineral- |26
minister⌀ Ministerium |79
minte (**ţinere de** ~) sich erinnern |48
minte♀ Geist, Sinn, Verstand, Vernunft |48
minţi (**a** ~) lügen |83
Minţi de îngheaţă apele! Du lügst wie gedruckt! |83
minunat, **-ă** wunderschön |50
minune♀ Wunder |74
minut⌀ Minute |24
mira (**a se** ~) sich wundern |75
miracol⌀ Wunder |92
mirare (**de** ~) erstaunlich |55
mirare♀ Erstaunen, Verwunderung |55
mire♂ Bräutigam |53
mireasă♀ Braut |53
mirosi (**a** ~) riechen |80
mişcare♀ Bewegung |73
mititel♂ kl. Hackfleischrolle |64
mititel, **mititică** winzig |56
mobil⌀ (**telefon** ~) Handy |5|38
mobilă♀ Möbel |58
mod⌀ Weise |71
mod⌀ (**în** ~ **normal**) normalerweise |71
modă♀ Mode |79
model⌀ Modell |48
modern, **-ă** modern |41
modest, **-ă** bescheiden |80
mofturos, **mofturoasă** wählerisch |80
Moldova♀ Moldau (*Region*) |10
moment⌀ Moment |53
mondial, **-ă** Welt- |81
monument⌀ Denkmal |48
morcov♂ Karotte |54
mort, **moartă** tot |78
moşteni (**a** ~) erben |32
moştenire♀ Erbe |55
motel⌀ Motel |25
motiv⌀ Grund |54|62
motor⌀ Motor |40
motorină♀ Diesel |40

mouseØ Computermaus |44
mult, **-ă** viel(e) |11
mulţumesc danke |2
mulţumi (**a** ~) danken, sich bedanken |21
mulţumi (**a se** ~) sich zufrieden geben |64|80
mulţumit, **-ă** zufrieden |36
mulţumită dank |98
muncă♀ Arbeit |20
munci (**a** ~) arbeiten |20
muncitor♂ Arbeiter |85
municipiuØ Landkreis |94
munte♂ Berg |50
Muntenia♀ Große Walachei |10
murdar, **-ă** schmutzig |95
muri (**a** ~) sterben |47
musafir♂ Gast |39
musician♂ Musiker |27
mustaţă♀ Schnurrbart |86
muşca (**a** ~) stechen, beißen |83
muşchetar♂ Musketier |84
muştarØ Senf |64
muta (**a se** ~) umziehen, ausziehen |58
muzeuØ Museum |48
muzical, **-ă** musikalisch |55
muzică♀ Musik |27

n

naiv, **-ă** naiv |74
nasØ Nase |59
naş♂ Pate |53
naşă♀ Patin |53
naşte (**a** ~) entbinden, gebären |59
naşte (**a se** ~) geboren werden |34
naştere♀ Geburt, Entbindung |34
natură♀ Natur |78
naţional, **-ă** national |73
ne uns (*Dativpron. 3. Pers. Sg.*) |22
neamţ, **nemţoaică** Deutscher, Deutsche |48
neapărat unbedingt, absolut, um jeden Preis |50
neaşteptat, **-ă** unerwartet, unvermutet, unverhofft |74
neatent, **-ă** leichtsinnig, unvorsichtig |93
neatenţie♀ Unachtsamkeit, Unaufmerksamkeit |41|42
nebun, **-ă** verrückt
nebunie♀ Wahnsinn |53
necăsătorit, **-ă** unverheiratet, ledig |42
necesar, **-ă** nötig |17|94
necrezut unglaublich |85
nedeclarat, **-ă** nicht berichtet, nicht gemeldet |42
nefericit, **-ă** unglücklich |42
negativ, **-ă** negativ |74
neglija (**a** ~) vernachlässigen |87
negru, **neagră** schwarz |41
neguvernamental, **-ă** Nichtregierungs- |42
nehotărât, **-ă** unentschlossen |88
neluat în seamă unbeachtet, unbemerkt |65
nemţesc, **nemţească** deutsch |48
nemulţumit, **-ă** unzufrieden |39
nenorocØ Unglück |42
neobosit, **-ă** unermüdlich |42
neplăcere♀ Ärgernis |42
neplăcut, **-ă** unangenehm, unerfreulich |42
nepot, **nepoată** Enkel, -in |9
nepotismØ Vetternwirtschaft
nepotrivit, **-ă** unpassend, ungeeignet; unvereinbar |69|72
nepoţi♂ (*Pl.*) Enkelkinder |9
neprevăzut, **-ă** unvorhersehbar, unerwartet, ungeplant |51
nerăbdare♀ Ungeduld |75
nervi (**a călca pe** ~) auf die Nerven gehen |62
nervos, **nervoasă** nervös |45
nesănătos, **nesănătoasă** ungesund |42
nesigur, **-ă** unsicher |42
nesperat, **-ă** unverhofft |79
nesuportat (**de** ~) unerträglich |61
nevastă♀ Ehefrau |62
nevoie♀ Notwendigkeit |16
nicăieri nirgends, nirgendwo |98
nici auch nicht |18

nici măcar nicht einmal |44
nici...nici weder...noch |4
niciodată nie |18
niciun, **nicio** kein, -e |43
niciunul, **niciuna** kein, -e |63
nimeni niemand, keiner |55
nimic nichts |17
ninge (a ~) schneien |30
nisipø Sand |67
nişte ein paar; etwas; irgendein/-e; manche; einige; etliche |23|37
noapte♀ Nacht |25
noapte bună gute Nacht |25
nodø Knoten |82
noi uns, wir |3|7|11
noiembrie♂ November |30|91
nonguvernamental, **-ă** Nicht-regierungs- |42
nopţii (miezulø **~)** Mitternacht |79
nor♂ Wolke |51
normal normal (*Adv.*) |19
normal, **-ă** normal (*Adj.*) |19
norocø Glück |3
Noroc! Zum Wohl! |3
nostru, **noastră** unser |27
nota (a ~) aufschreiben, notieren |31
notă♀ Schul-/Musiknote |33|55
notă♀ **de plată** Rechnung (*im Restaurant*) |64
nou neu |11
nouă neun |9
nou-născut♂ Neugeborenes |99
noutate♀ Neuheit, Neuigkeit |44
nu nicht; nein |1|17
nu … decât nur |26
nucă♀ Nuss
numai nur, erst, einzig und allein, bloß |12|23
numărø Nummer |24
număra (a ~) zählen |58
numeø Name |14
numi (a se ~) heißen, sich nennen |22
nuntă♀ Eheschließung, Hochzeit(sfeier) |53
nuvelă♀ Novelle |66

o

o eine (*unbest. Artikel*) |1
oaie♀ Schaf |47|80
oară♀ Mal |38
oarecare einige |63
oaspete♂ Gast |39
obiceiø Angewohnheit |8
obiectø Gegenstand |93
obişnuit, **-ă** üblich |82
obliga (a ~) să verpflichten, zwingen, nötigen zu |22
oboseală♀ Müdigkeit, Erschöpfung |47|61
obosi (a ~) ermüden |66|97
obosit, **-ă** müde |5
obraznic, **-ă** frech, dreist |95
obrăznici (a se ~) frech werden |95
obrăznicie ♀ Frechheit, Unverschämtheit |95
observa (a ~) beobachten |96
obţine (a ~) bekommen, erhalten |76
ocazie♀ Gelegenheit, Chance |58
ocazie♀ **(de ~)** Gebraucht-, Secondhand- |60
ochelari♂ Brille |86
ochiø Auge; Masche |27|76
octombrie♂ Oktober |30
ocupa (a se ~) sich kümmern |68
ocupat, **-ă** beschäftigt |32
odihnă Ruhe |71
odihni (a se ~) ausruhen, sich erholen |68
Of! Oh! |70
oferi (a ~) (ver)schenken, anbieten |66
ofertă Schlussverkauf |69
oficial, **-ă** offiziell |46
oglindă♀ Spiegel |41
om♂ Mann, Mensch |19|41
omenie♀ Menschlichkeit |81
omenire♀ Menschheit |81
omletă♀ Omelett |80
omorî (a ~) (ab)töten |20
online online |96
onoare♀ Ehre |53
operă♀ Oper; Arbeit, Werk |43|65
opinie♀ Meinung, Ansicht |50
oportunitate♀ Gelegenheit |65

opri (**a** ~) anhalten |48
opt acht |8|54
optimist, **-ă** optimistisch |74
orarØ Fahrplan |92
oraşØ Stadt |3
oră♀ Stunde (*Zeiteinheit*), Uhr, Unterrichtsstunde |16|29|99
orăşelØ Städtchen |56
orb, **oarbă** blind |83
orbeşte blindlings |88
orchestră♀ Orchester |87
ordinØ Kommando, Befehl, Anordnung |64
ordinatorØ Computer, Rechner |44
orezØ Reis |54
organiza (**a se** ~) sich organisieren |51
organizare♀ Organisation, Gestaltung |45
organizaţie♀ Organisation, Verband |42
ori ...ori ... entweder... oder... |98
ori de câte ori immer wenn, jedes Mal |98
oricare jeder, jedweder, jeglicher |63
oricând jederzeit |87
oricât wie viel auch immer |63
orice jeder, -e, -es, irgendetwas, was auch immer |48|60|63
oricine jedweder, wer auch immer, irgendjemand |63
oricum sowieso |73
original, **-ă** Original- |100
origine♀ Herkunft |65
orizont (**la** ~) am Horizont |92
orizontØ Horizont |92
ortodox, **-ă** orthodox |53|57
osØ Knochen |61
ospitalier, **-ă** gastfreundlich |39
oţetØ Essig |80
ouØ (**ouă ochiuri**) Ei (Spiegelei) |76

p

pace♀ Frieden |31
pachetØ Paket |71|96
pacient♂ Patient |36
paharØ Glas |39
palid, **-ă** blass |62
pană♀ Panne |40
pantalon♂/**pantaloni** Hose |46
pantof♂ Schuh |46
papă♂ Papst |42
papuc♂ Pantoffel |64
papură♀ Rohr |82
paradisØ Paradies
paradox paradox |74
parcØ Park |14|31
parca (**a** ~) parken |37|90
parcare♀ Parkplatz, -haus |37
Pardon! Entschuldigung!, Verzeihen Sie! |24
parfumØ Parfum |83
paria (**a** ~) wetten |34
pariu (**a face** ~) jede Wette eingehen |59
parkingØ Parkplatz, Parkhaus |37
parte♀ Teil, Anteil; Seite |71
parterØ Erdgeschoss |95
participant♂ Teilnehmer |63
pas♂ Schritt |18
pasionat, **-ă** begeistert |40
pasiune♀ Leidenschaft |87
paşaportØ Reisepass |17
patØ Bett |25
patimă♀ Sucht |75
patrimoniuØ Erbe |81
patru vier |4|25
păcat (**Ce** ~**!**) Wie schade! |32
păcatØ Sünde |32
păcateØ (**din** ~) leider, unglücklicherweise |32
pădure♀ Wald |88
păr♂ (*Sg.*) Haar(e) |59
păr (**fir**Ø **de** ~) einzelnes Haar |59
părea (**a** ~) (er)scheinen, den Eindruck machen, wirken |16|42
părea (**a se** ~) erscheinen |50
părere♀ Meinung, Ansicht |50
părinte (*Sg.*) Eltern |9
păsa (**a-i** ~) sich kümmern, sich sorgen |64
păstra (**a** ~) behalten |38
pătrime♀ Viertel (*Mengenang.*) |84

pătură♀ Decke |66
pătuţø Bettchen |56
păzi (**a** ~) bewachen |95
pâine♀ Brot |37
până bis |24
pânză♀ Leinen, Leinwand; Stoff, Tuch |78
pârtie♀ Skipiste |92
pe an, auf, bei, für, mit, pro |2|4|5|13
pe cont propriu selbstständig, auf eigene Faust |94
Pe curând! Bis bald! |2
Pe cuvântul meu! Mein Ehrenwort!, Das sag ich dir! |39|54
pe scurt kurz[gefasst] |100
peco Tankstelle |40
peisajø Landschaft |78
penibil, **-ă** peinlich |75
pensie♀ Rente; Pension |99
pensiune♀ Pension |25
pentru für |1|12
pentru că weil |1|96
pereche♀ Paar |72
perfect, **-ă** perfekt |23
perfecţionat, **-ă** perfektioniert |73
periculos, **periculoasă** gefährlich |95
permisø Erlaubnis (*schriftl.*) |64|90
permisø **de conducere** ♀ Führerschein |90
permisiune♀ Erlaubnis, Genehmigung, Einwilligung |64
permite (**a** ~) erlauben, zulassen, genehmigen |65|100
peronø Bahnsteig |92
perseverenţă♀ Standhaftigkeit, Beharrlichkeit |71
persoană♀ Person, Mensch |90
personajø Figur, Gestalt, Person |44
personal persönlich |27
Personalø Nahverkehrszug (*Zuggattung*) |45
pesimist, **-ă** pessimistisch |74
peste über, oberhalb (*räuml.*); in (+ *Zeitangabe*) |16|24|45
peste (~ **tot**) überall |81
peşte♂ Fisch |37
peştişor♂ Fischchen |89
petrece (**a** ~) verbringen |44
pianø Klavier |27
piatră♀ Stein |53
piaţă♀ Markt(platz), Platz |2|31
picø Prise, Tropfen; ein bisschen |79
picătură♀ Tropfen |59
piciorø Fuß, Bein |18
picnicø Picknick |47
picta (**a** ~) malen |78
pictor♂ Maler |78
pictură♀ Malerei; Gemälde |78
picura (**a** ~) tropfen |67
piele♀ Haut |64
pieptăna (**a se** ~) sich kämmen |86
pieptene♂ Kamm |86
pierde (**a** ~) verpassen, versäumen; verlieren |16|21
pierdere♀ Verlust |66
piesă♀ Teil, Stück |40
pieton♂ Fußgänger |90
piftie♀ Sülze |52
pilă♀ Vitamin B (*fig.*); Feile |75
pildă♀ Beispiel |59
pilulă♀ Pille |54
piperø Pfeffer |58
piperat, **-ă** gepfeffert (*fig.* "gesalzen") |58
pipiø Pipi |95
pireuø Püree |26
piscină♀ Schwimmbad |85
pisică♀ Katze |22
plajă♀ Strand |54
planø Plan; Ebene, Fläche |94
plasă♀ Netz |76
Plata! Die Rechnung/Zahlen, (bitte)! |64
plată Zahlung, Bezahlung |64
plăcea (**a** ~) mögen, gefallen |18
plăcere♀ Vergnügen |6
plăcut, **-ă** angenehm |15
plăti (**a** ~) bezahlen |6
plânge (**a** ~) weinen |43
plânge (**a se** ~) jammern, sich beklagen, sich beschweren |47|78
pleca (**a** ~) (ab)fahren, (ab-) reisen, wegfahren |15
plictisi (**a** ~) langweilen |43
plimba (**a se** ~) spazieren gehen |18

plimbare♀ Spaziergang |22
plin, **-ă** voll |36
ploaie♀ Regen |64
ploua (**a** ~) regnen |12
ploua cu găleata (**a** ~) aus Kübeln regnen |64
plus plus |60
plus (**în** ~) außerdem |60
poartă♀ Tor, Haustür |37
poate vielleicht |5
poem∅ Gedicht |65
poezie♀ Gedichte; Poesie |65
poftă (**a avea** ~) Lust haben |20
poftă♀ Lust, Verlangen |20
Poftă bună! Guten Appetit! |20
poftă de mâncare♀ Appetit |20
pofti (**a** ~) begehren, Lust haben auf; einladen, auffordern |33|36
poftim Entschuldigung, Pardon |33
Poftim? Wie bitte? Entschuldigung? |35
Poftiţi/Poftim la masă! Bitte zu Tisch! Zum Essen kommen! |35
poliglot polyglott |99
politeţe♀ Höflichkeit |85
politică♀ Politik |65
politicos, **politicoasă** höflich |72
poliţie♀ Polizei |17
poliţist, **-ă** Polizist, -in |92
polonez, **-ă** polnisch |67
poluare♀ Verschmutzung |30
pom♂ Baum |12
popor∅ Volk |73
popular, **-ă** volkstümlich, Volks- |60
porc♂ Schwein |8
porcărie♀ Sauerei, Mist |82
portar♂ Torhüter; Hausmeister |37
portbagaj∅ Kofferraum |47
portocală♀ Orange |54
portofel∅ Portemonnaie |93
portret∅ Portrait |78
porţelan∅ Porzellan |39
porţie♀ Portion |54
posibil, **-ă** möglich |36
posibilitate♀ Möglichkeit |94
post∅ Job, Stelle (*ugs.*) |94
poşetă♀ Handtasche |46
poştal, **-ă** Post- |44
poştaş♂ Briefträger |96
poştă♀ Post(amt) |96
potrivi (**a se** ~) zusammenpassen, übereinstimmen, sich eignen für |46
potrivit, **-ă** passend, geeignet |69|88
poveste♀ Geschichte, Märchen |75
povesti (**a** ~) erzählen |83
poză♀ Foto, Bild |9
poziţie♀ Position |61
practice (*Adv.*) praktisch |60
praf∅ Staub |61
prăji (**a** ~) backen, braten, rösten |26
prăjit, **-ă** gebacken, gebraten, geröstet, getoastet |18|54
prăjitură♀ Kuchen |26
prânz∅ Mittagessen |23
prea zu |12
precis bestimmt, ausdrücklich, genau, gezielt (*Adj.* + *Adv.*) |25
preface (**a se** ~) so tun als ob, heucheln |66
prefect♂ Landrat, Präfekt |94
prefera (**a** ~) vorziehen, bevorzugen |19|21
preferabil, **-ă** wünschenswert |86|94
preferinţă♀ Vorliebe, Präferenz |68
pregătit, **-ă** eingerichtet, vorbereitet |60
prelungi (**a** ~) verlängern |93
premiu∅ Preis; Auszeichnung |100
prenume∅ Vorname |57
preot♂ Priester |57
presat, **-ă** gepresst |99
presă♀ Presse |73
pretenţie♀ Anspruch |80
pretext∅ Vorwand |44
preţ∅ (Kauf-)Preis |25
preţ∅ (**cu orice** ~) um jeden Preis |50
prevăzător, **prevăzătoare** vorsichtig |51
prevedea (**a** ~) vorhersehen, einplanen
preveni (**a** ~) benachrichtigen, vorbeugen, (vor)warnen |59
prevenitor, **prevenitoare** zuvorkommend |85
previziune♀ Prognose, Vorhersage |89

prezent, **-ă** anwesend |9
prezenta (**a se** ~) sich vorstellen |22
pricepe (**a** ~) begreifen, verstehen, erfassen |67
pricepe la ceva (**a se** ~) sich mit etw. auskennen, mit etw. vertraut sein |48
priceput, **-ă** kundig, erfahren, bewandert |67
prieten♂ Freund, Bekannter, Partner |3
prietenie♀ Freundschaft |51
prim, **primă** erster, erste |15
primar♂ Bürgermeister |94
primărie♀ Rathaus |29
primăvară♀ Frühling |30
primi (**a** ~) empfangen |39
prin durch, über, mittels |25
principatØ Fürstentum
principiuØ Prinzip |95
printre unter, inmitten, zwischen |39|44
privi (**a** ~) (an)sehen, (an)schauen, (an)blicken |74
privilegia (**a** ~) den Vorrang geben |94
probabil wahrscheinlich |62
problemă♀ Problem |13
profesional (**în mod** ~) berufsmäßig |71
profesional, **-ă** beruflich |99
professor♂ Professor |11
profita (**a** ~) genießen, ausnutzen |30|32
programØ Programm |87
progresØ Fortschritt |11
proiectØ Projekt |94
promite (**a** ~) versprechen |40
pronunţa (**a** ~) aussprechen |48
pronunţare♀ Aussprache |99
propriu, **proprie** eigener, -e, -es |81
propune (**a** ~) vorschlagen |47
propunere♀ Vorschlag |39
prosopØ Handtuch |89
prost, **proastă** blöd, dumm, doof, dämlich; schlecht, mies |41|45
prosteşte dumm (Adv.) |88
prostie♀ Dummheit, Blödsinn |41
protecţie♀ Schutz |79
provizoriu vorübergehend |68
provoca (**a** ~) hervorrufen, provozieren, verursachen |67
prudent, **-ă** vorsichtig |50
prună♀ Pflaume |20
publicØ Öffentlichkeit, Publikum |55
pui♂ Tierjunges; Hühnchen |47
punctØ Punkt, Grad, Spitze |62
pune (**a** ~) stellen, legen, setzen |13
pur lediglich, einfach, schlicht |78
pur, **-ă** rein, klar |36
purice♂ Floh; Laus |95
purta (**a** ~) bringen |41
putea (**a** ~) können |16
putere♀ Kraft, Stärke, Leistung |74
Puţin îmi pasă! Das ist mir egal! |64
puţin, **-ă** wenig, etwas, ein bisschen |11

r

rade (**a se** ~) sich rasieren; sich rasieren lassen |86
rade (**a-şi** ~) sich (den Bart) rasieren |73
rade barba♀ (**a-şi** ~) sich den Bart rasieren |73
radioØ Radio |56|73
RapidØ Schnellzug (*Zuggattung*) |45
rapid, **-ă** schnell |11|14
rar selten (*Adv.* + *Adj.*) |71|85
rareori selten |98
rata (**a** ~) verpassen |87
răbdare♀ Geduld |62
răceală♀ Erkältung |97
răci (**a** ~) (ab)kühlen, sich erkälten |97
răci (**a se** ~) (ab)kühlen |52
răcitură♀ Sülze |52
Rămâi cu bine! Leb wohl! |44
rămâne (**a** ~) bleiben |22
Rămâneţi cu bine! Leben Sie wohl! |44
răspunde (**a** ~) antworten |38
răspunsØ Antwort |76
răsturna (**a** ~) umkippen |41
rău, **rea** schlecht, böse |16|30|38

răufăcător♂ Bösewicht, Übeltäter, Schurke |75
răuvoitor, **-ă** böswillig |75
râde (**a** ~) lachen |43
râie♀ Krätze |95
rândø Reihe (an der ~ sein) |64
reacţiune♀ Reaktion |93
real, **-ă** echt, wirklich |65
realist, **-ă** realistisch |82
realitate♀ Realität, Wirklichkeit |59
rece kühl, kalt |6
recepţie♀ Rezeption |68
reclama (**a** ~) zurückfordern |93
reclamă♀ Werbung |76
recomanda (**a** ~) empfehlen |54
recomandat, **-ă** Einschreibe- |96
recunoaşte (**a** ~) erkennen, anerkennen, eingestehen |9
recunoscător, **recunoscătoare** dankbar |85
recupera (**a** ~) wiedererlangen, reinholen |61
reducere♀ Senkung |69
refuza (**a** ~) sich weigern |8
regatø Königreich
rege♂ König
regie♀ Regie |82
regimø **de slăbit** Abspeckdiät, Fastenkur |54
regiune♀ Gegend, Gebiet, Landschaft, Region |81
regizor♀ Regisseur |100
regreta (**a** ~) bedauern, bereuen |16
regulament ø **de circulaţie**♀ Straßenverkehrsordnung |90
regulat (**în mod** ~) regelmäßig
regulat , **-ă** regelmäßig |85
regulă♀ Regel |17
reîncălzit, **-ă** wieder aufgewärmt |93
reîncepe (**a** ~) neu beginnen |91
reînnoi (**a** ~) erneuern |93
relativ relativ |69
relaţie♀ Beziehung |88
remarcabil, **-ă** bemerkenswert |78
rentabil, **-ă** rentabel |36
renunţa (**a** ~) aufgeben, abmelden |38
repara (**a** ~) reparieren |40
reparaţie♀ Reparatur |40
repede schnell |5
repezi (**a se** ~) sich hetzen, schnell laufen, losstürzen/-gehen |86
reportajø Reportage |65
repriză♀ Halbzeit |76
reproduce (**a** ~) spielen (*Noten*) |55
republică♀ Republik |43
respectø Respekt |71
respecta (**a** ~) respektieren |57
respira (**a** ~) atmen |47
responsabilitate♀ Verantwortung |50
restaurantø Restaurant |6
resursă♀ Ressource |83
reţetă♀ Rezept |54
reuniune♀ Meeting, Besprechung, Sitzung |83
reuşi (**a** ~) gelingen, schaffen |15|40
reuşită ♀ Erfolg, Gelingen |88
revedea (**a** ~) wieder sehen, erneut ansehen |2|100
revedere♀ Wiedersehen |2
revelionø Silvester, Silvesterfeier, Silvesterabend |52
revistă♀ Zeitschrift |54
revoltător, **revoltătoare** empörend |45
rezerva (**a** ~) reservieren |68
rezervare♀ Reservierung |81
rezonabil, **-ă** vernünftig |67
rezultatø Ergebnis |85
ridicol, **-ă** lächerlich |44
riscø Risiko |94
risca (**a** ~) riskieren |16
risipă♀ Verschwendung |86
roată♀ Rad |40
robinetø Wasserhahn |67
rochie♀ Kleid |46
rochiţă♀ Kleidchen |56
rolø Rolle |34
romanø Roman |66
român, **româncă** Rumäne, Rumänin |1|49
Românească (**Ţara** ~) Große Walachei |10|23
românesc, **românească** rumänisch |32|49
româneşte (*Adv.*) rumänisch |1

România♀ Rumänien |10
rost (**a face** ~) verschaffen, beschaffen |76
rost∅ Sinn, Bedeutung; Absicht, Ziel, Grund, Zweck |64
rost∅ (**pe de** ~) auswendig |64
roşcat, **-ă** rothaarig |59
roşie♀ Tomate |47
roşu, **roşie** rot |47
roz rosa |46
rudă♀ Verwandter, Angehöriger |23
rufă♀ Wäsche |38
ruga (**a** ~) bitten |17
rugăciune♀ Gebet |99
rugăminte♀ Bitte, Anfrage, Anliegen, Ersuchen |75|99
ruj∅ Rouge |83
ruj∅ **de buze**♀ (*Pl.*) Lippenstift |83
rupe (**a** ~) (ab-/durch)brechen, (ab-/durch)reißen |35|61
rupte (**pe** ~) ununterbrochen |61
rus, **-ă** russisch
rus, **rusoaică** Russe, Russin |49
rusesc, **rusească** russisch |49
ruşine♀ Scham |48

s

sacoşa♀ Tragetasche |46
sacoşă♀ Einkaufstasche |45
sacou∅ Sakko, Blazer, Jacke |46|83
salariu∅ Gehalt |51
salata♀ **de vinete**♀ (*Pl.*) Auberginenkaviar, -püree |26
salată♀ Salat |8
sală♀ Saal, Halle |36
sală♀ **de aşteptare**♀ Wartezimmer |36
sală♀ **de gimnastică**♀ Turnhalle |85
salon∅ Wohnzimmer; Aufenthaltsraum |58
salut∅ Hallo |32
saluta (**a** ~) grüßen |71
sandviş∅ Sandwich |32
sarcină♀ Last, Ladung; Schwangerschaft; Aufgabe |80
sare♀ Salz |41
sarma♀ Krautwickel |52
sat∅ Dorf |94
sau oder |23
să dass |8|18
Să crească mare! Auf dass er groß [und stark] werde! |59
Să fie într-un ceas bun! Viel Glück! |59
Să fie sănătos! Auf dass er gesund bleibe! |59
Să trăiţi! Er lebe hoch! |59
sănătate♀ Gesundheit |56
sănătos, **sănatoasă** gesund |20
săptămână♀ Woche |23
săpun∅ Seife |89
sărac, **-ă** arm |40
sărat, **-ă** salzig |80
sărbătoare♀ Feiertag |45|52
sărbători (**a** ~) feiern |46
Sărut mâna/mâinile! Küss(t) die Hand! |33
sărut∅ Kuss |33
săruta (**a** ~) küssen |33
sătura (**a se** ~) satt sein, etw. satt haben |18
Să-ţi/Să vă fie de bine! Auf dass es Ihnen gut bekomme! (*nach d. Mahlzeit*) |20
sâmbătă♀ Samstag |23
sânge∅ Blut |52
sângerete♀ Blutwurst
scandal∅ Skandal |95
scară♀ Treppe; Leiter |31|41
scăpa (**a** ~) entkommen |86
scenariu∅ Drehbuch |82
scenograf♂ Bühnenbildner |82
schi∅ Ski |92
schia (**a** ~) skifahren |92
schimb (**în** ~) dagegen, stattdessen, dafür |86|91
schimb∅ Wechsel, Wandel, Veränderung |86
schimba (**a** ~) wechseln |38
schimbare♀ Veränderung |86
schior♂ Skifahrer |92

scoate (a ~) herausnehmen |37
scoate bani (a ~) abheben (*Geld*) |37
scoate pe cineva din fire (a ~) jndn. zum Explodieren bringen |88
scor∅ Spielergebnis |87
scrie (a ~) schreiben |28|44
scriitor♂ Schriftsteller |100
scrisoare♀ Brief |44
scula (a se ~) aufstehen |41
scump, **-ă** teuer |25
scurt, **-ă** kurz |15|49
scurtcircuit∅ Kurzschluss |67
scuza (a ~) entschuldigen |15
Scuză-mă!/Scuzaţi-mă! Entschuldige/Entschuldigen Sie mich! |15|21|56
se mich, dich, sich,... (*Refl.pron.*); man (*unpers.*) |20|28
seama (a-şi da ~) verstehen, erkennen, sich über etw. bewusst werden |56|65|70
seamă (de bună ~) sicher, bestimmt |65
seamă (mai cu ~) besonders |65
seară♀ Abend |22
secol∅ Jahrhundert |69
secret∅ Geheimnis |75|94
sector∅ Stadtbezirk |94
sejur∅ Aufenthalt |81
semafor∅ Ampel |15
semăna (a ~) ähneln, gleichen |33|59
semn∅ Zeichen |41
semna (a ~) unterzeichnen |58
semnaliza (a ~) blinken |90
sens∅ Sinn |78
sentiment ∅ Gefühl |53
sentimental gefühlvoll, sentimental, Gefühls- |65
separat getrennt, gesondert |62
septembrie♂ September |30
serios, **serioasă** schlimm, schwerwiegend, ernsthaft, bedenklich |53|69
sertar∅ Schublade |89
service∅ Kundendienst; Dienstleistung, Autowerkstatt |40
serviciu∅ Dienst, Gefallen; Arbeit(splatz) |51|84|89
servieta♀ Aktentasche |46
sete♀ Durst |26
sever, **-ă** streng |60
sex∅ Sex |82
sezon∅ Saison |97
sfat∅ Rat |32
sfătui (a ~) beraten |32
sfânt♂ Heiliger |57
sfârşit (în ~) endlich |58
sfârşit ∅ Ende |58|61
sfârşit ∅ **de săptămână**♀ Wochenende |23
sfert∅ Viertel |29
sigur, **-ă** sicher |30|42
siguranţă (cu ~) mit Sicherheit |96|98
siguranţă♀ Sicherheit |96
simfonie♀ Symphonie |87
simpatic, **-ă** sympathisch |19
simplu einfach (*Adv.*) |78
simplu, **-ă** einfach, simpel |34|42
simţ∅ Sinn |54
simţ∅ **(bun ~)** gesunder Menschenverstand |54
simţi (a se ~) sich fühlen |30
sincer, **-ă** ehrlich |51|59
sine sich selbst |88|91
single∅ Einzelzimmer |68
singur, **-ă** allein, einsam; einziger, -e |3|7|27
sistem∅ System |96
sistematic systematisch |66|86
sit∅ Stätte, Ort |81
site∅ Website, Internetpräsenz |81
situaţie♀ Situation |71
slab, **-ă** dünn |54
slavă♀ Herrlichkeit, Berühmtheit, Ansehen
Slavă Domnului! Gott sei Dank! |52
slăbi (a ~) abnehmen |54
slăbire♀ Abmagern |54
slăbit, **-ă** schlapp, schwach |54
slăbuţ, **-ă** schmächtig, etwas dünn |56
slujbă♀ Job, Stelle, Posten |94
smântână♀ Rahm |60
soacră♀ Schwiegermutter |62
soare♂ Sonne |30|47
societate♀ Gesellschaft, Betrieb, Unternehmen

soldØ Verkauf |69
solid, **-ă** solide |99
solist♂ Solist |55
solniţă♀ Salzstreuer |41
soluţie♀ Lösung |50
somnØ Schlaf |49
sonerie♀ Klingel |31
soră♀ Schwester |27
sosi (**a ~**) eintreffen, ankommen |39
soţ♂ Ehemann |11
soţie♀ Ehefrau |18|35
spaniol, **-ă** spanisch |49
spaniol, **-oaică** Spanier, Spanierin |49
sparge (**a ~**) zerspringen |41
spateØ Rücken |92
spăla (**a ~**) waschen |38|56
spăla vasele (**a ~**) Geschirr spülen |38
special (**în ~**) speziell (*Adv.*) |44
specialØ Spezielles, Besonderes |20
special, **-ă** speziell |19
specialist♂ Spezialist |67
spectacolØ Aufführung, Vorstellung |43|49
spera (**a ~**) hoffen |29
speranţă♀ Hoffnung |93|98
spiritØ Geist |48
spitalØ Krankenhaus |52
spitaliza (**a ~**) ins Krankenhaus eingeliefert werden |52
splendid, **-ă** herrlich |30
sponsor♂ Sponsor, Förderer |94
Spor la lucru! Viel Erfolg bei der Arbeit! |100
sporØ Fortschritt, Effizienz, Wachstum |100
spori (**a ~**) steigern, aufwerten |100
sportØ Sport |73
sportiv, **-ă** Sport-, Sportler |65|87
spre nach, zu, gen, auf…zu |25
spune (**a ~**) sagen |13
Sst! Pst! |70
sta (**a ~**) liegen, sitzen, stehen, wohnen, warten, sich setzen |31|35|43
stabili (**a ~**) festlegen |80
stare (**în ~**) fähig, in der Lage |89
stare♀ Zustand, Lage |89
stare♀ **de fapt** Ø Tatbestand |89
statØ Staat |44
staţie♀ Haltestelle, Station |15
staţie♀ **de benzină**♀ Tankstelle |40
stâng, **-ă** links |15
stea♀ Stern |64
sticlă♀ Flasche, Glas (*Material*) |47|56
stimat, **-ă** geschätzt, gnädig |45
stinge (**a ~**) ausmachen, ausschalten |66
stomacØ Magen |52
stradă♀ Straße |15
străin, **-ă** Ausländer, Fremder |1|3
străinătate♀ Ausland |32
strămoş♂ Vorfahr, Ahn |99
străvechi uralt |99
strica (**a se ~**) kaputtgehen (*Gerät*); verderben, faulen (*Nahrung*) |51
stricat, **-ă** kaputt |29
striga (**a ~**) schreien |61
studiuØ Studie, Untersuchung |14|94
studiuØ **de piaţă**♀ Marktstudie |94
stupid, **-ă** blöd, doof, dumm, dämlich; Dummkopf, Trottel |82
sub unter |4
subiectØ Thema |78
sucØ Saft |54
succesØ Erfolg |75
suedez, **-ă** Schwede, Schwedin; schwedisch |49
suferi (**a ~**) leiden |97
suficient, **-ă** genügend, ausreichend |61|91|96
sufla (**a ~**) blasen, pusten |51
sufla vântul în buzunareØ (*Pl.*) (**a-i ~**) leere Taschen haben |51
sufletØ Seele |53
sufragerie♀ Wohn-/Esszimmer |4
sugestie♀ Anregung |57
sumă♀ Betrag, Summe |60|69
suna (**a ~**) anrufen |5
supă♀ Suppe |26
supăra (**a se ~**) sich ärgern |24
supermagazinØ Supermarkt |37
supermarketØ Supermarkt |37
superstiţios, **superstiţioasă** abergläubisch |41
suplimentØ Zuschlag |45

suporta (a ~) ertragen |38
supravieţui (a ~) überleben |73
surd, **-ă** taub |83
surprinde (a ~) überraschen |40
surpriză♀ Überraschung |60
sursă♀ Quelle |57
sus oben, hoch, herauf |98
susţine (a ~) behaupten |20
sută♀ hundert; Hunderter |13
sutime♀ Hundertstel |84

ş

şampanie♀ Champagner |42
şamponØ Shampoo |89
şansă♀ Glück |58
şapte sieben |7|17|23
şase sechs |6|35
şaten, **-ă** kastanienbraun |59
şcoală♀ Schule |12
şedea (a se ~) sich setzen, sich niederlassen |85
şedere♀ Aufenthalt |68
şedinţă♀ Sitzung |79
şef♂ Chef |39
şi und |3
şofer♂ (Auto)fahrer, Fahrzeuglenker |90
şortØ kurze Hose |76
şosetă♀ Socken |46
şpriţØ Weinschorle |47
şterge (a ~) wischen |61
şti (a ~) wissen |5|7
ştiinţă♀ Wissenschaft |72
ştire (a da de ~) Bescheid sagen |65
ştire♀ Meldung, Nachricht, Neuigkeit |65
ştiri♀ (*Pl.*) Nachrichten (*TV / Rundfunk*) |44
şuncă♀ Schinken |47

t

tablouØ Bild |78
tacâmØ Besteck |39
taiorØ Kostüm (*für die Dame*) |46
tale♀ deiner, deinen (*Gen./Dat. Pl.*) |13
talentØ Talent |78
tare mächtig, kräftig, stark |42
tată♂ Vater |12
taur♂ Stier |94
taxă♀ Gebühr |96
taxiØ Taxi |15
tăcea (a ~) schweigen, still sein |49|66
tătic♂ Papa |53
tău/ta dein (*Poss.pron.*) |16|18|28
tâmpit, **-ă** bescheuert, blöd, dämlich |82
tâmplă♀ Schläfe |86
tânăr, **-ă** jung |53
târziu spät |5|6
te dich |5
te/vă rog bitte |17|43
teamă♀ Angst |49
teatruØ Theater |43
tehnic, **-ă** technisch |73
tehnicăØ Technik |44
telefonØ Telefon |38
telefonØ **celular** Mobiltelefon, Handy |38
telejurnalØ Tagesschau |73
televizorØ Fernsehen |43
temperatură♀ Temperatur |97|98
terenØ Platz |76
termina (a ~) fertig werden |69
termosØ Thermosflasche |47
textØ Text |66
ticØ Tick |71
tic-tac Tick-Tack |70
timid, **-ă** schüchtern |55
timp (în ~ ce) während (76) 98
timpØ Zeit; Wetter |5|11|14
tipic, **-ă** typisch |74
toamnă♀ Herbst |30
tocmai gerade (eben) |69
tonă♀ Tonne |92
tot ganz |9|11
tot atât de… ca… ebenso… wie… |36
tot înainte geradeaus |15
totuşi dennoch, trotzdem, immerhin, allerdings |36
toţi alle, jeder |9|14
tradiţie♀ Tradition |57

trage (**a** ~) drücken, ziehen |61
tragedie♀ Tragödie |43
tramvai∅ Straßenbahn |24
transforma (**a** ~) abwandeln |57
Transilvania♀ Siebenbürgen |10
transmite (**a** ~) übertragen |95
transpira (**a** ~) schwitzen |76
transport∅ Verkehrsmittel |68|93
transporta (**a** ~) bringen, fahren, transportieren |48|58
traversa (**a** ~) überqueren |41
trăi (**a** ~) leben |43|59
treabă (**a avea** ~) zu tun haben |53
treabă (**a se pune pe** ~) sich an die Arbeit machen |53
treabă bună♂ (**a face** ~) gute Arbeit leisten |53
treabă∅ Angelegenheit |53
treaz, **-ă** wach |56
trebui (**a** ~) müssen |15|21
trece (**a** ~) vorbeigehen |37|50
trecere♀ Übergang, Überweg |90
trecut, **-ă** vergangen |37|44
trei drei |13
treime♀ Drittel |82
tren∅ Zug |24
trezi (**a** ~) aufwecken, aufwachen |88
tribună♀ Tribüne |76
tricolor dreifarbig |87
trimite (**a** ~) schicken |44
triplu dreifach |84
trist, **-ă** traurig |30
troleibuz∅ Oberleitungsbus |24
trompetă♀ Trompete |55
trotuar∅ Gehweg, Bürgersteig |90
tu du |6|9
tun∅ Kanone |97
tunde (**a** ~) schneiden; mähen; scheren |86
tunde (**a se** ~) sich die Haare schneiden lassen |86
tur∅ Tour |81
turbare♀ Tollwut |95
turcesc, **turcească** türkisch |72
turism∅ Tourismus, Reise- |50
turist♂ Tourist |81
turistic, **-ă** touristisch |81
tuşi (**a** ~) husten |97
tutun∅ Tabak |71

ţ

Ţara♀ **Românească** Große Walachei |10
ţară♀ Land, ländl. Region; Vaterland, Nationalstaat; Gegend, Gebiet |23
ţânţar♂ Mücke |83
ţigară♀ Zigarette |71
ţine (**a** ~) (be)halten, aufbewahren, dauern |40|48
ţine de cuvânt (**a se** ~) sein Wort halten |67
ţine pe cineva la curent (**a** ~) auf dem Laufenden halten |73
ţuică♀ Schnaps |20

u

ud, **-ă** nass |38
uda (**a** ~) gießen |89
Uf! Puh! |70
uimi (**a** ~) erstaunen |88
uimit erstaunt |88
uimitor, **uimitoare** erstaunlich |55
uita (**a** ~) vergessen |27
uita (**a se** ~) schauen |29
uite sieh! schau! |59
ulei∅ Öl |40
ultimul, **ultima** letzter, letzte |49|60
uman, **-ă** menschlich |83
umbră♀ Schatten |79
umbrelă♀ Regenschirm |64
umbrelă♀ **de soare**♂ Sonnenschirm |64
umor∅ Humor |19
umple (**a** ~) füllen |92
un ein (*unbest. Artikel*) |6|7
unchi♂ Onkel |14|32
unde wo (*Fragepron.* + *Rel.pron.*) |4|21
undeva irgendwo |47
uneori manchmal |65
uniformă♀ Uniform |96

unire♀ Einheit |96
unit, **-ă** vereinigt |44
universitate♀ Universität |11
untØ Butter |37
unul einen, der eine |34|62|63
ura (**a** ~) wünschen |53
urca (**a** ~) (ein)steigen, hoch/nach oben bringen, erhöhen |45|58
ureche♀ Ohr |55
urgenţă♀ Notfall |52
urmă (**la** ~) am Ende |71
urmă (**până la** ~) schließlich, endlich, zum Schluss |71
urmă♀ Spur |71
următor, **următoare** nächster, nächste |85
urs♂ Bär |97
uşă♀ Tür |31
uşor, **uşoară** leicht, einfach |1|3|7
uşura (**a** ~) erleichtern |99

V

vacanţă♀ Ferien |17|50
vacă♀ Kuh |47
vag, **-ă** vage |97
vagonØ Wagon |45
Vai! Wow! |60
vale♀ Tal |92
valiză♀ Koffer |24
valoare♀ Wert |93
valora (**a** ~) wert sein |40
vamă♀ Zoll |17
vară♀ Sommer |30
varză♀ Kohl |79
vasØ Geschirr, Glas, Vase; Schiff |38
vas, **-ă** umfassend |76
vă Sie (*Pers.pron.*) |17
Vă rămân îndatorat! Ich stehe in deiner Schuld! |71
văcuţă♀ Rindfleisch |26
vărsa (**a** ~) gießen, schütten; aus(be)zahlen |60
vânătă♀ Aubergine |26
vântØ Wind |51
vârfØ Spitze, Gipfel |93
vârstă♀ (**în** ~)alt, betagt |13
vârstă♀ Alter |13
vechi, **veche** alt |9|19
vecin♂ Nachbar |22
vedea (**a** ~) sehen |12|21
vedea (**a se** ~) sich abzeichnen
vedere♀ Sicht, Blick |25
vegetarian♂ Vegetarier |8
veni (**a** ~) (an)kommen |17|23
veni înapoi (**a** ~) zurückkommen |75
veni să (**a-i** ~) Lust haben auf |74
verifica (**a** ~) überprüfen |44
versiune♀ Fassung, Version |100
vesel, **-ă** froh, fröhlich, gut gelaunt |30|39
veselă♀ Geschirr |38|39
veste♀ Nachricht |58|87
veterinar♂ Tierarzt |97
viaţă♀ Leben |34
viciuØ Laster |71
victimă♀ Opfer |93
victorie♀ Sieg
vieţui (**a** ~) leben |73
viitorØ Zukunft |72
viitor, **viitoare** nächster, kommender |46
vilă♀ Villa |95
vinØ Wein |42|47
vină♀ Schuld |30
vinde (**a se** ~) sich verkaufen |82
vindeca (**a** ~) heilen |83
vineri♀ Freitag |23
vioară♀ Geige |27
violenţă♀ Gewalt |82
violonist♂ Geiger |55
virtute♀ Tugend |74
visØ Traum |53|88
visa (**a** ~) träumen |88
vită♀ Rind |26
vită♀ **de povară**♀ Ochse (*fig.*) |97
viteaz, **-ă** tapfer |98
viteză♀ Geschwindigkeit |16
vitrină♀ Schaufenster |79
viţel♂ Kalb
viu, **vie** lebendig |19
vizavi gegenüber |24
viză♀ Visum |17
vizibil, **-ă** sichtbar |85
vizita (**a** ~) besuchen; besichtigen |48

viziune♀ Vision |100
voce♀ Stimme |55
voi ihr |13
voi (**a** ~) wollen |8
voiaj∅ Reise |46|68
voie♀ Erlaubnis |22
voievod♀ slaw. Adelsrang unterhalb eines Fürsten |57
voinţă♀ Wille |71
volan∅ Lenkrad, Steuer |40
vorbă♀ Wort |41
vorbi (**a** ~) sprechen |1
vostru, **voastră** euer, Ihr (*Poss.pron.*) |28
vrea (**a** ~) wollen, möchten |6|8
vreme♀ Wetter |30
vreunul (irgend)jemand |63
vulpe♀ Fuchs |69

w

week-end/weekend ∅ Wochenende |23

z

zadar (**în** ~) vergeblich |48
zahăr∅ Zucker |80
zare♀ Ferne, Horizont |92
zaţ∅ Kaffeesatz |72
Zău? Wirklich? Wahrhaftig? |70
zăpadă♀ Schnee |92
zbor∅ Flug |68
zbura (**a** ~) fliegen |81
zece zehn |10
zecime♀ Zehntel |84
zero null |87
zi (**a doua** ~) am nächsten Tag, am darauffolgenden Tag |57
zi♀ Tag |2
zi♀ **a nunţii** Hochzeitstag |87
ziar∅ Zeitung |4
zice (**a** ~) sagen |20
zilei (**zorii**♂ (*Pl.*) ~) Morgendämmerung, Tagesanbruch, Sonnenaufgang |83
zilnic täglich |54
zodiac∅ Tierkreiszeichen |72
zodie♀ Sternzeichen |72
zori♂ (*Pl.*) Tagesanbruch |79
zugrav♂ Maler, Anstreicher |78
zugrăveală♀ Maler-/Anstreicherarbeiten |78
zugrăvi (**a** ~) anstreichen |78
zvon∅ Gerücht |75

ANHANG C. LITERATURHINWEISE

Sie möchten mehr über die rumänische Sprache erfahren? Dann finden Sie in der folgenden Liste bestimmt das Richtige!

- Iliescu, Maria/Popovici, Victoria: **Rumänische Grammatik**. Helmut Buske Verlag Hamburg 2013, ISBN 9783875484908.
- Lazar, Kristine: **Ghid de Conversaţie Român-German pentru toţi**. Editia A Ii-A, Revizuita Si Adaugita. Editura Nicelescu, Bucuresti 2020, ISBN 9786063803352.
- **Langenscheidt Praktisches Wörterbuch Rumänisch-Deutsch/Deutsch-Rumänisch**. Langenscheidt bei PONS, Stuttgart 2016, ISBN 9783468122811.

• **Dicţionar Şcolar German-Român/Român-German**.
Editura Corint Educational. Bucuresti 2015, ISBN 9786068668598.

• **DEX – Dicţionarul explicativ al limbii române**.
Academia Română, Institutul de Lingvistică "Iorgu Iordan – Alexandru Rosetti". Editura Univers Enciclopedic Gold, Bucuresti 2016.
ISBN 9786067041613.

Sprachkurse aus dem Assimil-Verlag

Der **Assimil**-Verlag bietet Sprachkurse u. a. auch für weitere ost- und südosteuropäische Sprachen wie Bulgarisch, Griechisch, Kroatisch, Polnisch, Russisch, Tschechisch, Türkisch und Ungarisch an. Die Grundkurse umfassen in einem Band die Niveaustufen A1 bis B2 des Europäischen Referenzrahmens für Sprachen. Nach der bewährten **Assimil**-Methode führen die Kurse die moderne Umgangssprache des Landes ein und vermitteln einen Wortschatz von ca. 2.000–3.000 Wörtern. Zu allen Sprachkursen sind neben dem jeweiligen Lehrbuch auch Tonaufnahmen auf Audio-CDs und/oder einer MP3-CD bzw. eine CD-ROM erhältlich. Weitere Informationen finden Sie auf **www.assimilwelt.com**.

ANHANG D. DIE AUSSPRACHE DES RUMÄNISCHEN

1. Rechtschreibung

Die Orthografie des Rumänischen ist im Wesentlichen lautgetreu, d. h. es kann problemlos von der Schreibung auf die Aussprache geschlossen werden. Somit stellt die Rechtschreibung im Allgemeinen kein größeres Problem dar. Es gibt ein paar Ausnahmen zu dieser Regel, beispielsweise Lehnwörter. Wir haben in diesem Kurs die von der *Academia Română* im Jahr 1993 etablierten und im Jahr 2005 komplettierten Rechtschreibregeln berücksichtigt.

2. Alphabet

Das rumänische Alphabet besteht aus den 26 Buchstaben des lateinischen Alphabets plus fünf zusätzlichen Buchstaben mit diakritischen Zeichen, d. h. Akzenten. Letztere verhindern, dass für ein- und denselben Laut zwei verschiedene Buchstaben benutzt werden. Die diakritischen Zeichen werden auch bei Großbuchstaben gesetzt.

Buchstabe / Name & Aussprache*	Buchstabe / Name & Aussprache*
A a / a [*a*]	**N n / ne** [*ne*] oder **en** [*än*]
Ă ă / ă [*ᵊ*]	**O o / o** [*o*]
Â â / î [*î*]	**P p / pe** [*pe*]
B b / be [*be*]	**Q q / chiu** [*kju*]
C c / ce [*tsche*]	**R r / re** [*re*] oder **er** [*är*]
D d / de [*de*]	**S s / se** [*ße*] oder **es** [*äß*]
E e / e [*e*]	**Ş ş / şe** [*sche*]
F f / fe [*fe*] oder **ef** [*äf*]	**T t / te** [*te*]
G g / ge [*dſe*] oder **ghe** [*ge*]	**Ţ ţ / ţe** [*ze*]
H h / ha [*ha*] oder **haş** [*hasch*]	**U u / u** [*u*]
I i / i [*i*]	**V v / ve** [*we*]
Î î / î [*î*]	**W w / dublu ve** [*dublu we*]
J j / je [*ſä*]	**X x / ics** [*ikß*]
K k / ka [*ka*]	**Y y / i grec** [*i gräk*]
L l / le [*le*] oder **el** [*äl*]	**Z z / ze** [*se*] oder **zet** [*sät*]
M m / me [*me*] oder **em** [*äm*]	
* Wie Sie die Lautschrift lesen, erfahren Sie auf den Seiten 530/531	

3. Aussprache

Von ein paar Ausnahmen abgesehen, entspricht jeder Buchstabe einem bestimmten Laut und jeder Laut einem einzigen Buchstaben. Bestimmte Vokale und Konsonanten können sich unter dem Einfluss des Kontextes im Wortinneren verändern. Doppelbuchstaben oder Kombinationen aus mehreren Buchstaben für ein- und denselben Laut sind extrem selten.

3.1 Betonung

Die Betonung kann auf jeder Silbe liegen, vorzugsweise liegt sie jedoch auf der vorletzten bzw. der letzten Silbe. In diesem Kurs kennzeichnen wir die betonte Silbe durch Fettdruck des darin enthaltenen Vokals, womit auch die richtige Aussprache der Diphthonge verdeutlicht wird.

4. Vokale

4.1 Allgemeines

Es gibt sieben Vokale im Rumänischen, von denen einer (in unserer vereinfachen Lautschrift mit [*î*] wiedergegeben) aus sprachgeschichtlichen Gründen in Form von zwei verschiedenen grafischen Darstellungen vorkommen kann, **î** und **â**. Die Aussprache der rumänischen Vokale unterscheidet sich in den meisten Fällen nicht viel von der Aussprache der deutschen.

4.2 Doppelvokale

Doppelvokale kommen im Rumänischen selten vor. Beispiele sind **alee** [*al**e**je*] "Allee", **familii** [*fam**i**lij*] "Familien", **continuu** [*kOnt**i**nuu*] "andauernd", **a reedita** [*a reed**i**ta*] "neu herausgeben". Ein seltener Fall eines dreifachen Vokals ist **copiii** [*kop**i**ji*] "die Kinder".

4.3 Vokalgruppen

Neben den sieben Vokalen kennt das phonetische System auch vier Halbvokale: **e**, **i**, **o** und **u**. Halbvokale sind Vokale, die keine Silbe für sich bilden. Die Kombination aus Vollvokalen und Halbvokalen erzeugt eine große Anzahl von Vokalgruppen, die aus zwei oder drei Vokalen bestehen und "Diphthonge" oder "Triphthonge" heißen. Einige dieser Vokalgruppen kommen nur selten und nur in ganz bestimmten Wörtern vor.

4.4 Diphthonge

Ein Diphthong besteht aus zwei Vokalen, die beide zusammen in ein- und derselben Silbe artikuliert werden. Ein Vokal bleibt ein vollwertiger Vokal und trägt die Betonung, während der andere als Halbvokal gilt.

4.5 Triphthonge

Seltener anzutreffen sind die so genannten Triphthonge, eine Gruppe von drei Vokallauten in einer einzigen Silbe. In diesem Fall ist nur ein Vokal vollwertig, während die anderen beiden Halbvokale darstellen (z. B. **iei** [*j**ä**i*] "du nimmst"). Der betonte Hauptvokal kann in der Mitte der Vokalgruppe stehen (**eai**, **eau**, **iai**, **iau**, **iei**, **ioi**, **iou**, **oai**) oder die Endposition einnehmen (**eoa** und **ioa**).

5. Stimmlos und stimmhaft

Zum besseren Verständnis der Tabellen, die Sie auf den letzten Buchseiten finden, hier noch eine kurze Erläuterung der Begriffe *stimmlos* und *stimmhaft*: Ein Laut ist *stimmlos*, wenn er nur durch Luftausstoß hervorgebracht wird; die Stimmbänder vibrieren nicht. Er ist *stimmhaft*, wenn er unter Einsatz der Stimmbänder erzeugt wird und fast kein Luftausstoß erfolgt.

TABELLE DER LAUTE DES RUMÄNISCHEN

1. Vokale

VOKALE		
Buch-stabe	**Lautschrift**	**Beschreibung**
a	[*a*]	offenes a wie in "Papa"
ă	[^{a}]	kurzes, eher stummes e wie in "Katze" (man nennt diesen Laut in der Sprachwissenschaft "Schwa-Laut"); im Anlaut sehr selten
â	[*î*]	stimmloses i, das im hinteren Teil der Kehle gebildet und leicht nasaliert gesprochen wird, ähnlich wie in "Mannequin"; kommt meist im Wortinneren vor
e	[*e*] oder [*ä*]*	je nach Kontext langes e wie in "nehmen" oder kurzes e wie in "Heft"
i	[*i*] oder [*j*]	langes i wie in "Miete" oder j wie in "ja", wenn in derselben Silbe ein Vokal vorangeht oder folgt
	[^{j}]	auslautender j-Laut
î	[*î*]	Stimmloses i, das im hinteren Teil der Kehle gebildet und leicht nasaliert gesprochen wird, ähnlich wie in "Mannequin"; kann als Anlaut oder im Wortinneren vorkommen.
o	[*o*] oder [*O*]	langes o wie in "Boot" oder kurzes, offenes o wie in "Gott"
u	[*u*]	langes u wie in "Mut" oder kurzes u wie in "Mutter"
* Ist **e** Anlaut bei bestimmten Personalpronomen oder Formen des Verbs **a fi** "sein", geht ihm ein *j*-Laut voran: **ea** [*ja*] "sie"; **este** [*jäßtä*] "er/sie ist".		

2. Konsonanten

KONSONANTEN		
Buch-stabe	**Lautschrift**	**Beschreibung**
b	[*b*]	b wie in "Bruder"
c	[*k*]	wenn gefolgt von **a**, **o** oder **u**: k wie in "Kappe"
	[*tsch*]	wenn gefolgt von **e** oder **i**: tsch wie in "Tschüss"
ch	[*k*]	immer k wie in "Kino"
d	[*d*]	d wie in "danke"
f	[*f*]	f wie in "Feder"

KONSONANTEN		
Buchstabe	**Lautschrift**	**Beschreibung**
g	[*g*]	wenn gefolgt von **a**, **o** oder **u** (oder Konsonant): g wie in "Glas"
	[*dĵ*]	wenn gefolgt von **e** oder **i**: stimmhaftes dsch wie in "Dschungel"
gh	[*g*]	g wie in "Gabel"
h	[*h*]	h wie in "Hallo"; wird in den Kombinationen **che**, **chi**, **ghe** und **ghi** nicht gesprochen
j	[*ĵ*]	stimmhaft wie im Anlaut von "Journal"
k	[*k*]	k wie in "Kaffee" (kommt nur in Fremdwörtern vor)
l	[*l*]	l wie in "Land"
m	[*m*]	m wie in "Mai"
n	[*n*]	n wie in "neu"
q	[*k*]	k wie in "Kino" (kommt nur in Fremdwörtern vor)
r	[*r*]	leicht gerolltes, stimmhaftes Zungenspitzen-r
s	[*ß*]	stimmloses ß wie in "Fuß" oder "dass"
ş	[*sch*]	sch wie in "Schiff"
t	[*t*]	t wie in "Tanne"
ţ	[*z*]	z wie in "Zug"
v	[*w*]	w wie in "Wasser"
w	[*w/u*]	w wie in "Wasser"; vor Vokal w wie im engl. "water" (kommt nur in Fremdwörtern vor)
x	[*gs/kß*]	stimmhaftes gs oder kß wie in "Taxi" (kommt nur in Fremdwörtern vor)
y	[*i/j*]	i wie in "Handy" oder j wie in "Yacht" (kommt nur in Fremdwörtern vor)
z	[*s*]	stimmhaftes s wie in "See" oder "Hase"
Ergänzung: Doppelkonsonanten sind im Rumänischen selten. Sie erscheinen dort, wo das Präfix noch sichtbar ist (**a înnoi** "erneuern") oder in Wörtern, wo jeder Konsonant einen anderen phonetischen Wert hat (**accent** [*ak-tschänt*] "Akzent, Betonung").		

Nehmen Sie vor allem in der ersten Zeit diese Tabelle zur Hand, wenn Sie die Tonaufnahmen anhören, und benutzen Sie die Lautübersicht auch ruhig immer wieder zum Nachschlagen.